致謝

本書部分圖片由——

羅基敏教授
梅樂亙教授 Dr. Jürgen Maehder
Fobbri Co. Ltd.
高談文化：《愛之死：華格納的《崔斯坦與伊索德》》、《「多美啊！
今晚的公主！」——理查・史特勞斯的《莎樂美》》、《格納・指環・
拜魯特》
九韵文化：《比亞茲萊的插畫世界》

提供

特此致謝

1974 年拜魯特音樂節演出華格納的歌劇《崔斯坦與伊索德》第三幕的照片。由艾佛丁 (August Everding) 導演，史渥波達 (Josef Svoboda) 舞台設計，海因里希 (Reinhard Heinrich) 服裝設計。

上圖：2000 年柏林國家劇院演出華格納的歌劇《崔斯坦與伊索德》第一幕的照片。由庫布佛 (Harry Kupfer) 導演，夏維諾荷 (Hans Schavernoch) 舞台設計，許弗 (Buki Shiff) 服裝設計。攝影為 Monika Rittershaus。

左圖：1981-1987 年拜魯特音樂節演出華格納的歌劇《崔斯坦與伊索德》第一幕的照片。由彭內爾 (Jean-Pierre Ponnelle) 導演、舞台設計及服裝設計。

上圖：1955 年，理查 · 史特勞斯的《莎樂美》在慕尼黑巴伐利亞國家劇院演出時的照片。
由凱爾伯特 (Joseph Keilberth) 指揮，哈特曼 (Rudolf Hartmann) 導演，尤根絲 (Helmut Jürgens) 舞台設計，
尼爾森 (Birgit Nilsson) 首次飾演莎樂美。現藏於慕尼黑德意志戲劇博物館。

左圖：1979 年，理查 · 史特勞斯的《莎樂美》在柏林國家劇院演出時的照片。
由庫布佛 (Harry Kupfer) 導演，現藏於柏林國家劇院檔案室。

上圖：羅西尼著名的諧劇《塞維利亞的理髮師》中的一幕。

右頁上圖：1977-1978 年，威爾第的歌劇《假面舞會》在史卡拉歌劇院演出時的盛況。

右頁下圖：羅馬的阿根提那 (Argentina) 劇院飾演歌劇的情景，從後台可以看見場面宏偉壯觀的布景，以及規模宏大的觀眾席。此畫創作於 1850 年，作者不詳。

左上圖：1902 年，德布西的歌劇《佩利亞與梅麗桑》男女主角的服裝造型。圖為佩里埃飾演的佩利亞。

右上圖：1902 年，德布西的歌劇《佩利亞與梅麗桑》男女主角的服裝造型。圖為加登飾演的梅麗桑。

左下圖：比才《卡門》中女主角卡門的人物造型。

右下圖：比才《卡門》中和塞的人物造型。

左圖：古諾《浮士德》劇中的一幕場
景。這是普羅高菲夫生平見到的第一齣
歌劇，引發了他對歌劇創作的興趣。

下圖：19 世紀中葉，德勒斯登宮廷劇
院的石版畫。

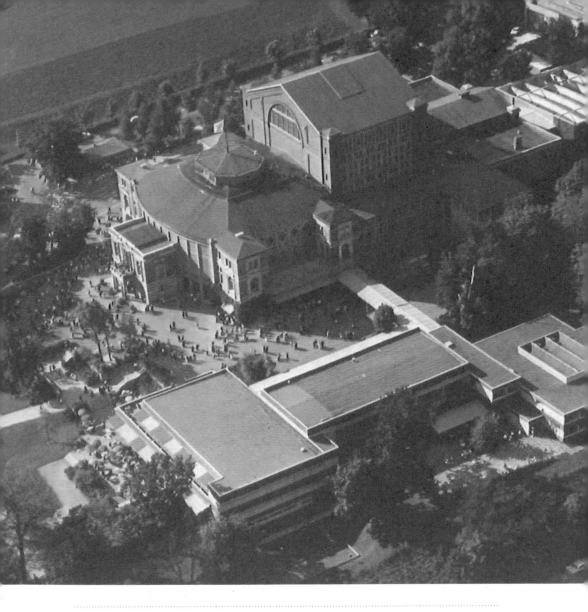

上圖：拜魯特節日劇院的空照圖。1976 年。

左頁左上圖：羅西尼的歌劇《威廉．泰爾》的人物造型。

左頁中、右上圖：華格納《崔斯坦與伊索德》中的人物造型。

左頁下圖：威爾第的歌劇《阿伊達》的舞台布景。

上圖：羅西尼劇作《塞維利亞的理髮師》於
1963-1964 在米蘭史卡拉劇院演出時的第一幕
第一場佈景：賽維里亞街角的廣場，做邊是唐·
巴特羅的家。

右下圖：1929 年，林姆斯基-高沙可夫的歌劇《薩
丹王的故事》在巴黎歌劇院演出時的海報。

左下圖：《塞維利亞的理髮師》一景。

左上圖：普契尼的歌劇《托斯卡》的宣傳海報。

右上圖：黎柯笛出版公司為普契尼所發行的《杜蘭朵》總譜封面。

下圖：普羅高菲夫的幽默喜劇《三個橘子之戀》的一幕：王子和桂魯法狄諾都偷到了橘子，但橘子越變越大。

Georges Bizet
CARMEN
Teresa Berganza
Placido Domingo · Ileana Cotrubas · Sherrill Milnes
The Ambrosian Singers · London Symphony Orchestra
Claudio Abbado

上圖：由貝岡莎與多明哥合作演出、阿貝多指揮的比才《卡門》唱片封面。

下圖：包薩托 (Renato Borsato) 為普契尼的歌劇《蝴蝶夫人》第一幕設計的舞台布景：長崎山崗上的庭園。

蓋希文的歌劇《波奇與貝斯》於 1935 年在阿爾溫劇院演出時的劇照。此劇標誌著美國新歌劇的誕生。此劇後來改編成電影《乞丐與蕩婦》，轟動一時。

1905 年，理查‧史特勞斯的《莎樂美》在德勒斯登演出時的劇照。

目錄
/CONTENTS

前言

　　1853年4月8日倫敦《泰晤士報》上曾經刊載過一封署名C.T.先生的來信，信中提到他被位於柯芬園（Covent Garden）的皇家義大利歌劇院拒於門外的事件：「因為門衛看我的穿衣風格不順眼。」由於極度的憤怒，他繼續寫道：

> 　　「我穿著亞麻材質的整潔晚禮服，完美配帶著可以讓我出入任何頂級場所的配飾……而且據那些當時在門口的目擊者說，如果我非要討回公道的話，他們會支持我。歌劇院沒有任何理由拒絕我入場。」

　　在抗議了二十多分鐘，並且發現所有的努力都無濟於事之後，C.T.只好悻悻然地離開，取回自己的大衣並且到售票處打算索回他的七先令門票錢。但「剛才賣票的人現在卻不肯退錢了，理由是劇院已經入了賬」。同時他也注意到有些進入劇院的人穿著很舊的長大衣或者很厚的外套，還有些人的衣著甚至還很髒。他說他當晚的衣著足以讓他光顧倫敦和那不勒斯之間的任何歌劇院。「可是，我還是回家了」，C.T.氣急敗壞地寫道，「害我沒看成《馬薩涅洛》」。

　　故事還沒結束。第二天他直接跑去找柯芬園劇院的經理弗雷德里克·賈伊理論，堅持要索回自己的七先令門票錢外加五先令的路費。正如他所說的：「賈伊先生對我的大衣提不出任何拒絕的理由，但卻再一次將我打發到售票處。」

　　「該怎樣賠償呢，先生們」，C.T.最後火大地說，「也許我該去地方法院告他們，只有在那裡，才能為我失去的時間和激情討回公道與尊嚴。」

　　關於歌劇史的著作大多將討論集中在傳統的作曲家、作品和演員上。我的書架上也和大多數歌劇愛好者那樣擺滿了這類書籍，當然有許多著作讓我受益匪淺。然而歌劇不僅僅是一種藝術形式，它也是一種社會、經濟和政治現象。這點可以從C.T.那封義憤填膺的信中窺見蛛絲馬跡。合適的裝束、門票的價格、觀眾的舉止、經理在圍攻之下表現出來的圓滑、採取法律途徑的威脅手段等等，構成了這整個故事。此外還有C.T.無緣欣賞到的那部作品。奧伯（Daniel Francois Auber，1782-1871，法國作曲家）的《馬薩涅洛》（Masaniello， 也稱《波爾蒂契的啞女》），這是一部鼓舞人心的作品，講述那不勒斯民主政治的崛起。當這部作品於1830年在布魯塞爾首演時，鼓舞了當地人的愛國情操，甚至因此成功地推動了比利時的獨立運動。在《鎏金舞台》這本書中，我們將探索更為寬廣的領域，包括歌劇藝術從創作到發展，到被贊助、聆聽、被感動的過程。我們的目標並不局限於歌劇本身所處的舞臺，還包括圍繞在這個舞台外所發生的一切；我們不僅關注供給，也同樣關注需求，除了歌劇的創作，它的消費情況也應該同樣被我們關注，包括那些將歌劇院、劇團經理、君主、商人、藝術家和觀眾聯繫在一起的關係紐帶。

　　有的時候我很想發起一場論戰，將「歌劇」一詞完全廢除。畢竟它只代表一部作品，但是對很多人來說，「歌劇」一詞往往被強加了排場、富裕和菁英主義（這是另一個我很想消滅的名詞）等壓力與負擔。我相信那些最偉大的作曲家們的靈魂都會與我站在同一陣線。蒙台威爾第（Claudio Monteverdl，1567-1643）將四百年前首演的《奧菲歐》（Orfeo）稱作「音樂故事」（Favola in musica）或音樂的寓言集。據我所知，當時沒有人會以「歌劇」一詞來形容這種藝術形式；事實上它企圖將所有的藝術形式整合在一起，跟古人甚至當今蓬勃興盛的電影和音樂片製作所追求的一樣。用華格納的話來說，它就是一部「綜合的藝術作品」（Gesamtkunstwerk）。華格納應該也同樣會站在我這邊。

　　毫無疑問，歌劇藝術在所有表演藝術中是最複雜的一種，它試圖整和太多的要素。鏈條拉越長，暴露薄弱環節的風險就越大，因此歌劇藝術的

歷史充滿了傳奇。即使現在回顧其歷史看起來輕鬆，但真實情況卻並非那麼盛況空前。誠然，歌劇藝術的吸引力跟走鋼索或機車競賽一樣，現場演出時總是令人提心吊膽唯恐出現紕漏，無法預知演出能否盡善盡美。從一開始，歌劇藝術就展現了極大的野心，試圖集一切藝術形式於一身，創造出一種絕無僅有的美學成就，以至於無數人為之鼓舞、雀躍、投入心血，並深深著迷。所以，歌劇藝術確實是文藝復興至高無上的藝術遺產之一。

在《鎏金舞台》一書中，我們將隨著歌劇藝術的足跡，從義大利北部的城市開始踏遍歐洲、美洲，走向更廣闊的世界，探索其在數位時代的全球商機。本書並非想寫成一本歌劇藝術史，而是想從豐富多彩的故事裡重現當時的盛況。因此，我們的歷史專機將在歌劇版圖上飛越時空，在某處小憩片刻後便繼續飛往下一個目的地。我們將會路過很多小站，為我們直接還原當時的環境，那是一些傑出歌劇作曲家曾經生活和工作的地方。當然，專機也需要加油，我們也要在一些與歌劇文化有共鳴，但又與作曲者或作品沒有太多關聯的地方稍作停留。因此，我們的旅程會從文藝復興時期的義大利，飛到巴黎的路易十六和柏林的腓特烈大帝。然後，飛去看後拿破崙時代的政權，在試圖建立更穩定的社會秩序時，卻在席捲歐洲的民族主義浪潮中傾頹。19世紀中葉，在倫敦或巴黎的歌劇院裡觀看演出也許是一種時尚，但不久之後，大部分重要的作品卻傾向於在慕尼黑、米蘭、拜魯特、布達佩斯、布拉格或聖彼德堡搬上舞臺。

歌劇當然不僅僅屬於歐洲人。在美國的建國史中，一些知識份子曾鼓吹並效仿歐洲人的高雅品味，而莫札特暨羅西尼的劇作家阿瑪維瓦伯爵（Count Almaviva），也將歌劇帶往紐約、紐奧爾良和墨西哥。當那些礦業大亨在澳洲和美洲邊境上高調炫耀他們俗豔怪異的藝術主張時，我們也同時看到歌劇在那裡生根發展。19世紀末，在美國黃金時代的紐約大都會歌劇院一位英國的贊助人，可能會在這座昵稱為「浮士德劇院」（Faustspielhaus）裡，觀賞一部由德國指揮家所指揮的法國歌劇作品，而演員陣容則可能來自捷克、波蘭和義大利。20年後，人們可能會聽到卡盧梭（Enrico Caruso，1973-1921）在哈瓦那演唱普契尼的作品，或者托斯卡尼尼（Arturo Toscanini，1867-1957）在布宜諾斯艾利斯指揮華格納的作品。

卡盧梭和托斯卡尼尼想必也都無法想像20世紀末歌劇在全球蓬勃發展的情形。歌劇在全世界廣泛的流行的確值得慶幸，但也有人擔心歌劇藝術會陷入過度大眾化的危機中，擔心它的鋒芒會被泛消費主義挫傷，被只想從中獲利的人剝削而淪為商品。但也有人覺得歌劇已經開始變成博物館級的骨董藝術了，它只能吸引富人階級的參與，而這些有錢人卻只滿足於不斷重複地欣賞舊作品，而沒有人想去欣賞新創作。一個會閱讀歌劇史的人，會用心體悟歌劇在四百年發展軌跡中的變化。或許嚴肅的音樂戲劇文化在逐漸大眾化的過程中，和其他領域的藝術那樣，在嘗試著努力開發新的觀眾群時，還期待著能維護自己高貴的美學地位。這種種問題難免會讓我們去思考這樣的問題：歌劇將何去何從？在本書的最後，我們會推測在這個充斥著即時全球通訊、國際金融、數位技術的時代，歌劇所面臨的未來，並且以《蝴蝶夫人》（Madama Butterfly）式的結局———一個沒有被解決的和絃來結束本書。

在寫這本書時，我嘗試用兩種截然不同的史學研究方法來進行。首先是在歌劇史中，有大量且不斷增多的優秀學術資料，通常是來自專業的音樂理論家，包括描寫作曲家及其作品和演員們的書籍和文章，內容詳盡。其次是在社會史中挖掘更多齊全的資料。在我首次涉略社會史時，這種研究方法才剛剛出現不久，但是在隨後的數十年裡不斷地發展壯大。直到不久前，這二者之間都還是以鐵柵欄來分開彼此的界限，雙方都緊閉的大門缺乏通暢的溝通管道，對於在兩個領域各自辛勤工作的人來說這並不奇怪。在那些偉大的歌劇作曲家們的傳記中，往往會按慣例提及一些他們的家庭背景和社會環境：比如莫札特幼年時期的傑出天賦，或者威爾第在義大利復興運動時期的突出表現。但如果有人想透過閱讀傳記，去瞭解更多他們工作和生活的情形，恐怕就比較困難了。

1904 年《蝴蝶夫人》在史卡拉劇院演出時的海報。

那些歷史學家而非音樂理論家，可能會固執地堅守在自己的領域中。當一個研究俾斯麥的學者被要求闡述對於腓特烈大帝的觀點，或者當一個中世紀史學家被問及文

藝復興時代時，他們通常會這樣說：「那不是我的研究方向與範圍」。同理，一個研究美國史的人會拒絕評論法國歷史，研究法國史的人又會對俄國史不屑一顧，而這些都涉及知識的完整性。我們沒有人能夠無所不知，因此都得聽從某個領域的專家的見解，或許這也反映出對於歷史研究的本質與更深一層的態度問題。兩三代人之前，學院裡教授的歷史總是傾向於探討過去的大政治、大外交、大憲法和那些影響事件的人事物。這種局面在20世紀60至70年代開始轉變。伴隨著當時的新激進主義，史學研究的方向被撥向了迄今已被邊緣化或早已被遺忘的庶民歷史中。

當今，文化史的出現豐富了社會史研究的內容；歷史學家從人類學中受益匪淺，並且可以在性別、種族和宗教儀式等問題上大做文章。「文化」二字因而被賦予了更多的涵義。大部分歷史學家所不屑參與的事物，或許恰巧是他們的前輩們引以為傲的課題：繪畫、建築、文學和古典音樂。正如在音樂史中，往往會忽略作曲家和演員表演所處的社會大背景那樣，社會或文化史也傾向於忽略那些高雅的藝術。也許這是殘留的職業或階級歧視，因為史學家總是意圖想去提升平民的地位，而無法正視歌劇這類菁英娛樂，而歌劇史學家們卻更願意關心這種「偉大的藝術」。

近年來，多虧了那些傑出而有遠見的前輩們的努力，一些藩籬已經被移除，溝通也變得順暢了。本書是建立在他們研究基礎上的一種嘗試，將大故事下的一些要素整合起來。它並不是一本百科全書，但是讀者們必定會依據自己的喜好，發掘出種種被關注或被忽略的地點、時間或者人物。有時候，這架歷史專機也會降落在一個特定的時間和地點，進行近距離的詳

《奧菲歐》樂譜的扉頁與第二幕的樂譜。

細報導，而在資料明顯貧乏的地方，就來趟走馬看花式的旅程。我們並不是非常瞭解蒙台威爾第最初創作《奧菲歐》的曼圖亞宮廷是如何生活的，甚至連《奧菲歐》在皇宮的何處首演都無法確定。韓德爾和他的音樂在漢諾威時代的倫敦究竟有多麼著名？莫札特和他的音樂在哈布斯堡時代的維也納或者布拉格具有多大的影響力？在他們的管弦樂團演奏和在合唱團裡演唱的成員究竟是什麼樣的人？19世紀末紐約的義大利移民是否占據大都會歌劇院觀眾席的絕大部分？答案或許是肯定的，但又沒有任何準確的數據可以用來佐證或者反駁這種直覺。

因此，或出於編輯的需要，或因為證據不足，本書無可避免地在規模和取材範圍上會受到局限。假如這本《鎏金舞台》一定要被視作為一部綜合性的歷史紀錄，那麼我相信，它讀起來一定不會像那些由一個個無聊事件串聯而成、無休無止的編年史那般枯燥乏味。相反地，我在寫作的過程中堅持一個原則，就是把握應有的宏觀思維，引領整體敘事的開闊主題。

特別要說明的是，本書始終貫穿五個主題——

第一個主題是政治。貢薩格、維特爾斯巴哈公爵或者波旁君主推崇歌劇，其目的往往是給某些人（可能是一位競爭中的君主）留下印象，而「流行」歌劇通常更具顛覆性。莫札特辭去了大主教那裡的穩定工作，成為皇帝宮廷及其周邊的一位自由作曲家。在那裡，他邂逅了一生中最屬意的作詞者——在馬丁·范布倫時期的美國度過餘生的威尼斯猶太人。而拿破崙出現在歌劇院，則僅僅是因為他想向人民表示，他在異鄉為他們戰鬥。隨著法國大革命的爆發，中歐大部分地區逐漸淹沒在不斷高漲的民族主義浪潮中，這也成為很多經理人和觀眾青睞的歌劇主題，並且在惡名昭彰的第三帝國統治之下一直發展到20世紀。在我們所處的時代，有關歌劇的菁英主義或者流行性的輿論紛爭，有時也會導致猛烈的政治轉變。

政治之外是經濟。不以金錢和營利的觀點去討論一種企圖包羅萬象的藝術形式，幾乎是一件不可能的事，因為它真的很昂貴。想要瞭解早期歌劇演員和合唱團以及樂團的薪資狀況，除了近代，關於財務方面的詳細資訊是非常匱乏的，因此我們只掌握了零星的證據，且極有可能是被誇張

了的證據。我們的確知道付給有名的獨唱演員的薪水是多少，一個演出季裡租下劇院的包廂需要多少錢，或者單買一場演出的票價是多少。當然，底層的「士卒」是我們故事的重要組成部分，但是歷史記錄還是多半傾向於保留這個領域中「元帥級」人物的財務、債務和赤字紀錄。歌劇很少能在財務上自給自足，如果有一個問題像迴旋曲主題一樣不停地縈繞在我們的故事當中，那麼這個問題一定是：誰來付錢？或者說是由誰來填補財務赤字。所以，歌劇的故事在某種程度上，也是一系列貴族和君王的故事、風險運作的劇團經理的故事、慷慨的銀行家和企業家的故事、地方或中央政府撥款補助的故事，以及後來通過各種具有獨創性，或多或少的免稅方案，以及從贊助商和私人捐贈中籌錢的故事。

本書中也提及許多不同的貨幣，從威尼斯的達克特到法國的法郎，從義大利的里拉到現代的英鎊和美元。我們無法用比較的方式將它們都換算成單一貨幣，讓大家更容易理解。不過，我試圖透過引述來為大家提供直觀的幣值概念，例如，一個歌劇首席女歌手的出場費或者劇院的票價、當時一個典型工人的日薪、一個麵包或餐館裡一頓飯的價格。

歌劇也是一種社會現象。歌劇聽眾性質的轉變，或者說那些轉變的大致輪廓，很容易被清楚地描繪出來。隨著權力和金錢從貴族、教會以及更高的君王階層，向新興的中產階級和稍後更大範圍的社會階層轉移之後，聽眾性質的改變也隨之產生。這種變遷可以從多種現象得到證實，例如歌劇院本身的外觀設計（像現代歌劇院中的包廂及其他突顯社會差異的元素已經相對淡化）、觀眾看歌劇時的行為舉止和衣著，還有價格政策、演出海報和節目單的設計風格、供應的食物和飲料等等。同樣值得注意的是那些歌劇的職業演員，特別是那些有天賦的女歌手，歌劇事業為她們的社會經濟地位提供了罕見的機會。

在社會變遷的同時，我們還應該關注科技進步為歌劇帶來的影響。早期歌劇主要是在炫耀那些五花八門的神奇舞臺效果，例如：厄洛斯飛過頭頂、朱比特或朱諾自天界下凡，或是戲裡像唐璜那種十惡不赦的惡棍被打入地獄等等。佈景、機關與音樂，劇本同樣受到重視。事實上，許多歌劇

經常將最先進的科技技術當成宣傳亮點，儘管難免有些誇大，例如《女人心》（Cosi fan tutte）中對麥斯默醫生的誇張描繪。我們也會談到蠟燭、煤氣和電氣照明，談到薄紗和一種在舞台上用來模仿人們在水中游泳的舞台道具：游泳機，還會提到鐳射和字幕的應用等等。另外，我們的故事還將包括打破劇院的局限來傳播歌劇（包括聲音和圖像）的新作法：音樂的出版與版權觀念的抬頭，以及隨後的新發明——照相、錄音、電影、電視、錄影和最新的衛星與數位技術等。

最後，歌劇當然是一種藝術形式，因此這本書從某種程度上來說，就是一部文化史。關於這一點，有幾段重要的歷史軌跡是不可以被忽略的，每段軌跡都和更加宏觀的歷史潮流相互對應。首先是那些讓歌劇藝術夢想成真的人；歌手也很重要，我們的故事將會給他們很多戲分，讓我們瞭解那些巨星們的生活、資金來源和藝術成就。但是在我們的故事從非嚴格界定的「贊助人的歌劇」（從曼圖亞的貢薩格公爵，到奧地利皇帝約瑟夫二世），到「作曲家的歌劇」（從格魯克和莫札特，到普契尼和理查·史特勞斯），再過渡到「指揮家的歌劇」（馬勒和托斯卡尼尼時代），繼而發展成近年來「製作人的歌劇」，每一個人物都輪流承擔著相對重要的角色。然而究竟誰才是觸發你去聽歌劇最首要而關鍵的吸引力呢？

最後才是藝術本身的變化。大體來說，有兩條線索交織在本書的故事裡。第一條，在我們邂逅的文藝復興晚期的義大利的宮廷內，如韓德爾、華格納、威爾第和布瑞頓的作品那樣，屬於我們所說的「嚴肅」歌劇，它們旋律各異、情緒高昂、技巧圓熟、格調高雅。另一類，則是一種更加「流行」的風格，有著戲謔的曲調和易懂的對白。從威尼斯人的即興喜劇，到《乞丐歌劇》和《魔笛》，再到維也納輕歌劇、吉伯特和沙利文（Gilbert and Sulliva II，兩位都是維多利亞時代的幽默劇作家）等等。早期，劇迷們總是希望能看到新作品，就像今天的電影觀眾那樣。但是到了20世紀初，觀眾卻開始傾向於反覆觀看被認為是經典的標準劇目，這類正在形成的所謂經典，很難加入新作品。除了這種根本性的變化之外，歌劇的劇情和製作，也將注意力從幾個世紀以來高高在上的君主和神話般的英雄人物，轉

移到普通人和「受害者」身上。同樣地，歌劇的音樂也漸漸從格式化的詠歎調和宣敘調，轉向更綜合性的音樂戲劇，因而有可能變成心理劇，或者是近年來流行的「音樂劇」。但這些是歌劇嗎？

　　或許，歌劇只是一個詞彙，我們用來稱呼在歌劇院中製作的音樂戲劇；如果《理髮師陶德》（Sweeney Todd，源自恐怖小說《一串珍珠的浪漫史》，1973年由克里斯多夫‧龐德將它搬上英國史特拉福特皇家劇院，引起轟動。）能夠在柯芬園劇院演出，便說明它的確是一部歌劇。有人可能會不以為然的說，歌劇之所以有別於其他形式就在於它是現場演唱，而且要以一種恰如其分的「歌劇式」的唱腔來演唱，不借助任何電子擴音設備而能傳到劇院的任何一個角落。當我們聽到歌劇的特殊唱腔時，我們立刻就能分辨出來：布萊恩‧特菲爾（Bryn Terfel，樂壇當紅的男中音）才有這樣的嗓音，而艾爾頓‧強（Elton John）就沒有。歌劇，就如同瞎子摸象，當我們能看見它時就能辨認它，如同我們想向從未聽過歌劇的人描述歌劇的樣貌，確實不是一件容易的事情那樣。更或許根本就沒必要如此嚴苛的來定義歌劇的形式。因此，我不會去為歌劇尋求一個高度概括而萬全的新定義，而只是想建議讀者不要過於狹隘地去定義它。

　　因為我們無法避開這樣的結論：至少普遍認為，歌劇是一種在漫長的19世紀——從莫札特時代到普契尼去世為止的這段時間——達到發展巔峰的一種藝術形式。在這個意義上，本書或許會被認為是一本關於這門菁英藝術從興起、衰微到沒落（甚至可能是湮滅）的記錄。根據這本書，有些人可能會認為歌劇只不過變成了一種博物館級的藝術罷了。或許，我們是在記錄歌劇的大眾化進程，從一種曾經偉大的藝術形式，到漸漸洗去鉛華，或簡化成淪落到當今的境地。在藝術鑒賞家狹窄的世界之外，它所具有的吸引力，必然都是來自於無所不用其極的行銷手段所炒作出來的虛幻吸引力。但另一面，如果你是屬於樂觀積極的那群人，那麼儘管比吉爾達（Gilda，威爾第歌劇《弄臣》中的女主角）和崔斯坦（Tristan，華格納歌劇《崔斯坦與伊索德》中的女主角）更痛苦地掙扎，歌劇也絕不甘於死亡。相反地，我也要證明，歌劇作為一種最為豐富多彩的藝術形式，反而有了繁榮復甦的跡象。

CHAPTER 1

從亞利安那到魔笛之旅（1600－1800）

義大利歌劇的誕生

　　安娜‧麗茲（Anna Renzi）是當時威尼斯的首席女歌手、著名歌唱家。「她溫柔甜美的嗓音迷醉了觀眾的靈魂，讓他們的耳目得到極大的享受」，她的仰慕者——戲劇家兼詩人朱利奧‧史特羅齊如是說。麗茲的肖像畫顯示，她是位氣質優雅、衣著華麗的年輕女子，精心梳妝的髮上裝飾著花朵和珠寶，開衩的上衣腰身緊束，衣領和袖口都鑲綴著精緻的花邊。麗茲的手裡雖然拿著一張歌譜，但雙眼卻充滿自信地望著觀眾。史特羅齊說：「她的談吐得體、明智且恰如其分。」

卡那雷托描繪威尼斯在「耶穌升天節」當天的慶典活動。

　　1645年6月當英國的日記作者約翰‧伊弗林還年輕時，作為壯遊旅行（指舊時代英國貴族子弟在求學期間，必須遍遊歐洲大陸的學習旅行）中的一站，他來到威尼斯。耶穌升天節那周，伊弗林去聽了麗茲演出的歌劇，那是關於呂底亞的大力神的故事。他的印象非常深刻，並試圖描述這種新藝術形式的吸引力（雖然他覺得劇中「閹伶」的實力遠勝於麗茲）：

　　「這個夜晚……我們去了歌劇院，欣賞以吟唱的音樂形式進行表演的喜劇和其他戲劇，表演者都是那些最優秀的音樂家、歌手和樂手，舞臺上繪製和擺放著各種變換的佈景。有在空中飛來飛去的機械裝置，以及其他奇妙的新鮮玩意兒；總而言之，這是人類智慧所能創造出的最華麗、最昂貴的娛樂消遣……佈景轉換了13次……看得我們全神貫注、目不轉睛，直到凌晨兩點。」

冬季的威尼斯，歌劇是狂歡節的娛樂項目之
一。這裡聚集著各地的自由思想家：性自由論者、
幻想破滅的神父、像伊弗林那樣年輕而富有的壯遊
旅行者，以及大量從義大利各地來這裡找工作、賺
錢和聲名狼藉的演員或音樂家們。狂歡節期間，人
們利用面具遮掩了各自的身份，打破了社會和性別
的障礙。只要不給政府惹麻煩，生活完全可以不受
拘束。伊弗林在1646年1月再次造訪了威尼斯「想見
識狂歡節的荒唐和瘋狂」。他發現「男人、女人、
各階層的人都將自己偽裝在古代的裝束下，在大
街小巷穿梭，狂歌濫舞，家家戶戶門戶洞開，任由
旁人自由進出」。在這裡「滑稽演員完全自由，歌

劇院大門敞開……江湖藝人的舞臺遍及城市的各個角落」。伊弗林寫道：
「最先我被三家貴族歌劇院的節目吸引，那些嗓音和音樂太美妙了，他們
當中最出名的就屬名聞遐邇的安娜・麗茲」，後來他和同伴們還曾經邀請
她一同晚餐。

　　和佛羅倫斯、曼圖亞等義大利北方城邦不同，威尼斯是一個共和國，
格外自由，思想也相對獨立。1606年，因其對宗教信仰自由的包容，威尼斯
已被羅馬教皇逐出了教會。在威尼斯一旦出現任何吸引人的東西，以當地
人的天性，必然對其無比誇耀，甚至因此創造出新商機。這座城市長期以
來一直是歐洲各地富人遊客尋求冒險刺激的必經之地。1594年，與莎士比
亞同時代的作家湯瑪斯・納什（Thomas Nash）發表了一篇有趣的文章，文
章中的人物在威尼斯遇到一位皮條客，他們被他帶到一處妓院，叫做「妖
婦塔比瑟」。塔比瑟顯然是一個高貴奢華的地方，每個房間裡都擺滿了
「書籍、畫冊、念珠、十字架，甚至還開了一間男裝店……。」塔比瑟的妓
女們個個貌美如花，納什寫道，床單一點褶皺都沒有，枕頭像「格羅寧妻
子們的肚子」一樣光滑，讓納什這幫年輕男人無可挑剔。納什總結道，「花
錢讓我們像君王一般享受。」狂歡節期間，整個威尼斯都暴露在危險和暴
亂中。伊弗林描述說，威尼斯人會四處「投擲灌滿甜水的雞蛋」。同時他們

還有「一個野蠻的風俗，就是在街上和露天廣場上獵殺公牛，這個活動非常危險，因為城市的道路都十分狹窄」。在賽仁尼斯瑪（La Serenissima，威尼斯共和國的別稱，有「最尊貴」的意思）的河道中，遊客們身處豐富的文化交匯與撞擊之中，在這裡文藝復興的傳承與拜占庭的傳承邂逅，藝術與商業相互衝撞，東方與西方交會互融。

　　儘管看似浮華，但實際上威尼斯卻在衰落中。1630年途經曼圖亞的帝國軍隊，在次年將瘟疫帶到了威尼斯，使得在接下來的幾年中，大約有四分之一的人口，超過15萬人命喪黃泉；15年之後，威尼斯又陷入了與擴張中的奧斯曼土耳其長達二十多年的戰爭，這場戰役耗盡了國庫，1669年共和國以恥辱的戰敗結束戰役。更嚴重的是，隨著對外貿易的逐步萎縮，隨著威尼斯曾經占盡優勢的貿易航道，被一些新開闢的東方航線所取代，無可避免的衰敗更是雪上加霜。貧困開始蔓延，威尼斯的統治者以更瑣碎的清規戒律來進行統治。曾經的「最尊貴共和國」的城市面貌已經陷入了永久的衰敗。「威尼斯征服了我的雙眼，」法國政治哲學家孟德斯鳩評論道，「卻無法征服我的心靈與思想。」

隆基在 1702-1785 年所繪製，威尼斯一家歌劇院的休息廳的場景。

　　然而，即便在這樣蕭條的日子裡，威尼斯依然以粲然的微笑面對世界，或許那也只是表面僵硬的喬裝罷了。不光是在狂歡節期間，整整一年當中，威尼斯以一系列的節日和活動讓每一天都充斥著物質上的勝利。藝術和劇院充當了令人上癮的毒品，抹去了傳統的道德約束，成為逃避殘酷現實的方式。劇院也讓人們的生活仿效著劇情，迷惑了心、紓解了壓力。威尼斯本身就是一座非常具有戲劇性的城市，

它獨特的佈局形成了無可取代的景觀：劇院就在運河上、廣場上、教堂裡、家庭中，人們走路、交談、穿衣打扮就是一幕幕生動的表演。尤其是這座城市還有不少公共劇院，由一些貴族利用在城裡空置的房產所建造。在這些劇院中，流動演出的演員們通常都能吸引一批花錢看戲的觀眾，這些觀眾不僅有貴族，還有社會上各個階層的人們。典型的演出由一齣朗誦喜劇構成，其中穿插著一些歌舞。如果運氣好的話，還能看到一些設置靈巧的舞臺機關，就像當初為伊弗林留下深刻印象的那種。16世紀90年代，也就是湯瑪斯·納什寫作的那個年代，在里亞爾托以西的聖凱西亞諾附近有兩座公共劇院，

多明尼哥·斐悌（Domenico Fetti）所繪製的蒙台威爾第肖像。

其中一座於1629年被燒毀，隨即以磚塊重建，並被命名為聖凱西亞諾劇院（Teatro S. Cassiano），後來它再次被燒毀又再次被重建，從1637年開始，聖凱西亞諾劇院裡一直上演著我們如今所稱的歌劇：那是一種透過公開促銷、以定期或重複性演出為基礎、擁有專門劇院和付費觀眾的音樂戲劇娛樂形式。

蒙台威爾第的《奧菲歐》第三幕第一景，於史卡拉歌劇院演出時的場景。

當時，威尼斯最著名音樂家，是年屆70的蒙台威爾第（Claudio Monteverdi，1567-1643），他同時也是聖馬可大教堂的音樂總監。不過，很少有威尼斯人會知道，30年前在曼圖亞一座文藝復興宮廷內，他們的這位教堂音樂家，曾經創作了也許是歌劇史上最早且名符其實的傑作：《奧菲歐》（Orfeo）。

當然，歌劇的起源還可以追溯到更早。縱觀歷史，無數社會

學家常常出於宗教及政治上的動機，試圖將戲劇、慶典、音樂和活動連結起來。這些證據都不完整，例如：用於埃及法老王、古希臘競技場，或者歐洲中世紀的街道和教堂，以及宮廷比武和宴會上的一些文字、樂器和舞臺佈景來佐證。當然我們並不瞭解這類半正式的音樂戲劇到底在唱些什麼？表演些什麼？但總體而言，大概是到了文藝復興時期，人們才開始認真地、有系統地嘗試著將所有的故事、歌曲、臺詞、舞蹈、音樂等融合起來，並放在舞臺上演出。我們所稱的「歌劇」可以追溯到16世紀的吉格舞臺劇（Stage Gig，英國16、17世紀的歌舞喜劇）和宮廷假面劇、義大利北部文藝復興宮廷內在兩幕之間演出的幕間劇，以及通俗的、半即興式的義大利戲劇形式—即興喜劇（commedia dell'arte），其塑造出深受大眾喜愛的固定角色，例如：戀人阿爾肯與柯倫賓、貪婪的潘塔龍、可悲而滑稽的普欽奈拉等等。

在16世紀70年代和80年代，佛羅倫斯有一群交往密切的文化名人，時常聚集在軍事領袖和文化菁英喬凡尼・德・巴爾第伯爵（Giovanni de'Bardi）的家中，探討音樂和戲劇的內涵。巴爾第俱樂部的常客中，有音樂家朱里奧・卡契尼（Giulio Caccini）和文森佐・伽利略（Vincenzo Galilei，天文學家伽利略之父）。伽利略寫過一篇文章，討論「古代和現代音樂的對話」，實際上是他所認為的古希臘和古羅馬美學觀念的復興，尤其是音樂與詩歌的完美融合。在義大利遭遇了「毀滅性的侵略」之後，伽

17 世紀的一幅油畫《歌手》。

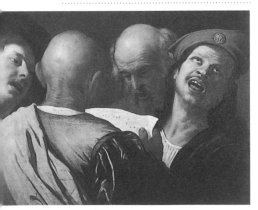

利略在他的《對話》中惋惜地說道：「人們被嚴重的昏庸無知所征服……對音樂麻木不仁。」他斷言：「如今，現代音樂的造詣，沒有一點兒能達到古代音樂的成就。」現代音樂，無論從新穎還是優秀的程度上，都完全無法「具備古代音樂所能創造出來的那種完美的效果」。伽利略發出憤怒的呼籲：「如今的音樂家們只在意如何討好人們的耳朵。」伽利略還十分關心歌詞和音樂的搭配。他輕蔑地說，「現

代意識中最不考慮的就是歌詞所需要表達的情感」。他特別反對以複調的方式譜曲，這種方式是以若干旋律線結合在一起同時展開，他主張用清晰的單聲部來取代，他認為這才是古代音樂充滿力量和衝擊力的主要原因。

伽利略的觀點並非獨創，當時在義大利已經形成了一股強大的潮流。自文藝復興以來，就有一種集體意識，特別是在義大利北部，試圖復興所謂的古代優秀文化，強調以人為中心。建築師、畫家、雕刻家、詩人、歷史學家和哲學家們，都極度渴望能按照古希臘、古羅馬的模式，建立新的人文主義思想。古希臘、古羅馬的神殿、費迪亞斯（Pheidias，古希臘雕刻家）和普拉克西特利斯（Praxiteles，古希臘雕刻家）的雕塑、亞里士多德和維吉爾（Virgil，古羅馬詩人）的作品，都成為達文西、米開朗基羅、拉斐爾和馬基維利（Machiavelli，1461-1527）時代的思想啟蒙。儘管如此，卻仍然有一種文化形式沒有任何模式可供借鑒，那就是音樂。先哲們，包括柏拉圖在內，曾經思考過音樂的本質和影響力。有大量存世的繪畫，描繪著古代音樂家和音樂的製作，還有大量關於音樂場景的描寫。然而，音樂本身卻失傳了。這樣一來，對於巴爾第圈子裡那些熱衷於復興古代藝術和學說的菁英人士來說，無疑是個巨大的挑戰。

文藝復興時期的藝術和學術，得到當時一些十分富裕而極具影響力的政治名人的鼓勵和資助。高貴的洛倫佐‧麥第奇（Lorcnzo de'Medici）的慷慨解囊，使得佛羅倫斯成為歐洲主要的文化中心，而梵蒂岡則管理著聖彼得大教堂和西斯汀教堂。在費拉拉（Ferrara，義大利北部城市），其統治者埃斯特（Este）家族常常舉辦隆重的宴會，在上菜的間隙安排一些音樂戲劇表演，以款待在座的賓客們。在曼圖亞，宮廷的娛樂方式依然是優雅古典的田園劇（pastorals），它們以音樂為主，還包括一些舞蹈。在佛羅倫斯，麥第奇家族比較看重為政治性的表演提供機會，譬如在皇室婚禮上不僅有文雅的田園劇，還會有更熱鬧且耗費巨資的舞臺表演，兩幕之間還會有一系列具有多種形式的豪華幕間劇。1589年，在托斯卡納的麥第奇家族和法國洛林王室的聯姻慶典上，上演了戲劇《朝聖的女人》（La Pellegrina），其幕間休息時間則表演了一系列幕間劇將慶典推向高潮。這些幕間劇，

魯本斯所繪的瑪麗・麥第奇在婚禮結束之後從佛羅倫斯抵達法國馬賽的情景。這是《瑪麗・德・麥第奇的一生》24 幅組畫中的一幅,當上攝政王之後瑪麗為了裝飾私邸盧森堡宮,向魯本斯定制的肖像組畫,用以記述其個人平生。

由巴爾第率領那些才華洋溢的朋友們共同設計,不僅舞臺效果壯觀,而且包括極富特色的聲樂、器樂和芭蕾舞。我們讀到當時在場的一位觀眾的短評說,「隨著歲月的破壞,我們已經失去表現這種古典音樂形式的能力。雖然可以顯示現代音樂的成就,但顯然要歸功於作曲家盧卡・馬倫齊奧(Luca Marenzio,約1553-1599)創作了第二幕和第三幕之間幕間劇的音樂,他無疑是竭力……對古典音樂進行了效仿和再創作。」

　　這類幕間劇——雖然是兩幕之間的微型表演,但理論上仍然屬於戲劇演出——奪走了演出本身的光環。有人抱怨說:人們只是為了看幕間表演而去看戲的。「可惜啊!那最好的表演竟然是幕間劇。」16世紀佛羅倫斯詩人和劇作家安東法蘭西斯科・格拉齊尼(Antonfrancesco Grazzini)在他的詩中這樣抱怨著。既然田園劇大受歡迎而幕間劇又顯得那麼出色,自然就會有人開始考慮何不把它們進行擴展。因此,爭論順理成章地出現了,就像伽利略說的,音樂應該貫穿在一整齣戲的表演當中。伽利略還進一步提出,音樂應該反映舞臺上所表達的情緒。在古希臘,歌手們演唱的歌詞和旋律,都十分清晰地體現了他們所要表達的情感,為了強調情感,不應只是在某一時刻演奏或演唱一段旋律,音樂節奏應該隨著誦讀的音調自然地變化。伽利略譜了一些曲子,來說明如何運用這些原理,可惜他的曲子已經失傳。不過卡契尼的一些作品卻被流傳了下來,它們所體現的這些最早的一些原理,經過時間的推演,最後成為後人所稱的「歌劇」的基礎。

　　如果你認為,是幕間劇或者田園劇讓位給了新興起的形式,那絕對是誤導視聽。恰恰相反的是這些體裁在一開始很少有實質性的區別。也許這一切,並不足以讓我們把歌劇的起源定格在1600年左右,或者更具體地

17 世紀一幅描繪貢薩格家族與宮廷成員的畫作。

說，是在那一年10月的佛羅倫斯，在法國國王亨利四世迎娶瑪麗亞‧麥第奇（Maria d'Medici）的慶典上。標誌這個事件的慶祝活動中，最引人注目的莫過於《誘拐克法羅》（Ii rapimento di Cefalo）的上演。此劇大部分的音樂是由卡契尼創作的。另外還有一齣叫作《優麗狄茜》（Euridice）的戲，在當時並未引起大眾的注意，也許是因為它僅在皮蒂宮內進行演出的緣故。此劇是由奧塔維奧‧利努契尼（Ottavio Rinuccini，1562-1621）撰寫劇本，音樂主要由雅克伯‧佩里（Jacopo Peni）所創作（卡契尼為此劇添加了一些不受歡迎的片段）。這是第一部完整保留音樂的歌劇，也許這就是第一部真正的「歌劇」。利努契尼雖然並未使用這個詞來稱呼它，但在他呈獻給瑪麗亞‧麥第奇的題詞中給了強烈的暗示，他寫道：「古希臘和古羅馬在舞臺上表現悲劇的時候，自始至終都是透過歌唱的方式呈現的。」他還補充說，這種形式後無來者，因為現代音樂和古代音樂相比是那麼的拙劣。

如果歌劇的美學起源可以追溯到文藝復興對古希臘、古羅馬的虔誠信仰，而它初期發展的歷史背景，則引領我們對當時的社會和政治進行關注。在1600年婚禮歡慶的表面下，藝術家們在台下進行著激烈的競爭。佩里和卡契尼相互較勁，看彼此用的是哪些歌手。而《優麗狄茜》的執導、音樂家、舞蹈家、編舞兼外交家卡瓦利埃里（Emilio de Cavalieri）卻得不到像《誘拐克法羅》的青睞，佩里不得不惱怒地離開了佛羅倫斯，回到家鄉羅馬。對這樁皇室婚姻期望值甚高的那些人，在接下來的歲月中卻不斷地失望：亨利四世遇刺，瑪麗亞（後來被稱為瑪麗）成為法國攝政王，但卻因才能平庸被她的兒子路易十三逐出皇室。當17世紀20年代魯本斯為她畫肖像畫的時候，她已經成為一個不修邊幅的遲暮美人。

對於1600年參加那場結婚慶典的重要人物來說，還真是不勝唏噓。如果硬要說在佛羅倫斯的這個慶祝活動中，為歌劇帶來了意想不到的影

響，那也是個非常正面的影響。因為不久之後，這種還不算成熟的，將戲劇、詩歌、音樂、舞蹈和表演元素揉合在一起的新藝術形式，從此紮下了根基。佩里和卡契尼等人的發明，涵蓋了佈景繪製、服裝設計、雄心壯志的舞臺機械工程，以及前所未聞的獨唱風格和演出水準。雖然結果各不相同，但沒有辦法用一個單獨的詞彙來描述它們：每一部作品都想在集所有藝術大成的野心中誕生，我們姑且就稱其為「歌劇」吧。

在1600年參加這樁結婚慶典的嘉賓中，有一位從鄰邦來的曼圖亞公爵文森佐‧貢薩格（Vincenzo d'Gonzaga），他和秘書——詩人亞歷山德羅‧斯特里吉奧（Alessandro Striggio）一起去觀看了《優麗狄茜》的演出。幾年之後，公爵的音樂主管蒙台威爾第與斯特里吉奧一起合作，在同樣的主題上創作了一部遠比《優麗狄茜》更出色的作品。

這是1607年2月，我們身處文藝復興時期佈置精緻華美的宮殿房間中。這是一間狹長的房間，大約長15米、寬8米，不算特別大，是公爵寡居的姐姐住宅底樓的一間居室。它被特別裝飾成臨時劇場，房間的一端搭建了一座舞臺，掛上了帷幕。舞臺前方擺放著一對舒適的扶手椅，外加幾把木椅，衣著優雅的僕人們，正迅速地將椅子呈半圓狀排成幾排。房間被火把和蠟燭照得通明，看上去十分溫暖，光線也足夠讓那些觀看現場演出的人們相互致意打招呼。據說這場演出非常特別，演員們將以演唱的方式來詮釋劇情。公爵和隨從們在洪亮的號角聲中進入房間落座，演出開始。

那些在曼圖亞貢薩格宮殿中觀看《奧菲歐》首演的人們，看到的是否就是如上所描述的場景？雖然沒有留下足夠的佐證資料，但應該差異不大吧。不過，我們至少可以確定一件事情：在座的那些人，包括該劇的創作者斯特里吉奧、蒙台威爾第、公爵本人，如果知道他們的「音樂故事」（favola in musica）會在400年後被看成是首部真正意義上的「歌劇」，應該會大吃一驚吧。

曼圖亞宮廷面對花園一景。

　　文森佐公爵在世時，曼圖亞的藝術成就重新達到16世紀著名的伊薩貝拉·埃斯特（Isabella d'Este）所創造的輝煌情景。在伊薩貝拉時代，許多人都把曼圖亞看成是世界上最美麗的城市，公爵的宮殿連著巨大的花園和庭院，是當時最大的建築。曼帖納（Mantegna，1431-1506）的作品、建築師及理論家阿爾貝提（Alberti）的作品，都被曼圖亞宮廷保存了下來。1588年，據威尼斯大使描述，曼圖亞人口達到四萬（其中五分之一是猶太人）。17世紀早期，曼圖亞遭遇經濟和政治的衰退，但它仍然是義大利北部最大、最富有的城市之一，文森佐公爵也是半島上最慷慨的藝術贊助人。

　　文森佐公爵年輕時，經常去鄰城費拉拉，他的姐姐嫁給了那裡的公爵。在他們的鼓勵下，費拉拉宮廷成為義大利著名藝術家和詩人聚集的地方。在這裡，年輕的文森佐和詩人托瓜多·塔索（Torquato Tasso）成為朋友，詩人的晚年則是在曼圖亞貢薩格宮廷中度過的。費拉拉同樣也以其高水準的音樂而名聞遐邇，特別著名的是女子組合（concerto delle donne）——歷史上知名的「費拉拉三女子」。在他姐姐的宮殿中，文森佐開始形塑他的美學品位以及對表演藝術的終生熱愛。他也常去走訪佛羅倫斯，在那裡喜愛戲劇的文森佐可以看到最新上演的幕間劇，也許也包括1589年促成歌劇誕生的所有關鍵人物的那些精彩演出。

蒙台威爾第寫給文森佐公爵的信。

　　文森佐於1587年受封為曼圖亞公爵之後，便立即著手提升宮廷的藝術品味。他建立了一個音樂團體，並擴建宮殿，以容納他不斷增加的藝術品收藏。他將出生在克雷莫納的蒙台威爾第請到曼圖亞，邀請猶太作曲家薩洛蒙尼·羅西（Salomone Rossi）來擔當樂團指揮，讓他得以在傳統的希伯來聖歌的基礎上創作自己的作品。每逢週五的晚上，公爵就會在宮廷中舉辦音樂會。同時他也鼓勵、資助並出席戲劇演出。蒙台威爾第能為這樣的貴族工作，可以說非常的幸

運。如果沒有文森佐‧貢薩格的贊助，沒有他的兒子、繼任者法蘭西斯科（Francesco）的積極鼓勵，蒙台威爾第就無法完成這部雄偉壯麗、音樂始終貫穿全劇的新型音樂戲劇。「歌劇」的創立，離不開文藝復興時期文森佐‧貢薩格公爵的贊助。

蒙台威爾第當時已經在貢薩格宮廷工作了17年，法蘭西斯科親王提議讓他和斯特里吉奧一起創作《奧菲歐》的時候，這位39歲的作曲家正處於創作的巔峰時期，聲名遠播至曼圖亞宮廷之外，他的牧歌集也被再版了無數次。不過蒙台威爾第仍然只是個領薪水的僕人，就像公爵的廚師或者管家，必須畢恭畢敬地在君王面前獻殷勤。對蒙台威爾第來說，這意味著必須為定期音樂會，以及無休無止的特殊活動和宮廷娛樂創作樂曲，他對此深感厭倦，在一封信裡他寫道：過度的工作，微薄的薪水，得不到應有的尊重。1607年即將結束時，蒙台威爾第的妻子去世了，過度勞累的他身體每況愈下，於是他回到家鄉克雷莫納休養（他的父親是一名醫生），而曼圖亞宮廷此時卻又急急地召他回去。

蒙台威爾第實在難以忍受，他寫了一封長信給他的上司。他在信中明確表達了他的態度：

「如果再如此勞累地為劇院作曲而無法休息，我將一命嗚呼……。

去年或許是命運使然，公爵大人命令我……完成那場音樂盛事，但卻損壞了我的健康……當時我饑寒交迫幾乎快無法完成工作，身心疲憊……殿下卻絲毫不曾給我哪怕一丁點微不足道的關懷，對我也沒有任何尊重之意。

命運如此眷顧我，給我許多的機會為陛下效勞，但卻讓我蒙受損失，恰如公爵大人經常說我工作辛苦，但卻沒有給我相對的報償一樣。」

回首看看他所度過的歲月，蒙台威爾第感傷的總結說道，他在貢薩格宮廷所得到的「幸運」，多半感覺更像是「不幸」，讓他經常入不敷出。不僅是他有這種情況，年輕時酷愛打獵和征戰的文森佐公爵，也將大部分的世襲遺產揮霍在戰爭中。然而儘管國庫虧空，他卻仍然苦撐著大約800多人的龐大家族，而且更加放縱地支持他最熱愛的藝術。也許，該對此感激涕零的應該是我們，而不是蒙台威爾第。

　　我們還應該感激公爵的兩個兒子，法蘭西斯科·貢薩格親王和弟弟費迪南多（Ferdinando）。費迪南多是一位知識份子暨著名音樂家。也許是為了想超越弟弟日益高漲的名氣，曼圖亞王室繼承人法蘭西斯科才召集他父親手下最好的藝術家來策劃一部作品，預備在1607年狂歡節期間在宮廷內上演。但就算如此，這項競爭也無損於兩兄弟的友愛：當演出的日子越來越近，法蘭西斯科寫信給他在佛羅倫斯的弟弟，問他能否臨時安排借用一位優秀的閹人歌手，為期兩周，費迪南多毫無嫌隙地立即應允下來。

　　蒙台威爾第的「音樂寓言」只上演了兩場（也有人說是三場），此劇之後再也沒有上演過，直到300年後的20世紀初，才被重新進行排演。在它誕生的那個時代，沒有人會認為創作出來的作品，會一遍又一遍地上演，宮廷內的歌劇也不是用來營利，只是為了消遣娛樂，讓親王們拿來短暫的炫耀而已，或許是為了慶賀王室婚禮、為軍事勝利的慶典增添歡樂氣氛，或者只是為了給公爵的競爭對手留下一個深刻印象。

　　《奧菲歐》的創作基礎雖然建立在傳統的音律架構上，即便如此，在當時它依然具有一定的創新精神。在首演的那個夜晚，有一位廷臣卡洛·馬格諾（Carlo Magno）寫信給他的弟弟說，當晚要上演一齣戲，據說非常特別，因為「所有的演員說話就像唱歌一樣」，他可能單純地只是因為好奇而去看演出。這場注定被人們記住的演出只在貢薩格宮殿內演出，而非我們今天所認知的劇院裡，觀眾也只是一些宮廷成員，不過區區幾十人而已。他們當中的大多數人都是頑固的學院派，實際上就是指那些熱愛文化的貴族菁英俱樂部成員。觀看《奧菲歐》的觀眾們，對其內容並不陌生。曼圖亞文藝復興末期任何一個受過良好教育的貴族，在音樂方面都應該有些品位。80年之前，作家、外交家巴達薩列·卡斯特格里昂（Baldassare Castiglione）在他所著的《廷臣論》（The Courtier）中寫道，任何一個真正的廷臣，除了要「理解音樂，讀懂音樂」之外，還應該能彈奏多種樂器，甚至要能歌善舞。所以1607年2月在曼圖亞宮殿中聚集的這些觀眾，他們欣賞蒙台威爾第和斯特里吉奧的演員們高超的演唱技巧，是非常夠格的。而且這些菁英人士熟知希臘神話，對古典戲劇的基本知識也十分熟悉：兩幕之間插入的舞蹈場景、詮釋劇情的合唱，時間、地點和情節相互統一的經

驗法則，以及莊嚴聖潔的結尾。他們能理解神話中的寓言所蘊含的力量，饒有興趣地等著觀看劇作家和作曲家如何試圖將各種元素融合到娛樂中去。文藝復興時期的藝術，長久以來都是取材於宗教和神話故事，一些早期的歌劇作曲家，也像其他藝術家一樣，自認為是通過古代世界的美學法則為大家講述道德故事。因此，當蒙台威爾第和斯特里吉奧創作《奧菲歐》的時候，無疑地急於想證明曼圖亞宮廷，如何超越幾年前他們為佛羅倫斯的麥第奇家族所創作的同題材作品。他們都是從古代神話故事中汲取靈感，這在當時非常普遍。實際上蒙台威爾第後來繼續在阿里阿德涅和尤利西斯傳說的基礎上創作了歌劇《波佩亞的加冕》（L'incoronazione di Poppea），使他的職業生涯達到了巔峰。

由卡羅柯洛波拉演出的《波佩阿的加冕》的劇照。

　　事實上，他和斯特里吉奧的觀眾群都具備相當高的學識和品味。任何應邀參加由麥第奇或貢薩格家族所舉辦的高規格盛會的人，都希望能夠目睹花樣繁多的華麗演出，由一流的藝術家創作、一流的演員表演，構思巧妙，既能滿足感官享受，情節又能發人深省。故事也許只是重現眾人熟知的古老神話或是田園劇，但參與其中的演員不僅能夠表演，還要能歌善舞。至於佈景和舞臺效果，必定會以最新的技術來展現，竭盡全力展現公爵雄厚的財力，例如：載著上帝穿行在充滿陽光和雲彩的天堂、狂風駭浪翻湧的湖泊海洋、燃起熊熊烈火的恐怖地獄，或者滿場煙霧繚繞。因而，對於這些迷戀演出的成員們來說，《奧菲歐》必定是義大利北方宮廷中前所未見、令人期待的一齣音樂戲劇節目。

　　在近代音樂學的研究中，關於《奧菲歐》究竟是在曼圖亞王宮中的哪個房間裡演出，至今仍然是個巨大謎團。例行的週五音樂會，顯然是在鏡宮（Sala degli Specchi）中舉行，但我們今天看到的卻是18世紀時佈置的大沙龍，依經驗來看，《奧菲歐》應該不會在那裡上演，而是在「最安詳者費拉拉女士（即文森佐公爵的姐姐，費拉拉公爵的遺孀）住宅的一間房間

裡」，可能是現在的皮薩內洛宮（Sala Pisanello）的底層，但究竟是在哪個房間演出，至今依舊無可考。

　　《奧菲歐》取得了巨大的成功，至少文森佐公爵如此認為。據他兒子法蘭西斯科寫給弟弟的信上說，他們的父親命令此劇一周以後再次上演，並允許女性觀看。1609年《奧菲歐》的總譜正式出版（其結尾不同，造成後來學者極大的困惑）。出版並不表示蒙台威爾第的這部傑作就能賺錢，而是肩負起貢薩格王室的偉大榮譽：為一場盛大而華麗的活動留下一份奢侈的紀念品、一份閃閃發光的節目單，讓人們得以回憶曼圖亞宮廷曾經的輝煌演出。出版就像當初委託創作這部作品一樣，既是一種美學主張，也是一種政治宣告。

　　如今曼圖亞的王宮和毗鄰的德泰宮，都是以經典的繪畫、雕塑和掛毯讓前來參觀的遊客們歎為觀止，這裡面還包括曼帖納畫滿整間屋子的壁畫。但對音樂愛好者來說，這裡是歌劇之父的家。然而，在文森佐公爵去世之後，蒙台威爾第也辭去了職務，來到威尼斯的聖馬可大教堂擔任音樂總監。1628年，貢薩格家族為了解決財政危機，將大量的珍藏出售給英格蘭的新國王──貪婪的藝術收藏者查理一世。不久之後，像波河流域的大多數地方一樣，曼圖亞捲入了波及整個歐洲的三十年戰爭。1630年，這座城市和它的寶藏遭到洗劫。此時已經在威尼斯的蒙台威爾第躲過了一劫。

　　威尼斯的凱西亞諾劇院屬於特洛恩家族，他們在火災後重建了劇院，並同意將劇院租給兩位從羅馬來的客座音樂家。法蘭西斯科‧馬納利（Francesco Manelli）和博內德托‧法拉利（Benedetto Ferrari）於1636年來到威尼斯，受雇於蒙台威爾第，加入了聖馬可大教堂的合唱團。蒙台威爾第不但受託為這所威尼斯的主教堂創作禮拜音樂、安排表演，還負責維持整座城市的音樂製作水準。馬納利和法拉利是他雇用的兩位極具創新能力的藝術家，他們來到威尼斯後不到一年，聖凱西亞諾劇院就得到允許重建，並將它作為公共歌劇院。

　　他們的第一部作品是《安德洛墨達》（L'Andromeda），由馬納利作曲，法拉利作詞。作品大受歡迎，於是第二年他們又創作了另一部歌劇。

很快地威尼斯的其他劇院也被改造成公共歌劇院，有時是由建造它們的貴族家庭，例如溫德拉敏（Vendramin）和格里馬尼（Grimani）家族進行改造。在此之前，歌劇只提供給王公貴族用於慶祝或特定場合的娛樂消遣之用。在威尼斯，歌劇開始變成一種需要付費、面向民眾所創作的娛樂，而且是在為它們專門建造的場所中上演。就像以前一樣，作品本身一定是新的，而演出的時間和場地，第一次開始以營利作為考量，而非政治。

　　這種新的趨勢是非常明顯的，這時又再次將蒙台威爾第帶回他早年花費巨大心血的藝術形式當中。他找出舊作《亞利安那》（Arianna）於1639-1640年間的狂歡節，在聖摩西劇院（Teatro S. Moise）上演。在那一季的狂歡節末期，聖凱西亞諾劇院又推出了《尤利西斯返鄉記》（Il ritorno d'Ulisse in patria）。蒙台威爾第的巔峰作品《波佩亞的加冕》同樣於那年的狂歡節演出季推出，在威尼斯另一座新歌劇院，當時屬於格里馬尼家族的聖喬凡尼‧保羅劇院（Teatro S. Giovannie Paolo）上演。

　　歷史學家在回顧文藝復興晚期的佛羅倫斯、曼圖亞或者威尼斯的文化環境時，對於這種給人們帶來愉快的新藝術形式十分激動。然而另一種氛圍也開始出現在羅馬，那就是教皇的清規戒律，將最嚴厲的束縛強加在戲劇舞臺上，這看起來十分矛盾。不朽之城羅馬作為教皇的根據地，長久以來對有錢有勢的人充滿了吸引力，因此也給許多偉大的藝術家提供了工作機會。伯拉孟特（Bramante，1444-1514）、貝尼尼（Bernini，1598-1680）、米開朗基羅、拉斐爾等均曾在這裡為教廷工作，還包括帕萊斯特里那（Palestrina，1526-1594，羅馬樂派的創始人）。而且，沒有哪個宗教比羅馬天主教廷更強調戲劇了，它們擁有華美的服裝、權杖和教冠、十字架和焚香、齊聲的吟唱、抑揚頓挫的朗誦、十分講究的佈景、佇列，以及承載這一切，令人肅然起敬的恢弘場所。尤其是作為其核心的音樂活動，可以說令盛名之下的羅馬教皇唱詩班，在縹緲的歌聲中沿著通往天國的階梯，完成了與全能上帝的心靈對話。

　　羅馬天主教的教皇們，很早就意識到戲劇表演的真正價值，他們當中的一些人甚至還對此積極進行鼓勵和推動，17世紀起便有天主教耶穌會

烏爾巴諾八世肖像。

在羅馬舉辦公開演出的紀錄。當然，教會裡的權威對此也有諸多限制，無論音樂或者戲劇，在內容和風格上都必須正面積極。作為教廷，女人是不被允許在裡面進行表演的。不過羅馬教皇並非像上帝那樣無所不能，因此對於那些在羅馬世俗貴族的豪宅裡定期舉辦的各種戲劇活動，他們鞭長莫及。羅馬貴族和佛羅倫斯及曼圖亞的貴族不同，他們沒有受到非宗教中央政治的束縛。羅馬實際上是大量音樂和戲劇活動的生產地，也是它們相互融合形成新戲劇形式的聖地。1623年耶穌會的紅衣主教馬菲歐・巴爾貝里尼（Maffeo Barberini）登上教皇的寶座，稱烏爾巴諾八世（Pope Urban VIII），他統治了羅馬教廷21年，直到1644年去世。

巴爾貝里尼家族以慷慨贊助藝術而聞名，這位新任教皇很快就讓大家明白，在他登上聖彼得大教堂的教皇寶座之後，一切均照常運作。而教皇也一點都不避諱自己的裙帶關係，烏爾巴諾將他的兄弟和兩個侄子任命為紅衣主教，將另一個侄子任命為羅馬行政長官。這個家族很快就積累了大量的財富和勢力，他們將其中的一部分金錢投進精心挑選的藝術專案中，這些財富為他們贏得良好的聲譽。例如教皇的一個紅衣主教侄子，在四噴泉廣場建造了宏偉的巴爾貝里尼宮，並創辦了巴爾貝里尼圖書館，後來它們被梵蒂岡接管。巴爾貝里尼鼓勵並支持羅馬歌劇的發展，不管是田園劇、史詩劇都十分華麗而壯觀，但只允許男人和男孩（包括閹人）進行表演，主題必須積極正向。

因此早在1632年，巴爾貝里尼宮的巨型劇院裡，就上演了一齣以聖亞力西歐（Il Sant'Alessio，希臘傳說中的聖徒）生平為劇本的作品，由貝尼尼進行舞臺設計，古里奧・羅斯皮格里奧希（Giulio Rospigliosi）撰寫劇本，他當時是烏爾巴諾八世手下一名年輕的神父，後來自己也成為教皇。巴爾

貝里尼宮的這場演出，必定令人歎為觀止：富麗堂皇的巴洛克式佈景，襯托著盛大的表演，在新奇的舞臺效果渲染下倍添魅力，觀眾據說超過了3,000人。據一位現場觀眾的描述，《聖亞力西歐》有四幕場景，第一幕表現的是帶宮殿的羅馬城，第二幕是無數惡魔出沒的地獄，第三幕是聖人的陵墓，第四幕是天國的榮耀。劇中人們目睹聖亞力西歐與眾多的天使在一起。這是羅馬有史以來最精美的布景，他記錄說，整個大廳都「懸垂著紅藍黃三色的綢緞，並以同樣的布料裝飾著穹頂」。

在烏爾巴諾及其家族的帶領下，羅馬斷斷續續地成為早期歌劇發展關鍵時期的活動中心（其重要性，只有17世紀60年代到70年代，特立獨行的瑞典前女王克莉絲蒂娜在此逗留期間，可與之相比）。在我們稍後的敘述中，因大量才華橫溢的表演家（特別是女性和閹人）大規模的四處遷移，幫助了歌劇在其他地方發展壯大，而羅馬也扮演了十分重要的角色。

假設歌劇的歷史起源於1607年的曼圖亞，或者幾十年之後的威尼斯和羅馬，都顯得不那麼準確。不過，毫無疑問蒙台威爾第的宮廷歌劇《奧菲歐》，是後來所說的正歌劇（opera seria）的第一部代表作，並且在17世紀中葉威尼斯的那些公共歌劇院中，許多商業化歌劇演出的規則首次得到驗證。尤其重要的是，正因為有蒙台威爾第這樣的人物，為兩個早期歌劇世界之間架起了橋樑。蒙台威爾第在聖馬可大教堂聘用的音樂家中，有一位來自義大利另一座城市克雷馬（Crema），演唱女高音的男孩法蘭西斯科·卡瓦利（Francesco Cavalli），在蒙台威爾第發現了他的音樂才能並加以悉心培養下，他在二十多歲時便成為聖喬瓦尼·保羅大教堂的管風琴師。他娶了一位富有的寡婦，因此經濟上保持了一定程度的獨立。他和作詞家喬瓦尼·方斯蒂尼（Giovanni Faustini）合作，為聖凱西亞諾劇院創作了一系列歌劇，大約有三十多部作品在威尼斯劇院上演。他一度還從馬納利和法拉利手中接管過聖凱西亞諾劇院，同時他也一直和他的良師益友蒙台威爾第保持合作關係。

卡瓦利的很多歌劇早就被人們所遺忘。儘管在過去三十多年的「早期音樂」的復興浪潮中，歌劇愛好者們早已發掘了他的作品《卡利斯托》

（La Calisto），但作為一個同時具備音樂和商業才能的人，在這種藝術形式向威尼斯、羅馬以及更遠的地方迅速普及的歌劇進程中，卡瓦利佔有舉足輕重的地位。當然還包括方斯蒂尼兄弟，特別是馬可・方斯蒂尼（Marco Faustini），他可以說是歌劇歷史上第一位著名的經理人。

義大利式歌劇的經營模式

　　像馬可・方斯蒂尼這樣的歌劇經理人，必須從業主那裡把劇院租來經營一個演出季，以賺取淨利潤。用放大鏡來看歌劇經理人的工作：他會陷入永無休止的周旋中，注意力被困在一大堆繁雜的事務上，諸如演員的安排、不聽話的演奏者、頑固的木匠和佈景師、情緒化的首席女歌手；他還要應付層出不窮的問題，比如如何平衡藝術性和控制成本，招攬更多的觀眾，如何支付藝術家們的報酬。在當時的威尼斯，推廣歌劇的財務支出存在著極大的風險。有時候會受到外力的干擾：在17世紀40年代中期，當威尼斯與奧斯曼人作戰時，威尼斯的歌劇院停業了好幾季。但更常見的問題往往起因於一份沒有按時交稿的樂譜、一個故障的舞臺設置、一場沒有理想票房的演出、或者——也許是最常發生的——一位生病或聲稱自己生病的藝術家。1654年2月在1653-1654年演出季臨近尾聲的時候，原本應該現身演出的歌手安娜・費利西亞・丘西（Anna Felicita Chuisi），收到了一封來自聖阿波利納雷歌劇院兩名經理人措辭嚴厲的信，丘西似乎還在追討她剩餘的報酬，但經理人卻不為所動：

　　「如果你拒絕依照要求回來參加剩下的狂歡節演出，無論是出於何種理由，我們都將鄭重地通知你，因為妳的失職而造成的所有損失和費用，都要由妳來承擔。」

　　丘西作出出強硬的回應，說她正掙扎於嚴重的病痛之中，並且也給經理人發出了一份最後通碟，強調「如果你們不立即支付我應得的報酬，我將向正義的法官尋求幫助」。她不是第一個，當然也絕非最後一個試圖威脅要透過法律行動，爭取自己利益的歌劇歌手。

　　安娜‧麗茲是名聞遐邇的威尼斯首席女歌手，她來自羅馬。正如我們所知，羅馬擁有活躍的音樂文化，但官方的立場十分排斥女性，除了歌劇這種舞臺表演形式。在17世紀，從羅馬到威尼斯的旅程既昂貴又危險，雇用他們的經理人不得不為這些外地歌手支付旅費和住宿費，或許還得包括歌手的配偶和僕人。一位聲名顯赫的歌手，像麗茲，可能會享受到高規格的款待，下榻在當地某個愛好歌劇的貴族宮殿裡，然而不是每個歌手都能有這種待遇，所以吃住這類補貼也成了經理人肩上沉重的財務負擔。

　　一份留存下來的1643-1644年歌劇演出季的合約，透露了麗茲在當時的名望與權勢，也透露出歌劇持續增強的影響力。在這份合約裡，經理人吉羅拉莫‧拉波利（Girolamo Lappoli）以分期付款的方式，分四次共付給麗茲500威尼斯斯庫多銀幣的費用，等於750達克特，遠超出一個頂級獨唱歌手在聖馬可大教堂100達克特的年薪。聖馬可大教堂就像一塊強力的磁鐵，吸引著愛好音樂的各地賓客來到威尼斯，特別是當蒙台威爾第（卒於1643年）擔任音樂總監時；儘管歌劇剛被引入不久，但它迅速變得流行起來。

卡那雷托所繪的威尼斯《聖馬可大教堂的唱詩台》。

　　在1643年的合約中，麗茲被要求參加排演，但僅限於在劇院中進行。她還可以在整個演出季擁有劇院內的一個包廂。如果麗茲因病而無法完成計畫中的演出，合約上載明如下這幾個字：「che Dio non voglia」（意思是：上帝不允許反悔），她仍將獲得一半的合約金；如果演出季因任何其他原因而推遲，歌劇院的經理人仍須支付麗茲全部的費用。

　　每個經理人預算中很大一部分，都要被用來支付明星歌手的報酬，尤其是那些風靡一時的女主角們。她們是吸引觀眾蜂擁而至的主因，相對地，她們的收入和議價能力也會不斷

地攀升。1658-1659年在威尼斯歌劇季期間，歌手的費用占了全部製作成本的42%。 1658年至1668年，儘管卡瓦利獲得的作曲收入在當時已經算得上高所得，但比例仍一直維持不變。與此同時，歌手吉麗婭·馬索蒂（Giulia Masotti，1645-1701）在1666年可以賺到四倍於作曲家的薪水，三年之後漲成六倍。另一位首席女歌手，其收入在1658年是350達克特，到了1665年連600達克特的報酬她都看不上了。

頂級歌手的亮相絕對是整個演出季的票房保證，而三流的歌手可能會砸了場子，留給經營者一張季末巨額虧損的帳單。到時候包括歌劇經理人、包廂的擁有者、擁有劇院的貴族或者被指定的擔保人，就不得不出面來收拾殘局。馬可·方斯蒂尼和許多歌劇經理人一樣，發現自己被那些急著討債的雇員們困擾不已。首席女歌手可以用保留自己的戲服來交換酬勞。例如當歌手丘西與阿波利納雷歌劇院的經營者為薪水的問題爭執不下時，她試圖在法院要求歸還的命令下達前，強要了她那條金錦緞長裙作為抵押。

一些出名的獨唱歌手，或來自威尼斯本地，或來自威納托地區，經常永久性地或者臨時性地從教堂跳槽過來，這種職業變動一直持續到18世紀。另外，威尼斯也以充滿活力的而有盈利前景的戲劇文化，吸引了來自義大利各地的人們。方斯蒂尼那樣的歌劇經理人已經建立起一張綿密交錯、覆蓋廣闊區域的情報網。他的星探在維洛納觀看了方斯蒂尼感興趣的一位歌手的演出後，這樣寫道，她「太讓我生氣了，簡直令人無法忍受」。另一個在羅馬的星探則在評論一位歌手時，說她是「一位優秀且舉止得體的歌手，但她的嗓音太小了，看來並不適合在您的劇院中演出」。

演出這種最複雜且昂貴的藝術形式時，一旦女性明星演唱家，被貼上高薪的標籤，就意味著在其他方面就必定要處處精省。不太重要的歌手，通常是在演出季期間由聖馬可大教堂招募而來，渴望提高微薄薪水的他們，一般還賺不到首席女歌手的十分之一。和半個世紀之前蒙台威爾第為他的曼圖亞主人創作時的規劃，卡瓦利的威尼斯歌劇所需要的器樂團，規模就要小得多了。卡瓦利在1651-1652年演出季的威尼斯聖阿波納劇院（S.

Aponal）中，彈奏鍵盤樂器的歌劇管弦樂團，規模小到只有六位樂手。舞臺設置和佈景正如伊弗林記錄的那樣，變換13次繁複的佈景應該很常見，費用也必定十分昂貴。戲劇研究者伊萬諾維奇（Cristoforo Ivanovich，1620-1689）於1681年寫道，「劇本中的每個場景，要求更換佈景和發明機器裝置都是很花錢的，這也是費用年年高漲的原因」。一位精明的經理人會通過對佈景、道具和服飾在其他演出裡的再次利用來降低成本。此外，一場受歡迎的演出可能會在一個演出季內反覆上演20次甚至更多，如果想分攤成本，那麼這是唯一的機會。當方斯蒂尼在1657-1658年演出季期間接管了凱西亞諾劇院後，他推出了一部新劇演了25場，累計吸引超過7,000名觀眾。這種做法類似百老匯或者倫敦西區音樂劇的運作模式，一部新作隆重上演之後，只要它還能繼續吸引觀眾，那麼這部劇就會不斷地重演，直到退出舞臺。威尼斯歌劇有不少成功的作品，像現代音樂劇那樣重複上演，但也有不少失敗的作品。

18世紀威尼斯聖薩穆埃萊（San Samuele）劇院內部。

　　如今我們還記得那些歌劇作曲家，卻遺忘了寫劇本的人，但在以前情形恰好相反。在威尼斯音樂作曲家一般都是簽約的專業人士，而劇作家則通常是位居政治高位或利用閒暇時間創作劇本的年輕貴族。吉亞科莫·巴多阿羅（Giacomo Badoaro，1602-1654）是威尼斯統治機構「十人會」（Council of Ten）中最具影響力的人物之一。他在為蒙台威爾第的《尤利西斯返鄉記》創作劇本的前言中寫道，「全天下都知道，我的筆桿子是用來消遣而不是用來賺錢的」。尼可洛·米納托（Nicolo Minato，1627-1698）是一位忙碌的律師，在他的一部歌劇劇本的序言中寫道，「我犧牲了數小時的睡眠時間

為您呈上這部戲劇」，並且說：「我發誓太陽從沒見過我手裡拿著筆的樣子。」法蘭西斯科‧米羅西奧（Francesco Mclosio，1609-1670）在1642年的一份序言中聲稱，「我是出於一時興起而作」，喬阿辛圖‧安德里‧茨克戈尼尼（Giacinto Andrea Cicognini，1606-1660）也在為卡瓦利的《伊阿宋》（Giasone，1649）寫的序言中說過同樣的話，他還特別強調「除了娛樂之外決無其他目的」。和那些作曲者不同，劇作家通常為非專業人士的這個矛盾現象，反而顯得他們更具分量。正是因為有了他們的劇本，作曲家才能獲得合約安心創作音樂，而他們還要負責包括場景、服裝、舞蹈等表演的指導，甚至包括劇本的印刷出版和上市等一連串繁瑣的事務。在點著蠟燭的威尼斯劇院裡，劇本和臺上的演出同樣受到人們的喜愛，許多劇本依然保留著蠟燭油的痕跡。歌劇愛好者會熱情的收藏劇本；有一位威尼斯的醫生在書房裡收藏了超過70部劇本。

描繪 17 世紀印刷工廠工作情形的版畫。

　　作曲家只是眾多獲取報酬的藝術家之一，他們利用自己的技能為歌劇的製作貢獻心力。他們當中大多數的人身兼作曲家及演員的角色，除了演唱、彈奏、教授音樂、出入宗教和戲劇兩個領域之外，合約在身時便為劇本創作音樂。更成功的人可以找到有薪水的工作，夠幸運的話還能身兼數職。多產的威尼斯歌劇作曲家齊阿尼（Pietro Andrea Ziani，1616-1684）曾在一個女修道院裡擔任管風琴師，既出版宗教音樂也出版流行音樂，有一段時間他還在聖馬可的小教堂裡唱歌，之後又在維也納高級法院謀得一個職位。像齊阿尼或卡瓦利這樣才華出眾的作曲家，不只能獲得樂譜創作的報酬，還會被邀請為演出執導。然而印製出來的威尼斯歌劇的劇本，常常不會記錄作曲者的名字。或許這可以理解為，在上演時現場演奏的音樂有可能經過他人的刪改，樂隊可能也會臨時演奏一段某位名人創作的幕間

曲。也可能是一個新出道的歌手發現某個音高唱起來非常彆扭，而作曲家又恰好不在現場，這時經理人一般會委託其他人創作更有把握的詠歎調，沒有人會因此責怪他人。1665年，歌劇作曲家安東尼奧‧切斯蒂（Antonio Cesti，1623-1669）的一部作品將由方斯蒂尼製作，安東尼奧寫信給經理人建議他「有必要時可以刪減、添加、修改、或者對此音樂做任何的處理」。到了17世紀後期，任何著名的首席女歌手會傾向於從別的作品中選一首她最喜歡的詠歎調，插入她的表演中，以此來彰顯她在演唱上的不俗實力。當歌劇不僅在威尼斯流行更風靡至整個義大利時，歌手們會「隨身帶著詠歎調」去趕場演出，如果他們唱得還不錯，沒有人會提出抗議。這種情況一直持續到19世紀，而且影響至今，例如約翰‧史特勞斯的《蝙蝠》（Die Fledermaus）中聚會的場景，或者羅西尼的《塞維利亞的理髮師》（Barber of Seville）某些版本中的課堂場景。

　　按現在的標準來說，威尼斯的劇院都比較小，而且觀眾人數也不夠多，資金的籌措通常是以集資的方式完成。威尼斯的歌劇院不像現在設有很多的普通席，但有不少包廂環繞在四周；凱西亞諾劇院就擁有三層包廂，聖喬凡尼‧保羅劇院則有四層，每個劇院的包廂總數都超過150個。對那些能擔得起歌劇院包廂的人來說，它是一個可以租整個演出季的豪門之家的社交生活。在包廂裡可以招待朋友、夜夜笙歌。一位歌劇經理人接手一座劇院的管理權之後，首要之務就是從當地財閥那裡募集一大筆經費，並將永久性的或一個演出季的包廂所有權送給他們。1672年，當聖盧卡劇院（Teatro S. Luca）從火災的毀壞中重建之後，它的經理將包廂年費從20達克特上調到25達克特，並且要求包廂租戶提前支付兩年的租金（八年後當他打算漲價到30達克特時，卻遭到強烈杯葛）。在歌劇院擁有一個包廂的重要性，可以從1672年英國駐威尼斯的官員約翰‧道丁頓寄給總督的一封信中窺探一二。在信中他要求公爵為他安排威尼斯兩家最大劇院的包廂，他以一種令人吃驚的口吻說，「這不代表我多麼有品位，您知道我並不喜歡音樂，至於詩歌我也談不上有多佩服，而且我也看不懂戲劇。我請求您給我這個恩賜的唯一理由，就是這能讓我很有面子，我的前任擁有過包廂，而且目前宮廷裡的人也都有。」

　　我們所知的歌劇院的拱形結構——被包廂環繞的馬蹄形觀眾席——最早起源於威尼斯，它最初的靈感應該來自古代的圓形競技場，而現代的歌劇院設計卻源自於街頭戲劇演出的露天廣場。試想一下那個小型的、多少有些封閉的威尼斯露天廣場中央，正在表演一齣劇，一群路人正在圍觀，這時另一批觀眾得天獨厚地在四周上方私人的半月形陽臺上俯視著下方，然後我們再將這個露天廣場蓋個圓屋頂，就是一座歌劇院了。

　　威尼斯之所以能成為公共歌劇誕生的推手，還有一個原因是社會任何一個觀眾在「先到先得」的基礎上，能夠自由購買到某天晚上演出的戲票。但這並不表示當時歌劇已經成為一種大眾娛樂。即使是一家大型的威尼斯劇院，通常容納的觀眾人數也不會超過幾百人。有資料顯示，除了新作首演之夜和狂歡節演出季的謝幕之夜，劇院還是很難滿座的。卡瓦利的《卡里斯托》（La Calisto）於1651-1652年演出季在聖阿波納爾劇院首演，這家劇院可以容納400人，但它只演了11場，其中兩晚的觀眾只有五十多人。除此之外，威尼斯的工人階層根本沒有機會去觀看歌劇，因為即便最便宜的戲票，價格也比他們一天的薪水還要貴得多。而擁有包廂的富人們，卻經常可以每天晚上都坐在那裡觀賞同一齣歌劇。因此粗略估算，一個成功的演出季累計觀眾人數可能也不過在七、八千人上下，實在少得可憐，與這座城市的總人口數完全不成比例。據估計1655年威尼斯的人口約在15.8萬人，而在狂歡節時期還會更多。

　　因此，我們不必去誇大歌劇在當時是多麼的流行，畢竟觀眾群主要還是來自貴族和富人，而這種藝術形式一如既往，需要一定的品位和經濟實力才欣賞得起。我們的疑問依然著眼在為何？從何時？這種藝術形式開始接觸新的、更廣泛的觀眾群，並且如何在威尼斯首開先河？

　　商業化的歌劇可說是威尼斯狂歡節的直接副產品。從藝術上來說，威尼斯由來已久的大眾戲劇傳統為新興藝術形式的孕育提供了肥沃的土壤，讓傳統的戲劇元素（包括即興喜劇）很容易就能轉型。同樣地，歌劇藝術為何能生根於17世紀至18世紀初的威尼斯，社會因素也必不可少。在那個時代，隨著早期威尼斯歷史中偉大繁盛時代的記憶漸漸消逝，越來越多具

有商業頭腦的年輕貴族開始取代那些固守傳統的大老們，早期嚴格的社會
等級制度開始瓦解。在歌劇院就像在露天劇場或者貢都拉船上，面具被用
來遮掩身份，為人們提供了違抗社會規範而又不受懲罰的偽裝，而這些自
由開放的風氣，在公爵制度的佛羅倫斯和教會體系的羅馬是無法想像的。
換句話說，威尼斯劇院的誘人之處在於狂歡節期間，為大眾提供了一個既
能夠保護隱私卻又能合法放縱的公共場域。

　　就效益上看，威尼斯貴族從建造和擁有公共歌劇院中得到了榮耀和名
望，同時歌劇也從中受益。例如格里馬尼家族鍾情於將他們的劇院向廣泛
的群眾開放，聖喬凡尼·保羅劇院就是由喬凡尼和保羅·格里馬尼二人特
地為歌劇的公開演出所建造的，此家族接著又擁有了至少四座威尼斯歌劇
院。除了獲得聲譽外，擁有歌劇院的貴族也有絕佳機會賺到相當可觀的租
金。1661年，安德列·溫得拉明（Andrea Vendramin，著名的義大利商賈家
族）靠產權和租賃收入就賺了5,000達克特，其中的1,000達克特來自於家族
劇院聖盧卡劇院的租金。有時候歌劇演出季也可能虧損；1644年卡瓦利在
劇院經營的早期嘗試，便以慘痛的失敗告終，而他在歸還屬於特隆家族的
凱西亞諾劇院時，還欠了一大筆債務。然而，即使是赤字也經常由貴族業
主和租包廂的富人們買單，他們似乎不會拒絕資助他們自己的娛樂。正如
1683年一位法國時事評論者所報導的那樣，威尼斯的貴族們之所以贊助大
歌劇院，與其說是為了經濟利益，不如說是為了維持他們這種特別的娛樂
方式，因為歌劇帶來的收入還不到成本的一半。這種模式──富有的貴族
向一個根本不可能盈利的行業不斷挹資──為威尼斯早期歌劇的持續發展
奠定了基礎。

　　種種因素共同催生了商業化歌劇的出現，而這也是原本擁有無上權力
的教會持續式微的結果。事實上在17、18世紀的義大利，教會和劇院兩股
勢力為音樂的控制權展開了激烈爭鬥，而歌手、演奏者和作曲家則發現他
們的忠誠在兩者之間不停搖擺。卡瓦利（跟他的導師蒙台威爾第一樣）的
職業生涯就是從教會音樂家開始的，他曾經是一位唱詩班的指揮，之後越
來越趨向歌劇創作，因而攀上人生的事業頂峰，時至今日仍為人所銘記。
而一些閹伶的生活和事業，恰好闡釋了精神和商業之間的衝突。

　　為了能夠像天使一樣歌唱，被閹割的男童被召進義大利的教會唱詩班。在羅馬，教皇唱詩班非常希望能以音樂營造身處天堂的感受，但由於婦女和女童被擋在教會演出之外，他們只好利用未到青春期的男童來展現天使般的歌聲。由於男孩會變聲，因此啟用成年閹人歌手的做法，從16世紀和17世紀之交（準確地說是在第一部歌劇被創作時）便開始逐漸被接受並被全面推廣，到18世紀到達巔峰，並於19世紀沒落消失。我們無從了解18世紀偉大的閹伶的嗓音聽起來究竟如何，也體會不到聽眾的感受如何震撼，但像塞內西諾（Senesino，1680-1759）和法里內利（Farinelli，1705-1782）那樣，在當時極有名望並享有豐厚報酬的閹伶歌手，足以與後來的卡盧梭（Enrico Caruso，1873-1921）或者帕華洛蒂（Luciano Pavarotti，1935-2007）相提並論。

　　天主教會官方並不能容忍閹割行為，它也並不是歷史上第一個接受它的宗教機構。一些早年的基督徒曾採取自宮的手段，按他們的想法，這麼做可以確保純潔與禁欲，這種觀念在17世紀義大利的信徒中非常普遍且影響深刻。當時閹割是非法的，除非徵得男孩本人的同意。但有相當數目的案例顯示，有些決定是父子之間相互妥協的結果，在某些案例中，聲樂教師也參與其中；所有人都很清楚，閹割可以帶來的職業機遇。1613年，據說羅馬有一個年幼的孤兒想通過閹割的方式，來達到服侍曼圖亞公爵的目的，後來，有兩個男孩由於擔心變聲導致失去嗓音優勢，因而請求摩德納公爵贊助他們進行閹割。據說著名歌手路易基·瑪爾蓋西（Luigi Marchesi，1754-1829）曾違背父母的意願堅持閹割。這種手術要在孩子八、九歲的時候完成，因此有一副好嗓子且具備一定天賦的男童父母，難免有自作主張的嫌疑，他們打算以孩子的優美嗓音作為擺脫貧困的出路。

　　閹割，或許會也或許不會成就一個成功的歌手，但對於一個來自貧窮家庭的男童來說，即時效益是他可能有幸來到一位仁慈導師門下或一個教會機構，並且獲得提供食物、住宿和基礎教育的機會（學習的主要課程是音樂和演唱）。在那不勒斯，有四所由教會特別成立的慈善機構，這些機構享有很高聲望並且福利很好，專門照顧那些貧窮的或是被遺棄的兒童，

撫養他們成為虔誠的基督教徒。在這裡，來自貧困家庭被閹割後的男童，會在教會偉大傳統的保護和音樂薰陶下成長。這些音樂學校為很多偉大的歌劇閹伶提供了最初的庇護所，所有的人最初接受培訓的目的，都是為了用音樂來讚頌上帝的榮耀。

　　音樂學校的生活，和當時其他宗教機構一樣有嚴格的戒律。孩子必須在破曉之前起床、穿衣、洗漱、唱聖主頌、參加禮拜。白天孩子們會穿著學校特製的教士服，並且被要求任何時候都要保持得體的舉止。有一些證據顯示，年幼的閹伶比其他男孩得到的照顧更多、更好，這些身體殘缺的脆弱孩子是成長中的天使，必須得到大人更多的悲憫。在那不勒斯，聖雷多聖母堂音樂學校（Santa Maria di Loreto）記載著：1699年由於環境潮濕，一些閹伶學生的聲音有點乏力，因此必須配給他們更厚的冬衣。另一個例子是聖奧諾弗里奧音樂學校（Sant' Onofrio），小閹伶們有時能吃到比其他學生更豐盛的食物；巴弗利耶穌基督音樂學校（Poveri di Gesti Gristo）的管家則記錄了為閹伶們買了17卷波蘿伏洛乾酪的事情。英國音樂史學家查理斯·伯尼（Charles Burney，1726-1814）描述了1770年對聖雷多聖母堂音樂學校的一次訪問。那時大那不勒斯音樂學校培訓閹伶的傳統已經走過了全盛期。但伯尼依舊發現，孩子們在一個擁擠的房間裡吃飯、睡覺和練習，他對那裡刺耳的雜訊感到驚訝，他寫道：超過三、四十個正在練習歌唱的孩子，簡直沒有哪兩個人是在唱同一首曲子的。伯尼說，這是一個寧靜的庇護所，這裡有16個閹人歌手，「因為害怕寒冷會危及甚至損害他們的嗓子，他們住在其他孩子的樓上，那裡的房間更溫暖」。

　　經過估算，在同一時期閹人歌手的數量可能從來沒有超過幾百人，而且這個數字在1750年左右也開始衰減。通過閹割男幼童來為教會音樂服務的做法，卻對歌劇界產生極大的影響。從17世紀末到18世紀，義大利等地的歌劇作曲家和觀眾酷愛閹伶們細膩而超脫凡塵的嗓音。從沒有教會演唱家能夠像一個聞名遐邇的歌劇歌手那樣，獲得如此多來自社會大眾的讚譽和豐厚的報酬；在18世紀30年代的倫敦，塞內西諾和法里內利每一季可賺到高達1,500英鎊的收入。

閹伶的魅力並不只局限於歌唱，人們對其性能力也有諸多揣測。很多閹伶據說都與女性有性關係。卡法雷利（Caffarelli）曾經這麼自我吹噓；西菲斯（Siface）被他情人的兄長刺殺；而年輕的女高音歌手加布里埃利（Caterina Gabrielli）據說透過和另一個閹伶瓜達尼（Guadagni）的風流韻事而轉型成了一個大美女。這些男女關係究竟有多煽

霍加斯在 1725 年處做的版畫，身材高大的是一位閹伶歌手。

情，或許只有當事人自己最清楚，但至少這種性關係讓女方沒有懷孕的風險。閹伶坦圖奇（Giusto Fernando Tenducci，1736-1790）在他出軌的妻子懷孕時說，「不忠的女人，這孩子根本不是我的，因為我沒辦法給妳我自己都沒有的東西」。

人們對閹伶的興趣變得愈發濃厚，因為那個時代混雜著對自然和科學的迷惑不解，混雜著真實與虛假、面具與偽裝、性的歡愉與曖昧，還有無法滿足的獵奇心與怪誕的幻想。當莫札特遷居維也納的時候，人們成群結隊去參觀美泉宮花園，只為了去看一頭大象。1767年英國皇家海軍海豚號的全體船員完成了環球航行任務回到英國，但被大肆報導的卻是他們遭遇九英尺高的「巴塔哥尼亞巨人」部落的故事。同樣的，有些閹伶被描繪成過度發育後的奇異可笑模樣：體形龐大的男孩，擁有成年歌手那樣有力的胸腔，卻又帶著青春期之前細緻的嬰兒肌膚且毫無鬍鬚。法國律師布羅塞（Charles de Brosses，1709-1777）在1739年訪問義大利之後這樣描寫他們：

「生得一副大塊頭，胖得像肉雞，他們的臀部、大腿、臂膀、喉嚨和脖頸如女人那般圓潤豐滿。如果你在聚會上見到他們，他們講話時從巨大軀幹裡發出的童聲會把你嚇一跳。有一些長得非常標緻，自鳴得意地帶著美麗的女子，據說他們都擁有極高的才華。」

人們普遍認為他們自私、喜怒無常並且不足信賴，跟近代的歌唱女伶沒什麼不同。這種印象有幾分正確，但也有誇張的成分在內。當伯尼1770年在波隆納（Bologna）遇見上了年紀的法里內利的時候，他見到的

是一個高挑、瘦削、尊嚴而又有禮貌的紳士，面對自己過去的輝煌成就非常謙虛。他們最初見面的地點，是德高望重的音樂家馬蒂尼神父（Padre Martini）的圖書館，法里內利說道，「馬蒂尼神父的貢獻是不朽的」，並謙遜地說他個人的成就「早已過去且被遺忘」。之後他們在法里內利裝修典雅的家裡共進晚餐，法里內利婉拒了伯尼報導其生平的邀請，但也給了伯尼很大的幫助，為他提供了多明尼克·史卡拉帝（Domenico Scarlatti，1685-1757）的詳盡資訊。後來在那不勒斯，伯尼會見了另一位偉大的閹人歌手卡法雷利，他是一位相貌顯得年輕但已經63歲的老人（他當時仍在唱歌）。卡法雷利早年因狂妄自大而臭名遠播，但如今卻非常有禮貌，輕鬆愉快地和他聊了起來，並謙恭地問起不少英國老朋友的情況。

很多在歌劇院功成名就的閹伶仍然與教會保持聯繫，這無疑是出於虔誠的信仰和退休津貼的雙重考量。雖然卡法雷利在國際上享有盛譽，但他一生中的大多數時間，都一直保留著在那不勒斯皇家教堂的職位。瓜達尼曾經因為擅自跳槽至劇院而被教會合唱團除名，經過一番努力，教會才在18年後同意恢復他的職位。安東尼奧·瑪利亞·朱利亞尼（Antonio Maria Giuliani，1739-1831）是一個相對名氣較小的人物，居住在摩德納，在天主教合唱團演唱了很多年，但偶爾他也在威尼斯的歌劇舞臺上擔任執導的工作，並且在摩德納歌劇院做聲樂教師。

巴洛克時期教堂內的唱詩班的情形。

　　隨著歌劇在義大利等地廣泛傳播，教會音樂的吸引力卻出現了衰退的徵兆。在1660年至1725年的威尼斯，聖馬可大教堂合唱團大約有40名成員也出現在該市歌劇院的舞臺上。在1728-1729年羅馬的演出季，教廷發現他們聘用的三名閹伶，在過去幾年裡曾一直參加著歌劇演出。一份18世紀中葉的羅馬文件上抱怨說，羅馬及義大利等地的很多劇院給了閹伶過高的薪水，使得那些歌手不再重視教廷，半島周邊的次級教堂也越來越難招募到合適的歌手。18世紀40、50年代，洛雷托教堂（Loreto）不得不同意他們的歌手（包括七名閹伶）頻頻離職轉任歌劇工作；到了1779年，貝加莫（Bergamo）的馬傑奧爾聖母堂（S. Maria Maggiore）甚至同意在整個狂歡節期間讓教堂的歌手去參加全薪演出，只希望能在教堂唱詩班中招募到一個年輕的閹伶。

　　天主教會權力的衰微與歌劇的愈來愈流行是同時發生的。16世紀義大利興起的反宗教改革運動，正當如火如荼開展之時，啟蒙理性主義也在不斷挑戰傳統信仰。到了18世紀末，教會在徵召高素質雇員的同時，不僅在合唱團員的招募上，也在教士的選拔方面開始遭遇困難。但無可否認的是，教會的衰微是羅馬教廷咎由自取：對女性在戲劇舞臺和主教堂的禁令，也直接導致了閹伶的出現。18世紀末，如果伯尼的記錄可信，那麼全義大利「教堂裡所有的歌手都是歌劇院淘汰下來的人，因此幾乎不可能找到一副可以令人賞心悅耳的嗓音」。

　　如果說威尼斯見證了歌劇商業化的開端，那麼羅馬應該為早

那布勒斯聖卡洛歌劇院，繪於 1835 年。

期闈伶進入歌劇負責。18世紀多數時間裡，義大利首要的音樂創作中心在那不勒斯。當時那不勒斯是義大利最大的城市（比倫敦和巴黎之外的任何一個歐洲城市都要大），希臘人、羅馬人和拜占庭人的統治都在此留下印記。自中世紀時期起，那不勒斯便落入世襲統治者的威權之下，直到偉大的西班牙哈布斯堡皇帝查理五世時期才告終。西班牙人持續指派總督來統治此地，直到18世紀初期才被奧地利人取代。奧地利的統治從未穩固過，1734年有一位波旁親王，驅逐了奧地利人並在整個義大利南部重新建立了波旁家族的統治，成為查理三世。他啟動的首批工程之一，就是建造一座毗鄰皇宮的巨型歌劇院。1737年，在這位君主的命名日當天舉行的開幕典禮上，這座大劇院被命名為聖卡洛劇院（Teatro San Carlo），是座宏偉的建築，位於馬蹄形頂端的富麗堂皇的皇家包廂高達三層，面積是四個普通包廂大。在這個令人過目難忘的王室建築內，會有超過2,000名觀眾一同欣賞「莊歌劇」（opera seria）的演出，這種歌劇以寓言的形式講述希臘諸神和羅馬帝王的故事，實際上是在反映當時人們所處的權利結構。

1737年，歌劇對於這座城市來說已不再是新鮮事物。像佛羅倫斯一樣，那不勒斯早在16世紀便開始了將戲劇和音樂結合在一起的嘗試。在那不勒斯的小型劇院，即興喜劇（commedia dell'arte）演變成後來人們所熟知的喜歌劇（opera buffa），其中有固定的角色會演唱或者念白，初具雛形的舞臺佈景看上去相當土氣。1650年歌劇便在那不勒斯首次公開演出，只比威尼斯晚了幾年。在每個演出季，新的歌劇總是會先在總督的私

人劇院裡首演，然後再轉移至毗鄰的公共劇院——聖巴托洛梅奧劇院（S. Bartolomeo）演出。為了監督聖巴托洛梅奧劇院新的演出季，1684年總督請來了出生於巴勒莫（Palermo）並在羅馬接受教育的亞歷山卓·史卡拉帝（Alessandro Scarlatti，1660-1725）。

　　亞歷山卓·史卡拉帝一生中大部分時間都留在這裡，創作了大量的歌劇，並且為那不勒斯的舞臺改編了無數威尼斯的作品。在他的努力領導下，這座城市才能夠與威尼斯共同競爭義大利歌劇中心的地位。在18世紀的那不勒斯對於每一個富有野心和才華的音樂家來說，都有著無法抗拒的魅力，尤其是對那些打算以創作莊歌劇名垂青史的人。當薩克森出生的韓德爾還是個年輕人的時候，他在義大利花了三年時間磨鍊他的抒情天賦，1708年在那不勒斯創作了一部戲劇康塔塔《埃希、伽拉武亞和波呂斐摩斯》（Aci, Galatea e Polifemo），其中包括一段男低音詠歎調，要求歌手跨越兩個半八度，從高音A過渡到低音D。不久之後，還有一位著名的德國青年作曲家約翰·阿道夫·哈塞（Johann Adolf Hasse，1699-1783）在那不勒斯居住了幾年，盡其所能地向史卡拉帝學習。晚年哈塞在德勒斯登（Dresden）定居之後碰到了布羅塞，被問及對於法國音樂的看法。布羅塞寫道，「這位著名的作曲家，人稱「il Sassone」（那個撒克遜人），氣得幾乎背了氣」，然後他引用了哈塞的話說：「除了義大利音樂，上帝讓我不要看到、聽到其他音樂，因為沒有哪種語言能夠歌唱，只有義大利語才辦得到。」哈塞對法國音樂特別不客氣，他認為法語充滿了生硬而無法演唱的發音，唱起來令人作嘔。

　　同樣在那不勒斯，最有影響力的莊歌劇劇作家，羅馬人梅塔斯塔齊奧（Pietro Metastasio，1698-1782）在移居維也納之前也在此工作過。1770年5月，14歲的莫札特被父親帶到那不勒斯待了一個月。莫札特的父親在家書中寫道，儘管天氣異常寒冷，莫札特還是渴望能擁有一身褐色的皮膚。當時，莫札特在寫給他姐姐的信中說，那不勒斯的歌劇院很漂亮，但他也注意到國王「像那不勒斯人那樣舉止粗魯且缺乏教養，在劇院的時候他經常站在凳子上好讓自己看上去比皇后高那麼一點點」。

自開幕的那一刻起，聖卡洛劇院便迅速成為音樂愛好者們的旅遊勝地。1739年在開幕後不久，布羅塞便滔滔不絕地寫道，「那不勒斯的皇家劇院……規格驚人，有七排包廂，連接著走廊，還有為大視角設計的寬闊縱深的舞臺」。他將國王查理三世及其妻子描述為是統治過那不勒斯中最醜的一對皇室夫妻。但他們貌似非常相愛，且他們的歌劇院也非常成功。

布羅塞承認，當他看到義大利境內歌劇院的數目時，確實有些羞愧；他承認在整個法國「沒有一家真正的大禮堂，除了杜伊勒里（Tuileries）宮之外，不過它幾乎從未啟用過」。斯坦霍普勳爵（Lord Stanhope）在1733年對米蘭的一次訪問中提到，歌劇是所有外國人在這裡的主要消遣，原因很可能是和其他戲劇娛樂形式不同，使用外語表演的歌劇不足以阻礙人們對它的欣賞。在壯遊行程中到過義大利的貴族子弟們，都在信件和自述中頻繁提及曾經觀看過的歌劇。法國作家和牧師阿貝‧誇耶（Abbe Coyer，1707-1782）出席了聖卡洛劇院的一場演出，他說，「這座劇院寬闊的舞臺上，無論是行軍、戰役還是最終的勝利，都令人目不暇接……最令人印象深刻的莫過於國王的私人馬匹也參與了演出」。另一位那不勒斯歌劇院的訪客帶著無比豔羨的口吻讚歎說，「他們好像真的在打仗……不像巴黎和倫敦那樣隨便從街頭挑來幾個羸弱之人，這裡全都是受過軍事訓練的真正戰士。」都靈的演出也同樣令人難忘。當一位英國壯遊者愛德華‧湯瑪斯於1750年到訪皇家劇院（Teatro Regio）時，儘管劇院剛開幕才幾年，但他認為這裡已經是歐洲最頂尖的演出了，無論是音樂還是舞臺機關都給人們帶來狂喜。最令人過目難忘的要數它無比宏偉壯麗的佈景和製作，「你可以看到城市被風暴蹂躪，大象出現在舞臺上……城堡林立，彷彿集結著整支軍隊似的……有時還會出現四十多個舞者和一支身著華麗服飾的200人合唱團」。1783年一位伴遊者湯瑪斯‧布蘭德這樣形容都靈劇院的龐大：「在芭蕾舞劇、歡慶節目和其他重大演出的時候，會有70匹馬同台獻藝，它們可是皮埃蒙特騎兵部隊貨真價實的馬匹，而且劇院裡還有空間容納3,200名觀眾的座位。」

然而規模並不能代表一切。很多記錄都著重於義大利歌劇演出的高品質。早在1709年，查理斯‧索莫斯特勳爵（Lord Charles Somerset）就曾經

來到波隆納欣賞歌劇，並且評價該演出為：無比精緻和華麗。他強調說當地人僅將此評價為中等水準，因此他推論「該國音樂之卓越遠遠超出我們所能想像」。他斷定，「我們最大的虛榮將是拿我們最優秀的新歌劇和義大利人最不起眼的作品相比較」。

　　另外有訪客提到義大利的歌手總是要大吼大叫。伯尼在描述龐大的劇院結構的時候也提及這種情況，他說：「為了使自己在嘈雜的環境和空曠的空間中能被聽清楚，歌手們似乎在不停地大聲嚷嚷。」還有其他的批評聲浪。一位不滿的觀眾說，在那不勒斯看了一場叫做喜歌劇的折磨人的東西，而一位佛羅倫斯的遊客則尖酸地批評說，管理權落在了全都是見錢眼開的傢伙手上。

　　許多外國訪客對觀眾的舉止作了特別的描述。當英國劇作家大衛·加里克（David Garrick，1717-1779）於18世紀60年代到都靈歌劇院看演出時，被喧囂的人群和隨便脫離角色與觀眾聊天的演員搞得非常驚詫。山繆·夏普（Samuel Sharp，1700-1778）於1767年寫道，在那不勒斯甚至整個義大利都有一種潮流，就是將歌劇院視為約會和訪友的地點，他們似乎根本不關心音樂，只是在整個演出時間當中毫無節制地說笑。幾年之後，伯尼也發現義大利的歌劇觀眾「不專注、吵鬧、不遵守禮節」，他們「粗俗野蠻，令人無法忍受」。 這也是他認為歌手時常大聲嚷嚷的另一個原因。伯尼也許有些不切實際地想將這裡的現象與倫敦和巴黎劇院裡的安靜相比，認為安靜既是對演員的鼓勵也會令聽眾感到舒服。當查理斯·阿博特（Charles Abbot）在1788年來到佛羅倫斯的歌劇院時，他為那無與倫比的佈景和服飾而傾心，但同樣指出，周圍的觀眾對於演出似乎很不專心，除了一些特別的曲子外。他補充道，「儘管坐在離舞臺只有三排的位子上，說話的嗡嗡聲，讓我們很難聽清楚歌手的聲音」。

　　從某種程度上來說，義大利歌劇觀眾的行為被國外受過良好教育的遊客所詬病，這正是義大利歌劇比其他地區更早商業化的緣故。實際上就連在聖卡洛劇院這樣的宮廷劇院內，人們都可以在演出開場之後再大搖大擺地走進來，高聲談笑，隔著坐席呼朋喚友，甚至抽煙吃喝，或許還能打牌、

下棋。布羅塞指出，下棋非常適合填補冗長的朗誦時的無聊間隙，直到音樂重新將他的注意力從棋盤上喚回來。英國訪客威廉‧貝克福德（William Beckford，1760-1844）這樣寫道，「劇院裡的時光，連同那些混亂紛擾……對於義大利人來說都是一天中最愉快的時刻，無論他是何種身份，就連最貧窮的人也會犧牲一點當天的麵包錢，來劇院享受一下。」

極少有人會懷著虔誠的心態前來瞻仰我們所謂的偉大藝術。相反地，歌劇院倒有點像是今天的爵士夜總會：一個與老友常去的地方，一待就是一整夜，不管有什麼節目都玩得很開心。實際上去聽歌劇並不是什麼風雅的事情，如布羅塞所說，除非是一些有趣的地方。就像在一家爵士俱樂部，或是一家老式咖啡廳裡的酒廊樂隊，人們會因為一段出色的表演，而為某個藝術家鼓掌喝彩。實際上，人們（如在流行演唱會上）興奮所至時，還可以情不自禁地跟著主角唱起歌來，至少哼哼調子，或者就像在如今宏大的音樂劇的高潮時刻，人們也會歡呼並熱烈鼓掌一樣。不過在歌劇演出的大部分時間裡，阿貝‧誇耶認為，「主要是互相交談，或者是在包廂間相互探訪」。人們多數時間並沒有在聽音樂，但人們確實會為詠歎調而陶醉。但並不像如今的歌劇院裡那樣，人們會對經典的老作品感興趣，布羅塞寫道，因為「沒有人想看以前已經看過的歌劇、芭蕾、舞臺佈景或者演員」。他的觀點得到一位佚名遊客的證實，這位遊客於1782年到訪都靈，他說，「除非有新劇碼的首演，或者是喜愛的歌手第一次現身演唱他們喜愛的曲目，否則這個國家的人根本不想去聽音樂」。當風靡一時的闍伶塞內西諾回到那不勒斯時，布羅塞寫道，「人們嚷嚷著，這是什麼？我們已經見過這個演員了，他的演唱已經過時了。」另一方面，一部新作品可能也會吸引一大批觀眾前來，劇院對於他們來說只是一個俱樂部。布羅塞冷諷道，「義大利人對於歌劇的所謂愛好，更多地體現在他們穩定的出勤率上，而不是用心去關注它」。

一般來說，觀眾被分成不同等級。這並不意味著需要通過立法手段來執行；票價會讓在場者清楚自己的位置。正廳（或者說是底層的座位）是由一排排長椅組成的，這類觀眾（在部分劇院清一色為男性）會坐在那

裡：各類知識份子、教士、軍官和其他中產階級公務員，外加本劇的作曲家、劇作家及其親友。一幅反映剛開幕不久的都靈皇家劇院的畫作，描繪了正廳中帶著假髮坐在前排的聽眾。有一些在觀看演出（有個人還在用望遠鏡），其餘的都在與鄰座聊天，左顧右盼或者用閱讀來打發時間。一個小女孩在賣橘子，還有些人在喝水，同時還有一個糾察人在維持現場秩序。布羅塞將義大利歌劇院正廳裡的長椅與教堂中的長椅作了一番比較：「除了只是人坐在上面外，全無相似之處，因為一些人對自己喜愛的演員喝采、歡呼（有時甚至在開唱之前就開始了），夾雜著從包廂最頂層傳來的回音，也夾雜著吟誦獻給歌手的讚美詩，這樣的喧囂無休無止；震耳欲聾的嘈雜聲是如此擾人和無禮，以至於第一層座位被弄得烏煙瘴氣，坐都坐不住。在威尼斯，這裡也是貢都拉船夫的聚集地。劇院的上方是一層層馬蹄形的包廂，不想被瞧見的人喜歡去高處半圓形的包廂內，比如說年輕的劍客和他們的情婦。至於那些正廳上面一層的包廂，還有大劇院裡那種一兩層高的包廂，都是富人和權貴的領域。

　　儘管社會等級被仔細地分隔開來，這種劃分也並非是絕對的，很多時候也經常互換。來自正廳的年輕人，或許會出於社交義務而去拜訪二樓包廂中的貴婦，然後再到高層的隱蔽之處和女朋友會和。在威尼斯，一些包廂中猥瑣的貴族，當然都戴上了面具，有時會往下面的普通人身上吐痰來試試自己能否擊中；這種行為似乎並不會招致憤怒，反而更像是一場遊戲。格萊斯頓直到1830年才注意到這種吐痰文化，他的妻子為此感到噁心而離開那不勒斯。

　　冬天來臨時，在通風的室內保持溫暖的花費十分龐大，義大利的歌劇院使出渾身解數，為所有付得起錢的人們提供一切可能的享受。在某些大型歌劇院裡，一個演出季的包廂租金，有可能是普通市民年薪的五倍。法國旅行作家熱羅姆·德拉朗德（Jerome de Lalande）稱讚說，那些包廂太舒適了，他們的租戶恨不得半輩子都在裡面度過。可以在這裡見朋友、娛樂、做生意、說長道短、打發閒暇時光。正如威廉·貝克福德所描寫的那樣，每一位女士的包廂，「都是一幅交織著茶、紙牌、殷勤的武士、僕人、寵物犬、僧侶、流言蜚語和幽會情人的場面，對於音樂、舞臺，甚至是男女

演員的關注倒成了其次」。

在燭光搖曳的觀眾席上，人們通過觀劇眼鏡或者長柄望遠鏡來觀察別人，向熟人打招呼，記住誰穿了什麼或是在隨侍誰。有時，國王、總督或許是某個剛剛凱旋歸來的將軍會突然現身，這個時候人們就會轉向VIP包廂，微笑、鼓掌，並且期望自己被他們看到。如

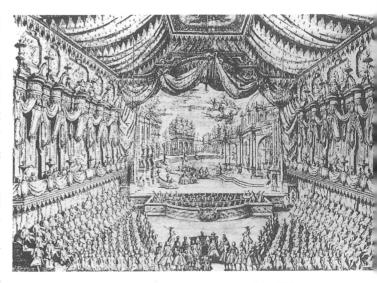

描繪那不勒斯皇家劇院演出情景的版畫。

果想要更私密一點，或者曖昧一點，你也可以撤到包廂的後半部，藏在簾子後面，享受二人世界。1748-1749年在帕爾瑪演出季期間，23歲的卡薩諾瓦（Casanova，1725-1798）請求他眾多情婦之一的亨麗埃特（Henriette），希望每晚都能帶她去聽歌劇，當亨麗埃特羞澀地問道這樣做是否有點過分時，卡薩諾瓦解釋說，如果他們在歌劇院沒被看到，那麼他們就不會被人說三道四。亨麗埃特回答他說，那好，但是要租一個盡可能隱秘的包廂。卡薩諾瓦盡力去找了個二樓的包廂，但又提醒亨麗埃特說，因為那個劇院比較小，「一個漂亮女人在裡面會引起注意的」。亨麗埃特仔細看了一遍住在帕爾瑪的外籍人員名單，發現沒人認識她，頓時寬了心，才同意冒險和他一起去看戲，去的第一晚她「素顏且不點蠟燭」，她用望遠鏡整晚盯著舞臺，目不斜視。「似乎沒人對我們感到好奇」，卡薩諾瓦記述道，「因此我們懷著愛意一同回了家。」

隨著時間在18世紀繼續前行，教會制度在羅馬、那不勒斯和其他地方遇到了越來越大的困難。同時，威尼斯在歐洲的勢力也逐漸式微，但其在藝術領域的領先地位卻愈加鞏固。在這裡提也波洛（Tiepolo，1696-1770）

繪製了他的油畫巨作，哥爾多尼（Goldoni，1707-1793）和戈齊（Gozzi，1720-1806）創作了精巧複雜的喜劇，與此同時，威尼斯率先推出歌劇的公演，向整個義大利、阿爾卑斯山以北，直至歐洲中部擴散。這種最初僅作為貴族們閒暇時的高雅娛樂，後來演變成炫耀權力和財富的平臺，如今牢固地建立起商業娛樂的流行樣式。在某些地區，它的聽眾結構滲透到了更底層的社會。每個城市都建有自己的歌劇院，很多城市還不止一座。大部分聞名至今的義大利歌劇院，都是在18世紀建立起來的：羅馬的阿根廷劇院（Argentina，1732）、那不勒斯的聖卡洛劇院（1737）、都靈的皇家劇院（1740）、波隆納的市立劇院（Teatro Comunale，1763）、米蘭的史卡拉劇院（La Scala，1778）和威尼斯的鳳凰劇院（Fenice，1792）。

　　1789年爆發的法國大革命將會改變一切，包括歌劇的歷史進程。在鳳凰劇院開業五年之後，威尼斯被法國軍隊佔領，威尼斯共和國迎來了恥辱的戰敗結局。在羅馬閹割被宣佈為非法行為，教皇也被放逐。至於那不勒斯城，它保住了一個王國首都的地位，因為國王既是拿破崙的妹夫也是他的一員大將。

飛越阿爾卑斯和海峽 👓

　　在一個半世紀裡，義大利歌劇如野火般燃遍歐洲大地。但是歐洲的政局依舊十分混亂。三十年戰爭（1618-1648）使歌劇發展停滯不前，在歐洲中部，幾乎仍處於萌芽狀態。戰爭結束後，歐洲中部在戰火的蹂躪下幾乎變成了蠻荒之地，西班牙衰落，奧地利和瑞典的力量也被削弱。這時哪個國家會從戰爭中得益呢？應該屬英格蘭吧，它的內戰使其遠離歐洲戰火。1648年的《威斯特伐利亞和約》鞏固了數個德國親王的獨立政權。除了哈布斯堡王朝統治的北方和那不勒斯，義大利半島的大部分地方和法國，也未受到戰爭的波及。

　　在法國，義大利歌劇的影響十分顯著——特別是在義大利出生的紅衣主教馬薩林（Mazarin，1602-1661）成為法國第一任首相期間。馬薩林孜孜

不倦地薰陶著年輕的路易十四，不斷將一些義大
利作曲家和演員帶到巴黎。卡瓦利的作品在王宮
裡上演。在馬薩林的引薦下，路易十四和一位年
輕的義大利移民盧利（Giovanni Battista Lulli）成
為好朋友，後來他入籍法國改了名，也就是歷史上
著名的讓-巴普蒂斯特‧呂利（Jean-Baptiste Lully，
1632-1687）。呂利和國王意趣相投，熱愛音樂和舞
蹈。路易十四結婚時，呂利還特別為慶典創作了舞
曲，卡瓦利則將這些舞曲嵌入了一部歌劇中。

路易十四肖像。

　　法國國王路易十四從早上上朝到晚上退朝，
所做的一切事情都與戲劇有關：一系列儀式性的
表演，一批精心挑選的觀眾。如果你屬於少數受
邀前去觀看表演的人，一定會深感榮耀——儘管你心中有數，因為你能
被邀請來，也要隨時做好被王室打發走的準備。你也許會被召進國王的寢
宮，或者目睹太陽王（路易十四的別稱）進餐，那是一件榮耀的事，但是面
對國王的床榻，不管國王本人是否在場，你都必須行深鞠躬禮；而在國王
的晚餐桌前，也必須先脫去禮帽。路易十四年輕時，自己就是一個頗有造
詣的舞蹈家，他是一個唯美主義者，把他自己的角色詮釋得完美無缺。精
明的皇家觀察者聖西蒙（Saint-Simon）如此寫道：「不管是穿上晨衣，還
是穿上禦禮袍，抑或是騎上戰馬帶領軍隊，他都是那麼高貴而威嚴」。凡
爾賽宮自1682年起，成為太陽王的王宮，沒有哪個宮廷會有如此多的繁文
褥節。如果說人生如戲，那麼，在此所展示的一系列華麗而花樣繁多的演
出——不管是歌劇還是其他表演——則真的宛若一場華麗的戲劇表演，路
易十四和他的王室因此而成為歐洲的中心，是所有歐洲人傾慕之所。

　　1672年路易頒佈了一項公告，「鑒於尊敬而摯愛的讓-巴普蒂斯特‧呂
利在音樂方面的才能和廣博學識」，他勒令呂利「在我們美麗的巴黎成立
皇家音樂學院，招收一些有才能的人員，由他來認定是否合格……因為他
們會為我們表演音樂作品，隨時隨地供我們娛樂」。音樂學院的核心任務

是為了創作歌劇，尤其國王堅持要求它必須「相同或類似於」義大利的歌劇。呂利顯然是個精力旺盛、想像力豐富的人，他利用自己的顯赫地位，成為實際的音樂掌門人。他天性刻薄，自私而好鬥，在封閉而充滿競爭的宮廷中，無可避免地經常捲入各種明爭暗鬥中。當巴黎之外的各地貴族或富賈申請歌劇或者音樂會表演權時，呂利則掌控著決定權，他經常通過這樣的機會伺機為自己牟利。呂利似乎有一種神奇的能力，能一手策劃規模宏大且有幾分阿諛獻媚的巨型表演，以迎合獨斷專橫的太陽王。呂利和莫里哀一起創作了一系列著名的喜劇芭蕾（comedies ballets），其他作品則被冠以抒情芭蕾（ballets lyriques）、抒情悲劇（tragedies lyriques）和音樂悲劇（tragedies en musique）之名。所有作品都屬於嚴格規範的戲劇儀式，是為了皇室的節慶而創作，在巴黎的皇宮以及凡爾賽宮裡，為國王和皇室進行表演。這是在宮廷內表演的國王的歌劇，侷限於歌劇院的範圍內，控制在皇室指定的策畫人手中。關於這些演出作品，音樂史學家理查·塔魯斯金（Richard Taruskin）曾經說：「是有史以來最宮廷式的宮廷歌劇。」只有受到國王邀請的人才能觀看演出，觀眾的席位按照嚴格的等級排定。路易十四以奢華慷慨地款待法國貴族而聞名，這也彰顯了他在政治上的精明手腕。沒有人會拒絕來自凡爾賽宮的邀約，也沒有人會拒絕出席此地盛大的娛樂演出。一旦落了座，哪怕是最有勢力與野心的人也無法形成政治禍害，反而成了國王的囊中之物。在凡爾賽宮上演的歌劇，無論是藝術本身還是參與的場合，無一不是關乎政治。

對於所有的藝術和科學也是如此。一切都由一批官方的學院成員掌控，其目的就是為當權者創造更大的輝煌。中央集權扼殺了一切，沒有任何一個藝術家、作家或音樂家敢於恣意發揮自己的才華，只能被困在這個官僚結構中，可以想見，在這樣的強權下所產生的作品實在沒有多大的價值。不過對於那些才華洋溢的人來說，只要願意接受規範，那麼其所提供的機會仍然值得考慮。路易十四和他的首席大臣柯爾貝（Colbert）都曾經盡力想吸收最具創新思維的人物。柯爾貝不像馬薩林，他對於文化藝術沒什麼個人偏好，他只堅持強調凡爾賽宮必須成為法國優秀人才的匯聚地。因此，在路易十四漫長的執政生涯中，也不只是莫里哀和呂利伴其左右，

還包括劇作家高乃依（Corneille）和拉辛（Racine）。布瓦洛（Boileau，1636-1711）曾在凡爾賽宮寫下了他的歷史，博須埃（Bossuet，1627-1704）也在這裡完成他的宣道，聖西蒙寫下了生動的宮廷回憶錄。在太陽王的庇護下，拉羅希福可（La Rochefoucauld）寫就了《箴言集》；拉封丹（La Fontaine）寫就了《寓言集》；查理・佩羅（Charles Perrault）這位柯爾貝白天的顧問，寫下童話和民間故事，創造了灰姑娘和小紅帽。國王的室內樂由拉蘭德（Lalande）督導，勒布朗（Lebrun）和里戈（Rigaud）為國王畫過肖像畫。國王的宮殿由勒沃（Le Vau）設計，花園由勒諾特（Le Nôtre）設計。從這個時期之後，沒有任何一個歐洲政權的文化繁盛程度能和路易十四相比，也沒有哪個政權會如此鍾情於將藝術文化用來服務政治。對於路易十四來說，文化在他的總體規劃中就是一種重要武器：可以用在軍事上、外交上和政治上，並稱霸歐洲。

　　當回顧這一切時，我們會由衷地讚賞路易十四所取得的藝術成就，尤其是呂利所策劃的各式各樣的音樂盛會。然而，凡爾賽宮以及在此舉辦的戲劇演出的花費，卻由成千上萬的民眾來承擔，而這些人卻連看一眼的資格都沒有。對於歐洲大大小小的宮廷來說，在整個17世紀乃至以後很長一段時間裡，情況也大抵如此。塔魯斯金曾告訴我們：歌劇和其他流傳下來的音樂藝術一樣，是「菁英文化的產物和對菁英文化的表達」；到目前為止毫無疑問的確是如此。但他同時也提醒我們，早期的歌劇是「專制君主階級」的產物和對「專制君主階級」的表達，並且「通過對其他階級的專制剝削，才使其變為可能」。歌劇不僅加劇了下層社會的貧困，甚至是在謀殺他們。當宮廷歌劇穿越義大利國境，開始向北部滲透時，有一位公爵為了換取錢財維持他對歌劇的愛好，變賣了他的臣民，讓他們在三十年戰爭中充當雇傭兵。路易十四和他的效仿者、繼任者所支持的許多藝術形式，均涉及富人和權貴們不菲的花費，在某種程度上，也是為了炫耀權威。因此，當反對歌劇的人為它貼上「菁英主義」的標籤時，他們也不見得有錯，因為在某種程度上，歌劇就是由一小撮統治菁英為了自己的娛樂消遣而創造出來的，而在這背後卻由廣大貧苦的人民共同埋單。

　　凡爾賽宮幾乎成為法國上演歌劇的專屬場地。此外在楓丹白露也有
一些演出，每到秋天，宮廷會來此度幾周假，彼時一些更私密的作品就會
在杜伊勒里宮上演。也有一些歌劇不僅在杜伊勒裡宮上演，還會在巴黎皇
宮演出。巴黎皇宮是波旁王朝奧爾良分支的宮殿，和凡爾賽宮、楓丹白露
和杜伊勒里宮不同，它有一座特別修建的劇院對公眾開放，而提議將巴黎
皇宮作為歌劇表演場地的正是呂利，他傲慢地從莫里哀劇團的手裡搶佔了
這塊地盤，而呂利的一些精心創作的作品，在結束了宮廷的首演之後，會
在這裡上演。呂利在世時，不管是什麼歌劇、誰創作的歌劇，不管是在哪
裡上演的歌劇，都被他壟斷在手中，當然這也是因為有國王撐腰的結果。
1687 年當他去世之後，局面才有所改觀。新作品的創作和在巴黎皇宮的演
出逐漸增加了。到了18世紀早期，一年下來，每週定期上演的歌劇有三場
至四場。開演的時間大多定在下午五點一刻，而實際上演出時間都要再晚
一點。這種情況發生在奧爾良公爵（Duc d'orleans）的住所巴黎皇宮，不
過，正如較早發生在義大利的情況一樣，歌劇實際上已從宮廷的歌劇轉身
變為公眾的歌劇。

　　巴黎皇宮可以容納1,200多名觀眾，一半以上的人（均是男性）只能站
在樓下面朝舞臺正廳的後面，。劇場裡面又悶又熱，特別是在擁擠的正廳
裡，像同時代較大一些的義大利劇院一樣，正廳裡有時候擠滿了好幾百位
不同階級的人，有市井無賴、喝醉酒的雇員、垂頭喪氣的休假士兵，還有
窮困潦倒的藝術家，他們都渴望一睹演出的盛況。劇場裡也頻頻發生打鬥
事件，巴黎皇宮不得不像義大利的劇院那樣，動用武裝警衛來維持秩序。

　　樓上是幾排包廂，供巴黎富有的貴族們租用，一次可租兩年至三年。
頂層，也就是最高的一排座位，被稱為「樂園」（paradis），這裡是一些
廉價的硬長凳，年輕人可以在此避開長輩的監視，好好地享受一個夜晚。
劇院裡最豪華的地方是位於底層的包廂，有些大包廂裡可以放置十幾把軟
椅。這裡和歐洲的其他大歌劇院一樣，對於擁有這些包廂座位的富人們來
說，按時到場是不合體統的，反而應該先吃完一頓豐盛的晚宴，在盥洗間
裡梳妝打扮妥當之後，再悠然出現於演出的進行當中。直到19世紀晚期，
福樓拜（Flaubert）還曾挪揄包法利醫生（Dr. Bovary）在觀看歌劇時提前

到場。歌劇票就相當於晚宴的邀請單，如果有誰天真地按照上面的時間出席，就會被認為有失身份。

當你坐在巴黎皇宮的包廂中，俯瞰四邊形的劇院，你會發現包廂與包廂相對，而不是面對舞臺，看到更多的是別人的言行舉止。舞臺和觀眾席畢竟都是靠燭光照明，如果不是舞臺上和觀眾席中有靠著繩子和滑輪緩緩升降的吊燈，還有一些舞臺上的燭光照明，那麼演出和幕間休息時的光線幾乎沒有差別。

蠟燭曾經為優雅的餐桌增添過浪漫和情趣，而蠟燭照耀下的歌劇院又會是什麼樣的氛圍呢？我們可以透過斯德哥爾摩18世紀的宮廷劇院——德洛特寧霍姆劇院（Drottningholm）來感受，這裡有被竭力保留的歷史感，只不過，在當今的安全法規下，劇院裡跳動閃耀的燭光，已經被換成電燈來進行模擬。如果我們能進入時光隧道，回到17世紀或者18世紀，我們一定會對劇院裡燭光所營造出來的一層驅之不散的煙霧，感到無比震驚，因為它讓人看不清舞臺上的表演，看不清觀眾席，而且氣味嗆人，令人咳嗽不止。對於演員來說情況更糟，他們在如此惡劣的環境下，要說話、唱歌、

劇院中豪華的包廂供巴黎富有的貴族們租用，一次可租兩年至三年。

表演和跳舞。燭光模糊而暗淡（據估計，倫敦德魯里巷劇院裡88枝蠟燭的光線，才相當於現在一盞75瓦的電燈泡）。所以富人們都自己帶著蠟燭，用來找座位，讀劇本，觀察周圍的鄰座。在長長的演出當中，滴下的蠟燭油要即時清理，瀕臨熄滅的蠟燭要掐掉，新的蠟燭要一一點亮，台上台下都是如此。蠟燭是火災的隱患，在19世紀晚期電燈發明之前的好幾個世紀裡，劇院的歷史充斥著一連串可怕甚至毀滅性的火災悲劇。1763年巴黎皇宮慘遭大火焚毀，1770年在原址重建了一座更大的劇院，不過在11年之後又遭大火燒毀，之後歌劇院搬遷到聖馬丁門附近一座專門修建的新劇院裡，這就是巴黎的第一座歌劇院。

　　雖然歌劇演出中觀眾的行為比較魯莽無序，但演出的內容卻是不折不扣的宮廷歌劇，是呂利皇家音樂學院一脈相傳的劇目，這座劇院是路易十五以及路易十六看歌劇的地方。在這裡，抒情悲劇占主流位置。與此同時，一種更輕鬆，更大眾化的娛樂形式開始在18世紀的巴黎出現，這就是人們所稱的喜歌劇（opéra comique），

　　喜歌劇傳承自好幾個地方，包括幾個世紀以來在聖日爾曼（Saint-Germain）和聖盧昂（Saint-Laurent）舉行的巴黎博覽會上，為了吸引遊客而演出的通俗舞臺劇，它們包含歌曲、說白和舞蹈。風格類似於丑角戲，這種戲劇是由義大利巡迴劇團和在即興喜劇中培養出來的演員們推廣開來的。這也許不能稱之為「歌劇」，和現代概念上的「喜劇」也無法相比，只是一種具有喜劇風格、以唱歌和說白為主要特色的戲劇型態。類似於義大利的「喜歌劇」（opera buffa）和德國的「歌唱劇」（Singspiel）。它的觀眾群是比那些更高雅的同類藝術更廣闊的社會階層。在17世紀晚期、18世紀早期，巴黎博覽會上演的劇碼受歡迎的程度，已經被看成是一件麻煩事，即便它尚不足以對巴黎皇宮的正規歌劇，以及對在法蘭西喜劇院（Comedic francaise）表演的同行們構成威脅。雖然路易十四曾因義大利演員參與這類街頭表演將他們驅逐出境，但對很多人來說，反而使這類戲劇形式顯得更加誘人。

　　相互競爭的劇團經過一個世紀的爭鬥，各自提供了各種版本的音樂劇碼，來爭取觀眾。這些競爭和手段雖然造成歌劇的慢性破壞和顛覆，但所有的劇團仍渴望穩定，期望獲取大眾市場。到了18世紀中葉，所謂的喜歌劇和義大利喜劇之間已經很難有所區別。喜歌劇如今在巴黎有了自己的劇院，而義大利喜劇在義大利和法國，也贏得了聲譽和地位。到了1762年，兩者已經相互滲透，它們的藝術形式逐步完善，觀眾也日漸成熟。因此，客觀的觀察家很難從喜歌劇和它的觀眾當中，發掘出任何嚴重或具有顛覆性的社會和政治資訊。為歌劇和喜歌劇搭起橋樑的作曲家格雷里（André-Modeste Grétry，1741-1813）以他的作品《獅心王理查》（Richard Coeur-de-Lion）歌頌王室的功動，不僅在法國，而且是遍及整個歐洲，在高貴血統的群體中樹立了英雄般的聲望。

在法國大革命之前的幾十年裡，巴黎在歌劇方面還只是一座未經開發的城市。歌劇院的保留劇目都是一些傳統的劇碼，因而巴黎一直是抒情悲劇的大本營。這種由呂利精雕細琢的藝術形式，以古典風格將歌詞、音樂和舞蹈融合在一起，而今又在拉莫（Rameau，1683-1764）手裡發揚光大。這種貴族娛樂的形式一直在巴黎皇宮進行著，直到大革命前夕聖馬丁門劇院開張為止。1752年巴黎歌劇院上演了一齣《喜劇演員的爭吵》（querelle des bouffons），這是一場思想的大對決，一方是法國嚴肅歌劇的護衛者，另一方則擁護更有表現力的義大利流派，如佩爾戈西（Pergolcsi，1710-1736）等。這場著名的論戰引起筆戰，爭議出現在思想上、美學上、哲學上，但幸虧沒有爆發流血衝突。120年後，歌劇界再次引發論戰，這次是關於格魯克（Gluck，1714-1787）的最新作品和普契尼的最新作品，孰優孰劣之爭。隨著潮流和人們的偏好慢慢改變，這類論戰在當時的各大知識媒體間熱烈地進行。直到18世紀70、80年代，隨著當時的作曲家薩利埃里（Salieri，1750-1825）和年輕的凱魯比尼（Luigi Cherubini，1760-1842）將新作品帶入巴黎，義大利歌劇才最終獲得勝利。直到今天，人們也承認，格魯克的歌劇改革，使得拉莫和傳統形式的抒情悲劇被拋棄，核心的巴洛克劇碼從此黯然失色，但卻在我們的時代得以復興。

義大利歌劇被法國巴黎接受，或者以一種更具表現力的新歌劇代替拘謹而啟示性的抒情悲劇，算得上是一種革命嗎？或許是吧。這無疑是個強烈的信號，昭示著幾十年之後歌劇在巴黎遍地開花，巴黎終於成為世界的歌劇之都。不過在當時，巴黎以及歐洲的大部分地方，歌劇所擁有的觀眾，還是由貴族和他們保守的品位所壟斷，他們喜愛觀看根據熟悉的故事創作出的新劇碼。像格魯克這樣的作曲家，除了在音樂和戲劇的想像力上給予他的作品新的深度外，他的作品還深深影響了傳統的莊歌劇，這類莊歌劇中的角色都曾被賦予了王室的尊嚴和嚴肅的道德感。如果說觀眾是通過觀看巴黎歌劇院的演出而得到資訊，那麼它絕不會是關乎革命，而是關乎傳統道德、社會穩定和政治等內容。而歐洲的觀眾們觀看了格雷特里的歌劇傑作後，耳邊迴盪的則是浪漫的名句：「哦，理查！哦，蒙若依！」如果說18世紀的法國歌劇只是單獨發生在法國的特有事件，那麼沒有哪

個地方會比倫敦更具有世界觀。實際上，倫敦之所以能夠特立獨行，其原因是因為最流行的娛樂形式：義大利歌劇，是由一位來自德國薩克森邦（Saxony）的宮廷樂長所創作的。

如果有誰去參觀過離柏林幾小時車程的小鎮哈雷（Halle），當地人總會告訴他，自從德國統一以來，有許多年輕人都離開這裡去別處尋找運氣。這樣的故事，就曾經發生在哈雷最有名的人物韓德爾（Georg Friedrich Handel）身上。1685年韓德爾出生在這裡，差不多75年之後，才在倫敦的家中去世。韓德爾在聖瑪利亞教堂（Liebfrauenkirche）接受洗禮，這座晚期哥德式教堂屹立在哈雷的街上，領洗池還有年輕的韓德爾曾經彈奏過的德國管風琴，至今仍在。不遠處的加爾文大教堂（Calvinist cathedral），17歲的韓德爾曾經是這裡的管風琴師。

哈雷無法留住韓德爾，他閃耀的才華需要更廣闊的舞臺。於是他來到漢堡，在歌劇管弦樂團裡演奏，並創作了幾部作品在當地上演。他旅行到呂貝克（Lbeck），去會見管風琴家、作曲家布克斯特胡德（Buxtehude）。布克斯特胡德似乎在教堂裡給了他一個管風琴師的職位，但卻被他拒絕了，因為獲得這個職位的條件，好像必須娶布克斯特胡德不太漂亮的女兒為妻。韓德爾的興趣很快就從宗教音樂轉向了戲劇音樂。他禁不住歌劇的誘惑，毅然前往義大利。在四年的時間裡，韓德爾在佛羅倫斯、威尼斯、羅馬、那不勒斯貪婪地吸收著音樂文化，不僅結交了科雷利（Corelli）和史卡拉帝（Scarlattis）等頗有影響力的作曲家，還和許多資助他們的貴族和教會巨頭成為朋友。他於1710年回到德國，得到了顯赫的王室舉薦，著名的漢諾威選帝侯將這位天賦出眾的年輕人召進皇宮。一年之後，在韓德爾的請求下，他獲准去訪問音樂及其他各方面都有著強大商業活動的倫敦。

由菲力比·米希爾所繪製的韓德爾肖像畫，畫中的韓德爾俊美睿智，優雅而機智。

　　倫敦是當時歐洲最大的城市：一座繁忙而幅員遼闊的大都市，人口超過50萬。作為商業和工業中心，它透過碼頭和河流向更廣闊的世界擴散。在這裡，金融投機、企業吞併隨處可見，富人和窮人，忙人和閒人，清教徒和縱欲者，咖啡館和妓院相伴而生。倫敦具有歐洲大陸所無法比擬的自由，在歐洲，王室和教會按照傳統嚴格控制著各種文化的表現形式，而在英國，君主政體歷經長期而艱難的考驗，每一次改革都在進步，削弱了宗教的力量和野心，一些君王——例如查理二世、與威廉三世聯合執政的瑪麗王后——他們都樂於資助藝術和戲劇活動，但卻不控制它們。經過1688年到1689年的革命，當天主教國王詹姆斯二世的統治被推翻之後，身為天主教徒的約翰‧德萊頓（John Dryden，1631-1700）不得不放棄他桂冠詩人的稱號。不過德萊頓並未被逮捕入獄，也沒有被處以絞死，他開始改行，為「半歌劇」（semi-opera）撰寫腳本，由他的好友亨利‧普賽爾（Henry Purcell，1659-1695）進行譜曲。在那些年裡，音樂和藝術得到繁榮發展的契機，當然，藝術活動也會受到市場經濟的興衰影響，它離不開貴族贊助的體系，這種體系隨著1660年君主制的恢復，已經存在好幾十年。

　　在普賽爾和韓德爾的時代，倫敦是一座巨大的商業城市，擁有無數的財富和極端的貧困，以及王室無法干預的豐富而多樣的文化生活。舉例來說，集軍人、劇作家、建築師及園藝師於一身的才子約翰‧范布勒（John Vanbrugh），曾在劇團經營中遭遇失敗。范布勒有一個願望：他想設計、建造並經營一座新劇院，那是位於乾草市場（Haymarket）的女王劇院（the Queen's Theatre），他期望將女王劇院打造成英國最受歡迎的歌劇院，不光上演歌劇，還在演出季穿插上演半歌劇和話劇，後者有可能帶來豐厚的利潤，可以為前者籌措演出資金。這是個很衝動的想法，因為一開始並沒有足夠的歌劇曲目可供選擇，觀眾顯然不會被反覆上演的老劇碼所吸引，在英國沒有人寫新歌劇，義大利歌劇的市場尚有待驗證。范布勒和他劇團中的歌手、演員們獨自掙扎了一段時間，絕望地看著他的對手克里斯多夫‧里奇（Christopher Rich，1657-1714）成功地在德魯里巷將翻譯成英文的義大利歌劇搬上舞臺。范布勒一度試圖將倫敦所有的戲劇和音樂劇院納入他的經營下，這個如意算盤，卻招致當時的劇院大亨里奇的強烈對抗。最

後，在複雜的政治博弈中范布勒終於如願以償。宮廷大臣正式宣告了一項分工決議，從1708年開始，由里奇掌管倫敦的兩家有執照的劇院，范布勒則全權負責他位於乾草市場的新劇院，雙方皆大歡喜。里奇這個對權力和金錢充滿渴望的經理人，重新獲得了他在1695年之後失去的壟斷地位，而對於范布勒來說，卻無異於飲鴆止渴。

在英國，戲劇舞臺上出現音樂算不上是什麼新鮮事，早在中世紀時期就有這樣的表演形式。莎士比亞在他的話劇裡加入了歌曲，內爾・格溫（Nell Gwyn，1650-1687）擁有多種才藝，不僅以表演聞名，而且還能唱歌。在王政復辟時期，歌劇（或說音樂戲劇）由兩家擁有執照的劇院負責創作和經費，一家是多塞特花園（Dorset Garden）劇院，另一家是德魯里巷劇院，這二所劇院都十分善於經營，以上演廉價的通俗喜劇獲得很高的利潤，用來資助少數花費不菲的豪華劇碼，像《亞瑟王》（King Arthur）和《精靈女王》（The Fairy Queen）之類。1695年普賽爾英年早逝之後，半說白、半唱歌的英語劇持續風靡了幾年，里奇在多塞特花園和德魯里巷推出了一系列作品。不過到了世紀交替時，這種風潮開始轉變。目光犀利的經營者發現以演唱貫穿全劇的義大利歌劇，在歐洲大陸擁有越來越多的觀眾，然而這種成熟的歌劇，在沒有像貢薩格公爵和波旁王室資助的英國，能夠被推銷出去嗎？如果一家劇院只上演歌劇而沒有獲得補貼的話，劇院很快就會破產。

范布勒早在1708年1月那樁失策的冒險開始後不久，就發現這個嚴峻而明顯的事實，在女王劇院演出23場之後，范布勒發現他的開銷已經超過4,000英鎊，而收人則不到3,000英鎊。當財務迅速呈現赤字後，他立即向女王提出1,000英鎊的補貼，卻被女王回絕了。也許邀請國外的名歌唱家可以招攬觀眾、提高票價。不過范布勒付給歌手的錢，已經高過付給普通演員的錢，而且他很快就發現，義大利超級明星的費用，遠非他所能夠承擔。到了5月，范布勒不得不把女王劇院的經營權，轉讓給了歐文・斯文尼（Owen Swiney，1676-1754），自己則抽身去忙著修建布萊尼姆宮（Blenheim）了。

一年之後，斯文尼意想不到地接管了里奇所有的演員。他們因為反抗里奇嚴厲的管理風格，在宮務大臣的應允下全體叛變改投入乾草市場的女王劇院。說和唱的劇碼再一次同處一個屋簷下。但直到斯文尼同意把演員的薪水提高到和歌手同樣的水準之後，才恢復真正的和諧。而因為劇團裡有這些昂貴的義大利歌手，特別是像閹伶尼科利尼（Nicolini，1673-1732）這樣的歌手，藝術水準才得以提高，也才能招攬更多的觀眾。但也因為這樣，劇團落入了以多語種表演的荒唐形式，帶來了更嚴重的債務危機。

女王劇院的管理者阿隆‧希爾肖像。他曾委託 25 歲的韓德爾創作歌劇《里南多》的總譜。

在好幾年當中，這種詭異的現象困擾著倫敦的舞臺，一個又一個絕望的劇院經理人，尷尬地掙扎在大眾娛樂需求和高昂花費的矛盾衝突當中。1710年，斯文尼離開乾草市場的女王劇院，來到德魯里巷劇院，他將經營權轉讓給一位雄心勃勃的國會議員威廉‧寇里爾（William Collier）。寇里爾將乾草市場女王劇院的日常管理交給一位叫阿隆‧希爾（Aaron Hill）的年輕人。不到一年，希爾就被趕走了，不過臨走之前他策劃的作品《里南多》（Rinaldo）上演了，這部作品由希爾本人根據塔索（Tasso，1544-1595）的作品改寫，音樂總譜由當時居住在倫敦年僅25歲的韓德爾所創作，據說他只用了兩週的時間就寫完，不過這沒什麼了不起，因為這部作品引用了大約15首其他作品中的現成音樂。

當韓德爾1710年到達英國的時候，這個國家正處在派系分裂之中。輝格黨的政見在1688年的光榮革命中占盡上風，由於天主教國王詹姆斯二世的陰影仍然縈繞不去，他們堅定不移地支持由完美的新教徒國王威廉三世策劃、由他們的英雄瑪律伯勒（Marlborough）領導的反對路易十四的戰爭。對一個真正的輝格黨人來說，宗教的自由度和對不同意見的容忍，比嚴格遵從世襲王室的古老法則更為重要。秉持著這種精神，1701年頒佈的《嗣位法》（Act of Settlement）決定，如果詹姆斯三世和他的表妹安妮死

後無嗣，王位將不得由天主教的斯圖亞特王室繼承，而應由最近的旁系新教王室：漢諾威王室繼承。喪妻無嗣的威廉於1702年去世之後，由安妮繼任王位。五年之後，她的國土因《聯合法案》（Act of Union）的實施，英格蘭和蘇格蘭王國合併，國土得以擴大。韓德爾第一次訪問倫敦時，安妮女王已不太可能為新的大不列顛留下男性繼承人了，《嗣位法》會在她過世之後行使權力。1714年女王去世，法案開始生效，漢諾威選帝侯，也就是韓德爾的前雇主，在爭議聲中被宣佈為不列顛國王。一年之後，斯圖亞特王室在蘇格蘭、英國托利黨和在歐洲大陸的天主教同情者的鼎力支持下，決定奪回他們認為理應屬於他們的王位，但最終未能成功。

　　沒有跡象可以知道韓德爾的政治傾向，他就像直率的現實商人那樣，盡量避免受人恩惠卻恩將仇報。他一定很清楚，范布勒和他那些曾經在1705年資助過女王劇院的成員，大多數都有輝格黨傾向。當韓德爾在倫敦定居之後，動盪不穩的政治氣候使他的工作陷於停頓，因為他所創作的義大利風格的歌劇，其腳本充斥著戰爭場面和傳奇的領袖人物，哪怕有些借古諷今的意味，就會立即被對政治高度敏感的觀眾們捕捉到。而且作為一位來自德國的新教徒，又在羅馬逗留過一段時間，他必須意識到購買他作品的人，對於義大利的矛盾情結。一方面，義大利是高雅文化之鄉，對於一個富有而受過良好教育的英國人，在當時，沒有什麼東西的吸引力能與古羅馬遺產和文藝復興相媲美。韓德爾在英國早期的重要資助人伯林頓爵士（Lord Burlington），將他在倫敦的宅邸按照帕拉第奧（Palladian）風格重新裝修，又在奇西克（Chiswick）修建了一座新古典主義建築，用來擺放他在義大利旅行收集來的藝術品。像改編自塔索作品的《里南多》這樣的歌劇，無疑十分符合這位義大利愛好者的口味。而在另一方面，所有本質上屬於義大利的東西，特別是義大利歌劇，會招致極度的偏見，特別是那些不去看戲的絕大多數。無論如何，韓德爾最初將他含著義大利精神的創作植入英國土壤，根本就是一件極大的冒險。

　　對於當時英國的歌劇來說，還是一片荒漠。韓德爾的第一位傳記作者，門瓦林（Mainwaring）就承認說：「可以說我們自己的、值得誇耀的（音樂）的確很少。就目前來說，歌劇只能算是剛剛開始。」因此，《里

南多》出現在倫敦的舞臺上，可以稱得上是歌劇史上的里程碑。當《里南多》於1711年2月24日，也就是韓德爾剛滿26歲生日的第二天上演時，獲得了巨大的成功。尼科利尼所扮演的主角、希爾一手打造的精彩絕倫的舞臺效果，贏得了許多喝彩，從2月份到6月份，該劇連演了15場，第二年巡演到都柏林，接下來又回到倫敦繼續上演，韓德爾的名氣也隨之大漲。但起初的票房卻並不理想，幾乎很難維持基本開銷，在韓德爾430英鎊的酬勞中，他只拿到186鎊。抄譜員每場演出後都將總譜拿走，直到寇里爾有錢付給他為止。約瑟夫‧埃迪森（Joseph Addison，1672-1719）在他的新雜誌《旁觀者》（The Spectator）裡拿《里南多》以及那些義大利歌劇的奢侈和鋪張開了個大玩笑，使得情況雪上加霜。埃迪森報導說，他在街上遇到一個人，拎著一隻裝滿了鳥兒的鳥籠，看來是表演歌劇用的。他想像鳥兒們出場會造成「非常錯誤和不合適的景象，它們會飛到女士的臥房裡，或者棲息在國王的寶座上」，他並且調皮地形容說，「不方便之物」會掉到觀眾們的頭上。

在這篇報導的後面，埃迪森安慰他的讀者們說：

歌劇《里南多》裡面電閃雷鳴、張燈結綵、火樹銀花，觀眾看戲的時候不會感冒，也不太會有引火燒身的危險，因為劇場裡有不少裝滿水的機械裝置，一旦出現危險，它們會立即啟動。

不過，埃迪森希望劇院的老闆，也是他的好友，能夠明智地在歌劇上演之前為他的房產投保。與此同時，埃迪森的合作夥伴理查‧斯蒂爾（Richard Steele，1672-1729）發現，這部義大利歌劇並不是城裡唯一的一部義大利歌劇，斯蒂爾喜歡的是《迪克‧惠廷頓和貓》（Dick Whittington and His Cat），因為它不僅沒有閹人參演，並且還是用「我們自己的語言」表演的。

1711年6月，韓德爾返回德國，由於對自己的藝術能力和聲望越來越有信心，他決定再度回到倫敦。而這時，戲劇舞臺卻不斷遭受危機與打擊。斯文尼在德魯里巷陷入嚴重的財務危機和困境，1713年為逃避破產又逃到了歐洲大陸，留下「拿不到薪水的歌手和欠了一屁股債的佈景、服裝製

作商」。歌劇在乾草市場斷斷續續地掙扎著，由瑞士人海德格爾（Johann Jakob Heidegger）苦苦經營。更由於安妮女王於1714年去世，為政治和財政增加了許多不確定因素，詹姆斯二世黨人的謀反使歌劇發展雪上加霜，在1716-1717年短暫的演出季之後，整個產業最終完全陷於停頓。直到1720年，再也沒有義大利歌劇在倫敦上演。

　　然而，歌劇不但沒有在倫敦遭到毀滅的厄運，反而迎來了驚人的復興。經過不斷地適應和重整旗鼓，倫敦的歌劇最終踏上了正軌。有好幾件幾乎不可能的事件挽救了倫敦的義大利歌劇，其一是喬治一世（George I）登上了英國王位。《嗣位法》和《聯合法案》對這位身處德國中部王宮的漢諾威選帝侯來說，似乎有些不可思議，據說起初他並不想捲入這個提案，然而他的顧問反覆向他保證，這會增加他在家鄉的信譽，而且不管怎樣，他就任英國國王的可能性還十分遙遠（因為安妮女王不停地懷孕）。因此，當安妮女王真的去世而未留下任何子嗣之後，她的王位就被一位不知所措的、幾乎不會講也聽不懂英語的德國新教徒繼承了。不過，他懂得義大利語，也十分喜愛義大利歌劇，常常去聽戲，並為它的復興貢獻了不少錢。

　　倫敦首屈一指的作曲家居然是國王的前宮廷樂長，不過這倒沒帶來什麼壞處。1712年末，韓德爾得到選帝侯的允許，再次訪問倫敦，但必須準時返回漢諾威。一年半以後兩人卻在倫敦相逢，雖然有些尷尬（門瓦林這樣寫道），但是並沒持續多久。韓德爾當時的年薪是200英鎊，是安妮女王在她去世前不久准許的。他住在皮卡迪利（Piccadilly）大街上的伯林頓公館，常常遇到倫敦音樂藝術界的主要贊助人和演員。在喬治繼位後的最初幾年裡，由於受到乾草市場女王劇院（此時已改名為國王劇院）困境的影響，韓德爾對於創作歌劇並不太在意。

　　1719年當皇家音樂學院成立之後，一切開始有了變化。這是一家合資的學校，由皇家特許成立，由各方捐贈提供資金（以及少量的皇家撥款）。成立音樂學院的目的，是為了國王劇院的歌劇創作提供安全保障。這個想法在於，那些作為捐贈人的貴族和地主豪紳，將他們的藝術品位和商業頭

腦運用到學院的管理當中來，如他們希望並預測的那樣，讓投資得到穩健的回報。倫敦的歌劇和其他地方形成了鮮明的對比，它們繼續在私人企業中得以運作。

　　正如古往今來所經常發生的那樣，在學院的歷史中，我們看到一群經驗豐富的經理人，被他們對於歌劇的愛好蒙蔽了雙眼，不顧一切地投入金錢，輕信歌劇的製作會為他們帶來利潤，然而卻事與願違。不過公平地說，此時南海泡沫事件（South Sea Bubble，1720年底爆發的經濟危機）的出現也讓所有人都無法獲利。儘管有范布勒和海德格爾等製作人的參與，但是學院最終還是陷入另一場金融災難，於1728年宣告破產。

　　在學院短暫的歷史中，它為當時義大利歌劇最精彩的一些作品和演出，搭好了框架。音樂學院所做的第一件事情，是派韓德爾去歐洲尋找明星，特別要求他要把最偉大的閹人歌唱家塞內西諾爭取過來（塞內西諾曾於1720年在倫敦登臺演出）。回到英國以後，韓德爾創作了《拉達米斯托》（Radamisto），1720年4月在國王劇院首演，博得滿堂彩。國王和威爾斯親王聯袂出席，向大眾宣示他們的友好。接下來的幾年裡，在音樂學院破產之前，韓德爾大部分的時間都花在國王劇院的歌劇創作上，在

韓德爾時代位於乾草市場的國王劇院的外觀。

此期間，劇院一直由海德格爾經營。在一位法國遊客寫的一封信中，描繪他所看到和聽到的詳細情況。他說，「引入了義大利最好的嗓子及最具技巧的樂手」，並且還加入了「德國的樂壇精英」。樂隊聲勢宏大（有24把小提琴），儘管合唱團只有四個人。觀眾席「小且很沒品位」、「到處都是蠟燭」。在上流社會的人當中，他驚訝地注意到，「很少有人真正喜愛音樂」，令人惋惜，因為他不得不承認，韓德爾寫的歌劇序曲「非常棒」，「絃樂隊伴奏的詠歎調，精彩而豐富的和聲，令人回味無窮。」

　　韓德爾正處在創作的巔峰狀態，他為音樂學院聘請到一些當時十分有名氣的義大利演唱家，繼續為他們寫歌劇，他所創作的不少角色，後來都成為這些演唱家最著名的角色。韓德爾當然也是學院的雇員，他不屬於管理階層，不能為所欲為，有些事情也無法令他滿意，例如，學院也曾委託他的競爭對手博農奇尼（Bononcini，1670-1747）創作義大利歌劇。不過韓德爾的信心和威望正在上升中，聲望直逼法蘭西斯卡・庫佐涅（Francesca Cuzzoni）這樣的聲樂巨星。庫佐涅身材矮胖但嗓音非凡，1723年在倫敦登臺演出韓德爾的新歌劇《奧托內》（Ottone）。門瓦林描述說，她在彩排的時候拒絕演唱她的第一首詠歎調《假象》（Falsa Immagine）。韓德爾毫不畏懼地用他的德國腔法語，粗暴地對這位義大利首席女高音說：「喂！夫人，我心裡很清楚，妳是一個真正的魔鬼，而我是怎麼知道的呢？因為我是魔王。」門瓦林寫道，韓德爾說著用手抱住她的腰，將她舉起來，他發誓如果她再滴滴咕咕，就把她從窗戶扔下去。

　　在18世紀的時候，很少有一種職業可以像歌劇那樣，能夠讓有才華的女性從傳統的角色中掙脫出來，或許還無法達到巔峰，但依舊可以獲得一定的社會與經濟地位。畢竟在當時演唱家仍然只是一個戲子，雖然受到貴族階層的寵愛，但社會地位相去甚遠。不過純就收入而言，像庫佐涅這樣的著名首席女歌手，要價比韓德爾這樣的小小作曲家還要更高，而並非只有她一個人是這樣的。到了1726年，音樂學院的經營遇到很大的困難，國王劇院再次陷入危機。他們知道觀眾們都喜新厭舊，於是又花費可觀的費用聘請了另外一名義大利著名首席女歌手福斯蒂娜・伯多妮（Faustina Bordoni，她後來嫁給了作曲家哈塞）。劇院希望塞內西諾、庫佐涅和伯多妮的加盟能夠挽救頹勢，韓德爾大膽地在他的新歌劇《亞力山卓》（Alessandro）中為三位歌唱家同時創作角色。讓庫佐涅和伯多妮同時出演一部歌劇是

義大利著名首席女歌手福斯蒂娜・伯多妮的肖像畫。

一件很冒險的行為：韓德爾很謹慎地為她們兩位創作了一樣多的詠歎調，兩位都同時「愛上」塞內西諾，甚至還要一起演唱二重唱。《亞力山卓》獲得了巨大的成功。隨後塞內西諾一病不起，在他缺席期間，兩位女歌手之間（至少是她們的粉絲之間）的對抗越演越烈。當韓德爾的下一部歌劇《阿德米多》（Admeto）於1727年上演時，觀眾席上完全成了二個人的粉絲大戰。如果庫佐涅的粉絲鼓掌，伯多妮的粉絲就噓聲四起，反之亦然。當年6月，在上演博農奇尼的《阿斯梯亞納特》（Astiannatte）時，嚴重的事態演變成了一場災難。《英國日報》報導說，起初是「一方發出噓聲，一方鼓掌，最後發展成尖叫喝倒彩、無理取鬧，儘管凱瑟琳公主在場，也無法平息雙方的粗暴行為」。爭鬥開始發展到兩位主角身上，報導說，她們拉扯著彼此的頭巾……真是太丟人了，兩位如此有教養的女士互罵潑婦和裱子，像市井潑婦一樣打起架來」。

過沒幾天，奧斯納布呂克傳來消息，喬治一世國王駕崩，他剛剛簽署了一項法令，同意韓德爾加入英國籍。莊嚴肅穆的君王葬禮和新君王的繼位儀式，使伯多妮和庫佐涅之間的爭鬥被暫時遺忘。實際上，除了捲入其中的人之外，歌劇對於大多數人都已經無足輕重。像國王劇院這樣的地方，只能裝得下七、八百人（迫不得已時可以高達900人），德魯里巷更少。那個時候，沒看過歌劇的人遠遠多於看過的人，就像今天一樣，沒看過的人對於他們不願意去嘗試的藝術形式，都有一種強烈的偏見。歌劇對人們而言往往被嗤之以鼻，認為它不過是舶來品而已，過分炫耀技巧且缺乏情感，演出的語言大多數英國人聽不懂，演唱者都是一些義大利人（也就是天主教徒），他們當中還有荒唐而不幸的閹人，勉強只能算是半個人。舞臺佈景被認為過度鋪張奢華，新奇的裝飾蓋過了戲劇本身的價值。總而言之，義大利歌劇就是力圖削弱戰鬥精神、愛國主義精神，包括英國人所具備的所有寶貴的美德。威廉·霍加斯（William Hogarth，1697-1764）是《古老英國的烤牛肉》（The Roast Beef of Old England）的作者，在畫中他描繪了無腦的有錢人去看歌劇的情形，而手推車夫把莎士比亞、德萊頓、班·強生（Ben Jonson，1572-1637）的作品當廢紙賣掉。在《憤怒的音樂家》（The Enraged Musician）中，霍加斯描繪了一個戴著假髮的時髦人

霍加斯的畫作《乞丐歌劇》其中的一個場景。

士（看得出來是歌劇管弦樂隊裡陰柔的義大利人），當英國的男男女女擠在街上唱歌、吹笛、擊鼓時，他則用雙手捂住了自己的耳朵。

霍加斯也畫了《乞丐歌劇》（The Beggar's Opera）。這部歌劇於1728年首演，也就是音樂學院倒閉的那一年。演出地點是在林肯因河廣場（Lincoln's Inn Field）劇院，當時由約翰·里奇經營。《乞丐歌劇》的劇詞出自約翰·蓋伊（John Gay，1685-1732），它不但與義大利歌劇也與之前的英語歌劇形成鮮明的對比。那些歌劇通常表現的是古代神仙和帝王之類的嚴肅題材，而這部歌劇卻巧妙地將流行的民謠填上新詞，連串在一起，創造出一種人人都喜歡的新的娛樂形式。蓋伊詼諧地嘲弄了輝格黨的政策、義大利歌劇，還有其他諸多的社會現象，同時反映了倫敦下階層人民一般的歡樂和激情。它甚至包括了兩個潑婦的吵架橋段，每個人都意識到，露西和波麗——男主角公路強盜麥克希斯（Macheath）的兩位情婦——影射的就是庫佐涅和伯多妮。在霍加斯的這幅名畫中，兩個女人在臺上一群貴族觀眾的注視下，求著大家把她們站在舞臺中央的情人的鐐銬解開。

《乞丐歌劇》立即引起轟動，第一季創造了演出62場的紀錄，不列顛的每一個劇院經理都想上演這部歌劇，或者一部最新的民謠歌劇。不能說《乞丐歌劇》在倫敦終結了義大利歌劇，因為雖然它普受歡迎，然而卻後無來者（蓋伊自己寫的續集也不幸宣告流產），過了不久新的民謠歌劇也

不再流行了。它也沒能結束掉韓德爾的歌劇作曲家生涯，他一系列重要的作品《奧蘭多》（Orlando）、《阿里丹特》（Ariodante）、《阿爾辛娜》（Alcina）和《賽爾西》（Serse）接踵而來。不過它的確引起了一股對歌劇的憤恨情緒。1725年一篇指名道姓寫給庫佐涅的諷刺文章中說道：「離我們遠點，我們應該讓不列顛人粗獷而自由！」而斯威夫特在1728年寫道：「義大利音樂的反常品位，完全不適合我們的北方氣候和民眾的才華，它令我們慘遭義大利陰柔之氣和愚蠢行徑的蹂躪。」

　　韓德爾當時在英國仍然是義大利歌劇的絕對權威，實際上，皇家音樂學院倒閉之後，海德格爾立即將國王劇院的歌劇管理全權交給了他。作曲家火速趕往義大利，再次去搜羅演唱家，而後帶著新星們滿載而回。在當時，韓德爾受到許多人的崇敬，但是也有一些人很討厭他。他的管理方式專橫獨斷，尤其和他的閹人明星塞內西諾無法與他人和平相處，塞內西諾後來被他解雇，還引起了當地有權勢者的反感。韓德爾當時住在梅菲爾區（Mayfair）的布魯克大街上，那是倫敦上流住宅區，常有上層貴族出沒，一位小小的藝術家，不滿足於僅僅被貴族資助，而是把自己當作他們其中的一員。新威爾斯親王弗雷德里克，因為厭惡韓德爾和他父親喬治二世的親密關係，也開始對韓德爾產生反感。因此，一群有錢有勢的倫敦人在親王的帶領下，成立了一家專門與他作對的歌劇公司，稱為「貴族公司」，於1733年開張。起初，貴族公司籠絡了那不勒斯人尼古拉‧波爾波拉（Nicola Porpora）作為他們的專屬作曲家，特別是在請到了當時最偉大的閹人演唱家法里內利加盟他們的第二季演出之後，他們更加的趾高氣揚。兩家公司爭得不可開交，都想要展現以金錢所能買到的最好的演出和最佳的演員。貴族公司最後將韓德爾趕出了國王劇院，而法里內利也在這裡大獲成功。

　　不過，儘管兩個對手想盡一切方法進行宣傳，但是很快地他們就清楚的知道，他們是在一個有限而且是日益萎縮的市場中相互競爭，沒多久，法里內利帶來的新鮮感也消失殆盡，觀眾流失，收益減少，貴族公司也面臨破產的命運。人們開始批評法里內利，不懷好意的人說他是又一個義大利怪物，從財政狀況不佳的公司裡吸走了大筆金錢。就像當時流行的一首

歌謠：

　　英國演員

　　餓腸轆轆離去

　　金山銀山

　　堆在法里內利先生家裡

　　霍加斯在他的一幅版畫《浪子的歷程》（The Rake's Progress）系列中的第二幅中，描繪了一位音樂家，坐在大鍵琴旁邊，他的身後有一幅卷軸，寫著「義大利歌唱家法里內利先生，屈尊接受英國紳士貴族們為他演出的一夜歌劇《亞達薛西》（Artaxerxes）而奉上的」禮物，其中包括一隻「金鼻煙盒，裝飾著俄耳甫斯誘惑野獸的故事」。霍加斯顯然不想討好法里內利的觀眾。也許並不令人驚訝，《亞達薛西》演出完畢後，一位女士欣喜若狂地高聲尖叫著：「唯一的上帝，唯一的法里內利！」歌劇是昂貴的，付給明星們的酬勞簡直是天文數字，這種情況改變不了。不過，如當時的一位諷刺作家所指出的那樣，你可以不去聽：

霍加斯在 1735 年創作的《浪子的歷程》版畫作品，畫中描繪了一位音樂家，坐在大鍵琴旁邊，他的身後有一幅卷軸，寫著諷刺義大利歌唱家法里內利的文字。

　　為何鬧哄哄值一先令？

　　別去，別去，

　　不樂意可以叫嚷——

　　如今在英格蘭音樂是如此昂貴，

　　所有義大利的絃樂器都被移植過來了嗎？

　　他們試圖吸引恨他們聲響的靈魂，

　　音樂從來都不能約束智者：

為何那麼多無知的笨蛋在奔走，

對著歌劇尖叫直到他們被毀滅？

為何女人們像崇拜上帝一樣崇拜法里內利？

批評家說他不過是一根棍子，

鞭笞當今愚行的鞭子，

把所有的感覺和美德都抽離了舞臺。

　　因此，歌劇就是一個被無腦的人和富人們庇護的義大利舶來品，法里內利也不是什麼上帝，就是個呆頭呆腦的演員，整個事件就是「鞭笞當今愚行的鞭子」。諷刺之聲直指貴族公司，同時也一併譏諷韓德爾的公司（該公司以柯芬園新建的劇院為臨時場地，該劇院為約翰·里奇所有），貴族公司無可避免地倒閉之後，海德格爾力邀韓德爾回國王劇院，雖然送走了他的對手，使作曲家無疑獲得某種變態的滿足，不過對於韓德爾來說，這是一段艱難的日子（1737年他的健康狀態每況愈下）。事與願違的是，倫敦這兩家義大利歌劇公司的激烈競爭，造成雙方觀眾人數的不足，反而為這種藝術形式的普及造成打擊。據統計，當時在倫敦尚不足1,200個家庭具備社會和金錢影響力，可以捐助歌劇演出季。在兩家公司急於爭奪資源和分流觀眾時，許多人只是勉為其難地應付著。不管怎樣，到了18世紀30年代末，韓德爾發現自己厭倦了義大利歌劇，轉向英語清唱劇（oratorio）的創作。

　　這種重心的轉移被證明是他職業生涯中的明智之舉。一旦韓德爾褪去義大利歌劇模棱兩可的斗篷，露出他寬闊的雙肩，穿上新教徒和英國風格的鮮明外衣時，他的名聲開始傳播得更遠。他的曲子出現在倫敦最有吸引力的新場所——沃克斯豪爾的娛樂花園（Pleasure Garden）。這座花園於1732年開張，由企業家喬納森·泰爾（Jonathan Tyer）經營。泰爾期望沃克斯豪爾能吸引更多的社會階層，而不

由霍加斯創作的一幅描繪乞丐歌劇與傳統歌劇分庭抗禮的版畫作品。

僅僅是針對喜歡歌劇的人。韓德爾的音樂在國王劇院面對的觀眾只有數百人，而在沃克斯豪爾可以達到上千人。各式各樣的遊客都會來到這裡消磨夏日的夜晚，吃吃喝喝、四處遊玩、打情罵俏、享受音樂。泰爾非常崇拜韓德爾，他也很清楚韓德爾對他的用處。1738年他委託一位名氣不太大的法國雕刻家路易-弗朗索瓦·盧比里克（Louis-Francois Roubiliac）製作了韓德爾的雕像，用來裝飾公園中央的樹叢。揭幕時，盧比里克的作品引起轟動，作曲家神情輕鬆，沒戴假髮，蹺著二郎腿。儘管不拘禮節，但是傳遞的資訊卻不容置疑。韓德爾撥弄著七弦琴，腳下有一個小小的裸體丘比特。展現出他音樂的親和力和永恆魅力。不過，被沃克斯豪爾奉為名人的不是創作義大利歌劇的德國作曲家，而是一個英國化的韓德爾。1749年當韓德爾的《皇家煙火》正式公演前，在沃克斯豪爾公開彩排，大約有12,000人爭相觀看，阻塞了倫敦的交通。

　　盧比里克的雕塑是英國第一座為活著的藝術家所塑造的紀念像，此外，這位藝術家還善於將高雅藝術與商業結合。在後來的許多年裡，韓德爾創作出一部又一部的清唱劇，以古代以色列的勝利讚頌不列顛的現世美德，這位德國出生的義大利歌劇的宣揚者，最終被更廣闊的大眾所擁戴，成為他第二故鄉——英國的最佳代言人。

一幅描繪倫敦在 1749 年 4 月 27 日韓德爾《皇家煙火》首演當天，施放煙火的畫作。

18世紀40年代，當韓德爾的《彌賽亞》和《猶大·馬加比》（Judas Maccabaeus）大獲成功時，國王劇院卻在不景氣中苦苦支撐，雖然繼續在製作義大利歌劇，卻不斷在賠錢，觀眾也日益流失。韓德爾於1759年去世，晚年，他獲得了人們的諒解，雖然青年時代的他為這個義大利風格的藝術形式作出了巨大的貢獻，但後來倫敦的歌劇界卻已經完全將他遺忘。事實上，那時候倫敦所上演的大多數歌劇正如詹森博士所說的，像極了「異域且荒謬的娛樂」。

莫札特時代維也納的文化融合

瑞典皇后露易莎‧烏爾里卡（Lovsa Ulrika），像許多18世紀的王室成員一樣，喜歡法國的戲劇和歌劇，並安排在她的宮廷劇院裡演出。這座宮廷劇院位於斯德哥爾摩以西，皇后島上德羅特寧霍姆的皇宮建築群內。1762年8月，在露易莎‧烏爾里卡的命名日當天，當所有宮廷成員都聚在一起觀看演出時，劇團內的一位悲劇女主角衝到觀眾席上用法語大叫：「失火了！」據說，王室成員和貴族們都因而獲救，而現場只會說瑞典語的僕人們和其他人則因一時猶豫，導

腓特烈大帝的華麗宅邸，位於柏林郊外波茨坦的忘憂宮外貌。

致數人被燒死。四年之後，露易莎‧烏爾里卡皇后啟用了一座新劇院，也就是我們現在所知的那一座。露易莎‧烏爾里卡是普魯士國王腓特烈二世（King Frederick II）的妹妹。國王哥哥本人也非常崇拜法國文化，說寫都用法語而非德語。腓特烈大帝把他在波茨坦的華麗宅邸稱為「Sans Souci」（法語：忘憂宮），把伏爾泰當作貴賓款待，允許他不受限制地隨時造訪。在腓特烈大帝的宮廷中聽不到半句德語的伏爾泰曾經寫道：「我們的語言和文學所征服的民眾，比查理曼大帝所征服的還要多。」

法國的太陽王路易十四對歐洲王室有著極深的影響力。從他執政期間到之後很長一段時間，各地的統治者無不爭相效仿他的顯赫排場，修建了無數豪華的皇宮，而且每一座都會指定蓋一座宮廷歌劇院，這股風潮遍及整個歐洲。

在當時，一位年輕的貴族若不具備充分的法國語言和文學基礎，就會被認為是沒有接受完整的教育。與歐洲接壤的俄國，彼得大帝和他的繼任者們，鼓勵傑出頂尖的人才進入俄國外交學院接受法國文化、技能和美學教育。彼得大帝還將歐洲式的娛樂引進宮廷，並被他的繼任者們發揚

光大，特別是18世紀40、50年代的伊莉莎白女王（Empress Elizabeth）和1762年繼任的凱瑟琳大帝（Catherine the Great）。在整個18世紀，法國的舞蹈、芭蕾大師和義大利歌手、樂手們，在沙皇的宮殿中齊聚一堂，其他地方的情形也大致如此。在維也納，哈布斯堡女王瑪麗婭‧德蕾莎（Maria Theresa，1717-1780）嫁給了一位說法語的前洛林公爵，而他們的女兒瑪麗‧安托瓦內特（Marie Antoinette，1755-1793，法國國王路易十六之妻）又嫁給了法國王子。在慕尼黑，巴伐利亞國王想在他的皇宮旁邊新建一座宮廷劇院，於是把任務交給了曾被派到巴黎學習建築的前宮廷弄臣、侏儒弗朗索瓦‧古維耶（Francois Cuvilliés）。

　　然而，對於法國所代表的一切，也並非被全然接受。舉例來說，儘管腓特烈大帝熱愛法國文化，但對於自己熱愛的音樂，他卻認為，就歌劇而言不管是作為藝術還是娛樂，都應該被賦予新的風格。1740年繼位之後不久，他便下令修建一座歌劇院，不同於法國那種和皇宮毗鄰的方式，他認為歌劇院必須成為獨立、分開的新古典風格藝術殿堂。兩百五十多年後的今天，腓特烈大帝的歌劇院，也就是如今的柏林國家歌劇院（Berlin Staatsoper），依舊傲然地矗立在柏林中心的菩提樹大街上。他還在皇宮內搭建了一座舞臺，在他執政期間，歌劇院和皇宮內的舞臺上均上演了不少齣歌劇，國王還會不厭其煩地親自督導。起初觀眾僅限於收到正式邀請的宮廷成員和高級軍官，不過，漸漸地其他階層的民眾也可以購票觀賞了（當然是在他們穿戴得體的情況下）。腓特烈大帝毫不掩飾他需要從中獲利。從1740年到1763年，他幾乎處在毫不停歇的長年征戰中，和當時歐洲各地的統治者一樣，他發現必須得讓民眾走進他的歌劇院，才能有錢繼續維持下去。

　　至於上演的劇碼，腓特烈大帝並不喜歡法國風格、具強制規範的音樂，與精心設計的芭蕾舞抒情悲劇。他的品位源自於身為皇儲的時代，當時他很欣賞哈塞所創

由腓特烈大帝下令興建的新古典風格歌劇院，在 250 年後的今天，依舊傲然地矗立在柏林市中心的菩提樹大街上，也就是如今的柏林國家歌劇院。

作的義大利風格新歌劇。他把宮廷作曲家格勞恩（Graun）派到義大利，去搜集最好的作曲家、歌手、舞者、劇作家和樂手。據說國王曾告誡說：「德國歌手？我寧願欣賞我的戰馬的嘶鳴聲！」腓特烈大帝的宮廷音樂也許是來自德國的作曲家，但劇本則是使用義大利語，主要的演員也大多是義大利人。從劇碼最後面的演職員表，可以看出這種情況普遍存在。在這個時期，一種具有通俗風格的德國歌劇正在逐步形成，被稱為歌唱劇。它是一種類似默劇、以對白與音樂相搭配的劇種，臺詞用的是德語。儘管如此，腓特烈大帝仍然更喜歡義大利的諧劇。在大約15年的時間，他的首府也曾經是世界音樂之都。但柏林的歌劇全盛時期，不幸被腓特烈大帝的另一項愛好：軍事擴張所葬送。七年戰爭期間（1756-1763），歌劇院被迫關閉，等到重新開張時格勞恩已經去世了。

國王在軍事上的野心越來越大，缺乏他的引導，柏林貴族對於義大利歌劇的興趣也逐漸淡薄，逐漸被歌唱劇所取代。諷刺的是，在腓特烈大帝推動下，於柏林遍地播種的各種歌劇流派，最終卻匯聚並且在德語界的主要競爭對手：維也納，開花結果。

首先是法語流派。維也納和腓特烈大帝的柏林一樣，最受敬重的作家和思想家並不是用德語來寫作的人，而是使用法語的孟德斯鳩和盧梭等人，法語是屬於菁英階層的語言。18世紀50年代，當普魯士在軍事上大舉蹂躪法國之際，瑪麗婭‧德蕾莎女皇身邊那位謹小慎微且親法的首相考尼茨親王（Prince Kaunitz），透過一系列法奧之間的聯盟，撫平了奧地利與法國之間的世仇。他也在維也納推動成立了一家法國戲劇社。在維也納和在柏林一樣，說話帶法國口音被認為是有文化的人，而且在此地法國歌劇也很受歡迎。

18世紀50年代在維也納主管音樂的是吉亞科莫‧杜拉佐伯爵（Count Giacomo Durazzo），他是一位文化素養極高的親法義大利外交家，負責在毗鄰皇宮的城堡劇院（Burgtheater）內，推廣法國歌劇和芭蕾舞劇。與這類作品相關的人們，標誌著另一種文化潮流。被杜拉佐延請到維也納的主要歌手中，有卡特琳娜‧加布里埃利（Caterina Gabrielli）和閹伶蓋塔

諾・瓜達尼（Gaetano Guadagni），芭蕾舞大師則是葛斯帕羅・安吉里尼（Gasparo Angiolini），而18世紀最多產且最成功的歌劇劇作家梅塔斯塔西奧（Metastasio），這些年也一直居住在維也納，他同時代的強勁對手拉涅利・卡爾薩比基（Ranieri Caizabigi），自1761年起也居住於此。在維也納和在柏林一樣，人們普遍認為，歌劇這個龐大的藝術形式，其發源地是位於阿爾卑斯山脈以南。「opera」一詞原為義大利文，實際上成了涵蓋音樂的全部語言。杜拉佐認為自己的任務，就是把他所理解的義大利歌劇和現有的法國風格連結起來。

維也納的統治菁英們，或許十分羨慕法國文化以及義大利的音樂，但它畢竟是一座德語城市，而杜拉佐的管理範圍還包括卡林西亞大門的通俗劇院，即克恩滕托爾劇院（Kärntnertortheater），他在這裡推出歌唱劇。1776年，皇帝約瑟夫二世（Joseph II）急切地希望能促進德意志「民族」文化，他在維也納成立了表演德語節目的國家劇院（National theater）。此舉牽涉到必須解散現有的城堡劇院公司，以此來降低法國戲劇和義大利歌劇在維也納上演的分量和數量。然而這個試驗並未維持長久，如果不是因為上演了莫札特的《後宮誘逃》（Die Entfuhrung aus dem Serail），這項政策或許早已被世界遺忘。今天，我們已很難聽到18世紀中葉維也納的法國抒情悲劇或喜歌劇，或者義大利莊歌劇與德國歌唱劇，然而，正是因為這三種豐富而風格迥異的根基札得深，最後成長為參天茂密的歌劇森林。

七年戰爭結束後幾年，瑪麗婭・德蕾莎的夫君——皇帝弗朗茨・史蒂芬（Francis Stephen）於1765年去世。在他去世之後，作為遺孀的她以女王之姿垂簾聽政，日常統治權則交給她的兒子約瑟夫大公（Archduke Joseph），這種令人難忘的雙執政情形持續了15年，直到1780年瑪麗婭・德蕾莎本人去世，她的兒子才成為名副其實的皇帝約瑟夫二世。

到了18世紀60年代，即使是在最排外的宮廷劇院，也逐漸開始接受更廣泛的歌劇觀眾，大大超越了曾經允許進入凡爾賽宮的人數。英國劍橋大學歷史學家提姆・布萊寧（Tim Blanning，1942-），提出：歌劇已經出現我們所認知的「公共性」，這種公共性代表歌劇已不僅僅只是國王和親王們

哈布斯堡女王瑪麗婭‧德蕾莎肖像畫。

的愛好，且已開始日益影響到表演的內容和品質。就某種程度而言，它是純粹的經濟產物，歌劇是最昂貴的藝術，需要通過出售門票來創造收益，特別是當戰爭造成國庫虧空時。不過，它也是社會、政治、文化觀念相互影響、轉變的結果，這種轉變如果想要蓋上合法的戳記，至少必須逐步建立在大眾接受和認可的基礎上，歌劇正好適合這種情況，無法吸引大眾的歌劇是不能上演的。

隨著18世紀末歌劇觀眾社會地位和身份的轉變，作曲家的社會地位和身份也產生了變化。巴哈（Bach）、泰勒曼（Telemann，1681-1767）和維瓦第（Vivaldi）等早期作曲家，大多數都是領薪水的藝術家，他們按照要求負責為他們的貴族、教會和雇主們創作並演出。他們也許會跳槽，但那也是從一處宮廷、教堂、劇院或者市政當局跳到另外一處罷了，而他們這樣做的最終目的，也就是為了找個更好的職位安頓下來。就像如今的頂級教授（或者大廚）那樣。一位著名的作曲兼演奏家也有可能接受臨時安排，暫時到其他地方去工作一段時間，但多數時間，只有原來的職務才是付薪水、津貼和提供衣食住行的地方。如果沒有這些，在一個沒有正規版權和版稅的時代，作曲家的收入是極不穩定的。而那些單純的演奏者往往都聲名狼藉，一直處在社會的最底層。卡薩諾瓦二十多歲的時候，在他的家鄉威尼斯的一家劇院裡當小提琴手：「我的職業一點兒也不體面，不過我並不在乎」，卡薩諾瓦後來很快就接受了那些「低層次同事」的所有的習慣，接著開始饒富趣味地描寫工作中的那些花天酒地、聲色犬馬、戲謔胡鬧之事。

一位重要的作曲家，通常比樂池裡的音樂家所獲得的地位高出許多，也能得到更多的尊重。但作曲家仍然被他所服務的上層社交圈所排斥。在巴哈的書信中，對他所得到的不公正的收入和社會待遇充滿了的憤慨。巴哈在1732年寫道：萊比錫當局古怪且對音樂毫無興趣，我不得不生活在不間斷的煩惱、嫉妒和為難當中」。一年後，他描述自己的狀況就像是「長

期處在不應受到的蔑視之中」。而相反的是，海頓（Haydn）在他漫長的職業生涯中，大多數時間是埃斯特哈齊宮廷（Esterhazy Court）的宮廷樂長，像任何一名穿制服的家族雇員一樣，他身穿埃斯特哈齊家族的制服，是一位貴族家族中受到極高尊重和讚譽的成員。這種貴族家族類似於中世紀的城堡，是一個完整而自我封閉的社會。

海頓比莫札特年長 24 歲，這幅版畫描繪二人相會時的情景。

莫札特是海頓的晚輩，一位不安分的少年。這位神童被他野心勃勃而善於經營的父親利奧波德（Leopold），帶著四處在歐洲宮廷中炫耀。他在孩童時代就學會彰顯自己的才能，和享受因此所得到的關注。當利奧波德帶著他來到維也納為哈布斯堡宮廷表演時，這位六歲的幼童贏得了滿堂采，不僅得到一份酬金，同時還得到一套屬於馬克西大公（Archduke Max）本人極其豪華的宮廷禮服。每個人對這次訪問都相當滿意，特別是皇帝弗朗茨·史蒂芬，他曾用布蒙住鍵盤挑戰這個孩子，讓他彈奏一段簡單的曲子。莫札特不僅彈了，還冒失地要求德高望重的宮廷作曲家瓦根塞爾（Wagenseil）替他翻樂譜。彈奏完畢後他爬到瑪麗婭·德蕾莎的膝上，女王摟著他給了他一個充滿愛意的親吻。甚至還有個故事說，當莫札特在美泉宮（Schonbrunn Palace）跌倒在打蠟的地板上時，瑪麗·安托瓦內特公主將他扶了起來，他大方地表示感謝，並說等他長大了會娶她為妻。果真如此，那麼不僅是他自己的人生將會改寫，甚至連法國和世界史也將因此而改變。

一個來自薩爾茨堡的宮廷樂師之子，要娶一位哈布斯堡的公主，當然是無法想像的事情。十年之後，當瑪麗·安托瓦內特眾多兄長中的一個，費迪南大公（Archduke Ferdinand）考慮將莫札特召來替他服務時，女王寫信告訴他，可以雇用年輕的莫札特，她不會加以阻攔。但她警告他說，不要負擔「無用的人」，避免「給這類人亂授頭銜」，她說，這些人「像乞丐一樣滿世界遊走」。

　　莫札特對這件事並不知情，當然也沒得到大公的雇用。不過幾年之後，像他父親一樣，他受雇於新上任的薩爾茨堡大主教謝洛尼莫斯·馮·克羅雷多伯爵（Count Hieronymus von Colloredo）。莫札特覺得自己的才華遠高於那些社會地位比他高的人，他不甘於被束縛在一個他認為無情的雇主身邊。1781年初，在瑪麗婭·德蕾莎去世，約瑟夫二世繼位之後不久，克羅雷多大主教臨時前往維也納，命令家裡大多數隨從（包括當時還在慕尼黑的莫札特）陪同前往。他們在辛格大街聖史蒂芬

莫札特肖像。

大教堂（St. Stephen's Cathedral）後面的德國修道院，也就是條頓騎士團之屋（House of the Teutonic Order）安頓下來。在莫札特寫給父親的信件中，他對所受到的待遇表示極為不滿。因為他不得不在傭人桌上用餐，地位比大主教的貼身男僕還不如，他可是年幼時曾得到帝王們召見的莫札特啊！每當莫札特提出一項請求，總是遭到克羅雷多的大管家阿爾科伯爵（Count Arco）的反對，他的職責似乎就是要把這個愛出風頭的年輕音樂家捏在手裡，更過分的是，當大家準備回到薩爾茨堡時，莫札特反覆請求准許他留在維也納卻遭到解雇，背上還被踹了一腳，於是乎他在維也納留了下來。「薩爾茨堡不再屬於我」。他告訴父親除非他能回踹阿爾科伯爵一腳！於是莫札特留在了首都，滿懷信心地開始了他艱難而傳奇的職業生涯：作為一名「自由藝術家」，靠他能得到的委託和演出生活。

　　莫札特對他的大主教雇主的態度並非獨有，就連海頓也開始表示惱怒，因為他日益增加的國際聲譽似乎沒能增加自己的聲望，卻反而增加了他的貴族上司的聲望。他在1790年的一封信中寫道，「我不知自己到底是宮廷樂長還是宮廷僕人」，當時他想出門遊歷（後來他得以成行到英國，受到熱烈歡迎），卻只能在他的長期王侯雇主尼古拉斯·埃斯特哈齊親王（Prince Nikolaus Esterházy，1714-1790）去世之後，才得以成行。在18世紀，許多音樂家們時時被提醒身處社會的中下階層，對此他們滋長了一種不滿的情緒，特別是那些與歌劇有關的音樂家。在18世紀80年代，莫札特

偶爾有特權可以見到皇帝約瑟夫二世——這位熱愛且廣泛關注音樂和戲劇發展的統治者。每當莫札特和妻子受邀進出宮廷時，不管財務狀況多麼不穩定，他們都得打扮得十分考究，並租用馬車出入這類場合。然而有可能大多數維也納貴族都認為，莫札特的天性更靠近與他共事的那些出色而在社會地位上無法登上大雅之堂的戲劇界人士，就像他最重要的劇作家洛倫佐・達・蓬提（Lorenzo Da Ponte）那樣的人。

達・蓬提出生在威內托的一個猶太家庭，少年時阪依天主教，並從事過神職工作。但他很快就被威尼斯的花花世界所吸引，成年後陷入一連串的金錢和性醜聞中。達・蓬提被迫離開威尼斯之後，於1781年在德勒斯登住了一段時間，憑著一封寫給宮廷作曲家薩利埃里（Salieri）的推薦信，他在維也納安頓了下來。當時，皇帝約瑟夫二世仍試圖鼓勵德語戲劇和歌劇的發展，幾年之後，他終於放棄了，恢復了義大利歌劇並將達・蓬提指定為皇家劇院詩人。達・蓬提在這個位置上一直做到1890年皇帝去世為止。多年以後，達・蓬提在自己的《回憶

莫札特最重要的劇作家達・蓬提，他也是莫札特歌劇《費加洛的婚禮》、《唐璜》、《女人皆如是》等劇本的作者。

錄》中重提往事，其中免不了加入他自己的臆測和誇張的描述，不過就維也納部分卻充滿了趣聞軼事，講述他如何聰明地與難纏的宮廷職員周旋，如何讓皇帝聽命於他。是達・蓬提說服了約瑟夫二世允許上演他和莫札特根據博馬舍（Beaumarchais）的喜劇《費加洛的婚禮》創作的新歌劇，之前的那部喜劇曾因品位太差、具有顛覆性的政治影射而遭到皇帝的禁演。

根據參加《費加洛的婚禮》首演的愛爾蘭男高音麥克・凱利（Michael Kelly）的敘述，當時有三部歌劇在大約相同的時間完成，另外兩部作品分別由薩利埃里和里吉尼（Righini）所創作。「每位作曲家都要求先上演自己的作品」，彼此爭論不休，「形成了陣營」。凱利這麼描述競爭中的作曲家個性：薩利埃里，皇宮裡的教堂樂長，是一位機靈而精明的人，具備培根所稱的那種變通的智慧；而里吉尼「工作得像一隻在黑暗中想遙遙領先

的露鼠」；而莫札特是最放鬆、最友善的夥伴。凱利說，莫札特喜歡拳擊並且擅長打撞球，不過，在音樂上卻絲毫不妥協。在凱利常參加的周日音樂會上，莫札特「時時刻刻準備著要表演；特別的是，當他演奏時，哪怕是發出最輕微的噪音，他都會馬上停止」。莫札特深諳自己在音樂上無人可比擬的能力，當他聽說《費加洛的婚禮》要與薩利埃里和里吉尼的作品一爭高下時，「像火藥一點就著似的暴跳如雷」，他發誓如果他的歌劇不能率先上演的話，他就把曲譜一把火燒了。

激烈的爭論結束了，凱利高興地寫道，根據皇帝的旨意，《費加洛的婚禮》立即展開排練。然而莫札特和達・蓬提的痛苦還沒結束。當主管宮廷事務的羅森伯格伯爵（Count Rosenberg）聽說作品的場景中有一段舞蹈之後，問達・蓬提：詩人先生難道不知道，皇帝禁止在他的劇院裡跳舞嗎？詩人先生確實不知道這項規定。於是傲慢的伯爵撕掉那段引起麻煩的場景，真的將它燒了。

達・蓬提匆匆忙忙找到莫札特，莫札特絕望之至。「我的任務是讓他冷靜下來」，達・蓬提回憶說，「最後我祈求他再給我兩天時間，一切都交給我來辦。」歌劇預計在城堡劇院上演，達・蓬提告訴我們說，他成功邀請到皇帝來觀看彩排，起初一切都很順利，掌聲不斷。然後演到「伯爵和蘇珊娜之間的默劇場景」，此時樂隊應該開始演奏，舞蹈出現。然而樂隊卻保持安靜，舞蹈也沒出現，伯爵和蘇珊娜只是打著手勢，整個情景看上去就像在演默劇。「這是怎麼回事？」皇帝叫嚷起來，並要求達・蓬提解釋。達・蓬提把腳本拿給皇帝看，其中有他重寫的舞蹈場景。皇帝迷惑不已，詢問畢恭畢敬站在一旁的羅森伯格伯爵，為什麼芭蕾舞會被取消，羅森伯格伯爵誠惶誠恐的回答說，是因為不允許在此跳舞。

「難道其他劇院也不可以跳嗎？」羅森伯格伯爵回答說，可以。

「那好，就讓達・蓬提想怎樣就怎樣吧。」

不到半個小時，達・蓬提這麼寫著：24名舞者出現在舞臺上，被刪掉的場景重新進行排練。

　　一切都讓達·蓬提（當然還包括莫札特）十分滿意，不過這也讓羅森伯格伯爵更加痛恨他，並且尋找一切機會來報復他。

　　《費加洛的婚禮》在維也納的反應平平，而在布拉格則大獲成功，「在這裡人們談論的都是《費加洛的婚禮》，演的、唱的、吹的口哨都是《費加洛的婚禮》，沒有歌劇比得上《費加洛的婚禮》，只有《費加洛的婚禮》」。莫札特在1787年1月15日寫給他的學生兼朋友馮·加奎因（Mason Gottfried von Jacquin）的信，愉快地傳達了他被延誤的首次布拉格之旅，所帶給他的高度興奮。《費加洛的婚禮》是如此的受歡迎，以至於它的作曲家得到委託，創作一部將要在當地首演的新作品。不過，如果不將上下文連起來，莫札特信中的摘錄會引起很大的誤導，並引發出另一個問題，那就是究竟是誰在談論、在表演、在唱、在吹口哨？

　　在莫札特的時代，布拉格是波西米亞的首府，擁有大量的捷克人，卻由處處效仿維也納、說德語的人統治。捷克人都想學德語，卻沒有哪個德國人想學捷克語。德語被哈布斯堡王朝作為政治工具，約瑟夫二世繼國家劇院之後，把德語當作官方語言。在德語界，皇帝鼓勵將本國語言運用在藝術和政府溝通上被視為是一種進步，然而在偏遠地區，包括波西米亞，則被廣泛地看成是維也納進一步加強霸權統治的信號。當時說德語的人和說捷克語的人之間，並沒有特別的緊張關係。然而在布拉格，就像在其他地方一樣，語言清楚標示了社會政治的區別：富有的、受過良好教育的公民說、寫都使用德語，而和他們的管家、裁縫、車夫交談的時候，則使用捷克語。

　　莫札特雖然不是貴族，卻來自維也納，是皇帝認識的著名「德國人」。因此他很容易就打進了布拉格的上流社會，特別是和那些思想開放、熱愛藝術的貴族交往。經過了三天的舟車勞頓，經過寒冷的摩拉維亞和波西米亞，他和妻子在音

《費加洛的婚禮》在維也納的反應平平，而在布拉格則大獲成功。這是《費加洛的婚禮》第一幕的佈景畫，現在收藏在慕尼黑戲劇博物館。

樂愛好者老圖恩伯爵（Count Thun）的宮殿住了下來，莫札特後來把《林茨交響曲》（Linz）題獻給他。伯爵的宮殿位於布拉格時尚的小城區，以音樂演出著名。莫札特寫道，在他到達後不久，在一次音樂表演的晚宴結束之後，另一位愛好音樂的貴族——卡納爾伯爵（Count Canal）又驅車帶著他們，到第三位貴族——仁布萊特菲爾德男爵（Baron Breitfeld）的家中參加舞會。在他寫給馮‧加奎因的信中說，布拉格最美麗的女人都聚集在這裡，「你真應該到這兒來，我的朋友！」。莫札特既沒有跳舞，也沒有和她們調情，「首先是因為我太累了，其次是因為我生性靦腆」。不過僅僅是看著人們在他最近上演的《費加洛的婚禮》的樂曲中快樂地旋轉，也讓他無比愉悅。正是在布萊特菲爾德的舞會上，莫札特注意到每個人都在談論《費加洛的婚禮》。

　　這並非指莫札特被布拉格之外的城市忽視了。他的出現被當地的報紙——布拉格上郵報（Prager Oberpostamtszeitung）報導，不過名字被寫成了「Mozard」，對說德語的人來說，這才是正確的發音。莫札特在一般捷克人中受歡迎的程度，有一大堆故事可以說，不過真實性如何就不得而知了。在這些故事當中有一則是這麼說的，在布拉格查理斯大橋下的一座小半島的洗衣婦們幹活的時候，哼唱的是《費加洛的婚禮》中的旋律，莫札特的第一位傳記作家尼姆切克（Niemetschek）寫道，「我們的頂級大師庫恰（Johann Baptist Kucharz，1751-1829）將《費加洛的婚禮》改編成鋼琴曲；它還被改編成管樂器五重奏、德國舞曲；簡而言之，費加洛的旋律響徹大街小巷，甚至連在酒館裡的豎琴師為了想吸引大家的注意力，也得彈奏那首《不要再去做情郎》（Non Piuandrai，劇中的詠歎調）。

　　第一次去布拉格莫札特停留了大約一個月，他顯然很快樂。除了《費加洛的婚禮》之外，新的《D大調交響曲》（後來被稱為《布拉格交響曲》）也成功上演，這兩部作品讓莫札特獲得了極高的讚譽，他在維也納從未得到過如此殊榮。莫札特踏上返鄉之途時，懷裡已經抱著重返布拉格的邀請：劇院經理人邦迪尼（Pasquale Bondini）委託莫札特為他的劇院創作一部新歌劇。

　　伊斯特劇院（Estates Theatre）是身兼音樂愛好者、波西米亞貴族、城堡長官諾斯蒂茨伯爵（Count Franz Anton Nostitz）的傑作，這是他送給布拉格人民最佳的禮物。那是一座新古典風格的建築，拱頂上刻著「Patriae et Musis」（獻給家鄉和繆斯女神）的銘文。家鄉當然指的是德國；正如約瑟夫二世本人所期待的那樣，新建的諾斯蒂茨的劇院為他所渴望培育的德國民族精神作了貢獻。新劇院的落成也引起一些爭議，它興建在布拉格古老的查理斯大學旁的空地上，有人抱怨它遮住了教室的自然光線。建築當局對此的答覆是：應該說劇院漫射出來的光線增強了教室的光線。劇院於1781年開始建造，兩年後開幕，首先上演的是席勒（Schiller）的一部劇碼。諾斯蒂茨伯爵很快就將劇院的日常管理工作交給了邦迪尼，不過他一直擁有劇院的所有權，1798年諾斯蒂茨去世，劇院由波西米亞伊斯特家族接管。後來，伊斯特劇院的周圍成為城裡主要的水果市場，就像倫敦柯芬園周圍一樣。

　　因此，當莫札特於1787年來到布拉格時，他的《費加洛的婚禮》得以在最新、最大、最有名的劇院上演。邦迪尼付給莫札特新劇碼的酬勞並不高，這時莫札特的財務狀況不佳，在維也納賺錢的機會很有限。沒有人能確定，究竟誰是第一個想到要用唐璜的傳說來創作歌劇，達・蓬提當然將這個點子歸功於自己。如果是這樣，那他確實讓他的作曲家夥伴工作很不輕鬆。達・蓬提告訴我們，1787年的夏天，他同時在創作三部劇本：一部是給索賴爾（Martin Y. Soler）的（他決定上午寫）；一部是給薩利埃里的（下午寫）；晚上的時間他留給莫札特。我們不能譴責達・蓬提懶惰，因為在他的自傳中，他說他一天當中有12個小時都在伏案寫作。《唐璜》（又譯成《唐・喬萬尼》）中的部分情節，或多或少是直接受到幾年前由加扎尼加（Gazzaniga）作曲的另一部相同題材歌劇的啟發。這也是達・蓬提獲得靈感以及給另外兩位作曲家大量場景的方式：

　　美麗的女孩現年十六，我本應像愛女兒那般愛她，但是，唉！我和母親住在一起，母親操持著家務。我的房間裡鬧鈴一響，母親就會進來。說真的，鬧鈴響的次數太頻繁了，特別是當我覺得靈感枯竭的時候⋯⋯一開始我允許她常常進來，後來不得不把鬧鈴的間隔拉長，以免浪費太多的時間在熱

情的廢話上，這位女主人在這方面堪稱完美。第一天，伴著托考伊葡萄酒、
鼻煙壺、咖啡、鬧鈴，還有我年輕的靈感女神，我寫完了《唐璜》的前兩
幕……。

　　莫札特和妻子在秋天回到布拉格，當時《唐璜》的總譜還沒完成。夫
婦倆寄宿在煤炭市場一座叫著「三隻金獅子」（Drei Goldenen Löwen）的
房子裡。透過埃斯特劇院樓上的大廳，至今仍能看得到這間房子。達·蓬
提也在布拉格待了幾天，住在緊靠旁邊的一間房子裡，據說兩人還能對著
窗戶說話。

　　據一篇報導說，首演之夜，馬車早
在五點半就開始陸續抵達劇院。精心打
扮的女士們在「一片泥漿海洋」中尋找
入口。年初，在莫札特成功訪問布拉格
之後，人們便引頸期盼著這位專門為他
們寫歌劇的作曲家能在首演時現身。如
果貴族們成群結隊而來，也會帶著大批
他們的隨行家臣。隨著城裡的名流踏著
泥濘蜂擁而至，劇院的好位子顯然已經
滿座。走廊裡卻危險重重，出現了「駭人
的狀況」：

布拉格的國家劇院。1787 年莫札特的《唐
璜》在此上演。

　　人們摩肩擦踵，最後一排觀眾緊抓著柱子之間的鐵欄杆，看起來搖搖欲
墜就像要跌到下一排去了。在人群激動的喧嘩聲中，你根本無法分辨出販賣
者的聲音，他們四處走動，遞上啤酒和香腸給走廊上饑腸轆轆的觀眾們，在
下方，又聽見「檸檬汁、杏仁奶」的吆喝聲。

　　或許觀眾無法代表布拉格社會樣貌的完整縮影，但從上面這段話看
來，它不僅包括喝杏仁奶的當地貴族富人，還包括了更廣泛的說捷克語、
喝啤酒的工匠和僕人階層。當時很少有人能真正領略達·蓬提義大利劇本
的精采之處（20 年之後，布拉格才聽到《唐璜》的德語版，1825 年才有捷克
語版），但很多人讚賞莫札特為這部詼諧劇寫的精湛音樂。那是一個轟動

的夜晚，首演夜觀眾如雷的
掌聲在莫札特的耳邊迴盪，
莫札特高興地說：「我的布拉
格人民理解我。」

　　在維也納，情況卻大不
相同。當《唐璜》在皇帝面前
演出時，他對達·蓬提說，雖
然他認為很出色，但「我們維
也納人的牙齒卻嚼不了這樣
的美味」。達·蓬提將皇帝的
話轉告莫札特之後，莫札特
激動地反駁說：「那就讓他們
花點時間好好嚼一嚼。」

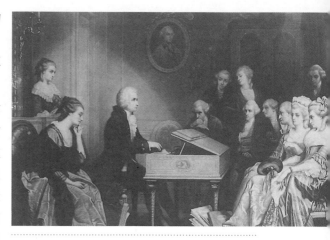

莫札特第一次公開彈奏《唐璜》的情景，是由柯爾尼利埃
特（Alfred Cornilliet）所創作的木刻版畫。

　　也許是當時約瑟夫二世腦海裡想著別的事情吧。同一年，哈布斯堡王
朝與奧斯曼土耳其人開戰，皇帝決定親自上戰場指揮作戰，坦白說，這時
皇帝對音樂家既不關心，也沒錢資助了。土耳其戰爭奪走了皇帝所有的注
意力，耗盡了帝國的預算，為了承擔日益增長的軍事開支，許多維也納貴
族不得不減少他們對藝術的資助。1790年莫札特試圖策畫一系列可以獲利
的音樂會，但是根本得不到任何贊助。莫札特樂觀地想展開自由的職業生
涯的願望轟然倒塌。不久之後的1789年，法國大革命爆發，不僅摧毀了法
國的貴族統治，同時也將其社會平等的主張推及全世界。

　　約瑟夫二世於1790年去世，由他的弟弟利奧波德（Leopold）繼位。與
土耳其的戰爭則處於停頓狀態。利奧波德計畫訪問布拉格，加冕為波西米
亞國王，莫札特應邀為這個盛事創作一部新歌劇。這項工作本來是交給薩
利埃里，但被他以工作繁忙為由推掉了。可能莫札特也說過同樣的話：當
時他也忙得團團轉，接到委託時，他正在為創作兩部作品而煩惱，一部是
《魔笛》另一部是《安魂曲》，但他實在太需要錢了，而且他也做了很多嘗
試想要引起新皇帝的注意而未果。或許是他太傻了，根本不該答應創作這

部加冕新歌劇，但從另一方面來看，這個委託案可以為他帶來名氣，而且這時在布拉格獲得的成功還深深烙印在莫札特的腦海中。

《蒂托的仁慈》（La clemenza di Tito）是一部傳統的莊歌劇，說的是羅馬皇帝蒂托的寬厚與仁慈，被認為正好用於慶賀新國王的加冕典禮，而且作品中還包含了一些鼓舞人心的詠歎調和合唱。莫札特似乎是在逼近截稿日時才完成譜曲，由他的學生蘇斯邁爾（Sussmayr）幫忙寫了宣敘調。這一次，莫札特的創作不是為了取悅布拉格的民眾，而是要向帝王階層表達莊重的敬意，他的努力沒能獲得像以前那樣的成功，據說他的老牌競爭對手薩利埃里在布拉格慶典上，極其惡毒地竭力壓制莫札特，據說新皇后對《蒂托的仁慈》非常不滿，厭惡的說那是「德國式的豬食（una porcheria tedesca）」。

莫札特備受打擊，並因此而病倒。在離開布拉格返回維也納之前，他便將注意力集中在《魔笛》的創作上，這部作品預定在三周後上演，面對的無疑是友善得多的觀眾，還有《安魂曲》需要完成。至少它們可以改善一下他窘迫的財務狀況。

儘管莫札特才華橫溢、聲名卓著，但卻「僅僅」是個音樂家，達‧蓬提也「僅僅」是個詩人。只有極少數他們的同行（例如劇作家梅塔斯塔西奧和宮廷作曲家薩利埃里）可以獲得穩定的收入與尊重。而所有的演出者，也只有少量的歌手、演員和舞者能夠名利雙收，大多數人，就像哈姆雷特所遇到過的「旅行戲班」那樣，都是「流浪藝人」，由一個經理人帶領，在城市裡駐紮下來後，就被隨意地呼來喚去。

對我們來說，莫札特時代最有名的演員經理人，非希卡內德（Emanuel Schikaneder）莫屬，這位於1791年委託、創作，並在莫札特的《魔笛》中演出的人。希卡內德是一位德國出生的劇作家、歌手、作曲家、劇院經理人和管理者，他早期在薩爾茨堡任職時認識了莫札特，經過多年的磨練，希卡內德在戲劇方面練就了一身本領，享有精湛表演家的盛名，特別是莊歌劇（1777年他在慕尼黑宮廷劇院演出，飾演哈姆雷特，因演出極為成功，結束後不得不將最後一幕重演一遍作為謝幕的安可劇碼）。

1784年，約瑟夫二世在普雷斯堡（Pressburg）接見他，隨後邀請他到維也納演出。1789年希卡內德進駐維登劇院（Theater auf der Wieden），在此他主要表演歌唱劇，通常是按照他的劇本譜曲，演出陣容來自他的劇團。在希卡內德的職業生涯中，他一直是一位成功而廣受歡迎的演員經理人，即使如此也沒能讓他擺脫經濟上的不穩定（他本人破產、精神崩潰並且早逝）。讓我們走進首演《魔笛》的維登劇院（或稱維登劇院），去看一看這樣的生活。

這不僅僅是一座劇院，而且是一個村落、一個社區。在希卡內德的傳記中，將這些綜合設施描述為「大量」相互連通在一起的屋子和房間，圍繞著六個庭院，像迷宮一樣，裡面有工藝品商店、教堂、磨坊、水井、飯店等等，在其中一個庭院的旁邊，就是可以容納上千人的劇院。某方面來說，比較像我們現在的住宅區。這個在20世紀才被拆除的建築物，是當時人們熟知的自由屋（Freyhaus），靠近維也納城牆的主城門克恩滕托爾大門以南，只需步行便可到達。為什麼叫它「自由屋」呢？因為在百年以前，施塔勒姆貝格（Starhemberg）家族從君王手裡獲得了這片土地，並被永久免除所有的稅賦，所以其後人可以用低於市值的收費將這些房舍出租。在這人滿為患的嘈雜之處，希卡內德的劇團成員們在此生活、工作、娛樂，並為許多有鑑賞力的觀眾演出。

自由屋劇院的裝飾很簡單，一直維持著低票價。雖然有一些包廂，但大多數觀眾都是坐在底層的長凳上欣賞演出。如果想要有個好位子，最好要早點去。一位劇院常客描述說他在下午就到達劇院，然後坐了三個小時，「在悶熱中汗如雨下，周圍充斥著燻肉的大蒜味」中枯等演出的情景。這些上演的劇碼很有可能是希卡內德自己撰寫、執導並表演的最後一部歌唱劇。他的名字印在戲票的最上方，在上面找了半天，也發現不了究竟是誰作的曲。就像現在簇擁著去看芭蕾舞或電影的觀眾，都不會去關注作曲者是誰一樣。1791年9月26日，人們湧向維登劇院，想觀看的是希卡內德的《魔笛》，他在1791年初版的《魔笛》中，飾演捕鳥人帕帕基諾（Papageno）。兩個月之後，莫札特的遺體躺在一個無名的墓穴裡，而他的《安魂曲》則成為絕響。

　　我們能夠很容易，也很欣慰地把約瑟夫二世時期的維也納，看成是音樂和歌劇發展的黃金時代，畢竟莫札特是在此時此地達到了他的巔峰，其中皇帝本人的影響力不容忽視。約瑟夫統治的帝國在歷史上擁有最廣闊的疆域，領土範圍充斥著我們所謂的種族和文化衝突，同時還要面臨不時向他發動戰爭的強大鄰國。即便如此，這個處於帝國中心的人物，卻依然撥出時間和精力保持著對音樂和戲劇的濃烈興趣。約瑟夫還是年輕的哈布斯堡親王時，他身邊就是一些頂尖的音樂家，耳濡目染之下，音樂和戲劇成為他唯一的興趣。而在他統治帝國之餘，還親自管理宮廷劇院。他尤其喜歡歌劇，並鼓勵歌劇的發展（海頓和莫札特在約瑟夫執政的十年間，都集中精力於歌劇創作，看來這並非巧合）。皇帝可以提出和否決歌劇的提案、閱讀和批示劇本草稿、以專業水準翻閱樂譜。莫札特在旅居維也納期間，皇帝便主持過莫札特和克萊門蒂（Muzio Clementi，1752-1832）的鋼琴決鬥，輪到莫札特時，約瑟夫說道：「我們開始吧。」（據說他私下賭莫札特會贏）。1786年，為了迎接奧屬尼德蘭總督來訪而準備演出時，約瑟夫也安排莫札特和薩利埃里各自創作了一部簡短輕鬆的輕歌劇，在美泉宮橘園的兩端先後上演。莫札特的創作是關於一個備受困擾的劇院經紀人，而薩利埃里的作品名為《音樂為先詞為後》（Prima La musica e pio le parole）觸及了歌劇方面長久以來存在的爭議：音樂和歌詞，到底誰更重要？

　　達‧蓬提也從約瑟夫這個愛好中受益。在皇帝的直接斡旋下，達‧蓬提開始為索賴爾撰寫他的第一部劇本，這個合作成果豐碩，《珍聞》（Una cosa rara）獲得高度成功（莫札特在《唐璜》的第二幕中予以引用）。由於宮廷的帶頭作用，很多人也開始趨之若鶩。海頓、莫札特和貝多芬都得到了貴族給予的慷慨贊助；斯威登男爵（Baron Gottfried von Swieten）對這三位音樂家都十分慷慨。對於約瑟夫二世在莫札特時代所給予的實際鼓勵和支援，每一個音樂愛好者都應該欠他一份人情。

《魔笛》中的捕鳥人巴巴吉諾，他為了彌補自己的過失，為塔米諾和帕米娜這對戀人的結合竭盡心力。

　　18世紀晚期的維也納在音樂和歌劇歷史上佔有一席之地，其原因不只是因為一位開明君主的影響力，也不只是因為恰巧多位音樂大師在此時誕生。在那些年裡，維也納迅速擴張，大量的活動越過古老的城牆，擴張到了近郊。民間組織遍及維也納——讀書會、合唱團，和以莫札特為主的共濟會（Masonic lodges）。像阿塔利亞（Artaria）那樣的小型音樂出版社也開始找到有利可圖的新市場。然而在某些方面，約瑟夫二世的奧地利對音樂文化的容忍度卻不如他母親那個年代。一位維也納作家回顧18世紀90年代時這樣寫道，「以前有一種重要的習慣，就是王室保留自己的宮廷樂隊，並借此培養音樂的主導精神」，而這種「有價值的習慣已經丟失了」，他惋惜地說，「受到損害的是音樂」。對於一些歷史學家而言，約瑟夫二世時代的維也納在音樂上的聲響，在某種矛盾的現實中，將部分原因歸咎於這種衰退。而音樂史上的這個時期，在帝王的宮廷和劇院被過於看重和資

克林姆所繪的《維也納老伯格劇院裡的觀眾》。莫札特的《女人皆如是》於 1790 年元月在此首演。

源高度集中之下，很多需要節省開支的次一級宮廷，發現他們根本做不到這些。隨著貴族的權力和影響逐漸被削弱，帝王宮廷和它所建立的榜樣，重要性相對增大。如果帝王宮廷非常重視音樂和歌劇，那麼日益缺乏安全感的貴族對這個訊息則無法忽視。不管如何，真正的經濟衰退以及貴族勢力的削弱，必須要等到約瑟夫二世駕崩、莫札特離開人世多年之後才算真正到來。

　　另一個可能的解釋是，將同時代的莫札特和年輕的貝多芬的名望，與新興中產階級的出現聯繫起來。當然這些著名的音樂家的聲望，已經遠遠傳播到最初贊助他們的貴族圈之外，這可以從以下數據看出端倪：1784年參加莫札特系列音樂會的觀眾，一半來自「高等」貴族，42％來自較下層的貴族和富裕的市民，只有8％為中產階級。而這些人只代表了整個人口結構的極少部分。莫札特時代的維也納貴族，大約只占整個城市人口（230,000人）的3％，中產階級官員和較富裕的公民可能也不會超過4％。而這兩類人構成了維也納城堡劇院觀眾的90％，莫札特的《後宮誘逃》、《費加洛的婚禮》和《女人皆如是》都在此首演。在維也納，大量愛好音樂的中產階級和商人的出現，整整比倫敦晚了兩個世代。

　　我們應該謹防將約瑟夫二世時代的維也納理想化，謹防把它當作珍惜藝術家的文化天堂。少數人可能得到了最大程度的支持，但多數人都被忽略並活得辛苦。莫札特時代的維也納，正如20世紀30、40年代的好萊塢，對於躊躇滿志的才子是一塊充滿誘惑的磁鐵，而它只眷顧極少數而無情地拋棄大多數。再者，名望也無法換來金錢和社會地位。莫札特本人，儘管自1787年起每年在皇帝那裡領取津貼，但在他的最後幾年卻頻頻陷入財務困境中，他的津貼只相當於城堡劇院一個包廂的年租金。或許維也納的領導者們，確實逐步向音樂「天才們」的浪漫主義觀念靠攏，但如果那意味著將奢侈的讚美傾注於極少數，那麼大多數藝術家，就像今天那些想當流行歌手或電影明星的人，都會被一張佈滿大洞的網給漏掉。

　　莫札特是幸運的。他來到這座城市尋找自己的名望和運氣，但由於各種複雜的歷史原因，只有極少數人能夠二者兼得。在約瑟夫二世的維也

莫札特的妻子康絲丹采的肖像畫。

納，莫札特創作了數個不朽的歌劇，並從此得到全世界的敬仰，更不用說他創作的大量其他作品。就這點而言，18世紀80年代的維也納確實可以稱為黃金年代。

然而，如果想往更高的地方攀登，也將面臨同樣多的陷阱，即便是被體制所眷顧的人也無法倖免。莫札特賺了不少錢，但似乎管理不善。他和妻子康絲丹采（Constanze）不時被邀請參加宮廷聚會，那就意味著他們得保持衣櫃裡裝滿漂亮的衣服，而他們夫婦倆擁有大量的傢俱，不論搬到維也納的哪間房子裡，都無法好好地把它們裝進去。當莫札特聽說薩利埃里將親臨觀賞《魔笛》時，便租了一輛昂貴的馬車來接送他。而康絲丹采不斷地懷孕治療上也花費不菲。總之，最後幾年莫札特陷入嚴重的債務中。在超過四年的時間裡，他寫了大量絕望的信件，寄給他的共濟會兄弟、紡織生產商普赫伯格（Johann Michael Puchberg）向他們借貸。據估計在這些年裡，莫札特的收入超過9,000古爾登，遠高於當時維也納一個中產階級家庭維持一年生活所需要的約1,000古爾登，也有人認為莫札特的財務困難有可能是因非法賭博而加劇，他欠下的賭債不能賒帳而必須立即償付。

莫札特最後幾年雖然在國際上聲譽鵲起，但在維也納受歡迎的程度和賺錢的能力卻在慢慢減弱，人們對他的新鮮感消失了。1787年格魯克去世，莫札特最終得到了皇家宮廷的正式任命，但薪水卻比格魯克少得多（每年只有800弗羅林，而格魯克是每年2,000弗羅林）。《唐璜》在布拉格的首演成功之後，移師維也納上演，卻沒有得到熱烈的迴響。這一切，可以看成是因為土耳其戰爭驚人的軍費需求而不斷惡化的經濟狀況所致。隨著音樂會不再舉辦、貴族階層減少或取消他們的家庭樂隊，失業和因此而經濟不穩定、需要尋找工作的音樂家大量出現。在一個版權法還未實施的時代，如果莫札特的作品在他的圈子以外演奏，那他一點補償也拿不到。

　　當莫札特在二十多歲決定辭去薩爾茨堡大主教給他的職位，移居維也納時，他就踏上了一條艱辛的道路，因為他離開了一個雖然受約束但卻相對安全的職務，就像中世紀的騎士擺脫他所侍奉的君主那樣，邁進經濟上不穩定的獨立藝術家的世界，這是一個未經檢驗的領域，我們寒心且準確地稱之為自由職業。「這個世界上，沒有哪個君主比皇帝（約瑟夫二世）更能讓我願意為他服務了」，莫札特在1782年寫給他父親的信上說，「但我拒絕乞求任何職位」。這是一個大膽的宣示，暗示著這位恪守本分的藝術家，具有比帝國首都同時代的大多數人更高的境界。莫札特去世六年之後的1798年，也就是在法國大革命爆發將近十年之後，一則廣告出現在維也納的報紙上：

　　招聘：一位音樂家……會彈鋼琴、能唱歌，並可以教授以上兩項。這位音樂家還需履行貼身男僕之職責。

　　沒有什麼比它更能說明音樂家的社會地位。藝術家們的浪漫理想主義，還存在那個遙遠的未來。

昂‧帝爾維也納劇院。莫札特與貝多芬的作品，都曾在此首演或隆重演出。

CHAPTER 2

大革命和浪漫主義（1800—1860）

拿破崙與貝多芬

　　在某些時候，貝多芬多少可以稱得上是一位浪漫自由主義者。「我熱愛自由勝過一切」，法國大革命爆發幾年之後，這個年輕人在朋友的紀念冊中這樣寫著。他還說：「即使在王座面前，也永遠不要期望真理！」十年後，拿破崙將自己加冕成為皇帝，貝多芬猛烈地抨擊這位他從前崇拜過的英雄，稱其為一介匹夫，終將踐踏人權，變成一位暴君。貝多芬原本打算要將他新創作的交響曲獻給拿破崙，但最後憤怒的貝多芬撕掉了樂譜的題詞，這部作品就是後人熟知的《英雄交響曲》。

貝多芬肖像。

　　貝多芬也明白，如果想為自己的麵包上加點黃油，那最好還是讓那些有教養的菁英們來提供，所謂的菁英依舊還是那些世襲的貴族階層。早在18世紀90年代，貝多芬剛剛在維也納立足的時候，他就得到擁有爵位的貴族盛情的款待，邀請他為少數菁英觀眾創作曲子，並且在他們高雅的私人宮殿裡表演室內樂。「我不會為大眾寫曲子」。1806年在他的歌劇《費德里奧》（Fidelio）首演的劇院，這位桀驁不馴的作曲家對劇院總監說，「我只為那些有教養的人士創作樂曲！」貝多芬並不是在跟對方探討藝術，他是在為錢討價還價。維也納河畔劇院（Theater an der Wien）的經營者答應要分一部分營業收入給他，但他的歌劇並沒能為劇院帶來可觀的票房。他們請求貝多芬將音樂從多方面進行修改，以求歌劇能吸引更多的觀眾，但被他拒絕了。「僅僅靠有教養的人根本裝不滿我們的劇院」，劇院總監盡力

維也納河畔劇院的外貌，1805 年貝多芬的
《費德里奧》在此首演。

冷靜地解釋說，「我們需要大眾來保證
我們的利潤，而你在音樂方面不肯為他
們做出一點點讓步，將自己去承擔低回
報的責任」。接下來關鍵的一句：「如
果我們給莫札特的歌劇相同比例的利潤
抽成，他早就已經是個富翁了。」聽他
說到這裡，貝多芬要回了他的樂譜，憤
然摔門而去。

　　當莫札特辭去克羅雷多大主教的聘用，在維也納以一個獨立音樂家的
身分安頓下來的時候，這個舉動已經讓他的思維超前於他的時代了。過去
當然也有獨立的藝術家，例如韓德爾居住在倫敦的時候，主要依靠他的皇
室津貼和他在外招攬得到的委託賺錢過活。但莫札特從薩爾茨堡搬到維也
納，卻可以看作是一個歷史性的轉折。他早期的導師，「爸爸」海頓，滿
足於終生在埃斯特哈齊親王處就職。莫札特的後繼者，譬如貝多芬，需要
面對的是新的、更加不確定的生存挑戰，傳統的社會和經濟關係開始被質
疑，腐朽的等級制度在法國大革命和拿破崙發起的戰爭壓力下，讓位給一
個起伏不定、更具社會流動性的新世界。在莫札特去世後的數年間，在他
孩提時代曾經見證過的那些似乎不可撼動的，以階級區分高下的社會經濟
體系大多已被推翻。在巴黎，他曾經在美泉宮一起玩耍的奧地利小公主成
了法國皇后，後來被送上了斷頭臺。不久以後，從馬德里到莫斯科城門，
自由的吶喊在空中迴響，行軍的腳步和戰爭的炮火撼動著歐洲的每一寸
土地。原先的統治者被驅逐，他們留下的宮殿和頭銜被外國的勝利者們掠
奪。舊有的財富讓位給新興貴族或一無所有的平民百姓，食物供應被迫縮
減，無數村莊和村民，還有成千上萬的士兵，化成了泥土。

　　然而拿破崙所帶來的創造並不輸給他帶來的破壞。為了實現一個現
代化、團結並具有理性統治下的民族國家的願景，他將憲法導入他所佔領
的領土，與教皇締結宗教條約，廢棄封建主義等陳舊的社會經濟體制。拿
破崙驕傲地誇口說，一旦發現對國家有功，他將予以獎勵；據說每一個士

兵的背包中都放著一隻元帥手杖。他也對陳腐的法國司法系統進行改革，命令依據理性的羅馬法系重新編纂法律。《拿破崙法典》（Code Napoleon）隨後被許多法國的佔領區所採用，時至今日仍然是歐洲某些地區，甚至是遠在大西洋彼岸的路易斯安那州的司法體系的基礎。與此同時，拿破崙還具有文化方面的野心。

　　對於法國大革命及隨之而來的戰爭，藝術界的反應倒是顯得迫切而直接，涵蓋了從官方慶祝性質的作品，例如大型露天音樂慶典，或者大衛（Jacques-Louis David，1748-1825）的拿破崙巨幅肖像，到驚世駭俗的戈雅

大衛畫的拿破崙肖像。

（Francisco Goya，1746-1828）的《戰爭的災難》（Disasters of War）。然而，隨著事件不斷的以末日預言似的面目展開後，大多數藝術家開始變得和眾人一樣不知所措，極少有人願意嘗試將他們身邊發生的暴行，轉化成嚴肅的藝術。因此，拿破崙時代的製作人和觀眾們並不奢望能夠看到對羅伯斯庇爾（Robespierre）、瑪麗・安托瓦內特、巴黎的群眾或者共和國部隊的戲劇化描摹。如果外部事件對於歌劇界的衝擊並不直接，那也是影響深遠，因為很多創造性的藝術家都覺得有必要將崇高的道德觀注入到作品裡，描繪高尚的美德終將戰勝陰暗邪惡的傳奇故事。大革命戰爭時期所創作的最著名、最有生命力的歌劇作品並非誕生於巴黎，而是在一座被法軍佔領，並且當它首演時皇帝本人所在的城市：維也納。

《費德里奧》是貝多芬唯一一部歌劇，此圖為1935年在柏林歌劇院演出時，席維特（Ludwig Sievert）所繪製的舞台設計圖。

《費德里奧》講述了一位忠貞不渝的妻子，不顧一切努力解救她身陷囹圄的丈夫的故事。很多觀念都匯聚在《費德里奧》中。貝多芬最初用主角的名字為這部歌劇命名為《利奧諾拉》（Léonore），它歌頌了婚姻中的愛情和英雄主義的理想（這也是它的副標題）。這個問題一直困擾著恪守道德價值觀的貝多芬，他對女性極端的浪漫主義思想使他無法在生活中尋找到真愛，並且毀了他可憐的弟媳的生活。

如果說在最終曲譜中一些振奮的段落裡反映了貝多芬的個人偏好，那麼之前的《費德里奧》則紮根於法國的土壤，並且從中獲得滋養。貝多芬於1792年定居維也納時，莫札特、皇帝約瑟夫二世和他的弟弟及繼任者利奧波德都已經去世。所有的關注焦點都已經轉向了舊的政權和體系已被摧毀的法國。革命之後的巴士底獄也許已經很少有政治犯了，但它標誌性的毀滅及隨之而來的大眾狂歡，引發了瘋狂的言論和行為，令大部分的歐洲國家既興奮又疑惑。在很多與貝多芬同時代的年輕人看來，法國旗幟上宣揚的「自由、平等、博愛」的標語非常鼓舞人心。即使生活在相對溫和的政權下，例如在英國，像華茲華斯（William Wordsworth，1770-1850）、柯勒律治（Samuel Taylor Coleridge，1772-1834）、布萊克（William Blake，1757-1827）或者彭斯（Robert Burns，1759-1796）這樣的年輕藝術家們，也無法抗拒海峽對岸占盡鋒頭的新興理想主義所帶來的誘惑。然而，每當新興的革命浪潮逐漸平息後，顧慮就開始出現了。不僅僅是歐洲的貴族階層和皇權在握者，也包括像艾德蒙‧伯克（Edmund Burke，1729-1797）這樣的保守派，他們都在向外界提醒革命之火一旦蔓延之後的危險結果。

法國大革命是一次真正的革命，它的先驅們試圖摒棄所有的陳舊包袱，以「共和國元年」重新開始紀年。從最初在法國，然後開始向外蔓延，舊秩序危在旦夕。在奧地利，莫札特曾經深深依賴的傳統貴族階層，被18世紀末至19世紀初橫掃歐洲的劇變嚴重動搖。很多曾經在年輕的貝多芬展露頭角之初贊助並雇用過他的親王們，在對法戰爭中都過得戰戰兢兢、遑遑不可終日，隨之而來的通貨膨脹，又不斷對他們日漸微薄的社會經濟地位施加壓力。

貝多芬的贊助者們（由左至右）：李希諾夫斯基親王、洛布科維茨親王、金斯基親王和魯道夫大公。

　　即便如此，維也納這座貝多芬在此創作了《費德里奧》的城市，仍然保持了它應有的榮耀、傳統和君威，它那歷盡滄桑卻歷史悠久的社會階層，即便不是在財富上，卻也在榮譽上得以較為完整的保留下來。奧地利貴族一如既往地繼續給予這位他們喜愛的作曲家和演奏家讚譽和金錢。早在18世紀90年代，李希諾夫斯基（Lichnowsky）親王和王后就曾經邀請這位年輕人以貴賓身分到他們的宮殿居住，到了1808年與1809年之交的冬季，當極其無理的貝多芬與李希諾夫斯基夫婦鬧翻，並且決定永遠離開維也納時，洛布科維茨（Lobkowitz）親王、金斯基（Kinsky）親王和貝多芬昔日的學生魯道夫大公（Archduke Rudolph）則聯合起來想給貝多芬一份生活津貼，只要他肯在維也納留下來。即使在逆境中，貝多芬也非常精於推銷自己和自己的才華，也許咬了一隻手之後，接著又會去舔另一隻手。

　　在我們看來，這些人的慷慨和大方，對於古怪而又不領情的人來說，似乎太縱容。或許他們這樣堅持也有私心，畢竟貝多芬的聲望讓他們間接得到了榮耀。貝多芬深諳箇中道理，並且很巧妙地加以利用。貝多芬為這些親王和大公們創作和演奏，為的就是他們的金錢和認同。

　　貝多芬和他的貴族靠山之間的共生關係，或許有助於解釋一個如此多產的音樂家，為何不及早涉足歌劇領域的原因。青年時代的貝多芬在波恩選帝侯的王宮裡就聽過歌劇，也在歌劇管弦樂團中擔任過中提琴手。但是貝多芬最拿手的是鍵盤樂器，他在維也納的最初十年裡是一位聲望極高

的鋼琴大師。歌劇和交響樂作曲需要的是大型、公開的演出環境，但這並非是貝多芬特別感興趣的領域，也不是他那些貴族贊助人所關心的課題。義大利歌劇在維也納繼續流行是個不爭的事實，同時希卡內德的劇團還在維也納維登劇院製作並演出德國歌唱劇。一旦法國人開始扛著革命的大旗跨越國界，並發現了拿破崙能夠鼓舞並帶領他們完成雄心壯志的帝國大業時，在維也納和在許多憂心忡忡的歐洲都城都陷入同樣的境地，那些娛樂的形式變得越來越無關緊要了。

　　拿破崙非常清楚，法國曾經為18世紀歐洲的每一個宮廷提供了藝術和知識的標準，他決心要復興這個最高的權威，特別是在他當上皇帝之後。他在1810年宣佈，「沒有我的授權誰也不許演出歌劇」。之前，他就曾發佈過一系列法令減少位於首都的劇院數量，同時試圖提高這些劇院的水準。拿破崙對音樂並不是特別瞭解。據說1805年他曾這樣問道，「他們想在巴黎歌劇院上演的《唐璜》是個什麼東西？」但他似乎是真心喜愛義大利歌劇，這個偏好可能有一部分原因源自於他的科西嘉血統。無論個人品位如何，拿破崙都懂得音樂和歌劇對於政權的價值。當他返回巴黎或者需要有儀式進行的時候，他都會選擇去歌劇院。他曾在那裡歡慶部隊的勝利、正式向大眾介紹他的第二任妻子瑪麗-路易士（Marie-Louise）、慶祝他兒子的生日。在他執政期間，拿破崙出入歌劇院的次數，多於任何一位19世紀的法蘭西領袖。

大衛所繪製的大型油畫：
《拿破崙一世的加冕禮》。

　　有一部分原因則是拿破崙這位發誓要推翻一切舊體制的平等主義革命繼承者，卻重蹈過去階級體系的覆轍。大革命或許已經廢黜了腐朽的政權，顛覆了過去的貴族統治，但拿破崙煞費苦心，試圖想要創造一個新的貴族階級，到他統治結束為止，拿破崙一共賜予了超過3,000個爵位，其中大部分的人之前從來不曾獲得任何頭銜。無論是拿破崙帝國使用的語言還是徽章，都喚起人們對於古羅馬帝國的回憶——君主已死，而帝國長存。

　　在這樣的氣氛下，歌劇院提供了一個完美的展示空間，一個在文化上最適合的場所，君主可在此面對大量但易於控制的仰慕者群眾，獲得絕佳的宣傳效果。1800年，當所謂的暗殺傳言四處散佈時，拿破崙急忙趕往歌劇院，向全巴黎展示他們的第一執政官依然活著，而且活得好好的。歌劇代表著等級、權力、沿襲、穩定和影響，拿破崙非常明白，其他人也同樣明白。他觀看歌劇的時候，總是選擇在午夜時分或者中場時間才抵達，這時觀眾們甚至包括演員們都會起立鼓掌歡迎。喝彩與掌聲顯然都是自發的，但位為馬蹄形半圓包廂頂端的那些高級政府官員們，還有他們中間的軍警代表們，無疑對增強這種效果功不可沒。

　　觀眾群明顯與上一屆政權的時候不同了，不僅在於其結構組成，更在於他們的行為表現。那些世襲貴族的社會經濟勢力，即使還沒有被完全消滅，如今也大多被新興的後革命時代的功臣們所取代。他們是受拿破崙庇蔭和皇朝復辟之惠的高級市政公務員、銀行家、商人和自由職業者。這類人和少量的前朝遺老組成了劇院包廂票房的來源，但是他們不再像那些貴族們那樣，動輒簽下一整年甚至終身的租約，而只對個別演出感興趣。這就意味著，不像過去那些有權勢而富有的菁英們重複不斷地聚會，如今歌劇院的觀眾群每週都可能不同，觀眾彼此之間都是新面孔，其中還會有不少是從未欣賞過歌劇的人們。這樣的結果讓觀眾之間有了距離，開始注重形式，他們的舉止也變得相對更加保守。他們或許會中途打斷演出來為皇帝喝彩，但也只會在確定其他觀眾也這麼做的情況下才會如此。

　　一些常來的觀眾指出，新觀眾群的另外一個特徵，就是無論是否出於禮貌，他們對舞臺上演出或演唱的節目的注意力都提高了。一份1802年的

刊物曾經提醒讀者，在音樂進行的時候，說話、打呵欠或者擤鼻涕都是不禮貌的行為。而1819年一本關於禮儀的書籍，也記載著觀眾是如何為了讓演出不被中斷而喝止他人說話。以21世紀的角度來看，我們或許會（帶點優越感地）讚賞這些新興歌劇愛好者對演出內容更加用心。然而觀賞演出禮儀的提高，卻也很可能表明新的觀眾群在取代過去，將進出歌劇院當成是奢華遊樂場的菁英階層時，實際心態上是略顯尷尬的。這類觀眾也不見得對政治有任何積極參與的興趣。

因為這些原因，拿破崙渴望音樂和歌劇在法國能繁榮發展，尤其是在他對劇院重組之後。雖然連年戰爭所帶來的財政窘迫，然而帝國統治下的歌劇實際上得到了足夠的資金和贊助。巴黎收留了當時一些最著名的作曲家，其中不只有法國人，同樣也有很多群聚到首都希望博得皇帝青睞的義大利人。拿破崙十分偏愛閹伶克雷申蒂尼（Girolamo Crescentini，1762-1846）的歌聲，據說克雷申蒂尼演唱津加雷利（Niccolò Antonio Zingarelli，1752-1837）的羅密歐時，曾讓拿破崙淚流滿面。他非常欣賞克雷申蒂尼，因此授予他倫巴第國王十字勳章，而此獎一般只授予從戰場歸來的勇士。拿破崙最喜愛的作曲家是年邁的帕伊謝洛（Giovanni Paisiello，1740-1816），他委託帕伊謝洛為他在1804年的皇帝加冕禮時譜寫一首彌撒曲。而史蓬蒂尼（Gaspare Spontini，1774-1851）的巨作《貞潔的修女》（La vestale），據說是在約瑟芬皇后的推薦下於1807年在巴黎首演。

在巴黎的義大利音樂家之中，最重要的（他不算拿破崙特別喜歡的）是一位以作曲家和教師的身份執掌法國音樂界長達半個世紀的人，名叫路易吉・凱魯比尼（Maria Luigi Carlo Zenobio Salvatore Cherubini，1760-1842）。凱魯比尼是貝多芬最尊敬的極少數同時代作曲家之一。1802年，希卡內德的劇院剛剛遷到維也納河畔劇院，即決定推出凱魯比尼的歌劇《洛多斯卡》，在維也納造成轟動。那是一個巨大的成功，可說是希卡內德繼十年前的《魔笛》首次成功之後的輝煌之作。隨後凱魯比尼受託專門為維也納寫一部新歌劇。他的合作者（同時也是宮廷劇院的秘書）是詩人松萊特納（Joseph von Sonnleithner，1766-1835），此人是貝多芬《利奧諾拉》的劇本作者，也因這部歌劇而聞名於世。

　　此時貝多芬所居住和工作的環境已經有所變化。從前將他與他的維也納貴族們緊密連結的紐帶，如今變得愈來愈鬆散，越來越多的音樂演出走入尋常百姓所能接觸到的劇院和音樂廳當中。在那裡，貴族成員或許會發現他們和一群毫無頭銜的新興中產階級混坐在一起。從文化上來看，維也納也日漸拜倒在法國這個歐洲新強權的魅力下。法國歌劇掀起了流行熱潮，而他們所追崇的明星便是凱魯比尼。《洛多斯卡》上演後不久，希卡內德找到了貝多芬，討論自己打算寫的一部歌劇劇本，但這位作曲家對這個點子並不太熱衷。而當希卡內德重新關注歌唱劇和默劇演出後，貝多芬的想像力卻被他創作於1804年初，當時已經開始構思的一份法語劇本給激發了出來。

　　這個劇本是一部叫《利奧諾拉》，或者《夫婦之愛》（L'amour conjugal）的戲劇作品。它創作於1794年，正是法國大革命如火如荼展開之時，據稱取材於都蘭（Touraine）的一段真實故事。在貝多芬的這部歌劇裡，利奧諾拉是一個政治犯的妻子，她女扮男裝去當獄卒，並設法在邪惡的獄長即將處死她丈夫弗洛雷斯坦前將他救了出來。在貝多芬感興趣之前，這個故事已經被多部歌劇所採用，而且作為眾多反映非法監禁和英勇營救的故事之一，曾經在巴士底獄風暴之後的幾年裡紅極一時。這樣的主題在法國大革命前夕也非常流行。早期的「拯救類型」歌劇作品，包括莫札特在1782年創作的《後宮誘逃》和兩年後格雷特里創作的《獅心王理查》。而攻佔巴士底獄的巨大象徵意義，為這部作品融入了創造性的想像力。18世紀90年代至19世紀初創作了不少歌劇，不僅表面上會強調監獄裡的營救，而且在更廣泛的意義上，強調了暴政和自由之間的道德衝突，以及被鼓舞的個人有足夠的能力去糾正那些顯而易見的錯誤。這便是貝多芬在1805年上半年完成的作品裡，所想要彰顯的主題。

　　當貝多芬完成《利奧諾拉》（劇院將它命名為《費德里奧》）並等待首演時，拿破崙的大軍正在與奧俄聯軍大戰。秋天到來後，拿破崙將炮火鎖定了維也納，這座城市自1683年奧斯曼土耳其人曾經襲擊之後，再次暴露在戰爭的威脅下。1805年11月13日，在佔領特拉法加（Trafalgar）三周之

後，法國軍隊佔領了維也納。接著這位皇帝在美泉宮住了下來，而在大約半個世紀前，小莫札特曾在此地為瑪麗婭・特蕾莎皇后表演過節目。當拿破崙的軍隊逼近維也納時，許多貝多芬的忠實贊助人都逃走了，他們富麗堂皇的大宅順勢被法國將軍們據為己有；而另外一些人留下來的人，則試圖在窘迫的環境之下向法國乞討一點地位和尊嚴。法國的入侵對於洛布科維茨親王來說是一場災難，洛布科維茨對貝多芬的友誼和資助，幫助貝多芬克服了無數次危機，而貝多芬對拿破崙的幻想破滅之後，也將《英雄交響曲》改獻給了他。他在法軍到達之前不久離開了維也納，他那宏偉的宮殿很快被于蘭（Hulin）將軍所霸佔。

因此，在被法國佔領的陰霾下（這時離拿破崙大勝奧地利及其盟友的奧斯特利茨決定性戰役，僅僅兩周前），貝多芬的歌劇舉行了首演。1805年11月20日，《費德里奧》在維也納河畔劇院一群稀稀落落且毫不在意的觀眾面前上演，他們絕大部分都是法國軍官。

這部歌劇反應平平，部分歸因於當時這座城市的政治氛圍。在維也納的奧地利人或者法國人，幾乎沒有人有心情去看歌劇，而且這部作品也實在很難消化。作曲家的排練也很令人擔憂，貝多芬為反派角色的典獄官寫了一首華麗而高難度的詠歎調。男低音塞巴斯蒂安・梅耶（Sebastian Mayer，1773-1835）負責演唱這個角色，他發現這首詠歎調非常難唱，而且不受控制的管弦樂隊也一點都幫不了他。梅耶的妻子約瑟法・韋伯（Josepha Weber）是莫札特的遺孀康絲丹采的妹妹，在排練的時候，梅耶受盡這首詠歎調的折磨，最後再也忍不住發火了，她衝著沖貝多芬吼道：「我的姐夫才不會寫這麼亂七八糟的東西！」

由於這部歌劇的市場反應平淡，因此貝多芬撤下它，但他同意在李希諾夫斯基親王的宮殿裡與少數朋友花一個晚上將歌劇重新排練一遍，探討如何改善它。幾年之後，參與者之一、準備接手扮演那位被救的囚犯弗洛雷斯坦的年輕的男高音羅克爾（Josef August Rockel，1814-1876），生動地描述了那個夜晚所發生的事情。貝多芬不是一個能夠坦然接受批評的人，當他被請求刪減或修改作品時，貝多芬咆哮道，「改一個音符也不行」。在

幾乎要衝出門的那一刻，李希諾夫斯基王后「如禱告般雙手合十，放在珍貴的樂譜上，以難以名狀的溫柔目光注視著這位憤怒的天才，最終他的怒火在她的眼神中熄滅了，他重新坐了下來。」

那晚修改工作進行到午夜，貝多芬仍舊固執地堅持不能改動樂譜。王后再一次出來打圓場，她用「懇求的眼神」望著貝多芬並且問道：「難道你偉大的作品一定要被人鄙視和詆謗嗎？」貝多芬回答道，「尊敬的王后殿下，您的認可已經是最好的獎賞」，然後繼續修改下去。羅克爾寫道：

這位柔弱的女性彷彿被一個頑強、威嚴的靈魂附體；她幾乎是跪在地下將他攬住，動情地說道：「貝多芬！不，你最偉大的作品，還有你自己，不應該如此失敗！上帝不會坐視不管，因為他已經將最純淨美好的聲音置於你的靈魂之中，你的母親在天之靈也不會答應，她此刻正通過我祈求你、告誡你，貝多芬，去做吧！聽話！為了你的母親！為了我，為了你自己，為了最信賴的朋友們！」這位有著獅子般頭顱的偉人，久久佇立在他天使般的繆斯女神面前，猛然拂去臉上的一絡頭髮，彷彿從一場美夢中甦醒，他哭了，雙眼仰望著天上，飽含深情地說，「我會去做的，努力去做；為了你，為了我的母親！」與此同時，他恭敬地將王后扶起來，把手交給她，彷彿是在起誓。此時此刻，我們站在周圍深深為之動容，因為我們見證了這一偉大時刻。

大家都鬆了一口氣，來到餐廳用餐。尚在沉思中的貝多芬只吃了幾口，而坐在對面的羅克爾卻狼吞虎嚥，令貝多芬忍不住說了他幾句。「我實在太餓了」，羅克爾窘迫地答道，「我連自己吃的是什麼都沒留意。」貝多芬冷冷地回他說，這就是為什麼起先羅克爾能將饑餓的囚犯演得如此自然逼真的原因。你在演出之前一定得先保持自己的饑餓狀態，就能確保成功了。羅克爾在描述中說，「所有人都笑了，似乎貝多芬又開始開玩笑了，這比笑話更令人愉悅」。

多虧了親王、王后和賓客們的共同努力，貝多芬最終被說服進行了多處的修改，修訂版在第二年春季上演（由羅克爾擔任弗洛雷斯坦一角）。這一次反應比較好，但還不足以支撐幾場演出，作曲家的收入也不高，這

古拉菲爾所繪製的《和睦的聚會》，在貝多芬左側的是維也納的出版商斯泰納，他出版了貝多芬自 1815 年以來創作的許多樂譜。在眾多音樂家中，貝多芬是最早將自己的作品賣給出版商，來維持生計的人。

時，貝多芬怒道：他再也不為大眾作曲了。貝多芬要回了他的曲譜。音樂史上一個小小的奇跡是，差不多在十年後，人們說服這個倔強的男人把這個曲譜重新翻出來再次修改，而這個版本的《費德里奧》開始受到全世界的喜愛。

中間的那幾年，貝多芬再也沒有嘗試創作過其他的歌劇。或許這種藝術形式和他的性情不合。無論如何，奧地利全面捲入對法戰爭之後（拿破崙於1809年再次佔領維也納），維也納就很難再為這麼複雜而昂貴的藝術創作提供理想的環境了，即使對一個心態更平和的作曲家也是如此。每個人都不得不屈服於連年戰爭的殘酷事實。耳聾明顯無法治癒且仍在惡化中的貝多芬，發現自己內心的魔鬼越來越難以控制。錢一直也是個問題，「我希望我能免於和出版商糾纏在討價還價中」，他說道，「而是可以找到一個立即能夠決定支付我一整年薪水的人，作為回報他有權利出版我的所有作品，這樣我就不會在創作方面有所懈怠。」

直到西班牙和俄國多次的對法戰役，以及1813年萊比錫發生的大規模多國會戰之後，人們才發現貌似所向無敵的拿破崙終究也會失敗。貝多芬這個性情乖戾的革命者，清楚地明白權力和金錢所處的位置，為慶祝英國在半島戰役中取勝，他接受委託根據英國國歌《天佑吾王》創作了一首變奏曲。因此誕生了《威靈頓的勝利》這首大家所熟知的《戰爭交響曲》，這部作品本來很很容易讓人瞧不起，會被看成是作曲者為了博得一點即時名利而信手拈來的二手貨作品。然而，該作品於1813年首演之後，卻受到狂熱的追捧，並在不久之後在皇宮內的雷杜德大廳（Redoutensaal）反覆上演。隨著聯軍攻入巴黎，法國的最終失敗就在眼前，貝多芬的名望迎著必勝信念的浪潮扶搖直上，達到巔峰。

　　在成功的激勵下，貝多芬接受了大家的勸說，重新審視他那部被他監禁中的歌劇。他做了一系列的修改和調整，特別增加了最後一幕。在這一幕中，忠誠的利奧諾拉和她獲得解放的丈夫走出地牢，來到明亮的陽光下，得到誠實而正直的國務大臣的盛讚，歡迎的人群為他們勇敢反抗暴政而歡呼。貝多芬這次修改的總體效果點亮了作品的主旨，而最初的版本則只反映了個人的勇氣和堅毅的特質。《費德里奧》這部在拿破崙到達厄爾巴島（Elba）之後不久，於1814年5月在維也納上演的歌劇，已經成為全世界迎接自由和推翻暴政的盛大慶典。

　　那年秋天，獲勝的聯軍領袖們重聚維也納召開會議，策劃戰後歐洲的版圖。在坐下來進行嚴肅討論之前，他們先在劇院待了一個晚上。這些聚首的皇帝、君主、親王和首相們要觀看的是最上乘的演出：《費德里奧》。一個半世紀之後，另一群泛歐洲的和平締造者聚首之時，從這位創作了《費德里奧》性格乖戾的作曲家的作品中，取材了一段旋律作為他們正式的會歌（1972年，歐洲理事會將貝多芬《第九交響曲》中，第四樂章的《歡樂頌》定為會歌。1985年，所有歐盟成員國國家元首一致通過採用該曲作為歐盟的正式會歌）。

後拿破崙時代：歌劇與政治、藝術和商業

　　再一次站在劇院時，我重新找回了那種敬畏和陶醉的感覺。遍尋歐洲全境，你將會發現這座劇院絕對無可匹敵……這座以300個日夜重建起來的恢弘建築給人的震撼，絕對不亞於一場浩大的政變。它比任何的憲章都更能讓人懷著崇敬與誠意臣服於那至高無上的權威……上至君主，下至侍者，整個那不勒斯城都會沉醉在無比歡愉之中。

　　法國小說家和歌劇愛好者司湯達（Stendhal，1783-1842）對那不勒斯聖卡洛歌劇院的熱愛溢於言表。這座劇院是為了慶祝斐迪南國王的誕辰，於1817年重新修繕的。據司湯達的描述，劇院的大廳就像一首「金銀交織的交響樂，包廂的顏色湛藍似深邃的天空」。為了劇院的落成一場大規模

的慶典活動必不可免。舊劇院被燒毀時，那不勒斯人對法國的軍事佔領還記憶猶新，一些躁動的人毫無根據的宣稱這場大火一定是雅各賓黨人的授意。為了後拿破崙時代政權的確立而復辟的波旁王朝，讓人看到了穩定的希望，而斐迪南本人也是一位很有魅力的國王。「我無法想像還有哪裡比這裡更瑰麗」，司湯達洋洋灑灑地寫道，「橫跨在中央過道上的是奢華的皇家包廂，被兩棵真實比例的巨大金色棕櫚樹托舉在半空中。」

那不勒斯的波旁家族並不是法國戰敗的唯一受益者。在歐洲各地，維也納會議（Congress of Vienna）鞏固並復興了那些傳統的王朝和帝國，政治自由化的危險趨勢被一一消除，那些已經實力不凡的政權進一步得到鞏固。就在勝利者們決心在不確定的未來裡重建過去的秩序時，大家一致認為波拿巴主義是絕對的災難，所以和它類似的一切絕不允許再次出現。但太多人已經嘗到了自由的滋味，因此維也納協議激起了民眾的怨恨和憤怒。或許司湯達說的沒錯，歌劇院重新開張時復辟王朝大受歡迎，但是不到3年的時間，那不勒斯國王就不得不屈服於人民的反抗，民眾的基本訴求是要制定一部憲法，這波浪潮在接下來的30年，不斷在十幾個歐洲的首都以各種形式出現。

如果公然表達顛覆性的政治觀點太困難也太危險的話，那麼另一些人則選擇尋找隱蔽的途徑來做。試想，人們若通過藝術喬裝起來，把它置於過去而不是現在呢？當威爾第早期的歌劇《納布果》（Nabucco）中的合唱團哀傷地吟誦他們失去的故土時，他們的穿戴不是19世紀的愛國者，而

19世紀的版畫《坐滿觀眾的昂·第爾維也納劇院》。

像聖經中描述的希伯來人。而在《馬
克白》中，由中世紀的蘇格蘭人的悲
歌中暗示著他們被壓迫的家園。此
類歌劇選段是否真的刻意隱藏著政
治深意，尚不明朗，我們將會回頭來
探討。但應該關注的是，後拿破崙時
代數十年間所創作的歌劇，究竟有
多少是將情節巧妙安插在過去的歷
史中。而所謂的過去，既非不遠的近
代，也非遙遠神秘的上古，通常是中
世紀騎士精神或是文藝復興時期充
滿幻想的勇士精神：羅馬高盧時期

德爾菲柯（Delfico）的漫畫作品：《劇場排練》。

的愛與背叛、威廉・泰爾（William Tell，傳說中的瑞士英雄）或那不勒斯
的革命者馬薩涅洛的英勇事蹟、十字軍的英雄主義和破壞能力、聖巴托洛
繆大屠殺（是法國天主教暴徒對國內新教徒胡格諾派的恐怖暴行，該事件
成為法國宗教戰爭的轉捩點），以及備受情感困擾的英格蘭王后安妮・博
林（Ann Boleyn，1501/1507-1536）和伊莉莎白一世。「歷史主義」並非歌
劇的獨寵，司各特（Walter Scott，1771-1832）和雨果（Victor Hugo，1802-
1885）等文學家的歷史題材小說風靡一時，建築師們開始推崇古典主義和
新哥德式風格，詩人和畫家重新發掘亞瑟王的騎士精神，戲劇見證了越來
越風行的歷史場景和服飾。去觀賞華格納的《黎恩濟》（Rienzi）或者貝利
尼（Bellini，1801-1835）的《清教徒》（I puritani）的觀眾當中，沒人指望
能看到精確還原的中世紀羅馬或英國的內戰。其吸引力在於，作詞和作曲
家會將他們的王子和神父、聖徒和罪人、戰士們和不安分的女人們，安置
在一個需要做出極端反應的極端境況之中，觀眾的情感則因那些異域風情
的場景而被攪動起來。

　　這種新興的不受約束的情感表達，不僅反映在後拿破崙時代歐洲流
行歌劇的故事當中，而且也展現在其音樂處理方式上。鼓、木管和銅管樂
隊隨著拿破崙的軍隊橫掃歐洲的歌劇舞臺，直到其戰敗和死亡很長一段時

間之後，這種趨勢依然持續發酵著。舉例來說，白遼士和威爾第就通過加入軍樂隊來增強音樂中的情感力度；幕後的班達音樂（Banda，指軍隊音樂），頻頻出現在威爾第的早期曲譜中，而白遼士宏大的《匈牙利進行曲》成了他最負盛名的作品之一。歌劇管弦樂隊的規模逐漸變得更大、聲音更響亮；長號成為標準的配備，而打擊樂的加入則創造出海頓和莫札特時代無法想像的各種效果。任何可以增添戲劇效果的元素都能夠被採納。威爾第在《弄臣》（Rigoletto）中採用了無唱詞的男聲合唱來表現風暴前夕的不祥之風，而在《遊吟詩人》（Il trovatore）中，吉普賽人放蕩不羈的遷徙生活，則是由砧琴敲擊的節奏來表現。隨著作曲家將「人民」提升為戲劇中的重要角色，合唱團的規模也變得更龐大，這種趨勢在巴黎尤其明顯，部分原因可能是為了紀念大革命，但同時也是因為巴黎歌劇院為作曲家提供了大量專業的創作資源而且任其調用。1831年，巴黎歌劇院的合唱隊擁有59名歌手，到1836年增至82人，這一年梅耶貝爾（Giacomo Meyerbeer，1791-1864）宏大的《新教徒》（Les Huguenots）進行了首演。不過，舞臺上隱隱約約的人民元素並沒有被局限在法國大歌劇的規模裡，羅西尼、韋伯、華格納、貝利尼、威爾第的歌劇裡也大量反映了社區狂歡、禱告儀式、輓歌、宣誓儀式、慶祝會、遊行和起義等情節，包括威爾第的《納布果》裡的希伯來奴隸和貝利尼的《諾瑪》（Norma）裡好戰的高盧人。

　　當然，澎湃的情感需要相對呼應的製作。米蘭的桑基里科（Alessandro Sanquirico，1777-1849）和巴黎的西斯瑞（Pierre-Luc-Charles Ciceri，1782-1868）等富有想像力的藝術家更讓舞臺設計重獲新生，他們努力使浪漫主義戲劇的精神和尺度，通過他們的巧思在視覺上重現。場景設置通常可以顯示出一個華麗的前景，以令人懷念的早期建築為特色，布幕開啟後便能展露出深遠的場景。舞臺設計者們因煤氣燈的發明取代了蠟燭而受益。煤氣燈提供了更穩定、明亮的照明，並且使燈光的變幻和舞臺的陰影等效果成為可能。煤氣燈並不比蠟燭安全，歌劇院火災的數目似乎也沒有因此而下降。但是除去危險不論，煤氣燈確實改善了一些不佳的條件，使場景更加活潑生動、演出服飾更加華美浪漫、舞臺效果也相對更為壯觀。在1828年奧伯首次創作於巴黎的《波爾蒂契的啞女》（La Muette de Portici）中，

最吸引人的地方就是當歌劇達到高潮時，女英雄費娜拉（Fenella）縱身躍入濃煙滾滾、深不可測的維蘇威火山中。

有了更大型的演出、更宏偉的劇院、更大規模的管弦樂隊，更洪亮的嗓音也開始走紅。特別是我們所稱的「戲劇」男高音變得越來越突出，尤其是在那些早期可能是為閹伶所寫的富有英雄氣概、浪漫主義風格的唱段。阿道爾夫‧諾里（Adoiphe Nourrit，1802-1839）是他那個時代最偉大的歌唱家和演員之一，羅西尼、奧伯、阿萊維（Halévy）和梅耶貝爾都為他創作過一系列影響深遠的男高音角色。同時，原本習慣於早期假聲的觀眾，對唐哲利（Donzelli）和杜普雷茲（Duprez）那樣的男高音震驚不已，他們憑藉一種新型的男中音肌肉力量唱出難以置信的高音。

隨著舞臺上高漲的激情，人們開始認知到表現這些激情的藝術家與藝術具有同樣的重要地位。司湯達滔滔不絕地說，「當芭斯塔女士（Madame Pasta）唱歌的時候」，言語已經無法形容「在那令人眩暈的光輝中如天仙下凡般的美麗與神秘」，她的藝術揭示了「人類內心深處未知、神秘、深藏的角落」。出色的歌手，特別是有能力挑戰

《貝多芬的葬禮》在貝多芬逝世 100 周年時，史托貝（Franz Stberö）所繪製的版畫。

音高和激情的歌手（如法里內利），一直吸引著熱情的追隨者。而這種對浪漫主義的推崇同樣被其他類型的音樂家，尤其是作曲家所採用，特別是在德語世界裡被音樂採用。

最偉大的過渡者便是貝多芬，一個典型的浪漫主義天才：這位失聰的音樂家、飽經創傷的巨人，普羅米修士極力要解開他的枷鎖。這位不羈、深沉、憂鬱的男子，以超人的意志將脫韁的情感鑄就成絕代的藝術作品。

他像神一般的天才思想，如浪漫主義在其他方面那樣在18世紀紮根，在19世紀早期含苞綻放，年輕的貝多芬也並不抗拒自己逐漸被新的名人堂所接納。1827年，在他的葬禮上，詩人格里爾帕策（Franz Grillparzer，1791-1872）在悼詞中以藝術代替了上帝。格里爾帕策說道：貝多芬（就像耶穌一般）被生活的荊棘深深刺痛，究竟哪裡才是他的庇護所？「呵，你的臂彎，真與善的姐妹，痛苦人的慰藉，來自如天界的藝術！」

在這樣的氛圍下，音樂開始上升到與宗教同等的地位上，而大音樂家的地位也與上帝或主教齊平。每當李斯特彈奏鋼琴或帕格尼尼演奏小提琴時，觀眾們都會為之神魂顛倒，死忠的信徒們渴求並收集著此類場合的紀念品。艾略特（George Eliot，1819-1880）在《丹尼爾的半生緣》（Daniel Deronda）中寫道，李斯特「被芬蘭拉普蘭區（Lapland）以外的所有歐洲國家的女人所愛慕」。當然也有中肯的批評，譬如弗雷德里希·維克（舒曼的岳父）寫道，李斯特「嘩眾取寵」，他的「激情毫無節制」。而一位英國的仰慕者里夫斯（Henry Reeves）在觀看了李斯特1835年在巴黎的演出後寫道：「我看到李斯特面容痛苦扭曲，又摻雜著煥發出喜悅的微笑，這種表情除了在救世主的畫作中，我從未在其他任何人臉上見過。」在《丹尼爾的半生緣》中，艾略特創造了自己的新李斯特式的人物，即富有魅力而傲慢的猶太音樂家克萊茲默（Kiesmer）（希伯來語中「旋律」的意思）。他以一種日爾曼式的總結方式說，克萊茲默的天性慷慨大方，因而「為音樂注入了強大的力量……不僅是在極其完善的技巧上，而且以創造性的熱情，以及執著和投入之光穿透未來生活的信仰，為它自身找到了表達方式」。這種對極富天賦的音樂家的浪漫美化方式，在那個世紀裡反覆出現，到了華格納時達到巔峰。華格納意圖以他的藝術來拯救人類，並且將他的藝術放在專門為其修建的神殿裡上演。

儘管華格納的抱負宏偉，但他認為自己的作品直接繼承了典型的德國浪漫主義人物的作品，例如他所敬重的貝多芬和韋伯（Weber，1786-1826）。拿破崙戰爭之後，最為流行和影響力的德國歌劇之一，是韋伯的《魔彈射手》（Der Freischutz），它於1821年在柏林首演。它的背景設置在

另一場持久的戰爭（即三十年戰爭）之後。布幕開啟時，一群歡樂的平民正在久違了的正常生活中雀躍。觀眾們一眼就看出它所頌揚的是德國人民的傳統、價值、歌曲、舞蹈和精神。到了19世紀20年代，法國大革命的大軍所宣揚的普世主義在歐洲變得毫無吸引力可言。最好還是修剪自家的花園，管好自己的人民、自己的老百姓和自己的國家吧。

　　文化民族主義深深根植在18世紀的歷史當中。莫札特認為自己在文化上屬於德意志，而他的皇帝約瑟夫二世也試圖建立一個德意志民族的劇院，但他們兩個都從未想像過一個德意志國家。19世紀廣為傳播的政治民族主義是一種獨有的現象。不過，在後拿破崙時代的歐洲，搖搖欲墜的政治自豪感卻可以透過藝術和文化得以鞏固。例如，在差點被拿破崙的入侵打垮的俄國，拿破崙最終的戰敗，引發了人們對於收復家園的慰藉和作為俄國人的愛國自豪感，俄國人逐漸開始回顧他們歷史悠久的民族傳統、俄羅斯的教會音樂和民間傳說。普希金在其詩歌中歌頌俄羅斯的英雄和俄羅斯精神，而作曲家葛令卡（Mikhail Glinka，1804-1857）根據俄羅斯歷史創作了歌劇《為沙皇獻身》（A Life for the Tsar），根據俄羅斯民間傳說創作了歌劇《魯斯蘭與柳德米拉》（Ruslan and Ludmilla）。與此同時，人類學家、民俗學家阿法納西夫（Afanasiev）開始一項艱巨的工作，他懷著出版的願望，開始記錄那些他在旅途中聽來的傳說——與格林兄弟在德國所做的類似。在維也納，這個歐洲帝國最具多元文化的首都，大臣梅特涅（Klemens Metternich，1773-1859）更關心的是如何在這片廣袤的哈布斯堡領地上維持穩定的政治統治，並不在意義大利人、克羅埃西亞人、捷克人、

為韋伯的《魔彈射手》設計的場景。

匈牙利人、波蘭人是否跳著他們傳統的舞蹈、吟唱著他們傳統的歌謠、說著他們自己的方言。從維也納的角度來看，奧屬義大利無疑是一種政治統一，至少在版圖上如此。然而事實上，區域和局部差異卻大量存在。如果一個年輕的帕爾瑪人如威爾第，打算拜訪他未來的作詞者威尼斯人皮亞韋（Francesco Piave，1810-1876），他會需要一本護照，並且還要跨越一連串海關關卡，而一個普通的帕爾瑪或者倫巴第的農民，可能會發現一個威內托人說的方言幾乎讓人無法理解，更不用說那不勒斯人了。

　　語言迅速成為一個公認的問題。義大利的知識份子和美學家在尋找一個真正的民族認同框架時，不斷爭論究竟哪個地區的方言才能最恰當地用於讀和寫。大家一致認為應當是托斯卡納語（Tuscan），即義大利最偉大的詩人但丁所使用的語言。1827年，米蘭作家曼佐尼（Alessandro Manzoni，1785-1873）出版了他的小說《約婚夫婦》（I promessi sposi），這是一個優美而詼諧的故事，發生在17世紀米蘭大公國和威尼斯共和國的邊境，講述的是一對原本分手的年輕夫婦倫索和露西婭，歷經無法想像的磨難後最終團聚的故事。這部小說有很多地方可圈可點，但成就其重要歷史價值的關鍵之一，是作者不辭辛勞的以托斯卡納方言將小說重寫了一遍。它在1840年終獲出版，為19世紀中葉人們在文化上苦苦追尋的義大利風格問題，豎立了一座里程碑。

　　就在曼佐尼苦思冥想之際，捷克語也重新引起關注，成為文學和知識傳授的嶄新、有力的載體。捷克人民的第一部歷史，是由摩拉維亞歷史學家帕拉茨基（Frantisek Palacky，1798-1876）完成的，最初用德語寫成，後來以捷克語出版。1847年第一本捷克語詞典的編撰人勇曼（Josef Jungmann，1773-1847）的葬禮，引起民眾大規模的悼念集會。在布拉格的伊斯特劇院（Estates Theatre），捷克語的戲劇只能在禮拜天和節日上演，於是人們蜂擁而至聆聽劇作家狄爾（Josef Kajetén Tyl，1808-1856）的最新作品。狄爾的喜劇《無怒無爭》（Fidlovačka）由捷克作曲家希克羅普（Frantisek Skroup，1801-1862）配樂，於1834年的伊斯特劇院首演；就是在這座歌劇院，愛國歌曲《何處是我家？》首次亮相，日後被當成捷克國歌。

音樂強烈地體現出對民族文化的渴求。在匈牙利，青年作曲家、指揮家艾凱爾·費倫茨（Ferenc Erkel，1810-1893）在1838年被新建成的匈牙利國家劇院聘用，並創作了一系列歌劇，歌頌匈牙利歷史上的傳奇英雄，其中以1844年首演的《匈雅提·拉茲勞》（Hunyadi Laszlo）最為著名。波蘭作曲家莫紐什科（Stanislaw Moniuszko，1819-1872）將波蘭傳統舞蹈的旋律注入其歌劇《哈爾卡》（Halka）當中。而詩人亞當·密茨凱維奇（Adam Mickjewicz，1798-1855）和鋼琴家、作曲家蕭邦，儘管因故鄉慘遭周邊帝國瓜分失去了政治存在而流亡他國，卻始終保持著波蘭人民被壓抑的文化渴望。當威爾第的歌劇連同其中振奮的合唱開始出現在米蘭、威尼斯、佛羅倫斯、波隆納、羅馬和那不勒斯

威爾第的《安魂彌撒曲》首演時的盛況。

的時候，它們注入了一種少有人覺察到的新感受，這種感受開始被整個義大利半島的人所分享，至此，義大利不僅僅是一個地理名詞（梅特涅的蔑稱），而最終成為一個整體的國家。

這無法說明這些藝術家和知識份子必然會成為政治的革命者。威爾第講述希伯來奴隸的歌劇《納布果》是呈獻給一位哈布斯堡公爵夫人的，而激進的捷克愛國主義者猛烈地批評帕拉茨基，是因為他拒絕支持推翻哈布斯堡王朝。至於雨果、華格納或葛令卡等青年愛國主義者，也難以被說成是狹隘的民族主義者。不過，他們所創作的作品，都在努力的展現他們各自對民族文化的渴望，就像曼佐尼、希克羅普和艾凱爾那樣。威爾第後來創作的《安魂曲》（Requiem），就是在紀念曼佐尼。

從現代的眼光來看，將自由主義和民族主義結合起來或許比較奇怪。如今自由的思想包含了國際主義，超越了國界，而狂熱的民族主義者則更

傾向於鼓吹排外思想，排斥外來的商品、服務和不受歡迎的人。但是對於威爾第、帕拉茨基和很多與他們類似的人來說，民族主義並不一定是消極或排外的。他們更想建立新政府，由思想穩健理性的義大利人來管理義大利，理性的捷克人來管理捷克等，而非由大老遠來的奧地利人所掌控。19世紀40年代後期，威爾第專注於完成他的歌劇委託，對於建立憲政、統一的義大利的終極目標，他或許只有一個大概的信念，而沒有明確的政治立場；帕拉茨基急於擺脫德國文化的束縛，除了提倡多國聯邦政府之外，也再無更激進的政治思想。

　　而後在1848年，革命的思潮遍及歐洲大陸。在任何地方，似乎共和黨人、民族主義者和自由主義者都起來抵抗不具代表性且專制的政權。已經奄奄一息的路易‧菲力浦（Louis Philippe）政權在巴黎被推翻，維也納的梅特涅也遭到同樣的命運。在法蘭克福，一群理想主義者聚集在一起，為一個自由、統一的德國奠定基礎，而此時獨立的共和國已經在匈牙利宣告成立。在阿爾卑斯山以南，奧地利的統治受到共和派領袖朱塞佩‧馬志尼（Guiseppe Mazzini，1805-1872）的嚴重挑戰。威尼斯掙脫了枷鎖，再次宣告成為一個自由、獨立的共和國。最具戲劇性的是，米蘭市民在3月瘋狂的五天中，居然克服重重困難，成功攆走了他們的奧地利主人。當時在巴黎工作的威爾第聽到消息後，興沖沖地趕回米蘭，並寫信給他的作詞家皮亞韋：

　　不要懷疑自由的時刻已經到來。人民渴望它，當人民需要它的時候，就再也沒有絕對的力量可以阻止了……是的，是的，再過一、兩年，或許幾個月就夠了，義大利會成為一個自由、統一、共和的國家……。

　　皮亞韋與威爾第的通信都是關於音樂的，但此刻這位狂喜的作曲家一點也不想談音樂：

你到底是怎麼了？難道你認為我現在還想為音符、為聲音苦惱？在1848年，除了槍炮之聲，不會再有什麼音樂更受義大利人歡迎了！

　　那年年底，威爾第完成了一部具有明顯民族主義傾向的新歌劇《萊尼亞諾戰役》（La battaglia di Legnano），該劇在羅馬共和國上演（當時教皇已經逃走了），以大合唱歡呼「義大利萬歲！」作為開場。

　　可惜，對於1848年的夢想家來說，他們的美夢並沒有持續多久，舊政權捲土重來，並強化了他們的統治。第二年，教皇在梵蒂岡復職，而奧地利人重新統治了米蘭和威尼斯。在德勒斯登，掌權者鎮壓了一場爭取自由憲政的革命，其高調的支持者包括華格納和他的朋友、建築師戈特弗里德·桑佩爾（Gottfried Semper，1803-1879），他們二人被迫逃走。華格納在李斯特的幫助下前往威瑪，在那裡使用偽造證件取道巴黎到達瑞士。威爾

第恢復了作曲工作，華格納也在蘇黎世安頓下來（在那裡他寫的散文比創作的音樂還多），革命之年為人們帶來了太多期許和失落，最好別再心懷對於未來不切實際的奢望。對於那些見證並且參與起義及受到激勵的人們來說，1848年的革命只不過是之前幾十年極度不滿的累積和爆發。

義大利愛國運動者在牆上書寫「威爾第萬歲」。

　　那些年裡的歌劇，很容易被看成是反對勢力的代言，是煽動反政治情緒的偽裝，它們的作曲家、作詞家、觀眾和經理人尋求分享這種隱含的政治情報。在19世紀40年代，只要聽到威爾第安插在一部部歌劇中的愛國主義合唱，任何義大利人都會忍不住慷慨激昂。「你擁有整個世界；把義大利留給我吧！」在1846年威爾第的歌劇《阿提拉》（Attila）中，一位抵抗匈奴侵略軍的羅馬將軍這樣大聲唱著。

　　歌劇在義大利之外也穿上了政治抱負的外衣。奧伯的《波爾蒂契的啞女》是一部情感濃烈的傑作，故事發生在1647年的那不勒斯，講述當地漁民馬薩涅洛領導民眾反抗西班牙總督的故事。它於1828年在巴黎推出時獲

得巨大的成功。幾年之後，當真正的革命席捲歐洲時，《波爾蒂契的啞女》被安排在布魯塞爾的皇家鑄幣局劇院（Theatre de la Monnaie）上演，這座城市當時還是荷蘭的一部分，正在醞釀著革命運動。後來普遍認為是1830年8月份上演的《波爾蒂契的啞女》引起了一場自發性的起義，這場起義導致了日後比利時的獨立。近期的研究對此事件做了一些修正，但由歌劇激發起來的情緒，無疑為不可逆轉的洪流注入強大的力量。

歌劇中隱含著政治顛覆企圖的觀點，似乎被不得不面對的審查制度強化了，尤其是在義大利，像威爾第就經常陷入審查的困境中。當然，他也確實對政治十分熱中，而且年輕時他曾經因為主張自由統一的義大利而遭到解雇。1848年之後威爾第遇到的審查官比以前的難纏得多，早些年是因為他歌劇中的宗教內容而非政治內容帶來了一些麻煩。例如《倫巴第人》（I Lombardi）是一部頌揚義大利精神的作品，故事發生在十字軍東征時期，在其中一個場景中，我們的男主角興奮地宣告「聖地將屬於我們！」之後，合唱開始大聲唱出「戰爭！戰爭！」作為回應。但是真正影響米蘭紅衣大主教的是另一個場景，是關於一個轉變信仰的異教徒接受了洗禮。後來他將比較平淡的禱告詞「聖母啊」，在改成更加虔誠的「拯救靈魂的聖母啊」之後，這部作品才被允許上演。此外，威爾第遇到的審查關口在義大利的不同地區會出現不一樣的結果。在每個地方，一部新戲劇作品在公演之前都要先通過審查（在英國這種狀況一直持續到1968年），但羅馬教皇的宗教審查和那不勒斯的政治審查特別嚴格，但北部哈布斯堡的審查卻相對顯得寬鬆。

令人驚訝的是，年輕的威爾第與審查員之間的摩擦雖然很多，但並不激烈。即使是他早期作品中最具煽動性的民族主義情緒，基本上也沒有為他招來審查者苛刻的目光。但有些義大利人嚮往義大利統一，另一些人則強烈要求組建北方倫巴第聯盟；有些人希望君主立憲，而另一些人則主張共和。只要是通過詩歌和寓言來表達，這些理想並不會讓統治者太過頭痛。我們知道革命爆發於1848年至1849年，誰也無法預見僅僅十年，義大利的各種外國政權便被一一驅逐，義大利半島終於統一。《飛吧，思想，乘著金色的翅膀》（Va, pensiero, suIl'ali dorate）並非在當時就被廣泛接受，而

是在很久之後才被譽為是義大利的第二國歌，同時威爾第自己也進入了他的「戰艦歲月」，他開始採用並適應了更華麗的辭藻，那是當時標準的戲劇語言。他將歌劇設置在不同的時代和不同的國家，再點綴以崇高的政治情感以博取觀眾的歡心。

　　如果執政者在審查上比我們想像的要寬鬆，那麼他們的目的也是為了能讓觀眾在劇院享受一個美好的夜晚。在拿破崙戰爭之後的幾十年裡，義大利開始了新一輪的歌劇院建設潮，舊有的劇院，例如座落於盧卡的吉里奧劇院（Teatro del Giglio）得以精心翻修。敏銳的英國人凱博爾·克雷文（Keppel Craven）在周遊了義大利南部之後宣稱，沒有哪個城市能夠舉辦一個演出季，除非它有足夠的錢。無論何處，從北部的地區首都到南方最偏僻的鄉下，各地政府紛紛效仿之前貴族的風格，把劇院當作一座城市引以為傲的資本。到19世紀40年代初期，就在威爾第開始他的職業生涯時，歌劇院如同100年後的電影院那樣，在義大利無處不在。而兩者的作用也十分類似，和後來的美國人排著隊去看《飄》的相異之處，在於他們是從南到北在半島上輾轉奔波，從貝加莫到巴里爭先恐後地只為了去看一部最新的歌劇演出。對這個國家的大多數人來說，歌劇幾乎是他們唯一的流行娛樂。義大利不像德國、法國或英國那樣有很多博物館、圖書館、合唱團或俱樂部。就像在早年皇家和公爵的宮殿裡那樣，普通的市民也開始涉足奢侈的娛樂，這反映出他們社會和經濟地位的提高。那麼台上演的是什麼呢？當然，肯定有喧鬧的合唱在鼓吹戰爭和愛國主義，但也有對於典型的中產階級美德諸如榮譽、忠誠、責任等內容。

　　創作新歌劇的人瞭解他們的市場，審慎的自我審查讓當政者無須擔心新作品的內容。畢竟沒有哪個經理人會希望他的歌劇院被查封。當政者也不希望關閉

1800 年米蘭史卡拉劇院廣場的風貌。1939 年威爾第的第一部歌劇《奧貝托》在此首演。

劇院，因為這更有可能加劇政治動盪。一座開放、受歡迎的劇院是當地領袖人物經常聚集的場所，在那裡他們會暴露在縝密的監視中。即使在1848-1849年革命爆發之後，很多復辟的政權在義大利做的第一件事仍然是將歌劇院重新開張，上演最流行的劇碼。米蘭一回到奧地利人的手中，當政者立即在史卡拉大劇院（La Scala）推出威爾第的作品，他們在那不勒斯也一樣如法炮製，當時抗議者就在聖卡洛劇院的旁邊遭到殘酷的鎮壓。在革命後的義大利，對於復辟的統治者來說，分量最重的作曲家並非他的政治忠誠度，而是他能否將歌劇院的座位填滿的能力。這裡是統治者展現自己權

力和親民作風的最佳場所。只要舞臺上的東西不褻瀆神明，或者直接威脅到社會秩序，審查官們便能放行。而如果歌劇院的觀眾在當晚落幕後，由衷地向出席的君主或大臣鼓掌致意並愉快地離去，那麼政府便會確信他們沒什麼可擔心的了。

　　歌劇不僅僅是一門藝術，也是一門好生意。對於很多在後拿破崙時代的歐洲涉足歌劇的人來說是非常嚴苛的，因為新的市場力量日益取代了傳統的贊助機制。如今少量的作曲家或許還有帶薪的職位，但薪資的來源可能是來自音樂學院或歌劇院，而不像

描繪後拿破崙時代一群優秀作曲家的版畫。前排左起：阿勒威、梅耶貝爾、史邦替尼、羅西尼。後排左起：白遼士、董尼才悌、昂斯洛、歐伯、孟德爾頌、波頓。

過去那樣來自於主教或者君主。如我們所知，一小批傑出的音樂家，已經獲得了夢寐以求的名望，他們是天才或者像神一般的人物，內心的火焰使他們能夠將凡人的感受，化成藝術形式表達出來。然而對於大多數的音樂家來說，這個月的差事能賺到錢，不代表下個月就能有保障，因此很多人不得不通過定期執教來補貼自己沒有規律的微薄收入。對於初露頭角的作曲家而言，當時的職業結構還非常薄弱，缺乏有效組織的音樂產業，像我們所熟知的有效力的合同、版權保護法案、版稅和其他必要的一切保障。

在這樣的環境下，很多作曲家都很有可能在某個小閣樓裡挨餓，永遠被塵封於歷史當中，因而他們之中有很多人，甚至包括最有才華的作曲家，都認知到他們必須為名望和金錢而努力工作。在很多年當中，白遼士、舒曼和華格納他們從事新聞工作的名氣和收入，都比音樂創作的收入高，而貝多芬、舒伯特、貝利尼、董尼才悌（Gaetano Donizetti，1797-1848）、韋伯和威爾第都曾經受到過經濟、物質甚至心理上的嚴重折磨。

在歐洲的大部分地區（當然也包括義大利在內），音樂長久以來被視為是一種手藝，如木匠或者採煤工人那樣代代相傳。就像鞋匠給他的子孫傳授做鞋的手藝，打鐵匠給他的子孫傳授釘馬蹄鐵那樣，教會的管風琴師或唱詩班的指揮，會將他賴以維生的技術傳授給他的後代，不僅傳給兒子還會教授他的學徒。到了19世紀，隨著年輕人逐步進入校園接受更全面的基礎教育後，傳統的手工藝學徒已經成為過去。但另一種學徒身份，或說見習身份卻依舊被保留下來。譬如1797年出生於貝加莫貧民家庭的董尼才悌，便受益於早年在一位良師門下的學習生活。西蒙·邁爾（Simon Mayr，1763-1845）是當地的唱詩班指揮，一位成功的歌劇作曲家，在本地慈善團體的資助下開設了一所小型音樂學校。本著培養兒童唱詩班的目的，這所學校提供免費的音樂教育，第一批學生中就有年僅九歲的董尼才悌。從一開始，邁爾便發現了這個孩子的天賦，並特別關注他的發展，後來還幫助他獲得了他的第一份差事。

當董尼才悌步入它的職業生涯時，義大利的形勢也開始向有利於作曲家的方向發展。眾多新建和翻修的歌劇院為演出帶來了更多的契機，而更多的演出也帶來了更多的收入。起初大部分的金錢並不是被作曲家直接拿到，而是落入委託創作歌劇的人手中，也就是經理人的腰包裡。19世紀的義大利經理人仍然只是個仲介，或許可以稱之為歌劇販子。一般來說，他會將劇院租下來（通常一次只租一季），準備劇碼、募集演員，且竭盡全力地去推廣他的劇碼，以此來平衡收支，並且為自己賺取一定的利潤。

其中最成功的要數多米尼戈·巴爾巴亞（Domenico Barbaja，1778-1841），這位經理人曾經誘使羅西尼、貝利尼和董尼才悌前來那不勒斯的

聖卡洛歌劇院工作。今天，聖卡洛歌劇院毗鄰的巨大皇家宮殿已經成為博物館，波旁王朝和其曾經統治的「兩西西里王國」（Kingdom of the Two Sicilies）也在義大利統一後消失不見，巴爾巴亞在托萊多大街附近的豪宅則已經成為醫院和出租公寓，只有歌劇院依然保持著當年巴爾巴亞為那不勒斯國王經營時的模樣，它的柱廊上仍鑴刻著「聖卡洛皇家劇院」的字樣。巴爾巴亞是一位新銳企業家（他曾經為義大利本來就很豐盛的飲食，引入將打好的奶油與咖啡或巧克力混合飲用的方法）。作為一個沒受過多少教育的米蘭人，巴爾巴亞對藝術知之甚少，但很懂得如何賺錢。他透過管理史卡拉劇院大廳內的賭場賺到自己的第一桶金。他還有一個令人羨慕的能力，就是對他人的才華有敏銳的洞察力，能夠「靈敏地嗅出真正的天才」，當時的人說他，「就像一隻狐狸，即使相隔很遠，只要抬起鼻頭便能嗅到嫩雞的味道」。巴爾巴亞的歌劇帝國穩步擴張，開始將米蘭和維也納的主要劇院納入囊中。作曲家帕西尼（Pacini）說，他是一位和藹可親的人，說出來的話抵得上書面合同。巴爾巴亞努力地使他的雇員們的事業有所成長，他將羅西尼帶到維也納，在那裡，這位《塞維利亞的理髮師》的作曲家邂逅了年邁而易怒的貝多芬。

　　一個足夠精明的經理人就很會賺錢，尤其是在能夠和劇院的所有者（不論貴族或是政府）想法一致的前提下。不過，他經營的帝國可能會被無數的小問題搞得焦頭爛額。因而在1838年，巴爾巴亞曾竭力勸說歌手諾里留在那不勒斯，否則聖卡洛劇院的演出季將會陷入無明星男高音的窘境。另外，找到像樣的合唱團和管弦樂團也是個問題。歌劇的工作是季節性的，大多數歌手和樂手實際上就像是流動的勞工。你可以想像在小鎮薩勒諾（Salerno）或是塞尼加利亞（Senigallia）一個短暫而疲軟的演出季中，後臺的流言蜚語所帶來的後果，據阿圖羅的朋友卡洛說，他從他妻子的表兄安德列那裡得知，如果去奧德薩或者布宜諾斯艾利斯，可以賺到兩倍的薪水。就算是經理人與合唱團、管弦樂隊之間的關係很牢固，但最後期限臨近而承諾的腳本或樂譜尚未完成，他又該怎麼辦呢？1832年，經理人亞歷山卓・拉納里（Alessandro Lanari）與貝利尼簽約，委託他創作一部作品，將於下一年春季在威尼斯的鳳凰劇院（Fenice）上演。劇本則交給與

史卡拉劇院的經理人梅雷利肖像。威爾第在他的慧眼識英雄之下，成就了燦爛的歌劇事業。

貝利尼經常合作，並且是義大利最好的劇本作家羅馬尼（Felice Romani）執筆。問題是羅馬尼實在太忙了，他還有四、五個劇本要完成，且進度都已經落後。面對沒有劇本的窘境，貝利尼有些絕望，只好把這問題扔給拉納里來解決，拉納里怕他的計畫開天窗，最後不得不求助於員警，將這位磨磨蹭蹭的作詞家逮到威尼斯來完成他的工作。

十年後威爾第之所以一鳴驚人，便發生在他幫助史卡拉劇院一位經理人擺脫了類似的窘境之後。據多年之後威爾第自己回憶說，當時他在米蘭的街上碰到了梅雷利（Bartolomeo Merelli，1794-1879）。梅雷利和他打過招呼，便拉著他的胳膊將他請進了辦公室。史卡拉劇院當時正打算上演一部新的歌劇，但已經簽約的作曲家卻拒絕合作，說他不喜歡那部劇本。但這確實是一部很棒的劇本，梅雷利急急忙忙將劇本塞到威爾第的手裡，請他為劇本配樂。當時年近三十的威爾第，作曲事業好不容易才上軌道，卻在短期內接連遭受失去兩個兒子和愛妻的多重打擊，心灰意冷之下威爾第沒有心情答應。威爾第回憶說，在梅雷利的堅持之下，他心不甘情不願地帶著這本皺巴巴的劇本渾身不舒服地回了家，把它扔在桌子上，劇本恰好翻開到某一頁，上面寫著「飛吧，思想，乘著金色的翅膀」。威爾第呆住了，他再也無法入睡，不久之後《納布果》的旋律便從他的腦海中噴湧而出。這部歌劇成為他的成名之作。當然，在敘述一個落魄青年如何轉變為義大利最受歡迎的作曲家時，威爾第必然有些誇張，但它再次反映出那個時代的歌劇經理人一年四季所要面臨的困境，他的觀眾每一季都在要求新東西，當然也會為這些新劇碼掏腰包。

在行情好的演出季，巴爾巴亞、拉納里或者梅雷利這些精明的歌劇經理人都能賺到一大筆錢。當然一位成功的劇作家也一樣。很少有作詞家能夠獲得和18世紀他們的前輩那樣的名望，在那個時候，一部歌劇，例如《被遺棄的狄朵》（Didone abbandonata），往往被視作是梅塔斯塔西奧的

作品，而不是哪個為該劇本譜曲的作曲家的作品，就像當初《魔笛》也被宣傳為希卡內德的作品一樣。到了19世紀30年代，人們要去聽的是貝利尼的《諾瑪》和董尼才悌的《愛情靈藥》（L'elisir d'amore），儘管兩部作品皆得益於菲利斯·羅馬尼的劇本。在巴黎同樣如此，吸引眾人前往觀看的是梅耶貝爾而非斯克里布（Eugene Scribe，1791-1861）的《惡魔羅伯特》（Robert le Diable）或《新教徒》。很多劇作家在歷史上默默無聞，甚至一些人，例如索雷拉（Solera）和皮亞韋，兩人皆是威爾第早期重要的合作夥伴，卻在窮困中了卻殘生。但像斯克里布和羅馬尼這樣才華橫溢且多產的劇作家，生意則源源不斷並且收入可觀。羅馬尼撰寫了將近90部劇本，34位作曲家曾經為其譜曲，而斯克里布的創作也維持在高水準，兩人都比很多為他們譜曲的作曲家更知名、更富有。觀眾可以在看演出前買一份劇本，如果他們願意，可以隨著劇情的展開研讀劇本。

　　斯克里布通過他的劇碼和歌劇劇本，積累了極大的財富；早在19世紀20年代，他便在鄉間坐擁奢華的房舍，手中也有大約二、三百萬法郎，算得上是當時歐洲最富有的劇作家。

　　金錢也開始流入音樂出版商的錢櫃中。1808年成立於米蘭、最初僅做印刷生意的黎柯笛就是一個例子。喬萬尼·黎柯笛（Giovanni Ricordi，1785-1853）是米蘭的一名小提琴手和音樂抄寫員。在當時萊比錫已經是主要的音樂出版中心，黎柯笛正是在這裡完成了他的學徒生涯，然後回到米蘭開了一家店鋪。他出版的第一本樂譜是吉他音樂，他想得沒錯，幾乎每個家庭都有吉他，總有人喜歡彈奏它。1825年，黎柯笛邁出了後來被證明是關鍵的一步，那就是買下了米蘭史卡拉劇

出版商黎柯笛所出版的羅西尼的歌劇作品封面，上面羅列了所有羅西尼歷年創作的歌劇。

院的音樂檔案。他曾經在那裡做過提詞員，因而擁有大量樂譜原稿。由於當時演出的大部分歌劇都是新作品，史卡拉劇院的經理巴不得把那些數量龐大、扔在那裡不會上演的曲目搬走。在作曲家或作詞家沒有及時完成新作品的情況下，偶爾現有的歌劇作品會被找出來重新排練，而黎柯笛盤算著他或許可以透過出租部分作品來賺錢。從長遠來看，由於19世紀末期形成了連年不斷重演「保留劇目」或是「經典名作」的方式，史卡拉劇院的檔案成為日後所有的歌劇出版社最重要的基礎資料。即使是在公司的全盛時期，仍傾向於對外出租而非出售歌劇曲目，這樣便能夠保持對演出品質相對有效的控制，而他通過出售經典歌劇的聲樂或器樂簡編本獲得了豐厚利潤。在19世紀50年代，也就是威爾第的《弄臣》、《吟遊詩人》和《茶花女》上演期間，黎柯笛的商品目錄裡囊括了二十多個改編本，將廣受歡迎的歌劇全部或部分音樂，改編成各種難度的鋼琴獨奏或二重奏、長笛獨奏或二重奏、長笛與鋼琴合奏、小提琴獨奏、小提琴與鋼琴合奏、絃樂四重奏、手風琴，還有各種木管樂器，例如單簧管、小號、巴松管、圓號，配上鋼琴伴奏等等，更不用說還有幻想曲。

　　從歌劇中賺錢比經理人、作詞家和出版商還要多的是那些聲名顯赫的歌唱家。他們是觀眾們蜂擁而至的誘因，是票房的保證，似乎女歌唱家更勝一籌。朱蒂塔・芭斯塔（Giuditta Pasta）、瑪麗亞・馬里布蘭（Maria Malibran）、吉利亞・格里希（Giulia Grisi）等人，就

義大利女歌唱家芭斯塔的肖像畫。

是當時的流行巨星，收入比為她們創作音樂的作曲家高得多。在當時的社會裡，女性通常被束縛在傳統家庭主婦的角色中，歌劇是為數不多，可以讓有天賦的女性提升自己的社會等級，賺取財富和顯赫地位的方式。在1829年，當飯店裡一頓便餐只需要一法郎的時候，據說馬里布蘭的年薪就已高達九萬法郎，但像芭斯塔那樣的頂尖歌劇女高音每場演出可以賺到1,000法郎，另加年薪三萬法郎。德國女高音亨里埃塔・松塔（Henriette Sontag，1806-1854）嫁給了一個薩丁島的外交官，又通過一些複雜的手腕使自己成為伯爵夫人。

在19世紀中葉，馬里布蘭的妹妹寶琳・薇雅朵（Pauline Viardot）辦的沙龍在巴黎享有盛名。當然，並不是每一個人都能達到如此星光閃耀的高度，而其中的工作量也是常人難以承受的。一位在那不勒斯演出的女高音聲稱她一年中要唱26部歌劇，其中有一部董尼才悌的全本作品，她必須在六天內全部學會。後來成為威爾第妻子的朱塞平娜・史特雷波妮（Giuseppina Strepponi），曾經在《諾瑪》中飾演主角，一周唱了六場（還是在懷孕期間），而第一位諾瑪、最著名的女高音之一的芭斯塔，在退休之前已經在舞臺上將嗓子耗盡。不過，在她的全盛時期，像她這樣地位的歌手在歌劇院中有相當大的權力。威爾第開始從事創作時，首席女歌手對自己要唱的劇碼影響力巨大，要求該穿何種服裝、剪掉哪一段詠歎調、又該加上哪一段（所謂的「隨身攜帶的詠歎調」）。此外，作曲家也隨時準備著按照明星演員的需求量身定制樂曲，因為他們很清楚，如果一個著名的歌手將自己的作品成功演出，並在其他地方加以推廣，那麼作曲家的市場價值與聲望也會大大提高。羅西尼在《塞維利亞的理髮師》的作曲合同中，如是寫道：

承諾將在（1816年）一月中旬交曲譜並使它適合歌手的嗓音；承諾所有的修改既能保證作品的成功也能方便歌手的演唱……。

十年後，當芭斯塔同意為倫敦國王劇院獻唱時，她的合同不僅向她保證了一筆巨額的出場費，還允許她挑選自己的角色和演出服飾。其中還包括一則條款，強調了是專屬芭斯塔女士獨有：

可以選擇演員、安排角色、排練細節，甚至舞臺佈景等關於所涉歌劇的其他任何事務。

這則條款還專斷地規定道：

任何人無權打斷排練，或者以任何形式干擾涉及這些歌劇演出的事務。

作曲家對於比他們更強勢的演員完全是有求必應。他們創作歌劇按照談判的情況，通常是領一次性的酬勞，在歌劇開演後支付。董尼才悌永遠在無休止地承接新的生意，有時發現自己不得不在一年中創作三到四部歌劇，到了晚年還忙亂地在歐洲各個城市之間四處奔波，監督排練他的最新

作品。相反的是，貝利尼卻學到了如何為儘量提高酬勞而討價還價，以此爭取足夠的創作時間。

　　一般來說，作曲家的合約要求他必須出席前三場演出，用鍵盤來指揮，而這也會帶來一些收入，之後便什麼都沒有了。很多歌劇作曲家都生活在貧困之中。樂譜的版權也不屬於自己，而是屬於與其簽訂合約的經理人。在19世紀初葉，只有經理人而非作曲家，才有權利將一些受歡迎的詠歎調或二重唱交給出版商付印並出售。然而多半都輪不到他來費心，由於樂譜還沒有強制性版權，人們為了省下租金，常頻頻瞟竊最受歡迎的曲子。也就是說，一部聲樂曲譜可能會被當地的音樂瞟竊者任意篡改，然後冒充董尼才悌或貝利尼的「原版」作品演出，就像今天假冒Gucci包和勞力士手錶一樣。或許這也算是一種恭維和諂媚吧。「我懇請您在所有的報紙上發佈公告，說明您是《安娜‧波萊娜》和《愛情靈藥》的獨家所有者，」憂心忡忡的董尼才悌在1833年給黎柯笛的信中這樣寫道，「而其他任何版本都是假的。」

　　當董尼才悌開始走下坡路，威爾第嶄露頭角之時，作曲家們的經濟還是處於窘迫狀態。無怪乎威爾第日後抱怨他早年的低下地位和辛苦工作，簡直堪比羅馬戰艦上的槳手。1843年，29歲的威爾第為了他的新歌劇合約，就已經開始與威尼斯的歌劇經理進行談判。對於選擇哪些藝術家來表演他的作品，威爾第堅持他應當擁有發言權，並且應該「為了一場成功的演出進行必要的排練」，同時「在彩排的前一場排練之前」，他都應有權修改歌劇的最終曲譜。至於酬勞，威爾第提議最好分三次來支付：在他到達威尼斯時、在第一次管弦樂排練時和最終的彩排完成後。

　　並不是每個義大利人都瞭解並能哼唱當時流行的詠歎調，即使是規模最大的歌劇院，也只能容納當地人口的很小一部分。不過，從來沒有進入過劇院的人也會聽到一些旋律。軍樂隊這個拿破崙戰爭時期的遺產，除了按照羅西尼和威爾第的安排，在管弦樂團中充當銅管樂器和定音鼓之外，還出現在露天廣場或城市公園當中。當人們在此喝著咖啡、品著紅酒時，當地的樂團會帶給他們最新的歌劇選段（如果不是盜版樂譜，就是黎柯笛公司所贈）。如果不是銅管樂隊，那也許就是手風琴或某個有抱負的年輕

歌手。黎柯笛那樣的公司從平版印刷術的發明中受益匪淺，這種技術大大減少了雕刻版的磨損狀況，促進了版本的大量印刷，因而歌劇樂譜以及樂隊或鋼琴適用的簡化版本能夠發行到世界各地。而出版社的增多也將歌劇的資訊，甚至作曲家的照片帶到了更廣並不斷增加的觀眾群中。再加上鐵路的發展、公路網的增加，更進一步促進了歐美及其他各地新歌劇院的建設和劇團的成立。於是到了19世紀40年代中期（不像莫札特所處的18世紀80年代，那時不是每個布拉格人都會唱《費加洛的婚禮》），羅西尼的《威廉·泰爾》這類歌劇巨作的演出足跡已經遍及歐洲之外。當歌劇音樂及其創作者被更多的人所知曉，作曲家走出貧窮的深淵只是時間的問題罷了。

　　有這麼一個故事：在19世紀40年代中期，三位紅極一時的作曲家聚在巴黎的一家表演餐廳（café chantant）喝咖啡。他們發現聽到的是他們自己的作品正被別人翻唱以招攬顧客。當三人站起來準備離開時，他們義正言辭地拒絕付錢，說除非店家也向他們支付歌曲的使用費。我不清楚威爾第是否瞭解這個事件，但他當時的所作所為好像他早已知道會有這麼一天。

歌劇抵達紐約及更廣袤的邊陲地區

　　莫札特去世時，他的劇作家達·蓬特，這個永遠在奔波中的人，離開了維也納，穿越北歐，短暫地在革命戰火中的巴黎停留，之後又來到了倫敦，在乾草市場的國王劇院謀得一份工作。在經歷了一系列醜聞並徹底破產之後，達·蓬特於1805年逃到了紐約，輾轉到了賓夕法尼亞州的森伯里（Sunbury）和費城。最初他開了一家雜貨店兼做批發商，後來開始教義大利文並翻譯義大利文書籍。1819年達·蓬特回到了紐約，致力於在這座收留他的城市裡傳播義大利文化，並出版他的回憶錄。晚年他成了哥倫比亞大學第一位義大利文教授。雖然掉光了牙齒，依然氣質高雅，臉上帶著溫和的伏爾泰式的微笑，年邁的達·蓬特總算在紐約找到了寧靜的生活。那時候莫札特已經成為一代傳奇，達·蓬特不僅因身為他的劇作家而聞名，同時還帶著一點優雅的異域口音，以講述維吉爾、但丁或塔索的文學作品以及當時最傑出的歐洲音樂和戲劇而聞名。

　　或許用寧靜的生活來形容他並不恰當，因為達‧蓬特是一個即使到了古稀之年，但仍然是個想像力豐富的人。在費城這樣注重修為的城市裡，沒有義大利歌劇怎麼行呢？達‧蓬特萌生了引進歌劇的想法。當時連美國紐約這座世界級的都市都還看不到歌劇的蹤跡。終於在七十多歲時，達‧蓬特嗅到了機會：一個由曼紐爾‧加西亞（Manuel Garcia，1775-1832）和他優秀的女兒——瑪麗婭所帶領的劇團，正從倫敦遠道而來，「其實是去紐約，去那裡創建義大利歌劇——這正是我的夢想。」

　　早在獨立之前，其實美國便有了某種形式的歌劇，但它的發展卻不順利。因為當時任何形式的戲劇，都會被清教徒嚴厲譴責。他們宣稱，清教徒在新英格蘭的生活很艱苦，每天為了食物、庇護所和生存而努力掙扎，所以必須放棄一切多餘的娛樂。他們一點也不願意將那些歐洲文化的遺產移植到他們的新居地來。「想要在新英格蘭進行舞臺表演的說法不少」，1687年，清教徒傳教士馬瑟（Increase Mather，1631-1705）對此很不以為然，於是生氣地說，「去年就有淫亂的舞蹈公開演出」。馬瑟斷言：「舞臺表演所造成的影響是非常有害的……被舞臺表演所腐蝕的人……雖然是少數，但很難挽救。」貴格會領導人佩恩（William Penn）也對戲劇的危險性嚴加譴責。他質問說：「耶穌基督和他的信徒閒暇時會看戲嗎？聖徒們會利用詩歌、傳奇故事、喜劇之類來打發時間嗎？」用《最後審判日》的作者、詩人威格爾斯沃思（Michael Wigglesworth）的話來說：

> 道德敗壞者
>
> 如邪惡之人一般被送上審判席
>
> 血腥的罪犯
>
> 和背叛者往往都是戲子

　　對於這些人來說，音樂或許可以被允許，但只可用於禮拜儀式。是聖歌而非歌劇詠歎調，這在英裔美國人的音樂傳統中佔有重要的一席之地。

　　再往南方的殖民地維吉尼亞和南卡羅來納州，一開始生活也同樣的艱險，但一種更寬容的態度卻被培養起來。1718年，當新英格蘭的大部分地區仍把戲劇或非宗教的音樂視作詛咒時，維吉尼亞州威廉斯堡等興旺的城

市卻開始自行建造劇院，隨後幾年，各處零零星星興建了一些劇院，流動劇團出現在大西洋沿岸（絕大多是在南方沿岸）。演出的劇碼包含音樂，也被稱作「歌劇」。1735年在南卡羅來納州查爾斯頓，英國演員兼劇作家西伯爾（Colley Cibbe，1671-1757）創作了一種戲劇形式，插入一些音樂小品並在最後加入了一段舞劇。1750年蓋伊的《乞丐歌劇》在紐約推出，它迅速走紅並導致了一連串美國「民謠歌劇」（ballad operas）的誕生。這類作品將一系列流行歌曲串連在一起，配上時髦的詞語組成對話和簡單逗趣的情節。廣受歡迎的英國作曲家創作的輕歌劇和喜歌劇，很快就在美國殖民地上演。一家費城的報紙在1767年評論了阿恩（Arne）的作品《愛在鄉村》，此時距其在倫敦的首演已經過了五年。而在新英格蘭，仍然存在著重重阻力。正好在紐約人第一次為《乞丐歌劇》瘋狂的當年，麻塞諸塞州立法部門訂定了一部法律，禁止所有的戲劇演出。

　　在大革命爆發之際，一些有文化的狂熱者已經對當時歐洲大師的最新作品有所瞭解，甚至有些人還參與了表演和演唱。在維吉尼亞州蒙蒂塞洛（Monticello）的湯瑪斯·傑弗遜故居裡，最引人注目的展品就是一把小提琴，這位多才多藝的偉大政治家必定用它演奏過最新的名曲。班傑明·佛蘭克林也是一位狂熱的音樂愛好者，他會演奏豎琴和吉他，並且發明了玻璃琴、提出了旋律與和聲協和音程的理論。但即使是對見多識廣的維吉尼亞人或新英格蘭人而言，以撒·瓦茨（Isaac Watts，1674-1748）、查理·衛斯理（Charles Wesley，1707-1788）或殘疾的制革工人威廉·比林斯（William Billings，1746-1800），這些人的聖歌，或許都要比格魯克或海頓的最新作品更讓他們熟悉。比林斯認為唱讚美詩也是一種人與人交流、聚會、分享精神追求的方式。當革命軍隊和喬治王的英軍作戰時，他的四節聖歌《賈斯特》（Chester），正如一個世紀前的聖歌對於克倫威爾的鐵甲軍那樣，成為了一種激勵人心的號角。

　　戰爭時期是沒有閒暇來娛樂的，因此自18世紀70年代中期至18世紀90年代初，美國殖民地沒有任何關於歌劇或有規模的戲劇演出記載。不過在波士頓的英國佔領者，卻大膽挑戰了戲劇禁令，不但上演了《乞丐歌劇》和《愛在鄉村》，甚至還將波士頓人心目中神聖的市政會堂法尼爾廳

（Faneuil Hall）變成了一座臨時的戲院。在那些英國將軍中，伯戈因（John Burgoync，1722-1792）將軍是一位很有修養的劇作家，而克林頓（George Clinton，1686-1761）將軍在每一次的戰役時，都會帶著他的小提琴。儘管華盛頓本人沒有什麼美學修養，但他也認為戲劇娛樂有助於保持軍隊的士氣，當他們的戰事在福吉谷（Valley Forge）處於最低潮時，他曾經安排他的軍官們進行了一場演出。

　　音樂戲劇也在紐奧爾良出現。這裡是沿著墨西哥灣海岸歐洲人的居住地，深受西班牙和法國的影響。1803年，拿破崙將這一帶，連同其餘的法屬路易斯安那的廣闊土地，賣給了新興的美利堅合眾國政權。然而這筆買賣並不意味著美國文化就會成為主宰。恰好相反，紐奧爾良和它在聖皮爾街上的小劇院卻變成了法國海外文化的風向球。在那裡，喜歌劇得到繁榮發展。在1806年至 1810年期間，有超過350場的演出紀錄，上演了32個作曲家的76部不同作品。義大利或德國的作品偶爾也會登上舞臺，不過通常都被翻譯成法語。儘管演出比較業餘，但也很受歡迎。聖皮爾街上的劇院後來被一座更大的劇院所取代，作品和演出的數量也開始增加，甚至也會允許非洲黑奴去看演出。在19世紀的前30年，在紐奧爾良而非東北部的大都市，才能聽到歐洲歌劇，尤其是法國歌劇。如果在費城、波士頓或者紐約有歌劇演出，那必定是來自紐奧爾良的巡迴演出團體。

　　但這也並非說明北方城市就沒有音樂戲劇，畢竟這裡英語占著文化影響力的主導地位。《乞丐歌劇》以及很多相形見絀的後繼作品繼續在此流行，而主要城市同樣也會有嚴肅歌劇。例如費城便對自身優質的音樂和文化演出感到驕傲。不過，費城栗樹街（Chestnut Street）劇院上演的歌劇，幾乎都是阿恩、迪布丁（Dibdin）、林利（Linley）或希爾德（Shield）的作品，包括費城本地人霍普金森（Francis Hopkinson，1737-1791）的創作。除非有來訪的紐奧爾良劇團帶來格雷特里、梅於爾（Mehul，1763-1817）或布瓦爾迪厄（Francois Adrien Boieldieu，1775-1843）的作品。至於合格的義大利歌劇院，達·蓬特驚訝地發現這裡幾乎完全沒有。這種狀況，直到1825年因為加西亞一家人的到來才得以改變。曼紐爾·加西亞在歌劇界享有很高的聲望，他不僅是19世紀兩位最傑出的歌唱家瑪麗婭·馬里布蘭和

寶琳‧薇雅朵的父親，也是最著名的聲樂教育家（他是喉鏡的發明者）小曼紐爾‧加西亞的父親。加西亞1775年出生於塞維利亞，最初是以一個全能型的歌手和作曲家而聞名，他有很多部輕歌劇在伊比利亞半島及其他地區上演。30歲時，加西亞離開了西班牙，他不斷磨煉自己的聲樂技巧並且周遊法國和義大利，專攻義大利劇碼。1816年，他在羅馬於羅西尼《塞維利亞的理髮師》的首演中，飾演男高音阿瑪維瓦（Almaviva）。1824年加西亞來到倫敦，他在那裡出版了一本關於聲樂教學的書，並且開設了一家聲樂學校。在倫敦時，他透過一位常去紐約的商人多明尼克‧林奇（Dominick Lynch）的協商，確定了他的美國之行。第二年，加西亞和他的演出團體乘船遠赴新大陸。

　　早在1802年，加西亞就曾在《費加洛的婚禮》馬德里首演中飾演過伯爵一角，後來成為達‧蓬特的另一部歌劇《唐璜》中的主角。這些都證明了他的實力：羅西尼的阿瑪維瓦是華彩的高男高音，而《費加洛的婚禮》裡的伯爵則是男中音，唐璜則是低男中音。在那個時代，嗓音的分類或許還沒有完全被確定，變調和高一點或低一點都很常見，音高似乎也比現在要低半個音階。不過，加西亞的好嗓音和他身為作曲家的成就，的確不同凡響。加西亞的妻子也是一位很有成就的演唱家，兒子小曼紐爾則是初露頭角的男中音，而優秀的瑪麗婭雖然只有17歲，卻已經因卓越的聲樂和表演實力為世人所熟知。寶琳雖然當時還是個孩子，也已經開始嶄露頭角。身為父親的加西亞作風冷酷甚至有些殘忍，而他的孩子們終生飽受心理創傷。但無論如何，他的確培養了一家子傑出的音樂人才。

　　加西亞的美國之行是一次籌畫已久的博弈，各方面的跡象都表明時機已經成熟。當時，美國獨立戰爭帶來的自相殘殺、同室操戈的怨恨已經隨風而逝，早期政治上的黨派之爭也因所謂「和睦時代」（Era of Good Feelings）的來臨而偃旗息鼓，內戰的局部緊張情勢，也暫時被1820年的《密蘇里協議》（Missouri Compromise）有效轉移了大眾的關注。《密蘇里協議》是一個政治謊言，它使這個新成立並處於擴張中的國家承認了一個奴隸州和一個自由州，用以維持美國參議院的內部平衡。這個年輕的國家在國際上散發出一種新的自信，門羅總統在1823年宣稱，美利堅合眾國將

把歐洲政權想在西半球的任何地區擴大影響力的企圖，全部視為對美國本身和平與安全的威脅。

這是一段誇大的豪語，從未能付諸實施。儘管雙方維持著恐怖平衡，但歐洲與北美之間卻開始經歷一段和平、繁榮和互通貿易的穩定時期。

紐約變得格外繁榮。座落在大西洋海岸，依恃著哈德遜河，當時已經成為重要的貿易中心，商業活動覆蓋了廣大的內陸市場，不久之後憑藉著伊利運河的開通，讓紐約的重要地位進一步擴展。此外，這座城市也吸引著新一批的歐洲移民，新世界傳說中的繁榮，加上1818年開通的橫跨大西洋並承諾不管是否客滿都會起航的輪船，鼓舞了他們。許多創業者們在登陸這座城市時選擇定居下來，並開始追逐離他們遠去的文化記憶。

因此加西亞有理由相信，肥沃的土壤正在等待著他引進的歌劇火種。1825年10月橫跨大西洋的旅行花費不菲並充滿危險，在海上足足航行了一個多月。與加西亞一家一同踏上紐約的，還有理想的社會主義者羅伯特·歐文（Robert Owen），他準備前往印第安那州的新哈莫尼（New Harmony）去建立一個烏托邦殖民地。歐文的兒子保存了他的日記。他在日記中描述，在我們義大利式的聚會上，人們唱著他認為的「義大利輪唱、合唱和幽默歌曲，熱情高漲，輕鬆和諧地即興表演。在其他的娛樂活動中，他們還惟妙惟肖地模仿蘇格蘭風笛。」然而最初的喜悅不久便蒸發殆盡，兩周的狂風暴雨迫使乘客們老老實實待在自己的床鋪上。

11月初抵達紐約之後，加西亞便立即著手籌備管弦樂團和合唱團，但無可避免地有些東拼西湊（他的樂團只有25人）。當時加西亞50歲，已經過了嗓音條件的巔峰。沒有足夠的理由可以確保紐約人會對他們的作品感興趣。在通往輝煌的歌劇事業的道路上，永遠都會鋪滿因經營不善、安排不當而破產的巡迴劇團的碎片。或許達·蓬特對加西亞能將義大利語歌劇帶到美國而感到十分欣慰，然而，會有人願意出現在炮臺公園（the Battery）旁的紐約公園劇院（New York's Park Theatre，可容納大約2,000名觀眾）中，去觀看一場用他們幾乎聽不懂的語言表演的音樂戲劇嗎？更何況價格還比平常要高了四分之一。歌劇是一種成本高、外來的菁英娛樂，

依然帶著一點難以親近的貴族氣息。它該怎樣才能屈身於這個世界上最崇尚自我意識和平等主義的國家，成功融入這座商業都會呢？

加西亞決定採用穩健的策略，推出他的拿手好戲，羅西尼的《塞維利亞的理髮師》。達·蓬特使出渾身解數幫助推廣加西亞的這場演出，希望義大利歌劇能夠紮根於此。他無意中聽到他的一個學生輕蔑地談論加西亞的到訪，「發現他的不當言論後」，達·蓬特寫道，「我開玩笑地說：『閉嘴，金·所羅門！你對音樂還一無所知！』」，後來達·蓬特帶著這位年輕人以及一些學生去觀看了《塞維利亞的理髮師》，他說，「那令人驚歎的音樂將他們深深吸引，和觀眾一起如癡如醉」。

有相當多的紐約人前來觀看。儘管這一季演出事先沒有太多的宣傳，但其新穎度和藝術水準仍然獲得了良好的口碑。首晚演出過後，1825年11月30日的《紐約晚郵報》作了如下的報導：

> 歌劇，於昨晚在我們的公園劇院上演，這是戲劇高雅而富有魅力的姊妹藝術在美國觀眾面前首次亮相。劇院於七點半開始入場，而八點鐘開幕之前，它已經被完全塞滿……。

　　大家終於鬆了一口氣：紐約人在參與這個嚴肅與如此「歐洲化」的活動中，沒有給自己丟臉。在演出之前的幾天裡，人們紛紛諮詢雜誌專欄，在觀看義大利歌劇時該如何穿著、何時適合入場、演出時正確的禮儀是如何等等。據英國女演員梅德（Clara Fisher Maeder，1811-1898）透露，觀眾會留意歌劇愛好者多明尼克·林奇的所有舉動，他每晚都坐在一個極為顯眼的位置或包廂裡，當他鼓掌時大家就跟著他一起鼓掌。來到這裡觀看歌劇的觀眾，明顯地希望給到訪的藝術家們，還有在一旁的媒體留下好印象，避免讓自己看上去很愚蠢。《郵報》的一名記者這樣寫道，「一群貴婦們穿著打扮極為時尚而優雅，我們的劇院從沒見到過如此的情景」。還不單單是時髦的貴婦，在昂貴的包廂裡是一些紐約最成功的商賈，還有幾位著名的知識份子：例如小說家庫柏（James Fenimore Cooper）和拿破崙的哥哥約瑟夫·波拿巴（Joseph Bonaparte），這位被驅逐的前西班牙皇帝都在這裡，而地位稍微低一點的歐洲移民，則湧入了後排的1美元席和25美分的走廊站

席。來自《郵報》的這位記者試圖對這種藝術形式作出評價，卻發現自己幾乎無法用語言來表達：

　　對於在這個國家顯得如此新奇的、而被舊世界的上流人士長期視為最為優雅、最講究的娛樂形式，我們究竟該拿什麼語言來形容呢？……如果不是親眼所見，沒有人會相信一齣戲可以通過宣敘調或歌唱來表現，並且能像普通戲劇那樣的自然。昨晚我們驚奇、歡欣、鼓舞，這也是所有見證這場演出的觀眾們共同的感受。劇院裡一遍又一遍的掌聲和喝彩，是人們發自內心無法壓抑的愉悅心情的證明。

　　他評論說，演出的風格「與我們已經習慣的完全不同」，尤其是男演員們，「表情、性格和不斷變換的動作充滿了變化和激情」，讓他印象深刻。相較之下，女演員們則表演得「非常端莊得體、大方，謹守女性端莊的儀態」。對於加西亞小姐則毫不吝惜地給予讚美，她「對可謂驚為天人……用那曼妙的嗓音和得體優雅的表演令我們折服。」

　　加西亞的旅程開啟了一個讓人期待的開端，他們繼續到更好的劇院裡進行演出。加西亞以羅西尼的精彩之作《塞維利亞的理髮師》開局是個正確之舉，接著是更多的羅西尼歌劇，例如《奧賽羅》（Otello）、《灰姑娘》、《唐克雷迪》（Tancredi）和《土耳其人在義大利》（Il turco in Italia），加上一些加西亞自己的作品。然而跨年之後紐約的冬天來臨，劇院內不再像開始時那樣熙熙攘攘，表演也變得有些像例行公事般乏味，咳嗽和感冒病倒了一些藝術家。但加西亞仍然依賴羅西尼的作品。對此達·蓬特建議，儘管羅西尼的作品非常出色，還是應該嘗試不同的作品，譬如將「不朽的莫札特為我的《唐璜》譜的曲子」搬上舞臺。面對達·蓬特的提議，加西亞熱切地回應說：「如果我們有足夠的演員來表演《唐璜》，那麼就讓我們趕快行動吧」，他說「那是世界上最好的歌劇！」達·蓬特當然欣喜無比，但這種喜悅卻被現實打倒，因為他知道目前劇團裡沒有任何歌手能夠演唱唐·奧塔維奧（Don Ottavio）這個角色。因此達·蓬特決定自己來尋找合適的人選。他自掏腰包並通過朋友和學生的幫助來募集資金。於是在1826年5月23日，《唐璜》於北美首演，用的是達·蓬特的原版義大利文劇本，這位年邁的作

詞家也出席了當天的演出。雖然演出本身還有很多的問題，但加西亞飾演的唐璜和瑪麗婭飾演的唐娜‧艾爾維拉（Donna Elvira）依然沒有辜負觀眾的期望，應觀眾的要求，這部歌劇又重演了九場。

加西亞一家在紐約總共停留了9個月，策劃了9部歌劇，79場演出。達‧蓬特對於整件事似乎和加西亞一樣興奮，他在回憶錄中對於該事業的「延續和成功」充滿興趣。那個時候，義大利歌劇還未能在北美生根發芽，而加西亞的美國行似乎改變了這一切，正如《紐約郵報》所認知的那樣：

> 關於義大利歌劇是否適合美國人品位的問題，我們覺得現在已經塵埃落定。相信從今以後我們再也離不開它了。若是經理人們打算將歌劇永久融入我們的生活之中，那麼沒有什麼比他們所追求的道路更明確、更棒的了。他們一下子便可號召大量的一流演員，而最讓我們引以為傲的是，一開始便能遇到一家像倫敦、巴黎或那不勒斯那些地方才能擁有的優秀劇團……。

從此以後，美國便有了義大利歌劇。繁榮而民主的新世界張開雙臂迎接舊世界的高雅文化的降臨。然而，雖然《紐約郵報》毫無保留地給予誇讚，但美國要想具備能與倫敦、巴黎或那不勒斯相互媲美的日常表演還為時尚早。讓富有的紐約人付一點錢來聽一場有名氣的巡迴演出是一回事，在加西亞離開之後，這些人必定也會花同樣的錢，去出席紐奧爾良劇團的法國歌劇季。而要讓這些追逐利潤的人在毫無預期的盈利中投下大筆資金，去成立一個永久性的義大利歌劇團，或建設一座豪華的歌劇院，則又是完全不同的另一種思考。因此紐約在加西亞離開之後和他初到這裡時一樣，還是缺乏義大利歌劇。

紐約演出季之後，加西亞帶著他賺到的錢和劇團的大部分人（除了瑪麗婭）來到了墨西哥。因為用義大利語演出，在這裡遇到了麻煩，並且被要求將他的羅西尼劇碼翻譯成西班牙語。後來，隨著美洲各地燃起的民族獨立運動，他因反西班牙政權而遭到逮捕，並且失去了他在新世界賺到的所有收入，最後在貧困中回到了歐洲。加西亞靠他尚存的嗓子繼續演出，重拾作曲家的職業，晚年時，他成為一名聲樂教師，以及身為當時一位最偉大的歌唱家的父親而享有極高的聲譽。

　　至於達‧蓬特，他仍懷著希望。讓他很惱怒的是，紐約人居然掏錢去聽來自紐奧爾良，他認為的低級訪問音樂家表演的低級法國歌劇。因此，在已經八十多歲時，達‧蓬特再次將自己依然旺盛的精力投入對另一家義大利劇團的推廣和資助工作中，這家由蒙特雷索（Giacomo Montresor）帶隊的劇團於1832年在紐約演出，稍後出現在費城。年齡顯然不能削弱達‧蓬特的天性和經常判斷錯誤的熱情，在他83歲時，還在為紐約的教堂與萊昂納多街（Church and Leonard Street）建造一家「義大利歌劇院」而四處奔走、協助籌款。這座劇院是有史以來第一家在美國建造的專業歌劇院，1833年11月它熱鬧地開幕，蒙特雷索的歌手們在此演出，大部分的曲目是羅西尼的作品。可惜，這家劇團只維持了兩季，每一季都以巨額赤字告終，達‧蓬特因蒙特雷索劇團和這座歌劇院，使他既失去了金錢也失去了友誼。

　　美國人開始意識到歐洲人長久以來一直了然於心的難處：那就是歌劇這種精心排練、融合了其他一切元素的藝術形式，是不可能賺得到商業利潤的。在這個奉行自由創業和市場經濟的新興美利堅土地上，沒有熱衷於用歌劇來提高自己身價的君主或公爵，也沒有樂於租下昂貴包廂來顯示社會地位的貴族。實際上，這個新興國家最主要的任務就是去除那些舊世界的餘毒，擺脫歐洲的影響。另外，或許歌劇——尤其是義大利歌劇——其脫離生活的角色和誇張的表現、過激的情感，都不適合這樣一個急於建造新城、開拓疆域，並且努力在這片土地上以及土地下富饒的寶藏上謀生，腳踏實地的國家。當美國人將安德魯‧傑克遜（Andrew Jackson）選為新一任總統，樂觀而躊躇滿志地眺望西部廣大的土地時，他們並沒有精力和金錢來關心這個歐洲的文化遺產。難道達‧蓬特的偉大事業就一敗塗地了嗎？難道義大利歌劇之花永遠不會在歐洲之外綻放嗎？在達‧蓬特90歲即將離開人世之際，他或許會這麼思考吧。但如果他真的這樣認為的話，那就大錯特錯了。

　　1861年，身在倫敦的威爾第寫給他終身摯友阿里瓦貝內伯爵（Count Opprandino Arrivabene）的信中這樣寫道：

世界上沒有任何一個角落不演唱義大利歌劇的，只要他們有一座劇院和兩種樂器。即使你到西印度群島和中非，你也會聽到《吟遊詩人》。

當然這種說法有點誇張，但也不盡然如此。但義大利歌劇（至少是義大利歌劇選段）在當時已經可以在各大洲開唱了，它遍佈哈瓦那、布宜諾斯艾利斯、蒙特維多，阿德萊德、墨爾本、雪梨，紐奧爾良、紐約、舊金山，開普敦、開羅和孟買。

歌劇紮根的多數地方都與歐洲的移民有關，即便不是所有人都是歌劇的愛好者，但在這些地方，歌劇給義大利或西班牙移民、英國殖民官員、德國和斯堪地納維亞的牧師和傳教士、各行各業的商人、農民、淘金者，以及其他流浪者和冒險家們家鄉的心靈寄託。遍佈各地的大部分旅行家和移民，都希望能過著和他們從前一樣的生活。即使他們無法把兒時的家扛在肩上帶走，但他們可以帶著一些慰藉隨他們定居並適應新環境。19世紀中期，墨爾本或布宜諾斯艾利斯遠遠不是倫敦或米蘭，而舊金山和巴拉瑞特（Ballarat）等靠淘金熱而繁榮的城市，更適合開酒吧、妓院而非大歌劇院。但歌劇出現在這些歐洲文明的遙遠邊陲，則變成了成功的有力象徵。人們將大擺裙和高頂帽，餐具和鋼琴運來的同時，也把歌劇帶了進來，如果經濟條件允許的話，也會建一座歌劇院，這是他們過去高貴與文明的紀念品。但這份紀念品卻常常名實不符，那些很少或根本沒有安排過歌劇表演的劇院仍然被稱作歌劇院，這些殘存的19世紀歌劇院至今仍散落在科羅拉多、內華達和加州等老礦業州，而孟買的歌劇院區長久以來等同於這座城市的紅燈區。不過，無論在哪裡，「歌劇」一詞仍然被廣泛地認為是一種財富、社會成就和地位的象徵。

在澳大利亞，歐洲藝術音樂也隨著殖民地的開拓接踵而至。軍樂隊會以最新的流行樂曲來取悅英國軍官，而安靜一點的旋律可以在周日的教堂裡聽到。同時，在舞會、社交聚會上，渴望家鄉消息的殖民地行政長官和他們的夫人們，會欣賞到亨利・畢夏普（Henry Bishop，1786-1855）等英國作曲家的最新作品。儘管演奏的曲目並不像在歐洲那樣精緻，雪梨或墨爾本的觀眾，跟那些在波士頓、費城、或紐約的觀眾一樣，至少偶爾也能聽

到一些由巡演劇團演出的流行歌劇精簡版本，如韋伯的《魔彈射手》或莫札特的《魔笛》，或者是華萊士（Wallace）或巴爾夫（Balfe）等英國作曲家的作品。

　　到了19世紀40年代，澳大利亞的大部分主要城鎮都有了（某種）歌劇演出。一些開疆闢地的新教徒和德國傳教士在1836年建立了阿德萊德，這座「教堂之城」的移民們以其較高的文化水準而自豪，他們興建了一座有豐富藏書的圖書館，四年內又興建了女王劇院，與那些在新興城市建造起來的劇院一樣，這座劇院及時開門迎接各種巡演歌劇團。喬治·科潘（George Coppin，1819-1906）是當地的一位演員及經理人，19世紀40年代晚期，他在阿德萊德製作了一部「大歌劇」，1851年移至維多利亞金礦，隨後多年在墨爾本以外的地區上演。如同定居在舊金山的歐亨尼奧（Eugenio）和喬萬娜·碧洋琪（Giovanna Bianchi）這樣的義大利人為義大利大歌劇院所做的那樣，科潘帶著他的藝術家們周遊了全國。而澳大利亞最大的劇團則是愛爾蘭裔美國企業家威廉·利斯特（William Lyster）所掌控的劇團。將劇團紮根在墨爾本之後，利斯特在19世紀60至70年代期間規劃了一系列定期的巡迴演出，他從義大利和歐洲（及美國）招來一些獨唱演員，在墨爾本拼湊了一支管弦樂團，隨後帶著他的劇團沿著海岸，並向更內陸的城市出發，順道在當地招攬小型合唱團。利斯特有一位男高音名叫皮耶圖·切基（Pietro Cecchi），他後來成為年輕的梅爾巴（Melba）的老師。利斯特史詩般的旅程持續了一年多，在稍大一點的城鎮每次都會停留二至三個月。

　　黃金的被發現為歌劇在澳大利亞的成長挹注了新的活力。墨爾本作為因黃金而暴富的維多利亞州首府，在19世紀50年代迎來了商業和建設潮，開始迅速超越雪梨成為澳大利亞最重要的城市。在19世紀90年代大蕭條來臨讓一切歸於停滯之前，將近40年的時間裡，墨爾本一直是一個值得驕傲的富有之都。在那裡金融投機的前景十分誘人，工作機會多不勝數，地價飆升，新興產業倚靠寬鬆的信貸蓬勃發展起來，公路和鐵路網橫跨各州，將主要的經濟中心連接在一起，科布公司（Cobb & Co）推出了澳大利亞最早的公共汽車。對於一個精明的建築承包商，譬如梅爾巴（Nellie Melba，

1861-1931）的父親、蘇格蘭人大衛・米切爾（David Mitchell）而言，墨爾本及其周邊地區給了他們豐厚的回報，人們跨越澳洲，甚至從英國、美國或其他地方蜂擁而至，來尋找富裕的新生活，房屋、教堂、學校、市政等便民設施，一切都等待著開始建設。

當然還包括劇院。各種藝術家和藝人前仆後繼朝著巴拉瑞特、本迪戈（Bendigo）、吉朗（Geelong），尤其是墨爾本奔去。歌劇女高音畢夏普（Anna Bishop）和她的豎琴師情人波克沙（Nicholas Bochsa，1789-1856）來了，她的競爭對手，「愛爾蘭天鵝」海耶斯（Catherine Hayes，1825-1861）來了，聲名狼藉的演員、舞蹈家、巴伐利亞國王路德維希一世的情婦羅拉・蒙芝（Lola Montez，1821-1861）也來了。墨爾本不僅僅是科潘和後來的利斯特，更是所有未來的藝術開拓者們事業的扎根之地。

黃金也為美國的歌劇挹注了活力。1847年，墨西哥的舊省上加利福尼亞（Alta Califomia）割讓給了美國，美利堅合眾國的領土如今跨越了東西兩岸，整個聯邦的人民都在為他們獲得的新領土而歡欣鼓舞。1849年，加利福尼亞發現了黃金，次年便正式歸入聯邦成為第三十一個州。這是一段令人興奮的時光。所有的人都向加利福尼亞出發，尋找美國夢的最新版本：生活、自由和對快樂的追求，一切都因大批的金子而變得唾手可得。然而，每一個「四九年者」（forty-niner，指1849年淘金熱中爭相前往美國加州淘金的人）心裡都也清楚，危險無處不在。淘金場所基礎設施不足，食物和水源品質不佳，疾病橫行，醫藥短缺。在這個大部分是男性的小社會中，人們的性情就像財富一般，以令人恐懼的速度劇烈變化，犯罪橫行卻監管乏力。破爛的採礦區和木質結構的小鎮很容易在起風的時候發生火災；舊金山這座實際上在法律上還稱不上新州首府的地方，大部分地方在18個月內被六次大火燒毀。即便如此，仍不停地有大批移民湧進來，期望能成為挖到黃金的幸運兒。或者，即使在金礦上時運不濟，他們也可以享受四季燦爛的陽光和富饒的土地所帶給他們的憧憬。

劇院如雨後春筍般破土而出。僅在舊金山便有十幾家劇院。它們用蠟燭或鯨油來照明（1854年之後才有煤氣燈）。大部分劇院在1851年5月的一

場大火中燒毀，之後又迅速地重建起來。在這裡，正如澳大利亞發現金礦後的維多利亞州，人們對娛樂活動十分渴求望，且幾乎對任何形式都來者不拒。1850年，鋼琴家亨利‧赫茨（Henri Herz，1803-1888）與當地的一位長笛演奏家及男中音一起舉辦了幾場音樂會，內容包括一些廣受喜愛的古典音樂、歌劇選曲。隨著中國勞工湧入金礦區，京劇等東方戲劇也被帶進來，大量前來觀看的非華裔觀眾既著迷又困惑。另外，在舊金山也可以看到很多明顯更受歡迎的雜耍表演，在那裡，極具天賦的舞蹈家、演奏家、歌劇演唱家可以與雜技演員、走鋼索的藝人、吞火者和偶爾上臺的動物們輪流演出。這些演出大多非常廉價，在整個表演期間，喧鬧的觀眾們肆意地說話、飲酒、抽煙、嚼煙草、爭吵、吐痰。有一份1851年的公告上這樣寫著：「禮貌地建議那些先生們，如果要吐痰……請準確吐在自己的靴子和褲子上，而不是別人的靴子和褲子上」。不過，與大街上隨處可見的亂糟糟的賭博、鬥雞、酗酒、賣淫、槍戰和猖獗的搶劫相比，劇院內也許還是要高雅得多。

　　劇院裡的演員們心裡也明白，他們在這兒撈一票就走，如果夠幸運的話，撈到的有可能是一桶金子。畢夏普在波克沙的陪伴下，經歷了從紐約南下的艱險旅程，穿越尼加拉瓜，然後到達加利福尼亞海岸，她在1854年第一場舊金山演唱會的收入就收回了他們之前的所有費用。海耶斯也漂泊在加利福尼亞，為成群感傷的愛爾蘭人獻唱歌曲和詠歎調，並靠著這筆收入養老。一些最成功的歌劇表演家，由來自歐洲的家庭小組組成：一個夫妻團隊，外帶一個兄弟或姐妹，還有幾個年輕人，這種典型的移民家庭，急著趕往新世界，尋求傳說中的財富和美好生活。很多這樣的家庭來自義大利，例如佩萊葛里尼（Pellegrini）一家，他們早在1851年便將義大利歌劇帶入舊金山，或是稍後在那裡定居的碧恩琪（Bianchi）一家，他們不僅是被黃金吸引而來，也有部分原因是由於1848年家鄉的革命失敗。一部分人從舊金山繼續北上前往薩克拉門托或其他地方，隨著康斯托克（Comstock）礦脈的被發現，又投奔到內華達州維吉尼亞城的尤瑞卡歌劇院（Eureka Opera House）或碧波歌劇院（Piper's Opera House）；其他人則在本迪戈與巴拉瑞特的淘金熱爆發之後遠赴澳大利亞。

　　如果擺在這些演員面前的利益誘惑力夠大，那麼潛在風險也會相對的大。對於歐洲的移民來說，在1869年興建完成橫跨大陸的鐵路之前，前往美國西部的方法只有兩種，要麼乘船繞過合恩角，要麼穿越巴拿馬海峽（除非你願意冒極大的風險，乘馬車翻越洛磯山脈）。無論採用哪種方式，都將注定是一次漫長、危險而艱辛的旅程。為了更有利可圖，合恩角這條路線一般來說時間會被延長，沿途停靠里約（Rio），蒙特維多（Montevideo）、布宜諾斯艾利斯等城市，然後沿著拉丁美洲西海岸北上，在瓦爾帕萊索（Valparaiso）、利馬（Lima），或許還會在墨西哥稍作停留，然後才會到達舊金山灣靠岸。赫茨在抵達舊金山演出之前，幾乎遊遍了南、北美及中美洲的各個主要城市。在1869年蘇伊士運河開通之前，前往澳大利亞的航線甚至要花去更長的時間，除了里斯本和開普敦之外，這條航線沒有覆蓋其他歌劇城市。對於這些勇敢的旅行者們來說，旅店有可能是危險的，他們經常要與陌生人同住在一個房間（甚至同睡著一張床），食物和飲水也不是那麼安全。一位曾在淘金熱初期前往舊金山的歌劇演員描述說：「我們用床單搭了個帳篷，在電報山（Telegraph Hill）上紮營。之後我們又建了一座搖搖欲墜的房子，然後在旁邊加了一間歪歪斜斜的廚房，當然這個廚房也被我們用來當作餐廳。」

　　到了19世紀末，情況很快便有了改觀，每一個有抱負的中產階級家庭都擁有了一架鋼琴，年輕的女士會被鼓勵著學習彈奏一些最新歌劇的鋼琴版選曲，這類簡單而廉價的版本是由黎柯笛等歐洲出版商在全球發行的。當時因為交通方式的改善，使得國與國之間，甚至洲與洲之間的旅行變得更加安全、舒適且相對便宜。鐵路交通網逐漸將美國各大城市連接起來，不久之後，澳大利亞各大城市的鐵路網也同樣被興建起來。蒸汽船取代了帆船，跨越大西洋的航行時間從此減半。新商業船運和鐵路公司快速崛起，並且努力遵守嚴格的時間表。同時，旅店的標準也通過衛生條件的改善而逐漸提高，而即將出門旅行的人們也發現，他們的旅行計畫因為電報的發明而變得更加容易安排。

　　雖然新技術的出現解決了許多問題，但同時也製造了一些新的問題。梅普森（James Henry Mapleson，1830-1901）是一位極為誇張的英國歌劇企

業家，他在19世紀70、80年代帶領數個歐洲歌劇巡迴劇團前往美國，在他的回憶錄裡記載著充滿緊張刺激的大西洋航行、失去聯絡甚至火車出軌之類的奇聞軼事。梅普森將美國的新鐵路系統利用到了極限，他們幾乎每晚都有演出，需要帶著一百五十多名歌手、舞蹈演員、樂手和技術人員，在美國上百英里的距離之間來回穿梭。這些疲憊的人馬經常在一大早就要被趕進劇團專車中。有一天晚上，在前往芝加哥的路上：

> 工程師發現他無法在當晚演出之前按時抵達，因此他向匹茲堡發了電報，那裡的鐵路官員遂發電報通知韋恩堡為我們另外準備兩台火車頭。後來我們的列車被分成三節，颼颼地向芝加哥飛奔而去……我們凌晨兩點出發，當天下午四點便抵達了目的地，剛好有充足的時間準備晚上的演出。

1886年，梅普森發現自己在舊金山帶著大隊人馬陷入美國之旅的困境中，資金用罄。別無選擇地，他們只能露宿街頭。他描述說：「弗里斯科（Frisco，舊金山的別稱）坐落在美國的盡頭；它好比一隻襪子的腳趾頂端，到了那裡便無法繼續前行了。」無數人想方設法到達那裡，卻發現再也沒有錢可以離開。因此，當他的義大利合唱團派代表向他宣佈，他們的人考慮脫離這家劇團並在當地尋找工作時，梅普森並不驚訝。一些人說他們可以賣香蕉或霜淇淋來賺錢；「另一些人提議開一家餐館，或者抹黑了臉，組建一家義大利黑人劇團。」梅普森儘量拖延著時間。幸運的是，這些「無憂無慮而又身無分文的陽光義大利之子們」似乎在接下來的48小時裡依然感到心滿意足，他們在野外品嘗著自己烹飪的通心粉，喝著廉價的加利福尼亞葡萄酒，「用打牌、抽煙以及其他國際性的惡習」來打發時間。這一次，梅普森再次向我們吹噓他能以扭轉乾坤的神力，來挽救搖搖欲墜的劇團，不過，他也如實記錄了在這次異常艱苦的旅程中，那一大堆折磨他疲憊團隊的疾病。

其實這些隨處遷徙的歌劇演員在路上的勞累與風險並沒被誇大。畢夏普和波克沙在1856年離開加利福尼亞前往澳大利亞時，海上航行便花了九周的時間，並且幾乎要了波克沙的命（在到達雪梨後不久他便去世了）。即使是一位超級明星，家財萬貫，擁有私人車廂和船艙也未能倖免。甚至

到了1901年，當梅爾巴沿著跨太平洋航線從溫哥華前往布里斯本時，她的船都拋錨了不只四次，並且「在洶湧的浪濤中漂泊數小時，甚至有時一次就是一整夜」。這是梅爾巴在歐美功成名就之後首次回訪澳洲，她將在自己的家鄉和紐西蘭舉辦一次徹底的巡迴演出。後來，她又帶回來成熟的歌劇。「這些澳洲灌木叢中的旅館」，梅爾巴滔滔不絕地說著，將她家鄉的「偏僻地區」稱作「或許是白種人在世界上最遙遠的邊陲」，在那裡「唯一的交通方式就是，年輕人騎馬……年長者搭馬車」。梅爾巴炫耀地回憶說，當她在那炎熱而塵土飛揚的澳大利亞小鎮巡演時，她睡在「當地人為名流準備的床上」，第二天早晨「躺著仔細一聽，已有馬車、卡車和牛車從郊外趕來，人們都期待著這個盛會，我的簡陋音樂會。」很令人感動，但與她已習慣的倫敦、巴黎或紐約則相去甚遠。

　　以我們的觀念而言，19世紀中葉墨爾本、雪梨或舊金山的歌劇演出，更像是一種有些古怪的搭配，原版的作品被大大的更動、剪輯並予以簡化，添加了新的對白、歌曲和舞蹈，以便迎合大眾的口味。1851年，佩萊格里尼一家在舊金山演出了貝利尼的《夢遊女》（La sonnambula）；而實際上他們呈現的作品卻像一部多語種的集錦音樂會，幾乎沒有佈景和合唱，只有一點樂器伴奏。評論提到他們的演出僅有六人左右的男聲合唱隊，沒有女聲合唱；外加一個12至15人的管弦樂團（其中很多都是德國移民）。一般的情況是，歌劇被剪輯到略多於原來一半的長度，這樣劇院的公告欄上就可以寫著：演出兩場歌劇。更常見的情況是一場歌劇之後，再演出一場同樣經過剪輯的話劇或芭蕾。表演顯得比較初級：將手放在胸口來表示愛意或忠誠，把手貼在額頭上來表達痛苦，詠歎調結束時張開雙臂來示意觀眾鼓掌。服飾和佈景為便於重複使用也設計成標準的模式：一幅山巒的全景畫可能會在《夢遊女》裡用一晚，接著又在第二天的《威廉‧泰爾》裡出現；一座城堡或夜空同時可以用來裝飾《露琪婭》和《魔彈射手》，而露琪婭的服裝上點綴幾條彩帶便成為吉爾達（Gilda）的新衣。

　　不管怎樣，哪裡有歌劇哪裡就會有觀眾。人們盛裝出席歌劇演出，有時打扮得十分隆重華麗。誠然，越是粗俗的社會，越是能夠刺激會打扮的

觀眾出現，猶如在這些偏遠艱苦的新世界的社會新貴們所力圖想去證明的那樣：舊世界的價值觀沒有被遺棄，歐洲文化和禮儀已經被他們傳承了。

　　身著盛裝是一回事，了解出席劇院的禮儀又是另外一回事了。人們會為了聽歌劇而準備華麗的帽子，有時整場演出都會戴著它（或許部分原因是為了避免頭上吊燈的蠟燭油滴到頭髮上）。在1834年雪梨的歌劇季大綱上寫著，贊助人必須牢牢記著「任何包廂中都不允許戴軟帽或其他帽子」，而在上層的座位席，「特別要求所有男士必須在演出期間坐好」，然後便是如何回應演出的問題了。我們已經領教過19世紀20年代的紐約人，當他們對何時報以掌聲不太確定時，便去效仿坐在包廂裡的某個社會名流，隨著他鼓掌而鼓掌。到了19世紀中葉，尤其是在美國西部，觀眾們不再那麼拘束了。如果一首詠歎調唱得非常精彩，那麼男士們便會用手杖頂著帽子揮舞，並爆發出歡呼、跺腳以及口哨聲，而一場糟糕的演出則會引來一片噓聲和喝倒彩。歐洲遊客對於美國人如何用他們的掌聲（或噓聲）來打斷音樂見怪不怪，而這種情況在倫敦、巴黎或維也納卻聞所未聞。當馬克・吐溫觀看了漢諾威、曼海姆（Mannheim）和慕尼黑的歌劇演出後，他把這種跨越大西洋的反差恰到好處地表達了出來。他於1880年寫道，「在德國……他們總能在歌劇中聽到一些或許我們在美國從來沒有聽到過的東西。我的意思是優美的獨唱或二重唱的結尾部分，我們總是以如雷的掌聲來淹沒了它們。」德國人去聽歌劇是因為他們全心全意的喜愛，馬克・吐溫總結說，大多數美國人聽歌劇其「目的是學會喜愛它」，或是為了「聊起歌劇時能夠滔滔不絕」跟著音樂哼曲子，「這樣鄰居便會知道他們曾經聽過歌劇。」

　　美國或澳大利亞的新興城鎮的人們，並非每個人都去聽過歌劇，有些人甚至斷然拒絕前往。歌劇和清唱劇不同，它是另一種戲劇的展現，它的佈景、服飾和對墮落人類情感的描繪，就像一個集罪孽和邪惡的臭水溝。更糟糕的是，歌劇是外族的、義大利的、天主教的戲劇分支，這讓吃苦耐勞的新教徒們更加鄙視。梅爾巴離開了昆士蘭窮鄉僻壤裡相處不睦的丈夫和幼子，決定回到南方，上一名義大利男高音的聲樂課。她的父親米切爾

知道後並不開心。儘管米切爾沉默寡言，但他是個善良的人。他明白任性的女兒下定決心要在歌劇事業上一展身手，那就意味著她要前往歐洲發展。1886年，他受到委派代表維多利亞州前往倫敦參加印第安及殖民地展覽會。「我也要把你帶上，孩子」，有一天他告訴她，「六周之內我們就要出發。」梅爾巴後來回憶道，這或許是她一生中最興奮的時刻。而且她父親答應在事業初期給她經濟資助。如果這個孩子擁有她所聲稱的天賦，她就會找到自己的出路；如果沒有，那麼也隨時歡迎她回家。

梅爾巴第一次回到澳大利亞時，已經是16年之後了。她感慨地說，如今的衣錦還鄉和當初離家遠行有了多麼大的差別：

> 那時，我只是一個一文不名的小女孩，踏上了一段孤獨而艱巨的冒險歷程；如今他們為我鋪上了紅地毯，派他們的市長、企業家、官員，藝術、文學和社會各領域的要人來迎接我，不停地向我拋擲鮮花。

在布里斯本登岸後，她乘著火車穿越廣闊、炎熱、乾旱的澳大利亞南部及東部，這是一段漫長而遙遠的旅程，從春季行至夏季。當最終抵達目的地時，狂熱而喧囂的人群包圍了她，而梅爾巴回來最想見到的人，是她當時已經年邁多病的父親。

巴黎歌劇院 👓

每一個到過巴黎的人都知道那座歌劇院。在這座盛滿瑰麗宏偉宮殿的城市當中，它是最大的一座建築，是一座周邊環繞著高檔咖啡廳、酒店以及飯店的城市地標。那座歌劇院位於地鐵沿線，是林蔭大道的會客大廳，也是許多興沖沖、或者懶散的遊客、購物者、學生、商人最喜歡聚會的地方。當然，它也許是世界上最龐大、最華麗的歌劇院——巴黎歌劇院。這裡曾經是巴黎統治歌劇世界的中心，許多遊客在看到大理石和金飾交相輝映的內部裝飾和富麗堂皇得令人驚艷的外觀時，都會記起它曾經的輝煌，這種記憶又因洛依·韋伯（Andrew Lloyed Webber，1948-）在改編自卡斯頓·勒胡（Gaston Leroux，1868-1927）小說的音樂劇《歌劇魅影》中所展現

的形象，而讓大家的印象更加
深刻。人們或許會想，這個擁
有超過2,000個房間和一個地下
湖的建築物，還有什麼呢？不
過正確的說，查理斯‧加尼葉
（Charles Garnier，1825-1898）
的這座歌劇院就如同愛德溫‧
勒琴斯（Edwin Lutyens，1869-
1944）的新德里（New Delhi）
那樣，它們的完成，恰好標誌
著一個時代的結束。

描繪 19 世紀巴黎歌劇院演出情形的石版畫。

　　19世紀上半葉，巴黎是世界歌劇藝術的中心。後拿破崙時代的復辟運
動，恢復了波旁王朝的統治和這個古老政權的諸多特色，然而很多事物也
在革命之後被永遠改變了。巴黎是一個欣欣向榮的國際化大都市，巴黎人
十分明白，沒有人能夠再輕視他們的力量了（他們不時地發動起義來提醒
當政者）。很多富裕並受過良好教育的商人，都為生意能恢復正軌而大大
鬆了一口氣。而他們也似乎安於接受這種能包容並融合各種文化的狀態，
在巴黎敞開雙臂接納羅西尼、貝利尼、威爾第這樣的外國人，以及作曲家
弗洛蒙塔爾‧阿萊維這樣的猶太人，甚至包括外國的猶太人，最著名的有
梅耶貝爾、奧芬巴哈和詩人海涅（Heinrich Heine，1797-1856）。偉大的歌
唱家們來到巴黎追逐名望和財富，宏大的劇碼不斷的被推出，有名望的作
曲家們大膽的創作出優秀的作品。

　　蕭邦和喬治‧桑（George Sand，1804-1876）、德拉克洛瓦（Eugene
Delacroix，1798-1863）、巴爾扎克（Honoré de Balzac，1799-1850）和司湯
達（Marie-Henri Beyle，1783-1842）都曾在巴黎觀看歌劇。羅西尼和董尼才
悌也都在這座法國首都中度過他們生命中的某段美好時光，為巴黎譜寫了
他們最後的傑作。白遼士對巴黎的歌劇愛恨交加；巴黎的常客華格納和威
爾第也同樣如此，只是方式不同罷了。如果作品不被巴黎所承認，沒有哪
個作曲家能號稱已經達到了歌劇界的巔峰。

在沙龍這樣獨特的環境裡，就像跟在劇院裡一樣，讓很多巴黎菁英人士熟悉了董尼才悌或威爾第最新、最受歡迎的作品。早期的沙龍絕大部分是法國傳統貴族階層的社交領域，後來易手給拿破崙時代的社會菁英人士。在王政復辟之後的巴黎，城市急速擴張，新興的富裕中產階級，便開始追求與經濟和社會地位相稱的生活方式和休閒享受。這就意味著必須買得起一套盡可能大的別墅或公寓，其中有優雅的陳設、昂貴的服飾、貼心的僕人，並且能夠舉辦高雅的派對。曾經是有教養的家庭常備之物的吉他，在當時已經開始被中產階級視為尊嚴的新象徵——鋼琴所取代。舉辦一場音樂晚宴，聆聽最受歡迎的鋼琴大師彈奏羅西尼的作品集錦，或者為優美的花腔女高音演唱貝利尼的作品進行伴奏，那是多麼美妙啊！在梅林伯爵夫人（Countess Merlin）或稍後的貝吉歐裘索公主（Princess Belgiojoso），或是瑪麗·達古特伯爵夫人（Countess Marie d'Agoult）主持的沙龍上，巴黎的上流人士聚在一起享受整晚的美酒佳餚、進行著社交活動、無所謂輸贏的棋牌遊戲，以及桑塔格（Sontag）、格里西（Grisi）、蕭邦、帕格尼尼或李斯特等藝術家帶來的音樂節目。

對參與其中的賓客們來說，在一個不太安穩的年代，沙龍帶來一種珍貴的社會凝聚力。而對音樂家而言，這裡為他們向國內的權貴們高調而優

在巴黎歌劇院內，觀眾熱情地向威爾第歡呼。

雅地展示自己，提供了最佳舞臺。沙龍對於那些年輕的演員們來說尤其重要，這裡就是通往歌劇院或音樂會舞臺職業生涯的墊腳石。初出茅廬的新人，如果在沙龍圈內表現突出，不僅能獲得可觀的收入，更有機會結交一群有影響力的朋友，一個精明的音樂家，便會有效地利用他們的讚賞。弗洛托（Friedrich von Flotow，1812-1883）描述了這樣的過程：一旦你開始在沙龍獲得了一些知名度，下一步要做的就是宣佈舉辦一場音樂會，向你結識的所有女主人贈送最高票價的門票，如果幸運的話，她們會帶著朋友來聽你的演出。無論音樂家如何才華橫溢，社會地位都比不上欣賞他們演出的那群人。

在一次沙龍聚會之後，李斯特的情婦瑪麗‧達古特，將桑塔格——未來的羅西伯爵夫人（Countess Rossi）——描述為「在貴族和教養良好的人們面前極其興奮」，企圖扮演一位貴婦卻沒能成功的人。不過，像羅西尼那樣紅極一時的音樂家，只需同意作為榮譽嘉賓出席時尚沙龍，就能得到一筆可觀的出場費。羅西尼在五十多歲，也就是其人生的最後十年回到巴黎之後，他第二任妻子在其位於巴黎當丹河堤街的公寓或在帕西（Passy）布洛涅森林邊的大宅裡，定期舉辦週六之夜音樂會。在這裡，尊貴的客人們排成長隊期待著爭取這位聲名顯赫的主人的邀請（這是威爾第深感厭惡的過程），以期成為觀眾並欣賞當時頂尖的音樂家們和剛出道的新星阿黛莉娜‧帕蒂（Adelina Patti，1843-1919）等人的精彩表演。「多美妙啊！」音樂出版商黎柯笛在羅西尼的晚會上這樣讚歎道，他努力回憶著，「向這位大師獻殷勤的所有侯爵夫人、男爵夫人、部長及大使」的名字。在電臺和答錄機尚未出現的時代，只有在這樣的沙龍裡，巴黎的顯赫人士才有機會熟知當時最有名的、每個人認為他們所理應瞭解的歌劇和音樂。

　　倘若他們想觀看含全部佈景、服裝、排演過程，並且與合唱團、芭蕾和管弦樂團完整配合的歌劇，那麼該去哪裡呢？這個故事就比較複雜了：在那些年裡，巴黎本來有十多家歌劇院，但卻接二連三地被燒毀。比較容易記起來只有三家主要的歌劇院或機構（1806年至1807年在拿破崙統治下，將劇院合理化改革的結果），而它們也不時地到處遷移。

　　首先就是巴黎歌劇院，它是從路易十四的皇家音樂學院一脈相傳下來的。在拿破崙一世時期，它的根據地是在位於國家圖書館正對面的魯弗瓦廣場（Square Louvois）的黎塞留街上的國家劇院。在這裡，梅於爾（E. N. Mehul，1763-1817）、勒瑟爾（Le Sueur，白遼士的老師）的作品與格魯克（GIuck）、莫札特、帕伊謝洛（Paisiello）和斯蓬蒂尼（Spontini Gasparo Luigi Pacifico，1774-1851）的作品都在同一個舞臺上演出。1800年12月，拿破崙匆匆趕往這座劇院，向民眾證明他成功躲過了一次暗殺。20年後，另一樁暗殺貝里公爵（Duc de Berry）的行動成功了，導致這座劇院關門歇業。貝里公爵正準備繼承法蘭西王位，1820年2月的某一天，就在他離開劇院時，被一個企圖消滅波旁家族、神經錯亂的工匠刺殺身亡。這名刺客

並沒有成功結束波旁王朝統治的目的，卻沒料到反而讓劇院關了門。貝里公爵在劇院的臺階上被刺死之後，國王路易十八及其他與波旁王朝相關的人，再也不想，也不敢晚上到這些場合去娛樂了。

18個月之後，一座新劇院在不遠的佩勒提街落成。而就是在佩勒提歌劇院（Salle Le Peletier）裡，巴黎歌劇院見證了自己的光輝歷史，這裡是大歌劇的誕生地。觀眾們在佩勒提歌劇院期待看到的是精明的歌劇經理人所營造的五幕（含法定的芭蕾舞劇場景），以法語來創作、演唱的大型歌劇。它擁有強大的演奏陣容和合唱團，經常透過繽紛的火焰、轟然巨響的洪水、地震等大規模破壞效果的手法，來哄抬整體效果與高潮的大型豪華歌劇。年復一年，無數奢華壯麗的作品被搬上這裡的舞臺，通常是以斯克里布（Augustin Eugene Scribe，1791-1861）的劇本配上奧伯、阿萊維或梅耶貝爾的音樂作品。羅西尼最後的巨作《威廉‧泰爾》便是為巴黎歌劇院量身定制的。其他還有董尼才悌的《寵姬》（La Fa vorite）、威爾第的《西西里晚禱》（Les Vepres siciliennes）和《唐‧卡洛斯》（Don Carlos），以及華格納的巴黎版《唐懷瑟》（Tannhauser）。

在人們的心目中，佩勒提歌劇院是臨時容身處，是修建每個人心中想望的大劇院之前的權宜之計。然而就像最初的紐約大都會歌劇院，它的使用時間超過了很多人的預期，儘管一直都有傳聞說它終將會被取代，但它還是圓滿地服務了超過半個世紀之久。直到1873年的一場大火將佩勒提歌劇院徹底焚毀，人們才終於下定決心興建加尼葉歌劇院（Opera Garnier）。

在喜歌劇院（Opera Comique）裡人們同樣用法語來演唱。就如巴黎歌劇院一樣，喜歌劇院在1806年至1807年，拿破崙改革期間被正式認證，但它出品的劇碼類型同樣也受到很多限制。在19世紀60年代法律限制放鬆之前，它只能上演音樂中間穿插對白的作品。喜歌劇院的首演作品包括《吉賽爾》（Giselle）的作曲家阿道夫‧亞當（Adophe Adam，1803-1856）的《隆瑞莫的馬車夫》（Le Postillon de Longjumeau）、講述強盜愛情故事的奧伯的《魔鬼兄弟》（Fra Diavolo），還有埃羅爾德（Ferdinand Hérold，1791-1833）的《扎姆巴》（Zampa），其歡快的序曲直到今天放在音樂會上

都依然獨具特色。正是在喜歌劇院，樂團中年輕的德國猶太大提琴家雅克・奧芬巴哈（Jacques Offenbach）立志自己創作輕歌劇，得到作曲家阿萊維的鼓勵。喜歌劇院的票價，低於巴黎歌劇院。但喜歌劇院依然是一座歌劇院，不是聖馬丁門劇院（Porte-Saint-Martin）或福南布斯劇場（Funambules）那種專門表演默劇雜耍的場地。在小仲馬的小說《茶花女》中，杜瓦（Armand Duval）就是在喜歌劇院與富有而優雅的瑪格

羅西尼在巴黎歌劇院接受觀眾歡呼的情形。

麗特・戈蒂埃（Marguerite Gautier）相遇並一見鍾情。在那些年間，一連串的經濟危機和火災使喜歌劇院一直四處遷徙，最後終於落腳在法瓦爾劇院（Salle Favart），這座劇院經過三次重建今天仍然屹立在此。

　　最早，法瓦爾劇院曾經短暫地成為義大利劇院（Théâtre-Italien）的場地。雖然經歷了一次又一次的火災、長期管理失調、不斷地破產，但義大利劇院（也被稱為「諧歌劇院（Bouffes）」）卻靠著政府的資助生存下來。在這裡，真正的歌劇愛好者們，例如司湯達等業餘藝術愛好者，才能夠聆聽到由當時頂尖的義大利歌手以義大利語演唱的義大利歌劇。在19世紀20年代初期，羅西尼的作品長年備受推崇。在1822年，義大利劇院在154個晚上演出中，就有119個晚上都在演出羅西尼的作品；到了1825年，這個比例變成174：121。1823年，羅西尼在前往倫敦的途中親自到訪巴黎，受到了隆重的歡迎，第二年他又回到這裡，懷裡抱著與法國政府簽訂條件優厚的合約，拿著這份合約，他同意在巴黎居住至少一年（最後他一共住了五年），創作新的歌劇作品並且執導、排演他早期的作品。巴黎成功地收攏了這位世界上最頂尖的歌劇大師，司湯達以華麗的辭藻讚頌他是拿破崙的繼承者。不過，羅西尼的帝國僅限於義大利劇院的總監席位，而即使這個小小的領域，也超出了這位和善可親的作曲家有限的行政能力。沒幾年，他便

退出了管理職位，得到一筆豐厚的政府津貼，人們寄希望於新歌劇能夠從他多產的筆端下源源流出。

　　19世紀30年代，義大利劇院的名氣在法爾瓦歌劇院達到巔峰。在所謂的歌唱黃金歲月裡，它見證了由頂尖的演員們所詮釋的貝利尼和董尼才悌的新作首演。這裡不是藝術陳列殿堂，也不是宏偉而金碧輝煌的加尼葉劇院。法爾瓦劇院佇立著，一如今天，面對著一個小小的廣場，隱沒在數條沒有被尤金・奧斯曼男爵（Eugene Haussman，1809-1891）宏偉的重建計畫波及的狹窄巷弄中。就是在這樣一個不起眼的地方，馬里布蘭、格里西、帕斯塔、魯比尼（Giovanni Battista Rubini，1794-1854）、坦布里尼（Antonio Tamburini，1800-1876）和拉布拉什（Luigi Lablache，1794-1858）相繼在此獻唱。可惜他們演唱的地方早已不復存在，1838年1月，劇院發生了火災，一位總管（羅西尼親密的同事）從高處的窗口跳下身亡。義大利劇院只得另尋出路，幾年後搬入旺塔杜爾劇院（Salle Ventadour）。19世紀70年代，加尼葉劇院建成之後，這家公司終於走到了盡頭。如今，古老的旺塔杜爾劇院已經成為法蘭西銀行的所在地。

　　正如它們的名字所代表的，巴黎歌劇院、喜歌劇院和義大利劇院各行其道，反映出一種有條不紊的、拿破崙式的社會分工。它們各有自己的正式合約、專案計畫，定義並且限定了它可以創作什麼、不允許創作什麼，至少從理論上來講，劇院與藝術體裁之間遵守著嚴格的規範。這樣一來，含對白的歌劇就只能在喜歌劇院上演，法國大歌劇（以及小歌劇）在巴黎歌劇院上演，而義大利語的作品就在義大利劇院上演。巴黎歌劇院和義大利劇院這兩家主要的歌劇公司，把演出安排在每週不同的日子當中，這樣做的目的是將兩個公司之間的競爭縮到最小，並將兩者之間的利益放到最大。羅西尼在任期間，兩者之

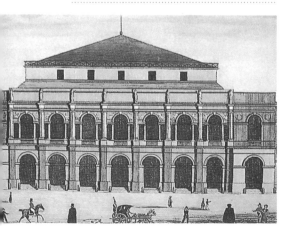

佩勒提歌劇院的外觀，建於 1821 年。

間的行政關係尤其凸顯。當時義大利劇院被置於皇家音樂學院（即巴黎歌劇院）的直接管轄之下——這並不是壞事，因為它確保了這家困難重重的公司能夠從政府的荷包中獲得一些資助。實際上，從一開始這兩家公司就在某種程度上功能重疊、相互競爭並互相詆毀。19世紀20年代早期，當義大利劇院接連上演享有極高聲譽的羅西尼作品時，歌劇院的票房卻持續下滑，即使其經理試圖以格魯克和格雷特里的名作來挽救也無濟於事。既有的成功孕育了新的成功，頂尖藝術家們陸續與義大利劇院簽約，而巴黎歌劇院的演出水準則愈來愈下滑。

　　巴黎歌劇院奮起反擊。1830年七月革命最終結束了老波旁王朝的統治，路易·菲力浦（Louis Philippe）旗下的奧爾良分支登上了政治舞臺。「七月王朝」的建立標誌著中產階級的價值觀，而新上任的貝隆（Louis Véron）給巴黎歌劇院帶來的新氣象，正好展現了這樣的社會現象。貝隆在1831年開始接任主管，並且得到了一份完全不同的新合約：這座古老的皇家歌劇院，將要首次以公私合營的形式經營。也就是說，最終它仍將處在政府的監管下，並且得到一份豐厚（但比之前縮減）的年度補貼。在這個合約內，貝隆可以按自己的願望籌集資金、使用資金，淨利潤可以歸他所有。貝隆就像以前那些成功的歌劇經理人一樣，是一位會賺錢的商人而非美學家，這種方式對他具有相當的吸引力。當時年輕的貝隆已經通過銷售治療感冒的化學糖漿累積了財富，他就像巴爾巴亞通過咖啡配方賺錢之後，又去史卡拉大劇院開賭場一樣。貝隆同時也是一位資深的記者、天才出版商，他後來成為一家頂尖報社的擁有者。在歌劇院任期中，貝隆翻新了佩勒提歌劇院，將一些大包廂重新分割，並且努力擴充席位、調整票價、改進劇院的捐助系統。他的創新之一是為座位和門票編號。在這之前，那些有貴賓席的人經常會先讓僕人提前到劇院占個好位置。在貝隆任職期間，觀眾席被重新裝修，不像以前那樣奢華，然而卻更加親民。貴賓席只允許男性就座，精明的貝隆還給了他們演員休息室的進入權，開場前芭蕾舞女們會在那裡熱身，這項特權也同樣被一些清寒的女芭蕾舞演員所重視。啟幕時間原本是在下午5點，現在改到了晚上7點，以方便下班或從城市另一頭趕來劇院的觀眾們。

　　在政府補貼再一次縮減的四年後，貝隆辭掉了工作。他意識到，憑他的創業資歷，想要賺錢還得另謀出路。他的改革是否成功擴展了歌劇院的受眾群體呢？貝隆後來寫道，他的目的是使歌劇院成為中產階級的「凡爾賽宮」。然而通過分析那些年包廂認購者和其他觀眾的資料可以得知，前往巴黎歌劇院和義大利劇院看演出的人仍然是以貴族和富人為主。1833年至1834年的演出季，巴黎歌劇院接近三分之一的包廂認購者都是有頭銜的貴族，另外20%的包廂認購者則代表著世界上雄厚的資本力量：巴爾扎克小說中存在的富豪、中上層商賈、銀行家和投機者。至於小資產階級，譬如寒酸的學校教師或者神父，兩家大歌劇公司中無論哪一家的門票，都可能超出了他們的經濟能力。在19世紀30、40年代的巴黎，一個收入不錯的造馬車的鐵匠，年薪大約是1,500法郎，一個麵包師不到1,000法郎，而鞋匠只有區區800法郎。在當時，一個四口之家平均一年吃喝的基本開銷就高達500法郎，而且還有租金要付。對於此類人群，巴黎歌劇院的門票價格在2.5法郎至7.5法郎之間（義大利劇院的門票價格稍高，喜歌劇院的稍低），似乎是太過奢侈了。如果我們將這些數字都乘以30或許可以更清晰地理解：在如今的工人階級家庭中，假設家庭年收入為三萬英鎊甚至四萬英鎊（或是歐元、美元），那麼就要有大約1.5萬英鎊用於基本生活開銷，在這種情況下，沒有誰願意花225英鎊在一張歌劇門票上，就算75英鎊也沒人願意花。這是魯道夫（Rodoiphe）和咪咪（Mimi）的世界，是繆爾熱（Murger）在《波西米亞人》生活場景中的世界。聖誕夜在摩姆斯咖啡館（普契尼的歌劇《藝術家的生活》中的一個場景）狂歡一夜是一回事，但是去看歌劇？不會吧！在喜歌劇院過一晚，還有點可能（一法郎可以買到頂樓的座位，躲在裡面還可以偷偷親熱）。更常見的情況是，一個僅有一點娛樂預算的巴黎工人或小資產階級（或學生、詩人、畫家和女裁縫），會去看一場鎮裡便宜的默劇或雜要演出，一次只要50分甚至更少。

　　當然還有更深層的原因，可以解釋為什麼新興中產階級沒有取代貴族階級成為歌劇院中最主要的觀眾群體。管理階層——即使是那位我行我素的貝隆，當然還有他為之負責的那些政府公務員們——也不希望歌劇的觀眾群體擴散得太廣。貝隆的定價策略其目的是打算「在不降低歌劇院的受

眾層次的前提下，儘量吸引更多的觀眾」。他的報告中又說，我們必須謹慎，不能「冒險吸引那些優質的群體不願意接觸的下層群體，儘管他們有可能會受人尊重」。而所謂的「優質群體」便是那些有錢、有教養之士。或許貴族階級已經被法國大革命削弱，但遠遠還未被消除，它的數量反而因拿破崙創造的新興貴族的加入而倍增。儘管七月王朝使中產階級的地位獲得了提升，但王侯們依然可以呼風喚雨，毫無疑問的是，無論新舊貴族都將繼續在19世紀中後期巴黎的歌劇院裡佔據著重要的位置。

因此，若是因此斷言貝隆只是將他的觀眾主體從舊貴族階級替換為新興中產階級，可能也不太恰當。更貼近事實的情況是，兩者正在逐漸地合而為一。年輕貴族不再像他們的父執輩那樣只涉足教會或軍隊，而是開始進行商業經營方面的新嘗試，因而與新興的金融和商業精英們的社會關係也愈來愈平等。歌劇院從來都很難吸引大量的觀眾，直到19世紀中期，其觀眾基礎確實得到了開展。

歌劇觀眾的成分改變了，隨之而來的是行為方式的改變。我們知道，18世紀的歌劇往往被貴族贊助人視作休閒消遣的活動，權貴人士經常出入夜總會，他們來觀看演出，同時還可以聊天、玩紙牌、吃吃喝喝並且談談生意。在劇院的其他地方，僕人們和其他人會站在樂隊席的後方，或者坐在樓上硬邦邦的長凳上，努力給自己找些樂趣。人們在各個地方來去自如，劇院裡總是不停的喧嘩著，穿插著掌聲、笑聲，以及演出到激動人心或感人肺腑的情節時，有人發出的噓聲。而某個統治者突然在演出中途出現在劇院裡時，所有這一切便會嘎然而止，進而爆發一片熱烈的掌聲。

在19世紀30、40年代在奧爾良派掌控中的法國，隨著財富與地位的新舊融合與歌劇觀眾受眾範圍的擴大，劇院的常客開始注意到劇院中出現了陌生的臉孔。這些新來者似乎不會每晚都出現在歌劇院裡。他們還要用有限的時間和金錢去做其他的事情，說不定第二天早上還得去上班哪。對於這類人，看歌劇消磨一個晚上的想法可能會令他們不安，還加上一些關於品味的考慮：「我會享受這場演出嗎？或者，我能看懂其中的奧妙嗎？」然後還有社會上的顧慮，到底該怎樣買票（是不是應該讓僕人去買，付多少

錢才合適，是不是一票一座，是否需要付訂金）？怎樣穿著才比較得體？應該在什麼時候鼓掌？演出前吃飯還是演出後再吃？大約什麼時間才能回家？在貝隆重新整修的佩勒提歌劇院，許多從前的奢侈大包廂，尺寸和裝潢都有所精簡，因此當你和配偶出現在那裡時，可能會發現你要和另外一對陌生的情侶共用一個四人包廂。該和他們說話嗎？幕間休息時要一起喝兩杯嗎？或許吧，但你的行為舉止無疑會較之前更加拘謹。資產階級化的過程帶來了新的禮節，結果之一就是人們似乎更加關心臺上的表演了。

　　同時，他們的期望也隨著他們選擇的演出而變化。對於很多人來說，在歌劇院消磨一晚不過是一種愉快的消遣罷了，直到今天大多數人都仍然這麼認為。還有一些人，或許會像德語世界那樣，懷著對藝術的敬仰而走向另一個極端，將音樂視為如宗教般，將自己當成虔誠的信徒，莊嚴肅穆地出席歌劇演出。白遼士稱自己年輕的時候就是這樣的人，他描繪自己觀看歌劇時的沉迷：假如鄰座有人在序曲開始之後說話，白遼士便會以挖苦的口吻說，「這些混蛋音樂家，害得我都聽不清楚這傢伙在說什麼了。」讓他人安靜下來。巴黎的歌劇雖然對於大多數人而言或許還達不到宗教的高度，但由於它的製作更加用心，觀眾們更安靜、更專注，因此也就不只是一場娛樂消遣了。

　　兩者相輔相成，歌劇院為了擴獲更多、更豐富的觀眾群而變得更大、更舒適。而對於前往歌劇院的觀眾來書，即使坐在廉價座位上，悶熱異常而且兩腳因不能伸直而發麻，但如果表演既好聽又好看，那麼在強烈誇張的戲劇表演裡，坐幾個小時也不算太受折磨。而且，表演也會與他們本身所關注的事物產生共鳴，該時期大多數的歌劇作品，正如我們所知那樣，其背景都故意設置在遙遠的時空裡，直到半個多世紀之後，藝術創作才能夠公開展現日常生活的喜怒哀樂。要抓住大眾的眼球並不困難，因為作詞家、作曲家、設計師們創作了一系列「大歌劇」來描繪大規模的混亂場面、無畏的個人英雄與超人的作戰力量，還有柔弱無助的人們尋求上帝、國家和正義保護的真誠訴求。隨著頂尖歌手被精明的歌劇經理人極力推銷，每部作品的廣告都超越了前所未有的高度，觀眾們的期望也相對地水漲船

法國《海那頓》文學雜誌（Le Hanneton）1867年7月4日出版的封面，以羅西尼的漫畫作為主題。

高。一位滿懷期待的觀眾去看一場由名演員領銜的感人演出時，一般會按時到達劇院，並且從布幕升起時便開始安靜地觀賞。

　　歌劇在巴黎是大新聞。羅西尼、格里西或魯比尼的來訪和離去，通常都會被報導並且引起廣泛談論，一線演員擁有與今天的體育明星同樣的知名度和收入。然而觀看歌劇的人數，還無法和觀看現代搖滾音樂會或足球賽的人數相比；對歌劇歌手的私生活的關注和談論也遠遠比不上現在。即使是在巴黎這樣的歌劇中心，多數人對歌劇也少有甚至根本沒有興趣，否則就是根本沒有時間、精力、金錢去欣賞它。倘若你不去親身體驗演出或閱讀昂貴的專題報導，那對它們的瞭解就只能是片面印象。你或許可以通過當地的樂隊、手風琴或音樂盒來熟悉一些經典的歌劇旋律，但卻無法感受歌劇院裡貝隆和他的團隊全力打造的壯觀、多樣的戲劇演出，無法享受馬里布蘭或帕斯塔出色的技藝，也無法體悟奧伯音樂中閃閃發亮的智慧。

　　我們談的都只是法國的首都巴黎，而非整個法國，應當讓更多的地方具備這樣的條件。在巴黎之外的地方同樣也有歌劇存在。正因為如此，諾里才會在1837年離開巴黎歌劇院，開始了一段充滿期待的旅程（之後因疾病而中斷），計畫中將要走訪的城市不僅有布魯塞爾和安特衛普，還有里爾、馬賽、里昂、圖盧茲和波爾多。歷史學家尚・蒙葛迪安（Jean Mongredien）為了勾勒19世紀初期法國尤其是里昂的歌劇樣貌，做了大膽的嘗試。但在19世紀給人們留下的整體印象，始終都是糟糕的唱功和演技，外加粗糙的製作。在《包法利夫人》（Madame Bovary）中，包法利醫生和他出軌的妻子前去盧昂觀看《拉美莫的露琪亞》（Lucia di Lammermoor）。艾瑪一直覺得自己就是備受愛情折磨的露琪亞，幻想著與男高音拉加迪（Lagardy）一同私奔。像19世紀的很多作家那樣，福樓拜

利用歌劇作為烘托情欲幻想的背景。但他的諷刺在於，演出本身並不怎麼樣；拉加迪，儘管聲音洪亮，卻和坦布里尼（Tamburini）或魯比尼這樣的同行相比，一無是處。

的確在進入20世紀之前，要想在法國聽到高品質的歌劇，就得去巴黎。其原因不難明白。法國（就如英國）幾個世紀以來一直是個統一的國家，它的政治、經濟和文化生活都深受其首都巴黎的影響。與之截然不同的是義大利和德國，這兩個國家長期以來由分離而獨立的城邦所組成，缺少政治或地理上的主導地區。因此，羅馬、那不勒斯、佛羅倫斯、威尼斯、米蘭和都靈（或漢堡、柏林、法蘭克福和慕尼黑）都在相互競爭歌劇的領導地

以羅西尼的歌劇演員為題材的一幅漫畫作品：《音樂狂熱》。

位，而這樣的狀況在法國卻不存在。巴黎佔據了壓倒性的優勢：它是中央政府所在地、教會和軍隊的總部、國內重要大學的所在地，是吸納法國商界領袖、出版商、藝術家和知識菁英的磁鐵。而巴黎遙遙領先於其他任何地方，尤其是它擁有歌劇。巴黎可以說是法國的、甚至世界的歌劇之都。假如一個年輕的法國人，譬如巴爾扎克《高老頭》（Pere Goriot）中的主角拉斯蒂涅（Rastignac），渴望在社會上獲得成功的話，那麼巴黎的歌劇院便是他必去的地方。喜歌劇院票價低，是最廉價的去處；在小說開始後不久，我們可以看到拉斯蒂涅在整理他的領結，擺出造型以期能吸引喜歌劇院中坐在第一排的女士們。但他迅速理解且意識到「在義大利劇院擁有包廂的人才叫有運氣！」

巴爾扎克告訴我們，前去觀看歌劇的女士們也大多懷有這種小心思。高老頭的一個可憎而冷漠的女兒「在歌劇院擁有一個位置稍偏的包廂，並且⋯⋯朗聲大笑以吸引別人的注意」，而鮑賽昂夫人（Mme de Beauéant）曾與情人和丈夫一同去巴黎歌劇院和義大利劇院看表演，等在包廂裡安頓下來後，丈夫便藉故走開。《驢皮記》（La Peau de chagrin）中那個沒心沒

肺的時尚犧牲品費奧朵拉（Feodora），在歌劇演出時根本無視音樂的存在，只是努力在那裡裝模作樣，其實整個晚上都在從她的歌劇眼鏡中窺視每一個包廂。

　　歌劇院是允許表達誇張情感的地方，臺上臺下皆是如此，它是偉大藝術的舞臺，但也是污穢滋生的土壤：這是一個不可抗拒的矛盾。「說實話」，帥氣的查理斯（在《歐也妮・葛朗台》中）對他漂亮的堂姐說，「您要是穿上盛裝坐在歌劇院的包廂裡，我敢擔保，您會讓男人個個動心，女人個個嫉妒，全都非冒犯戒條不可。」

　　並非所有出席歌劇院的人都是未來的社交名流、淫蕩的子爵夫人或金融新貴。一些人確實是因為喜愛歌劇而去的。司湯達嘲諷地將他們分成兩類，第一類是學究型，他們「對音符、音階、音調的感知敏銳到無與倫比的精確」，但其內心卻冷漠得沒有一絲激情。這些老學究的穿著一絲不苟，他描述道，能夠以略帶討厭的方式一口氣說出「整個音樂理論史，一大堆廢話中，包括近20年來每一位出現在義大利舞臺上的首席女歌手的聲帶特點、每個人第一次亮相的日期和參加每一場首演的時間。」然而還有另外一群是為歌劇癡迷的所謂業餘藝術愛好者。從詞源上來說，這個字詞反映出在看歌劇時「感到愉快」的人們，發現它「賞心悅目」。不管是哪一類人，都很難理解司湯達所描述的情感強度。假如學究們唯一表現出的只是冰冷的思考，業餘藝術愛好者則是典型的浪漫主義者：有點不修邊幅，神態狂喜迷離地沉醉於音樂之中，張大嘴巴、神情呆滯，只有眼神中透露出靈魂深處的悸動。而後，在歌劇曲段強有力表達的結尾，被壓抑已久的情感宛如性高潮一般，無法控制地傾瀉而出。

　　業餘的藝術愛好者也並非唯一以自己的喝彩來推升氣氛的人，當時正是吹捧風潮最盛行的時期，一群人事先拿到某著名歌手預先支付的酬勞，演出時保證會以掌聲來回報。如今，不分青紅皂白的捧場已經變得臭名遠揚了。我知道現在沒有哪位歌手會承認自己會付錢去找人來捧場，也沒有哪位歌劇經理人會承認他的劇院依然容許這樣惡劣的手段存在。一個雇用他人喝彩的歌手對於我們來說，就如同一個使用卑劣手段獲取政治名譽的

企業家一樣令人噁心。但是，這樣的做法卻有著長久的歷史，而且也並沒有人覺得這樣做很不光彩。在貝隆掌管歌劇院期間，這種潛規則已經存在已久並且光明正大的被利用，捧場頭目勒瓦塞爾（Auguste Levasseur）被以一大筆錢雇用，他可以憑藉各種方式讓這筆收入持續增加。每場演出之前，勒瓦塞爾都會獲得一部分門票，而他便會分發給他的捧場部隊；有些人免費獲得，而另一些人則需支付給他打折的票價。勒瓦塞爾會與經理人商議演出中需要掌聲的準確時間，他也理所當然地會向一些大牌藝術家索取一定的報酬，那些沒有付錢給他的傻歌手就會遇到一些麻煩。捧場可以成就一位歌手，也能毀掉一位歌手。這算是賄賂嗎？或許是吧。不過，每一位歌劇經理人和明星歌手都對那熱情而喧鬧的掌聲甚為感激，況且勒瓦塞爾也稱得上是一名資深鑒賞家。付錢捧場和付錢做宣傳究竟有什麼區別呢？響亮、熱烈的掌聲就如生動的新聞報導，對這門生意大有裨益，令每個人開心愉快不說，還能將演出口耳相傳，吸引更多的觀眾。想想我們既然對捧場文化不齒，那現在為何還要積極的做廣告宣傳。

白遼士作品的樂隊編製特別龐大，因此常常成為漫畫的題材。這是在 1846 年維也納劇院報上刊登的一幅諷刺漫畫。

當路易·菲力浦政權失去了最初的光環後，大歌劇的浪漫逃避主義對於許多人來說也越發顯得具有吸引力。這種情形或多或少也引起政府的注意。1836年6月，為紀念六年前在大革命中犧牲的戰士，政府在榮譽軍人院上演了有史以來最為宏大、最有氣勢的音樂作品之一：白遼士的巨作《紀念亡靈大彌撒曲》（Mess des morts），以四組遠遠分開的銅管樂隊來演繹「號角響起（Tuba Mirum）」。四年之後，政府在喧囂的歡呼聲中將從聖赫勒拿島帶回來的拿破崙遺體在榮譽軍人院重新安葬，這裡更是成為傾瀉浪漫主義情緒的場所。執政者希望借此安撫民心，但該事件卻使得巴黎人更加懷念以往所失

去的榮耀。1848年2月，巴黎打了一個噴嚏，法國各省、歐洲大部分地方立刻感冒，這種週期性復發而極具傳染性的法國流行病，便叫做革命。曾被19世紀40年代的歌劇觀眾如此愛戴的人們，怒氣沖沖地跳下舞臺，沖進巷弄，四處挑戰法律和秩序。如果你碰巧奪取了危在旦夕的王位，那麼看起來還真像有那麼一回事。要不然，你也可能會將革命（就像歌劇一樣）視為是勇敢而被踩躪的靈魂，正在不顧重重困難而去爭取自由。當時奧芬巴哈正處在早期事業階段，已經是一位大師級的大提琴手，一位嶄露頭角的作曲家，他帶著小家庭逃回童年的故鄉科隆，卻還是被捲入了那裡的革命浪潮。

　　法國1848年的革命剛開始幾乎是一場鬧劇，自負的老路易·菲力浦，這位曾經的資產階級大救星，在窗外人群的 喊聲中被迫下臺。「陛下，部隊已經和赤軍站在一起了，您必須立即退位」，他那惶恐不安的兒子蒙彼利埃公爵（Dukede Montpensier）建議他。這位國王當時正在與家人用餐，被蒙彼利埃拽著衣袖催促，艱難地起草了一份退位聲明。路易·菲力浦草擬完聲明並遞交之後，傷心地喃喃說著：「退位還是需要一點時間啊。」最後，他一手拿著包，一手牽著夫人，一邊還說著「我退位，我退位」然後黯然離去。法國再一次成為共和國，但是並未能持續長久。

　　路易·拿破崙親王（Prince Louis Napoleon），偉大的波拿巴的侄子，一生中除了名字之外沒有任何值得稱讚之處。但從年輕時起，在長期的流亡生活中，便展現出擅長利用這個重要資源的才能。他在1831年首次到了英國，並在那裡度過了大部分的青春歲月。很快的他便發現，即使在這裡，他的名字也能輕鬆地為提升社會地位和實現政治陰謀打開一扇大門。路易親王的野心昭然若揭，儘管法國政府已經將偉大的拿破崙的遺體帶回本土並隆重安葬，但他們依然認為，將他這位惱人的侄兒軟禁在巴黎以外的幽暗城堡裡，不失為一個明智之舉。1846年，路易逃了出來，並因此椿傳奇冒險的經歷而聲名大噪。他再次抵達英國，在那裡他目睹法國君主政體於1848年2月被推翻，取而代之的是無能的共和政府。1848年末，他回國並被任命為法蘭西總統。四年後的一場血腥政變，在許多渴望榮耀回歸的法國人的狂喜當中，他如他的叔叔一樣，登上了皇帝的寶座。

　　皇帝拿破崙三世從未忘卻他與英格蘭的紐帶關係，並勤於討好他們，他還試圖模仿海峽對岸時髦的君主政治。1851年萬國博覽會在倫敦舉辦過後，巴黎也在1855年舉辦世界博覽會，而為法國人民帶來這場喜慶盛典的，便是巴黎喜歌劇院（這還是在克里米亞戰爭如火如荼進行之時），這座毗鄰世博會的小劇院，是觀眾們夜間欣賞奧芬巴哈最新精緻作品的地方。以皇帝的觀點來看，本次博覽會的最大亮點是邀請維多利亞女王和亞伯特親王親自出席，這也是他對倫敦的國事訪問四個月之後，另一次絕佳的外交互惠。

　　拿破崙三世和他的西班牙妻子歐仁妮皇后在倫敦之行期間，在溫莎堡和白金漢宮曾受到女王的盛情款待，女王和親王殿下更陪同他們在皇家義大利歌劇院，也就是常說的柯芬園觀賞了《費德里奧》和一場芭蕾舞劇的御前演出。他們大約在晚上九點半從白金漢宮動身出發。維多利亞女王在日記中寫道，就在離開之前，「皇帝將咖啡打翻在他的三角帽上，逗得大家樂不可支」。這無疑是一個愉快的夜晚。在前往歌劇院的路上，人們為這兩對皇室夫妻歡呼著，揮舞他們繡著「N. E.」和「V. A.」字母的小旗幟，而拿破崙指著旗子上的字母，為女王拼出了流經聖彼德堡的河流的名字（即涅瓦河）。王室們在晚間10點抵達，正值歌劇兩幕之間。他們進入禮堂時掌聲不斷，而後兩國國歌依次奏響。在剩下的演出時間裡，女王和皇帝進行了親切友好的交談，維多利亞女王顯然和他回憶起他們第一次會面的情形，那是1848年在富勒姆的一個別墅內，為維護倫敦東區澡堂和洗衣房利益的早餐會上。當《費德里奧》演出結束後，歌劇團全體演職人員、禁衛軍樂隊和一百名花錢得到特權的嘉賓們一起登上舞台，兩國國歌再次響起，臺上全體人員大合唱。之後皇室成員們揮手告別，返回皇宮。

　　六年之後，拿破崙三世啟動了一項能夠將巴黎的大歌劇院推向高峰的計畫。為了重現真正的波拿巴時代的輝煌，這位皇帝為文化和藝術提供了極為龐大的資助。他持續促使整個區域的更新，以便為查理斯·加尼葉宏偉的新歌劇院留出空地，另外更有奧斯曼通過創建一條林蔭大道來更新市中心的偉大構想。皇帝憑藉這些大師們的構想，為自己能夠繼承叔叔的國際化視野而倍感驕傲，他努力朝著使法蘭西能再次成為世界霸主的理想前

進，處心積慮維繫與倫敦王室之間的緊密關係，費盡心機干涉義大利和德意志的統一之路。

　　一系列不明智的冒險舉動導致了與俾斯麥統治下的普魯士戰爭，1870年至1871年間，法蘭西恥辱的戰敗之後，形勢急轉直下，巴黎被包圍了。當時加尼葉未完工的巨型歌劇院被用來當作軍隊補給品的倉庫。拿破崙三世沒能看到這座建築的完工，也沒能看到加尼葉規劃中宏偉的皇宮，第二帝國被推翻。這對皇室夫婦已逃往他們多年的政治流亡之地——英國。與此同時，他們從前的臣民們，正屈辱地目睹勝利者在法蘭西最神聖的凡爾賽宮慶祝他們的勝利，同時一個統一的新德意志帝國宣告建立。經歷了戰爭、圍城和短暫而血腥的巴黎公社起義之後，巴黎人很難再有心情，更沒有時間和金錢去品味大歌劇。諷刺的是，拿破崙三世的歌劇院，最終由取代他的共和政權完成。由於坐落在佩勒提街的老戲院在1873年的一場大火中損毀，從而加速了加尼葉劇院的建設，劇院於1875年開張。德布西後來將加尼葉歌劇院描述成：火車站和土耳其浴室的混合物。

倫敦大火 👓

　　1856年3月5日星期三的凌晨，倫敦柯芬園劇院裡迴盪著歡聲笑語，數百名男女身穿華服，帶著因酒精和調情而亢奮的情緒，伴著宏大樂隊的演奏在大禮堂中翩翩起舞。這場持續一整夜的化妝舞會，是為時兩天的「狂歡節義演」中的高潮節目。據《倫敦日報》的報導，這場舞會已經演變為某種程度上的酗酒狂歡。女人們：

　　穿著打扮令人作嘔，多數人的言談舉止背離了身份和地位，在這放肆的狂歡中，她們毫無掩飾地炫耀著自己的身體。

　　據我們的記者所見，那裡已然沒有真正的謙謙君子了，他們之中：

　　有小偷，有賭徒，有放蕩的浪子，還有一些明顯有嫌疑偷了他們雇主的錢來放縱的人……他們抽煙、狂飲、說著這座都市裡最不堪的髒話。

　　以清教徒式的眼光來看，當時柯芬園的情景必定有幾分類似聖經和古蘭經中記載位於死海東南的城市：索多瑪（Sodom）與蛾摩拉城（Gomorrah）了，注定要滅亡。這座劇院當晚被靠近天花板的一排煤氣吊燈照耀得明亮無比，而天花板上方便是木工材料和儲藏區。儲藏間地面上的一堆垃圾似乎在傍晚時分就開始隱約有了燃燒的跡象。凌晨5點，正當剩下的兩百多人唱著國歌準備散場的時候火災開始爆發。人們急忙湧向出口，《泰晤士報》第二天報導說，有數名女士被絆倒，還有一些因為暈厥而被抬出場外，但無人嚴重受傷。《泰晤士報》持續報導說，駭人的狀況出現了，「放縱的狂歡轉變成可怕的恐懼」，隨著煙霧彌漫，「火焰從各處冒了出來，並開始從舞臺下方蔓延至劇院主體。」到了凌晨5點半，在所有人都成功撤離時，屋頂坍塌了。稍晚，消息已經傳遍整個倫敦，四面八方的慰問蜂擁而至。「無數人被大火的景象吸引而至」，《泰晤士報》寫道，顯赫的來訪者包括女王和亞伯特親王，文章中斷定，「一些觀點開始形成，這些觀點包括這次悲劇事件所引發的不分階級民眾深層而普遍的興趣。」

　　柯芬園的損毀是一場災難，但它絕非個案。據估計，在19世紀約有1,100家大型禮堂遭到火災損毀。事實上全世界歌劇中心的主要歌劇院都曾經毀於大火，或曾經遭到火災重創，不僅是倫敦，還包括巴塞隆納、柏林、德勒斯登、莫斯科、慕尼黑、那不勒斯、紐約、巴黎、布拉格、聖彼得堡和威尼斯。在19世紀，一座劇院或公共會堂的平均壽命大約為18年。

　　1856年的這場大火也並非柯芬園的第一次火災。劇院的前身是約翰・里奇（John Rich，1692-1761）在1732年所創建，於1808年被燒毀。一年之後劇院的重建昂貴得令人難以置信，邀請女高音安琪莉卡・卡塔拉尼（Angelica Catalani，1780-1849）等著名國外演員的費用也同樣不菲。因此管理層不得不將先前備受歡迎的畫廊改建成盈利能力強大的私人包廂，並且提高了整座劇院的票價。1809年9月18日，當新劇院開幕時，迎接他們的則是一場有預謀的要求恢復「原票價」的抗議活動：

　　舞臺上的所有聲音都淹沒在持續的噓聲、抱怨聲、吶喊聲、咆哮聲、尖叫聲、狂喝聲和怒斥聲中；很多人同時叫嚷著原票價！拒絕漲價！拒絕卡塔拉尼！拒絕私人包廂！拒絕七先令票價！等等含義相似的口號。

　　對於後來所稱的「O. P.（原票價）」有一份生動的描述被流傳了下來，它成為每個晚上的一種儀式，觀眾們聲嘶力竭地大喊著「O. P.」兩個字母，每個參與者「隨著這兩個音節，用腳、用手杖或者用棍子在地板上或椅子上敲打著節拍」。其結果便是「所能想像的最為荒誕戲謔的捉弄和折磨。」這種狀況持續了兩個月之後，管理層終於妥協。12月16日，正廳後排的票價從四先令降到了三先令六便士，一些私人包廂也開始向大眾開放。在這個事件結束後，一位歷史學家評論說，「應當為慶祝勝利而鑄造一枚O. P. 勳章。」不出所料，「由於火災、O. P. 抗議造成的損失，以及對付此類情況所造成的大筆開銷，劇院經營變得負債累累。」

　　歌劇院的經營總是如此。歌劇與其他生意的最大區別在於，其生產成本常常高於收人。沒有哪家一再承受大筆債務的農場、工廠或金融單位能夠長久生存。當紳士假髮、女士胸衣或黑膠唱片過時之後，生產商就不再生產這些產品了。但是，一部歌劇的製作成本往往超出票房收人。要解決這個問題的辦法之一，便是推出一種不只是能看歌劇的「聯票」。實際上，1809年重建的柯芬園劇院，就如它的前身那樣，並非只是為了歌劇而建。如果要看歌劇，觀眾們一般都會去位於乾草市場的國王劇院（在1837年維多利亞女王登基時，便更名為女王陛下劇院），偶爾也去德魯里巷的劇院，19世紀20、30年代，兩家劇院典型的夜間娛樂不光只有一部歌劇（無

柯芬園劇院內部。

論是全本或者選段），還包括一段芭蕾舞、幾首著名歌唱家的獨唱，或許還會包括一幕流行的話劇。德魯里巷的劇院經理也會想出其他點子來努力維持生計，如果運氣好的話說不定還能賺點錢。19世紀30年代中期，德魯里巷劇院經理邦恩（Alfred Bunn，1796-1860）同時也是柯芬園劇院數個演出季的承租人。他精明能幹，無時無刻不在努力想辦法獲取利潤並削減開支。有時候邦恩會要求他的藝術家們在同一個晚上分別在他的兩家劇院演出，因此，觀眾們不得不等著演員們在一座劇院演完自己的角色之後，再飛奔到另一座劇院。大約在晚上9點半的時候，路人可能會看到邦恩的全體芭蕾伴舞演員，或「穿著戲服、化了彩妝並且帶著道具的」演員們急急忙忙地擦肩而過。在耶誕節期間，「當這種輪換狀態達到高峰時，女舞蹈演員在兩家歌劇院之間的往返次數甚至高達一夜六次，換裝次數至少達到八次之多。」

直到1847年，這座位於倫敦柯芬園果蔬市場的劇院，才開始以歌劇演出為主，而這也是它擊敗另外一座競爭劇院的結果。1846年女王陛下劇院的所有者兼經理拉姆利（Benjamin Lumley，1811-1875）花了一萬英鎊，將位於乾草市場的劇院整修一新，然而卻失去了他的音樂總監、義大利人麥可·科斯塔（Michael Costa，1808-1884）。科斯塔從女王陛下劇院離開的消息被大肆報導，他與拉姆利的通信也被刊登了出來。劇院水準下降，士氣低落，大部分領銜歌手也紛紛離去。拉姆利只得將女王陛下劇院的未來押在「瑞典夜鶯」珍妮·林德（Jenny Lind，1820-1887）身上。林德延後了她

的抵達時間，讓許多人覺得她反覆無常（而拉姆利更是無法忍受），直到最後她都還在為合約討價還價。

女王陛下劇院的困境為其他地方帶來了相對的好運。1846年，兩名義大利人獲得了柯芬園的租賃權，打算將它改造成一座歌劇院，即「皇家義大利歌劇院」。劇院的內部構造被大刀闊斧地修改，原本三層的包廂增加到六層，頂層增加走廊，整座劇院有能力容納2,250位觀眾。工作快速進行，一組又一組的人馬（總數超過1,000人）接力般地加班趕工，以便能在1847年4月6日重新開業之前完工。兩個義大利人後來破產逃到了歐洲大陸，他們的繼任者德拉菲爾德（Edward Thomas Delafield）同樣遭此厄運，僅僅兩個演出季就損失了六萬多英鎊，這在當時是一筆鉅款。或許德拉菲爾德留給後世最大的貢獻，便是將賈伊（Frederick Gye，1810-1878）任命為我們今天所謂的藝術總監。在德拉菲爾德離職的一年後，賈伊取得了柯芬園的租賃權，也就是說，按合約每年必須支付租金給業主——即劇院所占土地的所有者貝德福德（Bedford）公爵認可的最終租賃所有者。賈伊一直管理著倫敦皇家義大利歌劇院——柯芬園劇院以及其常駐劇團——持續了三十多年。

維多利亞時代中期的倫敦與巴黎，為了世界歌劇之都的桂冠頭銜相互爭奪著。英國從來不是德國人漫畫中的「沒有音樂的土地」（Land ohne Musik），而早期在倫敦的乾草市場、德魯里巷劇院，以及後來在皇家義大利歌劇院裡，都有值得誇耀的頂級演員和演出。當時最具名望的藝人們，包括馬里奧（Mario）和格里西（Grisi）等著名的義大利歌手，都常在巴黎和倫敦之間來回穿梭。韋伯的《奧伯龍》（Oberon）也創作於倫敦（他也去世於此），孟德爾頌曾經為維多利亞女王擔任鋼琴伴奏，並且與亞伯特親王一同演奏二重奏。威爾第很不喜歡英國的氣候，1847年他第一次來到英國之後咽喉就發炎了，他覺得食物的辣味與胡椒味太重。如果食物口味在倫敦真的參差不齊，並且像韋伯抱怨的那樣，餐館還貴得離譜，那麼這座城市的美學品位是否真的如此不堪，也頗值得商榷。倫敦最吸引威爾第的主要原因（與韋伯和華格納一樣）便是它能給人帶來財富和榮譽；威爾

第曾向朋友坦言，他在倫敦創作一部歌劇的收
入，是在那不勒斯或米蘭的四倍。在19世紀中
葉的倫敦，歌劇演出季的盛大開幕消息，可以
和1858年倫敦因高溫乾旱，導致污水在泰晤士
河積聚，氣味難聞到連國會大廈中的議員也無
法工作的「大惡臭」（Great Stink）時期，或議
會重組等重要新聞，爭相佔據新聞的頭版。或
許倫敦沒有創作或首演很多最新的歌劇佳作；
但它給這些作品絕佳的展示機會——尤其是賈
伊時期位於柯芬園的皇家義大利歌劇院。

賈伊肖像。

　　賈伊的父親是一位極有創新概念的企業家，早年靠酒茶生意致富。
1821年，老賈伊買下了一度是倫敦最流行的休閒娛樂場所沃克斯豪爾花園
（Vauxhall Gardens），但他的管理沒能挽救沃克斯豪爾的衰落。他的兒子
接管了沃克斯豪爾的經營權，父子關係日漸惡化。

　　如果說年輕的賈伊繼承了父親的某些商業頭腦，那便是指對戲劇經營
中蘊含的挑戰與潛在威脅的敏銳洞察力。19世紀40年代中期，他在柯芬園
舉辦了一系列「舞會」音樂會，由法國作曲家兼指揮路易・朱利安（Louis
Jullien，1812-1860）執導。導致德魯里巷劇院失敗的1847-1848年英語歌劇
演出季，也是由朱利安所執導。從那時候起，賈伊的大部分精力便投入柯
芬園的「皇家義大利歌劇院」的經營中。

　　賈伊的首要目標，便是確保他的劇院超過女王陛下劇院，成為觀眾
和藝術家心目中的倫敦第一歌劇院。拉姆利的不少歌手，以及科斯塔都跳
槽到柯芬園，可見賈伊提供的福利有多豐厚。然而拉姆利的回擊也相當凶
猛。當歌劇經理們像賈伊和拉姆利那樣用各自的劇院展開爭奪時，往往會
帶來兩種結果。第一種是，眾多的選擇使觀眾們無所適從。在18世紀30年
代，愛好歌劇的倫敦人可以去一個劇院欣賞韓德爾最新的歌劇，去另一個
劇院看法里內利的表演；到了19世紀80年代，紐約人可以在音樂學會劇院
和新的大都會歌劇院的演出之間作選擇；而20年後，大都會歌劇院又遇到

來自漢默斯坦（Oscar Hammerstein，1847-1919）的曼哈頓歌劇院的競爭。而第二種結果，就像塗抹得太薄的果醬，歌劇人才、觀眾和金錢不足以支撐兩家競爭中的公司，要麼一家，要麼雙方都會陷入困境，而1847年之後的倫敦正是這種狀況。拉姆利和賈伊一度使盡渾身解數來取得對方劇院的控制權，在招攬藝術人才方面也爭得不可開交，譬如女高音喬安娜・華格納（Johanna Wagner，1826-1894，作曲家華格納的外甥女），便是賈伊從拉姆利的眼皮底下搶過來的，結果在最後一分鐘被簽約人拉姆利弄來的一份緊急宮廷禁令阻止她登臺。後來拉姆利的財政更加困難，1853年，他被迫宣佈取消即將到來的歌劇季並關閉了劇院。包括賈伊在內的一些人，在接下來的幾年裡都出價想要買下女王陛下劇院，結果卻都枉費心機。而此時，柯芬園劇院儼然是倫敦的義大利歌劇之家：以倫敦最著名的音樂評論家亨利・喬利（Henry Chorley，1808-1872）的話來說，「老劇院」被「新劇院公平地趕出場外。」

　　賈伊春在風得意之時，留下了詳細的日記。這些被保留下來的資料，揭示了維多利亞中期歌劇界的諸多細節。日記頻繁提及當時的政治現象，帶著我們進出銀行和法庭，闡述了賈伊與政府和維多利亞女王宮廷之間保持聯繫的重要性。我們可以讀到賈伊與大人物及權貴人物的會面紀錄，我們陪伴他穿行於歐洲大陸，瞭解沿途旅行的條件、食物、旅館房間的情況，和他對家中事務瞭若指掌的精明手段。這本日記裡處處提及當時歌劇界的名流和他們的動向，包括一些最著名的歌劇明星，例如馬里奧、格里西與帕蒂。尤其明確指出絕對集中財力，對成功推動歌劇的重大作用。從中我們還能夠看到在1859年柯芬園失火前後的關鍵時期裡，所發生的種種事件。

　　火災的故事可以從前一個秋天，也就是1855年9月27日一段不起眼的日記講起。賈伊寫道，「我收到安德森的來信，其中談到了皇家義大利歌劇院的默劇演出季。一位人稱北方巫師名叫安德森（John Henry Anderson，1814-1874）的藝人，打算在耶誕節期間租用皇家義大利歌劇院。」賈伊答應會見安德森，討價還價持續了好幾天，最後安德森「同意

在耶誕節後租用皇家義大利歌劇院，並且付給我2,000英鎊租用十周」。賈伊寫道，雖然已經是10月21日了，安德森依然還「含含糊糊地不肯給我所要求預付的1,000英鎊。」

巫師和默劇的話題在今天看來或許會有些怪異。但在維多利亞中期的倫敦，並沒有全年上演的歌劇，也沒有全年演出的歌劇院。賈伊的柯芬園歌劇演出季一般不會超過四個月，從4月中旬持續到8月中旬，在這期間劇院會用部分相同的演員陣容將至少15部作品，分別上演三到四場來填滿歌劇演出季。藝術家們，包括著名的外國獨唱歌手們，都會在此演出季簽約，並被要求演出五部不同的歌劇，總演出數量高達15場。一年中剩下的時間，賈伊會時常出國旅行，通常是與他的兒子歐尼斯特（Ernest，也就是他後來的接班人）同行，尋找適合他下一個演出季的優秀人才，同時安排讓自己的劇院賺錢的其他方法。因此，1855年到1856年耶誕節期間的倫敦皇家義大利歌劇院，便出現了大名鼎鼎的「北方巫師」。1856年1月1日，賈伊寫道：「去皇家義大利歌劇院第一次看安德森的魔術和默劇表演，整體而言十分無聊，默劇表演也很糟糕。」不過巫師卻為他的業主像變魔法般地變出不少利潤來。

2月9日，賈伊啟程前往歐洲大陸，開始新一輪物色人才的旅程。「晚上8點半離開倫敦橋車站，」在他的日記裡我們看到，賈伊第二天住進了在巴黎的酒店，「我們大約在上午10點住進布里斯托酒店（Bristol），很好的房間，可以眺望凡登廣場。」然後日記便直接提到了工作。

我拜訪了馬里奧……他說拉姆利正試圖拉攏此地義大利歌劇院的現任經理——西班牙人卡爾薩多（Calzado），要他去女王陛下劇院助陣，參加下一個演出季。他出價20,000英鎊……但這筆錢究竟是何用途，是用於修繕、薪水、租金呢？還是其他的什麼用途？我猜不透，馬里奧同樣也搞不清楚。

賈伊永遠是生意第一、藝術第二。那個夜晚，賈伊去劇院觀看馬里奧演出的威爾第最新熱門作品《吟遊詩人》。據他記述：劇中的女高音有著令人愉悅的甜美嗓音，但不是非常洪亮有力。她的樣貌還過得去，但是絕對不值得付給她要求的四個月共45,000法郎的價碼。」

　　幾天之後，賈伊收到了男中音喬治·尤科尼（Giorgio Ronconi，1810-1890）從馬德里寄來的信件，「在信中他似乎忘記自己已經簽了下一個演出季，並且要價三個月（而非四個月）1,200英鎊，還說他在5月1日之前都來不了，而4月份是我最需要他的時候，還真是個無賴！」於是，賈伊於2月17日離開巴黎前往馬德里：在今天只需要一趟飛機便可到達，但是在1856年，這趟旅程要穿過波爾多（Bordeaux）、巴約納（Bayonne），到達聖塞巴斯蒂安（San Sebastian），再經過維多利亞（Vittoria）和布林戈斯（Burgos）。2月20日，他惱怒地寫道：「我們本應該今天早晨到達馬德里，但是現在路途卻才剛剛過半。」2月21日，「經過最為漫長乏味的旅途之後，我們於今晚6點抵達馬德里，足足在路上消耗了85個小時！」他下榻的地方被斥為「最惡劣骯髒的洞窟」。這家旅店的「房間慘不忍睹，餐館、食物和床榻更是極其糟糕，實際上一切東西都污穢不堪！」

　　當晚，尤科尼要演唱羅西尼的《灰姑娘》，因此在「洗漱並簡單地進餐後」，賈伊徑直前往馬德里的皇家劇院（Theatro Real），並注意到西班牙女王也出席了演出。演出結束之後，賈伊找到尤科尼，兩人約定第二天詳談，歌手第二天和這位陷入困境的經理人進行了一番討價還價。「他企圖讓我一個月付他400英鎊而不是300英鎊」，賈伊傷心地寫道。最後賈伊成功地用了一些手段獲得尤科尼的合作。「我懇求他允許我告訴他的兄弟藝術家們，他遵守了自己簽訂的合約，而且我向他保證如果演出季狀況不錯的話，便會在他的現有酬勞上增加200英鎊。」儘管沒有達到歌手的最終期望，但是足以讓他點頭同意。

　　次日，賈伊收到安德森發來的電報，說他想在柯芬園舉辦一場化妝舞會。賈伊非常瞭解化妝舞會的情況。他12月份才剛剛在柯芬園舉辦過一場化妝舞會，由朱利安指揮110人的大型管弦樂隊進行伴奏。那次活動，據1855年11月18日的《泰晤士報》報導，劇院的「裝飾和擺設……既品位高雅又豪華壯觀」，而且「就人們的刻意裝扮而言，較之以往我們所記得的類似的娛樂活動，多了幾分活潑與生氣少了幾分粗俗」。到了大約凌晨一點半，「人群越來越擁擠；舞者活躍異常，旁觀者也甚為快活而喧鬧，但守衛

者則穩重得體，值得讚揚。」這次活動沒有逾越可接受的底線，全虧了賈伊，「他在這方面的經驗是眾所周知的」。然而，在他出國期間在柯芬園舉辦化妝舞會，由北方巫師來策畫，這可不是賈伊情願做的事情。他說，「我發了電報，拒絕了這件事。」安德森沒有預料到會被拒絕，重新聲明了這個計畫，並且更加懇切地再次請求著。就這樣，在賈伊一連串的拒絕和安德森不懈的請求之後，賈伊極為勉強地同意了。化妝舞會在幾周後舉辦，結果帶來了一場悲劇。

賈伊3月3日返回巴黎之後，繼續準備他即將來臨的歌劇季。兩天之後的3月5日，賈伊記錄說自己早晨7點半起床，睡眠很差。他似乎又打了個瞌睡，在八點一刻，他收到一份電報「註明的時間是倫敦5點，說柯芬園起火，劇院保不住了……我驚駭地呆住了。」接下來的記載有些混亂，他沒辦法拿到時刻表，無法弄清前往英國的班輪時間，「但我知道布洛涅（Boulogne）早上8點發船」。賈伊總算想盡辦法回到了倫敦，次日「驅車前往弓街（Bow St.），見到了廢墟，可憐的劇院已經化為可怕的殘骸，所有我苦心積累的巨額資產，連同我對下個精彩演出季的滿心期待，全部被粉碎得一乾二淨……。」

在接下來的幾周裡，賈伊不得不集中精力去面對劇院的各種問題——藝術的、社會的、政治的，尤其是經濟方面的。他有兩個最根本的問題需要解決，第一緊迫的是，要想辦法推出原本計畫五周內在柯芬園舉行的那個雄心勃勃的歌劇季，合約已經簽訂，劇碼也已經選妥，賈伊現在迫切需要找到一個合適的地點。他還需要考慮一下更長遠的問題：為他的歌劇季找到一個永久的棲身之地。

然而，更急迫的是令人難受的停損工作。火災後的第二天，賈伊花了大部分時間在他劇院的遺址，為損失的「傑出音樂收藏」憑弔，「曾經如此完整，不需要額外花費」，而如今卻損毀殆盡。同樣地，還有劇院的設備、服飾和道具，更不用說相當數量的藝術作品等無價之寶，包括四幅掛在賈伊房間裡的霍加斯（William Hogarth，1697-1764）的畫作。總之，賈伊估算他的損失高達「至少三萬英鎊」，而保險僅支付8,000英鎊。「安德森的那

些魔術玩意兒」，賈伊冷冰冰地寫道，「被打包運了出來」。安德森也成功挽救了他的道具和利益，而其他的只有少量物件被搶救出來，包括科斯塔的鋼琴。

　　作為承租人賈伊傾注了大量資產傾力經營的這幢建築完全被損毀。而保險給付也只是杯水車薪，據第二天的《泰晤士報》報導，其原因是：

> 在1808年被燒毀重建之後，沒有一家保險公司願意為其承保。為了平復大眾由於此事所產生的驚慌情緒，建築師煞費苦心地在劇院屋頂放置了一個水罐，設計容量為18噸……一旦有需要，水便能夠立即灑遍劇院裡的每一個角落。

　　有四位消防員長期負責檢查該系統。然而此系統在最需要它的那個晚上卻沒有發生作用，《泰晤士報》總結出的原因是，「與其說消防員們按其職責在劇院各處巡視，不如說他們當時只將注意力集中在那氣氛更加熱烈的舞臺上」。《泰晤士報》對火災的報導中，有一段文字提及，這並不是在安德森眼皮底下焚毀的第一座劇院，1844年他在家鄉經營的格拉斯哥劇院，最後同樣遭此厄運。安德森似乎被當成了一個半惡棍、半笑柄的傢伙。英國的政治漫畫類雜誌《笨拙》（Punch）曾刊載了一首毫不留情的打油詩，其中有這樣幾行：

> 那北方的巫師啊，
>
> 在為週二之夜的名望歌唱，
>
> 唱得連煤氣燈也豪氣萬丈，
>
> 一舉將劇院燃放。

　　相反的是，賈伊卻獲得了大量善意的同情。但人們普遍認為他的經濟已徹底垮掉。皇家義大利歌劇院在賈伊之前的好幾任經營者都以破產告終，還有無數原本雄心萬丈的歌劇經理人，最終也都破產。很難想像賈伊能夠逃脫這樣的命運。

　　在倫敦，唯一為賈伊的悲慘遭遇感到欣喜的人便屬拉姆利了。數年前拉姆利在女王陛下劇院遇到的困難，為柯芬園創造了新的契機，那麼如今

的狀況就驗證了風水輪流轉的道理。當賈伊在巴黎的時候，拉姆利也在那裡，但後來他寫道，在3月4日（火災的前一天）「似乎有一種不可遏制的衝動驅使我返回倫敦」。拉姆利在5日清晨抵達，聽到柯芬園剛被燒毀的消息時驚愕萬分。

他還遠不僅是驚愕。儘管自己的劇院依然關閉著，他卻因這個消息而欣喜若狂。事實上，他在回憶錄中有這麼一段描述，彷彿是狂喜的威爾第男中音正在高唱復仇詠歎調。拉姆利寫道，「當我的死對頭的基業覆滅的那一刻，如同魔術棒輕輕一揮完全改變了我的處境。」在從兩座劇院的生死對決中解脫出來之後，他說，女王陛下劇院或許能夠再一次「在事業上力挽狂瀾，向著新的坦途揚帆起航。」拉姆利滔滔不絕地寫道，經過這件事情之後，「所有的困難都已經變得微不足道。原先眼中的高山如今已經變成了小土丘了。」在他劇院的贊助人和支持者催促他「想盡一切辦法重新開張劇院」之際，他發現他得到了他所想望的「友誼之手」。拉姆利意氣風發地說，「我……看到管理的權杖唾手可得。」他提到賈伊曾經設法想得到女王陛下劇院，「但他發現我在該領域已經太過強大了」。3月19日就在柯芬園火災兩周之後，「我做出了一個重大的決定，劇院將為1856年的演出季重新開放！」

而這時，賈伊正像個瘋子一般在倫敦打轉，想為他的劇團尋找一個場所。最迫切的問題是，他的歌劇季舉辦時間距離現在只有短短一個月，開幕日期鐵定要延遲了。而賈伊還得考慮更長遠的問題，那就是是否該嘗試重建他的劇院。讀了他的日記就會發現，賈伊為了走出困境，似乎拜訪過所有的顯要人士、重要部門、音樂界、政界、金融界，該拜訪的沒有哪個們路是他還未嘗試過的，該握的任何一雙有權利的手他都一一握過。

3月7日，在火災過後兩天，國會大廈的建築師巴里爵士（Sir Charles Barry，1795-1860）前來致意慰問。賈伊問他，政府是否有可能找到一塊地供他興建新劇院。巴里表示極有可能，並告訴賈伊，他覺得這樣的提議可能會得到維多利亞女王和亞伯特親王的支持。巴里提出的一個可能的地點就是國家美術館旁邊的特拉法加廣場（Trafalgar Square）。賈伊邀請巴里幫忙設計這幢建築，但巴里卻禮貌地謝絕了，但他說很樂意提供建議諮詢。

日復一日，賈伊焦慮的駕著他的雙輪馬車四處奔波。一個又一個的想法不斷地冒出來，大多數都因為不切實際而被放棄。賈伊曾經前往乾草市場的女王陛下歌劇院，帶著把它長期租賃下來的想法，而且還帶去了經驗豐富的木匠大師斯洛曼（Henry Sloman）對劇院進行測量。而斯洛曼卻發現，即使做一些較大幅度的改建，該劇院所能容納的觀眾數量，也比賈伊所預想的還要少得多。

賈伊開始考慮在老劇院原址重新修建新劇院的可能性。他拜訪了業主貝德福德公爵的事務所，公爵的代理人告訴他，「公爵不會自己重建這座劇院，但也沒有理由會拒絕一份重建劇院需要的長期新租約。」終於有一點好消息了。而後白金漢宮的菲普斯上校（Colonel Phipps）對賈伊說，維多利亞女王或許會同意贊助新劇院的修建，「但如果那是一家合資公司的話，她可能不會讓劇院冠上她的名號。」

再回到他最緊迫的問題上來，賈伊意識到，今年的歌劇季的開幕時間可能要比計畫中的還要晚得多。他絕對沒有想過要完全取消這次演出季，不僅是那些已經與他簽約的藝術家們，就是近些年培養起來的那些忠實觀眾，賈伊也不願意冒著失去他們的危險。他想到一系列大型音樂會可能有助於為歌手們提供一些工作機會，並且能夠取悅觀眾，同時還可賺取急需

現在的呂克昂劇院的外觀。

的利潤。帶著這些想法，賈伊前去拜訪了水晶宮（Crystal Palace）的新主管費格森（Fergusson），提出舉辦一系列音樂會的計畫，包括了一個女王可能來參加的義演之夜。

與此同時，賈伊仍在瘋狂地尋找一座可以承接其歌劇季的劇院。驀然回首，救星就出現在離燒毀劇院的不遠處。呂克昂劇院（The Lyceum）座落在弓街的南端，賈伊去拜訪了它的經理，商討一些條款，一番討價還價之後，兩

個人達成了大致的共識。賈伊表示等他確定所有藝術家都到齊之後，他將在下週末提出確切的回覆。這麼一來，他得立即要求他們接受由於歌劇季被削減而導致的減薪，並要求他們同意通過參加水晶宮的音樂會來增加收入。賈伊向他的指揮邁克爾・科斯塔詳細說明了情況。我們從日記中瞭解到，科斯塔「並不喜歡水晶宮——他說他會考慮，然後告訴我。」

在同一天，即3月14日週五當天，賈伊收到了一封信，這封信帶來了好消息，水晶宮的董事們批准了他在那裡舉辦音樂會的構想，並且想在次日得到一份詳細的提案，這叫他有點力不從心了。儘管如此，但由於是正式召見，賈伊只好在週六「駕著雙輪馬車駛往水晶宮」，向他們解釋說「我必須去見那些正從聖彼得堡趕來的藝術家們，並且我無法保證科斯塔能幫忙，因此交提案那天必須是週三而非週六」。董事們接受了他的提議，但要求賈伊為他們提供大約12場音樂會的預算。

賈伊每向梯子攀登一步，似乎就有一條蛇在伺機吞噬他。最致命的就是他的宿敵拉姆利，此人正準備在女王陛下劇院宣佈自己的歌劇季開幕。拉姆利擁有自己的劇院，但目前還缺少足夠的藝術家，而賈伊是簽了歌手卻沒有劇院。於是，拉姆利派了一個使者去詢問賈伊是否願意將他的藝術家賣給他，如果願意，那麼價錢是多少。賈伊的日記裡充滿了憤慨：「我告訴他，不用問價錢，我必須拒絕⋯⋯因為我的藝術家根本不會讓他染指。」另外他提醒他的中間人，「1852年拉姆利曾給我類似的提議，答應一年付給我5,000英鎊，我也是以相同的理由拒絕了他。」在這種情形下，那人問賈伊願不願意重新考慮使用女王陛下劇院？不，不會考慮，賈伊回答道，他以這樣的回答終結了這段痛苦的對話：「我剛好和另一個劇院談妥了，實際上馬上就要簽約了。」

馬上就要簽約，但還沒有簽約。對於賈伊，任何事情都處於一種不確定的狀態中，但都需要做出決策，其中一些還很迫切。賈伊寫信給科斯塔，打算與其再次會面，而令賈伊相當氣餒的是，科斯塔稱「他已經考慮了在水晶宮指揮音樂會的問題，他不願意。」賈伊懇求這位指揮家，說如果科斯塔退出，「歌手們也會這麼做的。而因為呂克昂劇院很小，票房可

能無法抵消所有的支出，水晶宮的演出便是唯一的救命稻草。」科斯塔回覆他說，「水晶宮公司自己也向他發出了很多次邀請，都被他一一回絕了。」很明顯，這次會談需要賈伊動用一切說服力。最後，科斯塔「答應指揮兩場音樂會，聲稱是為了幫我——他說這麼做只是看在我個人的面子上。」這讓賈伊大大鬆了一口氣。

水晶宮是 1851 年為第一屆倫敦世界博覽會而興建。 1936 年經敵人轟炸，而在數小時之內全部付之一炬。邱吉爾在電視上演説時説道，「這象徵一個世代的結束。」

　　賈伊兩塊複雜的拼圖似乎終於都成形了。從貝德福德公爵的辦事處，賈伊打聽到公爵準備將柯芬園的原址簽給他一個50年的新租約，每年租金為1,200英鎊。或許在原址上興建一座新劇院比較可行。同時，他和呂克昂劇院簽署了一項修正協定，在他所有主要歌手保證到位的情況下，他將使用劇院一個月。歌手們很多都分散在歐洲各處，還全然不知賈伊所給的條件已經發生了變化，由原先的四個月縮短到三個半月，薪水也下降了25%，只能以參演水晶宮音樂會的機會來補足差價。賈伊立即啟程前往巴黎，去拉攏這些他最重要的藝術家們。

　　他寫道，「拜訪了格里西，又向她解釋我用呂克昂劇院的打算，以及我希望所有的藝術家減薪四分之一的作法。」然後告訴她水晶宮音樂會的計畫，這是在她和馬里奧的合約中沒有的內容。「我不得不讓他們同時接受兩件事情」，賈伊寫道，在格里西說了「她會盡己所能」之後，他懸著的心才放了下來。有了馬里奧和格里西的合作，剩下的工作就肯定順利了。總之，賈伊的巴黎之行還算成功，但也並非波瀾不驚。「拉姆利昨晚抵達巴黎」，賈伊3月24日寫道，「我聽說他也非常急切地想讓他的劇院開

張。」賈伊更急於將其演出季確定下來，整天焦慮地等待著來自呂克昂劇院的確認電報。

回到倫敦之後，賈伊的生活已經變成了混雜著各種會議和消息的萬花筒。4月3日，他前往水晶宮簽署協定但經理卻因病未到。而後他又奔赴呂克昂劇院，計畫中的歌劇季即將在兩周內在那裡開幕。賈伊發現這座劇院「處於長期擱置的髒亂狀態，所有的設備絲毫沒有使用過的跡象。」

同時，水晶宮的董事們又提出了五花八門的異議，需要在他們授權費格森簽署合約之前解決。賈伊同意會見他們。

他拜訪了貝德福德辦事處，討論柯芬園原址的新租約，並且很欣慰地得知，如果他接受了租約，他可以免去第一年1,200英鎊的地租。

4月5日星期六那天，賈伊再一次前去會見水晶宮的董事們。大家著重討論了票價，主管們提出不允許長期票持有者，賈伊認為它將是「一個非常嚴重的錯誤」。水晶宮的建築師帕克斯頓爵士（Sir Joseph Paxton，1803-1865）也到場了，他與賈伊在會後探討了計畫中音樂會的最佳照明方案。

4月7日，菲普斯上校告知賈伊，女王想在呂克昂劇院要一個包廂，要比她以前在那裡的包廂更寬敞。4月8日，賈伊記錄道，「菲普斯上校說女王決定將三個包廂打通為一個，代替她以前在呂克昂劇院的那個靠近舞臺的特別包廂。」

接下來一封來自巴黎的信函令賈伊陷入了極度的焦慮，甚至有幾分偏執起來。這封信來自男高音坦貝里克（Enrico Tamberlik），賈伊如下記錄道：

他說他可能不會接受我的新提案！！！我太震驚了：因為他的哥哥已經寫信或拍電報說他肯定會和其他藝人一樣同意這麼做。我懷疑科斯塔是不是聽到了一些關於此事的傳聞，因為他今天來了，並且聲稱他確信我不會在週二開幕，他認為當我這樣說的時候是在欺騙他——我向他保證我就是這樣打算的——但是他似乎還是不滿意。另外，今天他本應召集合唱團的，但他沒有這麼做。我已經將他們的合約發給了他，叫他修改、印製並簽字，但他也還沒有去做。

　　這一次，賈伊顯得有些恐慌了。然而，他不是那種會放棄既定目標的人。有拉姆利的咄咄逼人之勢，他已經輸不起時間了。兩人間的角逐劍拔弩張，賈伊再次決意不能讓對手有絲毫得逞。1856年4月9日，距離柯芬園火災過去僅僅一個月，兩份聲明便緊挨著出現在《泰晤士報》的廣告欄中。第一份是這樣的：

　　女王陛下劇院——在此榮幸地宣佈女王陛下劇院將在五月上旬重新開業。精彩的節目將包括歌劇與芭蕾，絕妙的編排會令你不虛此行。節目介紹即將公佈。

　　就在這條消息的下方，是另一條更為具體的聲明：

　　皇家義大利歌劇院——賈伊先生無比榮幸地宣佈，他將在皇家蘭心大劇院（Royal Lyceum Theatre）奉上本演出季的歌劇演出。

　　賈伊的廣告繼續列出了他的歌手名單：首先是女士，以格里西打頭陣，而後是男士，以馬里奧領銜，且包括了坦貝里克先生「只有數晚的演出，隨後他將啟程前往里約熱內盧。」科斯塔被宣佈為音樂總監，賈伊還列出了將會進行「幕間演出」的女演員名單，外加一份17部包括威爾第的新作《茶花女》的歌劇節目單。「可提前兩周預定」，賈伊的廣告最後寫道，「4月15日下週二開幕，威爾第的新作大歌劇《茶花女》屆時將搬上舞臺。」

　　結果，名下沒有一座劇院的賈伊，在蘭心劇院宣佈演出季的開幕，他的藝術家們在他最需要的時候團結在他身邊。《泰晤士報》評論道，開幕之夜「是如此的成功，以至於在現在的臨時庇護所就完全可以預見皇家義大利歌劇院光明的未來；而劇團經理賈伊先生，我們祝賀他已經從幾乎毀滅他的狂風暴雨中勝利突圍。」

　　三周之後，女王陛下劇院時隔四年再次開幕，演出季同樣十分成功。倫敦的「歌劇戰爭」看似大張旗鼓重新開始，但很快便平息下來。1858年，一座新的「皇家義大利歌劇院」在老柯芬園劇院原址拔地而起，設計師是巴里爵士的兒子愛德華·巴里。在5月15日開幕時，賈伊由於神經緊

張、精疲力竭而臥床不起，但劇院以梅耶貝爾《新教徒》（Les Huguenots）的演出而宣告勝利開幕。演出開始得較晚，一直持續到凌晨12點半都還有一幕沒演完，舞臺經理向疲倦的觀眾宣佈當日演出到此結束，勸大家回家。賈伊不久之後康復，並且繼續執掌柯芬園長達20年，在一系列人才、法律和金融危機中多次化險為夷，直到在槍擊事故中死於非命。

　　至於拉姆利，他退出了女王陛下劇院的事務。在1858年賈伊的新柯芬園劇院開幕數月之後，拉姆利徹底從歌劇生意中隱退。九年後，女王陛下劇院，這座拉姆利的老劇院，被一場大火燒毀。

由考特・葛雷琛（Count Gleichen）創作的賈伊雕像，就安置在柯芬園皇家歌劇院裡。

CHAPTER 3

歌 劇 的 復 活（1860-1900）

中歐和東歐的文化與政治 👓

「心愛的捷克民族不會滅亡！」——在斯美塔那（Bed ich Smetana，1824-1884）的歌劇高潮階段，劇中的公主里布舍（Libuše）激動地表達了對未來的憧憬。這是一部頌揚捷克人民老祖先的歌劇。每當斯美塔那的女主角向觀眾們說出這句話的時候，布拉格民族劇院的觀眾席上就會群情激憤。這座劇院於1881年6月11日開張，歌劇《里布舍》在落成典禮上首演。然而在8月份的時候，卻因錫匠在屋頂作業時疏忽大意，導致一場大火將劇院整個燒毀。全國民眾都非常難過悲傷，但捷克各地也迅速掀起了重建劇院的募捐行動。1883年11月18日，民族劇院重新開張，配備了最新的電燈照明，內部裝飾著表現捷克英雄歷史風格的精緻藝術品，首演劇碼仍然是《里布舍》。

文化民族主義對於捷克人或者布拉格來說，已經不是新鮮事物。布拉格和許多其他城市一起見證了1848年革命的失敗，此後它恢復到莫札特時代的狀況：哈布斯堡統治下的波西米亞邊陲，由維也納指派的政府控制，政府官員說的是德語。當年輕的貝德里希・斯美塔那（Bedrich Smetana）於1843年首次來到布拉格時，他說、寫都用德語，像許多受過良好教育的波西米亞人一樣，他使用德語名稱，把城裡最大的河稱為「莫爾道」（Moldau）。任何初露端倪的捷克民族主義火苗都會被監控、審查、禁止。然而，就像義大利和匈牙利那樣，捷克的民族主義越來越多地在文化形式中展現鋒芒。1850年一場經過政府同意的募捐行動，為了資助布拉格修建一座捷克語的劇院。過了不久，一座臨時的捷克劇院在河邊拔地而起，就是因為這條河，斯美塔那努力而真誠地提高自己粗淺的捷克語水準，很快改稱它為「伏爾塔瓦」。19世紀中期的布拉格正處於現代化和擴

張之中。這個過程隨著成千上萬捷克人湧入城市，奧地利的霸權明顯的被削弱，這座城市逐漸成為一座完完全全的「捷克」城市。1866年，哈布斯堡軍隊被俾斯麥的優勢兵力擊敗，布拉格屈辱地落入普魯士軍隊的佔領之下。一年之後，匈牙利被賦予一定程度的政治自治權，此事更加激起捷克人民的渴望。1868年5月，捷克民族劇院奠基，取代了原先的臨時劇院，當時布拉格有超過六萬人蜂擁而至，見證了這個儀式和慶典：這場半政治性的示威集會其規模出乎大家的意料之外。各地說著捷克語的群體和其他地區的捷克群體，都為這項活動主動捐輸。

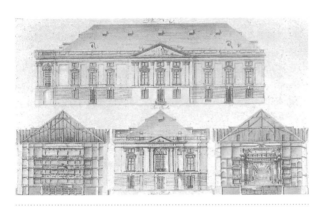

布拉格國家劇院的外觀與內部。

通過另一個事件可以去理解並推估布拉格新的民族劇院的影響力，那就是德國人也立刻在城裡的另一處為他們自己建了一座歌劇院：裝飾豪華的新德意志劇院（現為國家劇院），於1888年落成。兩個群體的競爭還在持續，他們試圖用各自的歌劇院去壓倒對方。然而，隨著在布拉格捷克人的比例不斷增加，他們的文化政治信心也日益增長。20世紀初，第一次世界大戰終結了哈布斯堡王朝的統治，隨後簽訂的和平條約宣佈建立了一個新興的國家，名為捷克斯洛伐克。這是自1620年以來，捷克人第一次擁有一個自治國家。為了慶祝這個事件，1918年11月，捷克著名的女高音艾美・德斯汀（Emmy Destinn）擔任了《里布舍》的女主角。在20世紀《里布舍》被數度重演，如1945年慶祝在納粹佔領下的解放、1983年慶祝布拉格民族劇院修繕完成。

　　和其他地方一樣，布拉格歌劇顯然已經成為19世紀席捲歐洲各地的民族運動殿堂，斯美塔那等許多作曲家，都將他們國家的歷史與偉大傳說譜寫成音樂。這不僅僅是題材的問題，當聆聽斯美塔那《被出賣的新娘》

（Bartered Bride），或者穆索斯基（Mussorgsky）《鮑里斯·戈都諾夫》（Boris Godunov）當中的舞曲時，你會分辨出作曲家試圖通過音樂喚起他們所想像的「民族性格」（就像威爾第早年所做的那樣）。文化民族主義是誘人的，然而它並不一定會威脅或者削弱當時的政權。不過，隨著義大利人、捷克人和匈牙利人信心大增，奧地利哈布斯堡王朝的統治確實日漸衰落。再往東邊，俄羅斯加強了對持不同政見的少數民族的控制，同時對那些頌揚他們民族文化的群體賜予一定的幫助和安撫。

在文學作品中，關於歌劇最荒謬可笑的描寫，莫過於《戰爭與和平》中娜塔莎·羅斯托夫（Natasha Rostov）去看歌劇那一段。羅斯托夫一家進包廂時，序曲已經開始。直到布幕拉開，觀眾席上嘈雜的人聲才逐漸平息。娜塔莎年輕的心充滿了羅曼蒂克的渴望，一開始，她的注意力被一直亮著燈的觀眾席上的種種舉動所吸引。她注意到「正廳前座上打著髮蠟油光發亮的頭和包廂裡半裸的女人」。對於歌劇本身，她只斷斷續續地看一眼，發現劇情怪怪的。開場中，有一位胖胖的姑娘坐在長凳上，背景上粘著一塊綠色的紙板，後來，一位穿著緊身綢衣，雙腿粗壯的男人朝她走來，攤開雙臂對她歌唱。在第二幕中，有一處墓地的場景，背景的幕布上挖了個洞代表月亮。在另一個場景中，一個光著腿的男人高高躍起，迅速擺動著雙腳，看來為此他的酬勞不低啊。不管怎麼樣，這個夜晚真是不虛此行，因為英俊的阿納托爾（Anatole）最後出現了，他挽著娜塔莎的胳膊，把她送上了馬車。

托爾斯泰於 19 世紀 80 年代創作了不朽名著：《戰爭與和平》。

托爾斯泰於19世紀80年代創作《戰爭與和平》時，知識份子們都已經逐步擺脫了純西方文化的影響，轉而在傳統的俄羅斯和斯拉夫的根基中尋找靈感。俄羅斯在克里米亞戰爭中敗給法國和英國的災難，引起人們對於所謂的民族缺陷痛苦的爭論，不滿情緒正在蔓延。半公開的政治團體紛紛湧現，提倡不成熟的共產主義、無政府主義或虛無主義。也許是出於天生的自由主義本能，

沙皇亞歷山大二世（Tsar Alexandern）制定了一系列改革措施，其中包括解放農奴、引進新的司法和刑事法典等。在他的支持下，馬林斯基（Marinsky）劇院於1860年在聖彼得堡落成，隨後很快在聖彼得堡和莫斯科又成立了音樂學院。聖彼得

馬林斯基劇院於 1860 年在聖彼得堡落成。

堡音樂學院由安東·魯賓斯坦（Anton Rubinstein，1829-1894）掌管。1862年聖彼得堡迎來了一部歌劇的世界首演，居然是威爾第的《命運之力》（Laforza del destino）。

　　它在很大程度上代表了真正的開明。然而，由於克里米亞戰爭的失利，那些年來許多人仍處於陰鬱的氣氛當中，對所謂的西方基督世界與奧斯曼土耳其並肩作戰，背叛俄羅斯的行徑充滿怨恨。這種傾向似乎體現在

安東·魯賓斯坦肖像。

對《命運之力》的接受上。歌劇院是沙皇俄國為數不多的公共場所之一，在此，思想自由的知識份子可以合法地集會，於是一群俄羅斯民族主義者打算舉行示威活動，攪亂威爾第歌劇的首演，然而，此舉卻被歡迎威爾第本人的熱情掌聲與歡呼聲擊退。批評家指出了這部作品在戲劇上的弱點，其中不少人據說是憤恨威爾第得到了遠遠高於俄羅斯作曲家的報酬。

　　人們再次呼籲要摒棄虛偽的西方影響力，恢復真實的斯拉夫價值觀，從俄羅斯母親純淨的甘泉中汲取養分。對某些人來說，這會使他們悄然

投入教會的懷抱，而對另一些人來說，則意味著有系統地學習俄羅斯和東方（即中亞）的民俗和民族文化。極富影響力的批評家斯塔索夫（Vladimir Stasov）成為民族文化的首要宣導者之一，他提倡在音樂上要樹立比新的藝術院校所能教授的更加典型的俄羅斯風格。在他和作曲家巴拉基列夫（Balakirev）的帶領下，一批年輕的業餘音樂家有意識地脫離了嚴重依賴德國古典主義的音樂學院，以自學和相互學習的方式去瞭解俄羅斯音樂及其傳統。除了巴拉基列夫之外，這批人當中還包括居伊（Cui）（軍事工程師）、鮑羅定（Borodin）（化學家）、林姆斯基-高沙可夫（Rimsky-Korsakov）（海軍官員），以及一名前任近衛兵、公務人員、酒徒穆索斯基（Modest Mussorgsky），斯塔索夫稱他們為「強力集團」。

一幅描繪聖彼得堡復活教堂的畫作。俄羅斯的音樂家有意識地拋掉依賴歐洲傳統的桎梏，試圖從民間及傳統中找回典型的俄羅斯風格。

1881 年 5 月 15 日亞歷山大三世加冕典禮，儀仗隊抵達莫斯科紅場的情形。

巴拉基列夫和他的朋友們為了尋找靈感，遠離莫斯科和聖彼得堡，奔向俄羅斯偏遠荒涼的廣闊腹地：小鎮修道院的聖像和鐘聲，伏爾加河上的船夫，西伯利亞草原上的小木屋，高加索的民間故事和舞蹈旋律，東方的無敵勇士和薩滿教的魔法——這些在鮑羅定的《伊戈爾王》（Prince Igor）、林姆斯基-高沙可夫的《金雞組曲》（The Golden Cockerel）和《舍赫拉查達》（Scheherazade），以及史特拉汶斯基（Stravinsky）的《火鳥》（Firebird）中都能發現。當然，許多歌劇被設置在歷史上的莫斯科：例如穆索斯基的《伯里斯·戈都諾夫》和《霍萬斯基黨人的叛亂》（Khovanshchina）。不過，它們也體現了富有神話色彩的俄羅斯，擁有舊禮儀派教徒（Older Believers）和殘存的古莫斯科大公國的思想，在那個世界中，「人民」的天賦智慧被證明高於

國王和將軍的決策。因此，作曲家們被「民族主義」激發的藝術靈感，在時間和空間的地圖上自由地馳騁著。

　　因此產生的作品卻堅固地紮根於它們的誕生處：聖彼得堡和莫斯科。其他地方也有歌劇，尤其是一些非俄羅斯人的中心城市如奧德薩、基輔、第比利斯——偉大的男低音費奧多·夏里亞賓（Fyodor Shalyapin）成長的地方，以及波羅的海的省會城市等。不過，這些城市基本上都是處在沙皇統治下的邊陲城市，它們的戲劇和觀眾必然就是聖彼得堡品位和風格的鏡子。沒有哪座城市是新興的民族文化的中心。也許義大利人和捷克人建立了他們與維也納全然相反的民族歌劇風格，但是，由於沙皇牢固的地位，有明顯「拉脫維亞」、「格魯吉亞」或「烏克蘭」風格的歌劇文化卻不太可能形成。亞歷山大二世的行政司法改革在俄羅斯國土之外實施得比較保守，非俄羅斯的語言被禁止印刷出版，任何波蘭、立陶宛或者烏克蘭民族主義的火苗都會被鎮壓，「自由主義」似乎嚴格地僅限於俄羅斯並服務於俄羅斯。

　　1881年亞歷山大二世被暗殺，他的兒子、繼任者亞歷山大三世繼續推行俄羅斯化的無情政策，他的執政熱忱帶來的一個副產品便是1803年法令的廢除，這個法令曾導致俄羅斯所有的劇院被皇室壟斷，因而新政府允許私人建立劇院。其中最引人注目的是鐵路大亨、藝術愛好者薩瓦·馬蒙托夫（Savva Mamontov）所經營的劇院。馬蒙托夫是19世紀俄國非常有影響力的藝術贊助人，就像一位現代的文藝復興親王。年輕的時候，他練就了一副唱歌劇的低音好嗓子，成年之後，馬蒙托夫從事鐵路生意，賺到不少利潤，他把大部分金錢和時間都投入到藝術贊助當中。在莫斯科東北部的阿布拉姆采沃莊園，他成為吸引年

戴雅吉列夫這位縱橫歐陸 40 年的俄國經理人，如果沒有他的「俄羅斯芭蕾舞團」，20 世紀的舞蹈史與音樂史，勢必重新改寫。1921 年與史特拉汶斯基於西班牙塞維拉合影。

輕畫家、雕刻家、建築師、陶瓷藝術家和民俗研究者的聚集中心，馬蒙托夫鼓勵他們去重新捕捉俄羅斯傳統的概念和技藝。在阿布拉姆采沃的藝術家聚集區中形成的一個想法，導致了1885年馬蒙托夫私人歌劇院的成立。馬蒙托夫本人積極介入到劇團的事務中，上演了一些林姆斯基-高沙可夫優秀的新歌劇作品，並將夏里亞賓介紹給莫斯科的觀眾。這個大膽的企業未能維繫太長的時間，1900年，因生意上的出錯吃上了官司，他的私人歌劇院因此破產。對它的記憶，人們只能通過深受其風格影響的戴雅吉列夫（Diaghilev）、俄羅斯芭蕾舞團（Ballets Russes）、夏卡爾（Chagall）、貝努瓦（Benois，1813-1898）和史特拉汶斯基等人的作品來回味。

1917年10月革命爆發之前，俄國的歌劇歷史，實際上與它的兩座最大的西部城市的歷史步調一致。在聖彼得堡和莫斯科，只有少數極有特權的人物能去看少量允許上演的劇碼，這些作品由法國、義大利或者受歡迎的俄羅斯「民族主義」作曲家創作，上演的劇院也很有限。有些人可能看演出的次數不會超過托爾斯泰的娜塔莎。隨著歌劇日益本土化，人們為那些洪亮的嗓音、眼花繚亂的服裝、朗朗上口的旋律、生動的舞臺效果而興奮。對於一個努力追求「俄羅斯化」政策的高度集權的沙皇國家，歌劇是一種可被接受的娛樂形式。其中並無多少政治上的危險因子值得當局擔心。不過沒有哪部歌劇出自馬蒙托夫，也沒有由穆索斯基、林姆斯基-高沙可夫或他們的朋友們所創作的作品。這些人的作品很少被大都市圈外的人所熟知，實際上圈外甚至極少有人聽說過他們。

每個人都聽說過華格納。普法戰爭期間，他居住在瑞士，為統一的德意志帝國的誕生而感到歡欣鼓舞。就像《紐倫堡的名歌手》中的漢斯·薩克斯（Hans Sachs）那樣，華格納熱愛德國和德國藝術，是一位徹徹底底的文化愛國者。然而，又如《尼貝龍根的指環》中的眾神、巨人和侏儒，華格納長期困擾在對黃金的渴求中，當然並非出於貪婪，他的品格絕不是如此低下，而是為他無比宏偉的藝術計畫籌措資金。

華格納不幸生活在這樣的時代：傳統的王室和貴族贊助形式已經消失，未來作曲家所攀登的職業階梯在此時尚未成熟。如果威爾第所吃的

苦，是在他所稱的戰艦歲月，那麼華格納
的早年就像是一本旅行社的旅遊手冊。他
1813年出生在萊比錫，分別在德勒斯登、
維爾茨堡、哥尼斯堡、里加、倫敦和巴黎
住過一段時間，最後又回到德勒斯登。大
多數時間裡，華格納都負債累累，能夠生
存下來，全靠好運、努力工作、與生俱來
的天賦和充分的自信。他最難熬的時期，
大約是他和妻子米娜在歌劇之都巴黎度過
的那兩年半的艱困日子。當時華格納已經
快30歲，渴望有機會能上演自己的作品，
然而，除了梅耶貝爾和少數人在最初時給
予的幫助之外，多數人都忽略了他，他只
得靠改編他人的音樂、對其他上演的劇碼

全力支持華格納的巴伐利亞國王路德維
希二世肖像。

寫一些尖酸刻薄的文章來勉強糊口。華格納一度曾受到威脅因欠債而被捕
入獄，後來他終於在德勒斯登宮廷歌劇院獲得了固定職位，有了一份穩定
的收人。在此他創作了一些早期的歌劇，贏得了較高的評價。1849年5月，
華格納因捲入革命運動遭到追捕，不得不匆匆撤離，他在德勒斯登取得的
成功由此嘎然而止。逃離德勒斯登之後，他再次身陷巨債中。此後13年，
他一直在流亡，大部分時間住在蘇黎世。他在這裡寫下了大量散文以及
後來的成熟作品的初稿。之後他又來到了威尼斯，然後再次去了巴黎，並
於1862年到達維也納。儘管參加了一場大規模的國際音樂會的巡演，並希
望借此償還債務，但華格納還是發現自己再次因債務而遭到坐牢的威脅。
1864 年他逃離維也納，來到斯圖加特，和友人們住在一起。華格納極度沮
喪也極度缺錢，他覺得自己給了這個世界那麼多的美好，但這個世界虧欠
了他的人生。他顯然陷入了絕望之中。正當此時，5月初的某一天，一位密
使帶著一封巴伐利亞國王的信件找到了他。

　　華格納從不缺少熱心幫忙的仰慕者，他也精於討好這些人，甚至經常
濫用他們的慷慨。梅耶貝爾在巴黎對年輕的華格納那麼和善，而功成名就

之後的華格納卻對他不屑一顧。而華格納報答他的蘇黎世恩人威森東克（Otto Wesendonck）的方式，卻是和他的妻子馬蒂爾德（Mathilde）墜入愛河。李斯特曾幫助華格納逃離德勒斯登，後來成了他的岳父，而華格納卻認為他晚年是個討厭鬼。然後還有那位過去的王室贊助人、華格納最忠實的仰慕者、巴伐利亞國王路德維希二世（Ludwig II）。

　　1864年，路德維希的父王駕崩，年僅18歲的他繼承了王位。他繼位初期的作為之一，就是將他的偶像華格納請到慕尼黑的宮廷來，幫他還清了所有的債務，給了他一份固定收入。路德維希是一位年輕美貌的同性戀者，有不少浪漫之舉。除了對華格納慷慨之外，最廣為人知的是他修建了童話般的奢華宮殿——新天鵝堡（Neuschwanstein），以及試圖超過凡爾賽宮而一直未能完工的赫爾倫基姆澤宮（Herrenchiemsee）。讓這位超凡脫俗的君王結婚的企圖，最後以或悲或喜的鬧劇收場，他短暫的生命結束於1886年（華格納去世後三年），在斯坦貝爾格湖（Lake Starnberg）臉朝下溺水而亡。他的結局既神秘又淒涼，在湖邊，人們發現路德維希二世及其精神科醫生伯恩哈德‧范‧古登的屍體。至今他究竟是自殺身亡還是死於謀殺還是個謎。

　　慕尼黑長久以來都是歐洲重要的歌劇中心，其值得驕傲的傳統可以追溯到 1653年，除了義大利之外，它擁有最悠久的歌劇歷史。在一個半世紀裡，慕尼黑的歌劇都是巴伐利亞統治家族維特斯巴哈（Witteisbach）宮廷的私有特權，他們從1750年就開始在居維利埃（Cuvillis）設計的精美宮廷劇院中款待貴賓。就在這座劇院中，年輕的莫札特以正歌劇《伊多梅紐》（Idomeneo）獲得了最早的成功。隨著城市的擴大，新的劇院於1811年建成，是一座巨大的科林斯柱式的希臘神殿，就是如今巴伐利亞國家歌劇院的大本營。新的國立劇院擁有2,100個座位，在當時占了慕尼黑整個城市人口5.4萬人的4%；和許多劇院一樣，慕尼黑國家劇院幾年後毀於大火，但通過啤酒稅收徵集的資金進行了重建，並於1825年重新開張，至今仍以其門楣的雙三角雕飾而獨具特色。1864年，華格納在巴伐利亞國王的邀請下，來到這座熱愛歌劇的城市、來到這座劇院。

　　路德維希得到華格納之後大喜過望，這位癡迷的年輕人在他的日記中寫道，「我什麼都不是，他才是一切」，並把華格納形容成像「神一般」和「獨一無二、舉世無雙的人。」路德維希和華格納在慕尼黑討論的計畫，是專為歌劇舉辦一個節日，建一座可以遠眺伊薩爾河（River Isar）的劇院，由森帕爾（Gottfried Semper）設計。雖然這個點子沒有付諸實施，但是卻播下了種子。華格納很快就讓自己在宮廷裡和城裡變得不受歡迎。人們說他把自己看成是巴伐利亞的聯合執政者，開始把他稱為「洛拉·蒙特茲」（Lola Montez，是國王的祖父路德維希一世的情婦）。與君王走得太近又領著公家薪水，無可避免會遭到嫉妒，特別是對於華格納這種異常傲慢自大的人。更影響他聲望的是，華格納和路德維希的宮廷指揮彪羅男爵（Hans Guido Freiherr von Bolow，1830-1894）之妻（也是李斯特和瑪麗·達古爾的女兒）柯西瑪又鬧出緋聞。1865年底，多愁善感的國王別無選擇，只好解雇了華格納。在柯西瑪的跟隨下，華格納來到了瑞士，在遠眺盧塞恩湖（Lake Lucerne）的地方住下來。華格納在遠方繼續向國王獻股勤，精明地將自己的最新作品都告訴他。雖然沒有正式復職，華格納還是常常被邀請回慕尼黑。他的作品《崔斯坦與伊索德》、《紐倫堡的名歌手》，以及《尼貝龍根的指環》的前兩部，都是在皇宮外巨大的國立劇院舉行首演。

　　1871年德國統一之後，巴伐利亞國王被允許保留頭銜和特殊待遇，此舉使得路德維希能夠繼續資助華格納和他的創作。如果沒有得到這些關注和金錢，華格納很可能無法完成他的《尼貝龍根的指環》，也不可能有資金建造首演《尼貝龍根的指環》全劇的拜魯特節日歌劇院。

　　華格納既不是第一個，也不是最後一個向富有的贊助人大獻股勤的藝術家，而且稱他利用或濫用君王的善意，也確實有些小題大做。其實他付出得並不多，據統計在他們長達近20年的關係中，華格納收入的總和還不及國王花在赫爾倫基姆澤寢宮的費用，也不及皇家婚禮花在新娘馬車上的三分之一費用，雖然這場婚禮最終未能舉行。此外國王還常常拒絕華格納。華格納離開慕尼黑之後，開始思考策劃把他的音樂節和劇院設在其他地方，而路德維希不顧作曲家的焦急請求，執意將《尼貝龍根的指環》系

列前兩部，放在他的宮廷劇院（華格納所稱的劣質產品）中首演。後來，華格納夢寐以求的拜魯特音樂節陷入資金危機，一次又一次的推遲計畫，他不斷請求路德維希給予支持，而大臣們則建議國王不予理會。

華格納令人同情。這個人有著驚人的天賦，有著強大的藝術灼見，他執意將其理想付諸實現。不過難以令人同情的是，每當這個世界拒絕他所想要的東西時，他總是十分惱怒、裝腔作勢，不斷地試圖從他苦悶的君王那裡索取金錢。1874年2月，華格納與王室代表開會，他們告訴他，國王不同意白白提供資助，不過可以用舞臺佈置等設備作為抵押，借他一大筆錢，以後再慢慢償還。大家認為這樣已經夠合理了，但是柯西瑪發現華格納回到家時心情惡劣，在她那些年的日記中，反覆提到華格納對國王辜負他這件事十分生氣。

華格納以及他在1876年創建的拜魯特音樂節，被認為代表著19世紀浪漫主義的最高峰，不僅僅是因為所上演的作品性質，更因為這項高雅藝術和藝術家所受到的重視。華格納並不把他的作品稱為「歌劇」，而是用「綜合藝術作品」（Gesamtkunstwerk）一詞，即集成了所有藝術形式的作品。

興建中的拜魯特節日劇院。

因此，華格納不僅自己撰寫劇本和曲譜，還對作品的製作親力親為，終極目標就是為他的作品專門建造一座新劇院。華格納的靈感源自於古希臘的戲劇。《尼貝龍根的指環》四部曲的構想，仿照的是埃斯庫羅斯（Aeschylus）的《俄瑞斯特亞》（Oresteia），在場觀

眾的現場感和作品上演要求的空間，也和古代的雅典相同。他把劇院本身
設計成一座簡潔、大面積、無裝飾的木質結構建築，其觀眾席（雅典是露
天的，拜魯特則加裝了屋頂）呈扇形，沒有通道，以使每一個坐席都能擁
有極好的視線。各處的燈光都被減弱，且不惜代價地創造幾近完美的音
響效果。樂隊被一道弧形的罩子遮住，以免觀眾因看到指揮或演奏者而分
心，而且樂隊的聲音因此能夠和歌手的聲音完美結合，且不會蓋過他們的
演唱。在別的地方，人們去看歌劇也許是為了炫耀他們的華麗服飾或者結
交權貴，但在拜魯特節日劇院，華格納希望人們到此的唯一目的，是將注
意力集中在藝術上。這是一個目的單純的神聖場所，幾乎超越了劇院而成
為神殿。華格納最初的想法是，歌手們提供免費演出，由此獲得演唱他的
作品的權利，而觀眾們就像參加集會一樣，無需庸俗地買票進場。然而事
實證明，由於建成之前留下的巨額帳單（更不要說歌手們不可能無償演
出），華格納這個具有使命感的特殊安排，根本就行不通。如果不是手頭
日益緊張，且仍然癡迷於他的巴伐利亞國王給了他一筆借款，華格納為這
項計畫所欠下的債務，可能終生都無法償還。

　　克服了重重困難之後，拜魯特音樂節終於在1876年8月舉行。李斯特
來了，這是毋庸置疑的，尼采來了（當時仍然是他的仰慕者，不久之後二
人就決裂了），年輕一代作曲家中的佼佼者們，包括葛利格（Grieg）、聖
桑（Saint-Saens）和柴可夫斯基（Tchaikovsky）都來了。德國皇帝威廉一世
（Wilhelm I）帶著他的祝福出席了音樂會，華格納將他迎接到劇院中。他
和藹地詢問華格納，你是怎樣把它建起來的（可是，離開的時候，皇帝在
門階上尷尬地絆倒，據柯西瑪說，華格納使盡全身力氣抱住他，把他從死
亡的危險中救了回來）。

　　音樂節談不上完全成功。這座弗蘭克尼亞（Franconian）小鎮還未能準
備好迎接如此大規模的參加者，很多遊客找不到住處，食物也不夠。柴可
夫斯基寫道，「焦躁不安的人們，在城裡遊蕩……尋找東西來緩解饑餓的
折磨」。一場演出結束之後，他記錄了他所稱的為爭奪劇院飯店的一個位
子而發生的鬥毆：大多數遊客最後都輸了這場戰鬥，因為他們發現城裡所

有的客棧裡所有的位子都滿了。他描述
看到一位女士，那是一位俄國名人的妻
子，「她在拜魯特逗留期間一頓飯也沒
吃，咖啡是她唯一的救命稻草。」

　　後勤不足招來人們的訕笑，同樣
地，還有技術上不夠完善的舞臺設備，
比如萊茵少女們，其中包括年輕的莉
莉·萊曼（Lilli Lehmann，1848-1929）
在裡面嬉戲的原始的「游泳機」，或者
是新安裝的舞臺照明設施，動不動就故
障。但是在音樂上的演出極為出色，事
實上，華格納戰勝了幾乎是難以克服的
困難，成功地實現了他的野心。他的創
作，從任何標準上來衡量，無可否認都
是個人所能達到的最高藝術成就，而且
他傾其財力修建了一座劇院，創立了一
個音樂節，因而使他的作品能夠在接近
理想的條件下進行演出。

　　如果說《尼貝龍根的指環》在拜
魯特的首演標誌著19世紀的浪漫主義
達到歷史的巔峰，那麼華格納作為德國

1845 年卡洛斯菲德（Schorr von Carolsfeld）所繪
製的《齊格菲被哈根所殺害》的壁畫。

民族主義的代表還有多遠呢？在盧塞恩湖畔的家中，華格納一直關注著普
法戰爭的進展。起初，他比較同情法國總理奧利維耶（Emile Ollivier，柯西
瑪的姻親），他評論說奧利維耶是「一位善良聰明的人」，但是具有「他的
國家特有的傲慢無禮」，因此他喪失了理智，被迫加入了戰爭。德國統一
之後，華格納非常開心，他仰慕俾斯麥，寫詩頌揚德國軍隊，說新的德國
皇帝具有「國際視野與成就大事業的魄力」。華格納和柯西瑪都是堅定的
德國愛國者。德國統一是一個偉大的理想，柯西瑪在她的日記中寫道，那

應該是多麼令人振奮，「因為巴伐利亞、薩克森和符騰堡現在都作為德國軍隊在戰鬥」。為了慶賀普魯士的勝利，華格納寫了一首簡短的所謂愛國的曲子（他稱之為「投降」），在這首曲子中他無情地嘲笑法國遭受的苦難。

不過，華格納的德國愛國主義也是有限的。最初主要是因文化上的因素，他熱愛德國藝術和文化，這份熱情引導他去挖掘德國過去的歷史和傳說、文學和音樂，並試圖將它們融合在一起。不過，華格納的品位和興趣卻遠不止於此。除了他對德國的愛，他還貪婪地閱讀埃斯庫羅斯、索福克勒斯（Sophocles，約西元前496-406）、吉本（Gibbon，1737-1794）、斯科特（Scott）和拜倫（Byron）的作品，喜愛貝利尼優美的抒情曲，並時常到訪義大利。他讀過雷南（Ernest Renan，1823-1892）的《耶穌生平》（Life of Jesus），也讀過《薄伽梵歌》（Bhagavad-Gita，印度教的重要經典），並和威爾第一樣，十分敬重莎士比亞。

華格納對德國文化的自豪，並沒有蔓延到政治上。當他被要求為德國皇帝的加冕典禮寫一首進行曲時，他非常不情願地照辦了，但寫成的曲子卻十分空洞，他自己也十分不滿意，而且很快就對新的國家感到不滿。1873年，他接到德國軍隊為展示強大國力而設宴的邀請，他表示，「（我們）急於看到這種力量能否能夠延伸到其他領域」，而且「我不能被算進現在的愛國者之列」。華格納認為自己「被釘在德國理想的十字架上」，新德國與他的想像相去甚遠。他於1874年說，「我們也許在緊要關頭有了一個德意志帝國，但我們沒有德意志的國家。」或許德國的統一就像義大利的統一那樣，無可避免地讓期望過高的人感到失望。

1876年在第一屆拜魯特音樂節舉行那年，正值美國慶祝獨立100周年。極度需要資金的華格納，為費城100周年博覽會創作了一首進行曲，這份合約讓他賺了不少錢，令他又可以將音樂節不慍不火地維持一陣子。年底，在拜魯特音樂節結束之後，華格納不得不面對一大堆帳單，包括到期必

須歸還給巴伐利亞國王國庫的借款。在焦躁、疲憊、疾病交加的狀況下，華格納於1877年前往倫敦，在新開張的皇家亞伯特音樂廳（Royal Albert Hall）指揮了一系列音樂會，然而卻未能盈利。

　　回來十天之後，華格納考慮到美國去多賺點錢，再也不回德國了。一旦這個念頭在他腦海裡萌芽，就迅速成長。他心想可以在美國明尼蘇達州興建一家音樂教育中心。1880年，他對此已堅定不移。美國是他「能夠帶著愉悅，在地圖上凝視的唯一地方」，柯西瑪這樣寫道。華格納處在疾病、苦惱當中，越來越不願意與人交往，越來越蔑視他的德國同胞，不願意相信他們不再慷慨地熱愛並資助他。5月，當華格納在為最後的傑作《帕西法爾》（Parsifal）努力創作時，依然痛苦地糾結於他的藝術與「這些殘酷和冷漠的人們」中。柯西瑪寫道，他無時無刻不在想著「離開帝國，加入美國籍」。1881年9月1日，她引用華格納的話說：「我已經決定去美國。」

　　在生命的最後時期，華格納被公認為是一位具有鋼鐵般意志的天才，就像他所崇拜的貝多芬那樣，單槍匹馬地將人類經驗的精華深深融鑄進藝術當中。在華格納的手上，藝術超越了單純的技藝，為了實現人性的救贖。「華格納主義」對於一些人如同瘟疫，而對於多數人卻是一種信仰。許多人前往神殿朝聖，而另一些人卻憎恨他和他的作品，托爾斯泰就無情地取笑《尼貝龍根的指環》，稱它為是「偽藝術」的典型。在世上受過良好教育的中產階級，不知道華格納的人幾乎沒有。華格納在那不勒斯乘電車進城時，遇到一位德國校長，這位校長認出了他，令他覺得很不舒服（多數名人會為此感到高興）。當鋼琴成為上流社會客廳中的必備物時，各處年輕而熱切的業餘愛好者們，都會在他們面前的譜架上支起最新流行的華格納作品集。

　　華格納是最變化無常的藝術家。他究竟是虔誠的基督徒，還是褻瀆神明的異教徒？是聖人，還是驕奢淫逸之人？在華格納的一生和他的音樂中，有充足的跡象表明了幾乎所有的可能性。作為一個革命者，而且是無政府主義者巴枯寧（Bakunin）的朋友，他從德勒斯登逃命而去，但華格納又向國王和德國皇帝大獻殷勤；作為一個玄奧的象徵主義者，他的《尼貝

龍根的指環》（蕭伯納認為）是對猖獗的資本主義的尖刻批評；他又是一位高尚的理想主義者，面對豐厚的報酬也不願創作華而不實的曲子。大師去世50年之後，他無可爭辯的藝術天分，連同他堅定的德意志主義，以及不成熟的反猶太主義，使得希特勒把他當成納粹主義的先驅。直到今天，以色列依然禁止上演他的音樂。

　　在英國，蕭伯納是他最早的信奉者，而比亞茲萊（Beardsley）的畫作，則是反映華格納情色想像力最具世紀末情調的插畫。另一方面，對於詩人葉慈和作曲家鮑頓（Rutland Boughton）而言，吸引他們的是玄奧性與神秘性，對於俄羅斯作曲家和鋼琴家斯克里亞賓（Skryabin）同樣也是如此。在義大利，新一代音樂家和藝術家不是效仿威爾第，而是效仿華格納；普契尼的一些早期作品充斥著「華格納理論」，義大利浪漫民族主義者鄧南遮（D'Annunzio）在作品中同樣也有所體現。在法國，波特萊爾（Baudelaire）和白遼士是最早的追隨者，古諾（Gounod）、聖桑、夏布里耶，還有馬拉梅（Mallarmé）和羅曼·羅蘭（Romain Rolland）等作家緊隨其後。年輕的雷諾瓦（Renoir）帶著朝聖般的心情前往巴勒莫，為能夠給大師畫像而感到榮耀。馬塞爾·普魯斯特（Marcel Proust，1871-1922）描寫小說中的「我」馬塞爾（Marcel）在一個沉思的下午，彈奏《崔斯坦和伊索德》的片段，福雷（Fauré）創作出他的通俗頌歌《拜魯特的回憶》（Souvenir de Bayreuth）。奧地利作曲家布魯克納（Bruckner）以幾近敬畏的心情，將華格納當作偶像來崇拜。在大師夢想著卻未能前去移民的美國，華格納病毒更是強烈發作。

比亞茲萊為《崔斯坦與伊索德》所畫的插畫。

紐約的黃金時代

　　紐約的大都會歌劇院（New York Metropolitan），最初是一座義大利劇院，後來又變成德國劇院。也就是說，建成的第一年，它上演的都是義大利歌劇；之後的十年裡，它上演了大量的華格納作品，並由德國指揮家執導。大都會歌劇院早期所孕育的土壤，隨著數十年的移民潮，特別是來自德國和義大利的移民而得到滋養。義大利戲劇家（也是普契尼的劇本作家）朱塞佩·賈科薩（Giuseppe Giacosa）於1898年訪問美國，他描述了在紐約和芝加哥所看到的義大利人定居地的嘈雜和骯髒：

　　在這樣惡劣的氣候下，人們生活在露天，足以說明屋內的條件有多麼糟糕……衣衫襤褸、羸弱的男人們在商店外面遊蕩，聚集在酒吧門口，等待門內酒足飯飽的人們將啤酒瓶中剩下的苦澀殘酒施捨給他們……而女人們則承擔了所有的家務，替孩子餵奶、縫衣服、清洗那些枯萎的蔬菜，那是她們唯一的燉湯材料，她們在油膩的水桶中洗衣服、解開並梳理她們的頭髮……。

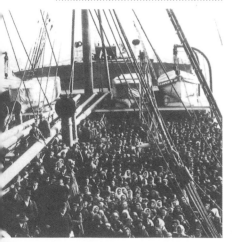

準備登陸美國的移民。位於紐約哈德遜河口的愛莉絲島，是歐洲移民 登陸美國的必經之地。

　　家家戶戶的窗戶上，都貼著加里波第（Garibaldi，1807-1882）和義大利國王的肖像，還有義大利的三色國旗。賈科薩注意到，這些旗幟讓那些離鄉背井的鄉愁，與在新世界無法實現美好生活夢想的人們「覺得親切又羞恥」。

　　移民美國當然已經不是什麼新鮮事兒，然而在當時，移民數量之多的確是空前絕後。隨著蒸汽輪船的出現，越洋旅行的速度和效率比以前提高很多。當曼紐爾·加西亞及家人帶著義大利歌劇於1825年奔赴紐約時，需要揚帆航行數周才能抵達，而蒸汽輪船橫渡大西洋的航行只需要大約十天，而且價格還便宜許多，尤其是輪船公司開始將蒸汽船用來搭載乘客而不是運送貨物。新世紀初，每年前往美國的移民數量常常接近百萬。

1907年，移民的數字達到128.5萬人。那些年裡的移民總數超過了1,500萬，使得美國在不到一代人的時間裡總人口數從五千多萬一下子躍昇到接近一億。

　　大部分移民都來自於地理位置較新的地方。19世紀70、80年代，北歐發生了一連串乾旱，農業欠收、工業衰退、政治局勢不穩，再加上連年戰爭，導致許多德國人和斯堪的納維亞人也按照傳統的途徑來到美國，聽說這裡經濟繁榮、工作機會眾多、土地廉價。還有一些中國人和日本人也來到這裡，最初落腳在西海岸，參與建造工廠、修建公路和鐵路。逐漸地一些新移民又從東歐和南歐過來。現在紐約、芝加哥和洛杉磯大量的猶太人口，大多數是源於這個時期。最多的是義大利人，他們想方設法存下路費，踏上了從舊世界到新世界的旅程。1880年，來到美國的義大利人大約有1.2萬人，到了第一次世界大戰前夕，這個數字已經攀升到30萬人。

　　所有的移民都將他們的所有家當帶了過來：他們的語言、穿著風格、飲食習慣、風俗和信仰。因而，部分中西部散佈著德國人和斯堪的納維亞人的社區，擁有路德教教堂和啤酒屋。薇拉·凱瑟（Willa Cather）在她的《雲雀之歌》（The Song of the Lark）中，描述了一個名叫西婭·克朗伯格（Thea Kronborg）的年輕瑞典籍美國女孩，在科羅拉多州的一個小鎮上成長的故事。克朗伯格一家是虔誠信仰上帝的家庭，西婭唯一能表達自己的方式，就是經過允許後在父親的教堂中彈奏管風琴和唱歌。

　　在美國迅速發展的城市中湧現了不同的「唐人街」和「小義大利區」。在號稱世界大熔爐的紐約，已經擁有了一座值得驕傲的高檔「德國城」，它位於中央公園以東，教授們、銀行家們和音樂家們在此談論著高雅文化，享受著美味佳餚。與此同時，在城裡的下東區，新客船不斷運來他們的新移民，這裡迅速成為那不勒斯的翻版，到處都是街頭歌手、義大利麵館和穿梭在廉價公寓之間的曬衣繩。

　　儘管貧困而骯髒，紐約的小義大利區卻是許多人通向社會的跳板。隨著城市的大規模建設，義大利人貢獻了大量的勞動力，帶來了泥瓦匠和油漆工。他們也開始滲入低端的服務業，充當理髮師、水果販、服務員、

廚師，有些人在娛樂業找到出路，在拳擊臺上、棒球場內，或者加入劇院合唱團。如果你有一副好嗓子，它就會帶著你走出貧民窟，融入主流的美國夢當中。對於許多義大利裔美國人來說，他們理想的榜樣是恩里克·卡盧梭（Enrico Caruso，1873-1921），他出生在那不勒斯的貧民窟中，而如今成為世界知名的歌劇演唱家。

知名的義大利歌劇演唱家卡盧梭（Enrico Caruso）。

　　美國在變化著。歷史學家特納（Frederick Jackson Turner）在1893年的著名演講中說道，邊界已經關閉了。太平洋和大西洋之間所有的土地已經確定了所有權，多數地方都有人居住。因此，新的美國人的特性已然成形。美國人的本質，不再由西部大遷移來定義，而由他們所來自的那個舊世界的文化來定義。大篷馬車、牛仔、家園、牧場上的房子，已迅速成為神話題材。新的東西不是出現在大草原上，也不是出現在高山上，而是出現在大城市的中心。西婭·克朗伯格直覺地明白了這一切，因此她踏上了東去的列車。到了19世紀末，美國具備了城市特徵，已經都市化，並且具有了如同我們現在所說的多元文化。

　　它也富裕起來了。自19世紀70年代晚期，內戰結束後短短的十多年裡，北方的自由經濟開始欣欣向榮。大量的金錢又帶來更多的錢財，哈里曼（Harriman）和范德比爾（Vanderbilt）透過鐵路積累了巨大的財富，洛克菲勒（Rockefeller）從石油上、卡內基（Andrew Carnegie）從他的鋼鐵公司裡賺取了大把的利潤，J·P·摩根建立了巨大的金融帝國，並將觸鬚伸進各行各業。對於這些新貴和他們的同類們，這就是真正的「黃金時代」，每個人只要有才能，有精力去追求，空前的財富似乎唾手可得。個人收入無需上稅，經濟大權集中掌握在少數人手中，此時也沒有工會和反壟斷法對此進行限制。在波士頓和紐約居住的是南北戰爭前的富貴世家，既不屑

又有幾分害怕地注視著這些經濟暴發戶。一位女主人這麼說，你可以從他們那裡買地毯，但沒理由邀請他們踏上這塊地毯。這些美國黃金時代的暴發戶們，難道不會為了他們貪婪的佔有欲而感到良心不安嗎？

　　他們確實感到不安，而克服這種不安的方式之一，就是購買文化，也就是指歐洲的文化。在《純真年代》開頭第一章中，伊蒂絲・華頓（Edith Wharton，1862-1937）的美國新貴後裔在觀看歌劇時，凝視著他所愛的女子若有所思地這樣說道，「我們將一起閱讀《浮士德》……在義大利湖畔」。薇拉・凱瑟也挑選了同樣的主題，《雲雀之歌》中滿懷抱負的年輕歌手西婭，附和她那位神秘又知識淵博的文森教授說：「我真想有一天能去德國讀書，那是唯一能真正學到東西的地方。」西婭是一個急切而自視甚高的年輕女子，不滿足於在科羅拉多小鎮上悠閒的生活，她以自己的嗓子作為通行證，擺脫了平庸的出身，先去芝加哥，然後到了歐洲，回來之後成為大都會歌劇院的主要獨唱演員。西婭沒有享受到多少愛情，但最後嫁給了弗雷德，凱瑟，她對他的描述是「在芝加哥或聖路易斯的時候，他去看球賽、拳擊賽和賽馬。在德國的時候，他去聽音樂會和看歌劇。」弗雷德是個追求享受、貪圖口腹之慾的人，當他在德國時，「幾乎不知道什麼時候該喝完湯，什麼時候是交響樂的開始。」

　　德國就是文化的象徵——尤其是音樂這種傑出的文化形式，它不依靠語言和圖像進行表達，極易傳播。美國最負盛名的指揮家希歐多爾・湯瑪斯（Theodore Thomas）為年輕人和工人們舉行了一系列特別的音樂會，並在紐約、辛辛那提（他創立了辛辛那提音樂節並擔任指揮）和芝加哥執導過數個管弦樂團，其中有不少德國籍樂手。看來音樂使你受益，「但是，伯格曼（Bergmann）先生，」有人對紐約愛樂樂團的指揮說，「人們不喜歡華格納。」據說伯格曼回答道：「那等他們喜歡的時候再聽吧！」有一天，一列火車載著湯瑪斯指揮的管弦樂團，到達科羅拉多州一個養牛的小鎮更換火車頭。當音樂家們在月臺上舒展四肢的時候，當地的一群牛仔圍了過來，要求他們演奏音樂，否則就不讓火車開走。最後，湯瑪斯自己拿出小提琴安撫他們，像俄耳甫斯那樣，哄著他們安靜下來，樂隊裡的一位華格

納女高音為他們高歌一曲。據當地報紙報導，唱完「人們大聲歡呼喝彩，火車開動後，這些熱情的牛仔們用槍向空中鳴放了上百發子彈。」此時，美國都市的中產階級家庭，像他們的歐洲同類一樣，開始購買他們的第一架鋼琴，他們的女兒們開始學習彈奏貝多芬的《給愛麗絲》和舒伯特的《軍隊進行曲》，或還包括羅西尼的曲子和華格納《羅恩格林》中的《結婚進行曲》。

　　當大都會歌劇院於1883年敞開大門時，歌劇對於美國人來說已經不是什麼新鮮事了。雖然達·蓬特經過種種努力，還是未能在他的第二故鄉建立一座永久的義大利歌劇院，但是，歐洲的歌唱家們一直源源不斷地橫渡大西洋而來，寄希望於將他們的錢櫃裡裝滿美國的黃金。歌劇和歌劇演唱家們，帶來了舊世界魅力所散發出來的迷人光彩，而這裡有大量的新世界富豪，等待著把自己的運氣押在這個異域風情的歐洲藝術上。巴納姆（P. T. Barnum），這位因大拇指湯姆（Tom Thumb，19世紀美國侏儒、馬戲團演員）而聞名全球的美國馬戲團老闆，想出了一個絕妙的點子，那就是把古板守舊的「瑞典夜鶯」珍妮·林德（Jenny Lind）請來美國，舉辦一場空前的巡迴演出，向饑渴的大眾傳播高雅文化，在這過程當中，順便把他和

「瑞典夜鶯」珍妮·林德。

她都變成百萬富翁。林德於1850年9月到達紐約，沒有料到有將近三萬人前來碼頭迎接她。林德隨著巴納姆，花了九個月的時間縱橫美國，沿著東海岸從北到南唱了個遍，南至新奧爾良，西到聖路易斯和威斯康辛的麥迪森。林德舉辦了約100場音樂會，並多呆了一年。不管林德走到哪裡，都有興奮異常的人群來迎接她，就像100年後的流行歌星法蘭克·辛納屈（Frank Sinatra，1915-1998）和披頭士樂團那樣，她下榻的酒店總是被眾人包圍，她的音樂會的門票總是得幾經輾轉，價格飛漲。手套和禮帽以她的名字命名，音樂為她而作，她的畫像無處不在。

　　在較為發達的東部，主要城市裡都有各種不同的歌劇類型。在紐約，愛爾蘭籍的尼布羅（William Niblo）在下百老匯的「尼布羅花園」（Niblo's Garden）舉辦公共演出，這裡是一種像沃克斯豪爾那樣的花園，有露天音樂會，夏季有冰淇淋供應，還有一座室內劇院上演正規的歌劇。此外，還有克林頓城堡（Castle Clinton），它作為炮臺外的要塞於1811年建於曼哈頓島的最南邊，後來通過填海成為曼哈頓的一部分，從19世紀20年代開始成為公共的演出場所，變成人們熟知的「城堡花園」。19世紀40年代它修建了屋頂，當作音樂廳和劇院，1855年後被徵用作為移民接待中心。在城堡花園，珍妮・林德舉行了她美國之行的首場演出，觀眾超過6,000人，最低的票價為三美元。

　　全本的歌劇也在上演，主要集中在紐約富人居住的下曼哈頓的劇院中。達・蓬特於1832年成立的蒙特雷索（Montresor）公司，沒有在昏暗的公園劇院演出，而是在一座位於列治文山上，帶門廊和立柱的高雅復古風格的大廈中，那裡曾經是亞倫・伯爾（Aaron Burr，1801-1805）的宅邸。紐約的風雅人士們能夠舒服地坐著，聆聽上乘的歐洲歌劇。不過，為歌劇掏錢的人不夠多，列治文山很快就步公園劇院的後塵，陷入衰退。1833年開業的達・蓬特的歌劇院同樣不成功，還有斐迪南・帕爾默（Ferdinand Palmo）於19世紀40年代推出的義大利歌劇，曾在錢伯斯大道上一座改建的劇院上演，也慘遭失敗。巡迴歌劇團偶爾會到訪，或成功、或失敗。一家來自哈瓦那的劇團，1847年在尼布羅花園和城堡公園兩處進行演出，也於1850年和1851年往返於波士頓和費城與紐約之間。

　　1847年，一座新歌劇院在紐約開張，它位於百老匯和第四大道之間，阿斯特廣場（Astor Place）和第八大道的交匯處。阿斯特歌劇院是另一座帕特農神殿式的藝術殿堂，它位於拉法葉大道（Lafayette Place）的北端，阿斯特家族和好幾家紐約貴族富豪的宅邸即坐落於此，然而阿斯特歌劇院依然以失敗告終。1849年春天，就在革命的烈火燃遍歐洲大地之時，美國演員、本土保護主義者愛德溫・福里斯特（Edwin Forrest），由於對其英國對手麥克雷迪（Macready）在阿斯特歌劇院領銜主演感到憤怒，因而在劇院

遊行示威，此舉驚動了國民警衛隊。聚眾滋事被鎮壓之後，歌劇院牆上彈痕累累，大道上屍體橫陳，超過20人喪命。阿斯特歌劇院的嚴肅戲劇及歌劇演出也因此慘遭失敗。

19世紀知名天才歌手阿黛莉娜·帕蒂。

然而，紐約的富人、時尚人士們離不開他們的歌劇。阿斯特的不幸迅速被1854年新開業的歌劇院所取代。新劇院稍稍靠北邊，毗鄰時尚的十四大道和爾文街，靠近聯合廣場（Union Square）。紐約音樂學會歌劇院（New York Academy of Music）的龐大規模，彰顯了其創立者的樂觀和野心。他們準備上演歐洲最好的歌唱家出演的所有最好、最新的歌劇：1859年，年方16卻已是知名天才歌手的阿黛莉娜·帕蒂（Adelina Patti），在這裡舉行了她的全本歌劇處女秀，扮演董尼才蒂《拉美莫的露琪亞》中的女主角。音樂學會歌劇院同時也是成立於1842年的紐約愛樂樂團的大本營。紐約所有的上流人士都會前往音樂學會歌劇院觀看歌劇。惠特曼（Walt Whitman）是音樂學會歌劇院的常客，歌劇為他留下了深刻印象：

> 諾瑪激情如火而臉色蒼白，
>
> 揮舞著她手中的短劍高傲地走過舞臺。
>
> 惠特曼在詩歌《暴風雨的壯麗樂曲》中寫道。
>
> 我看見不幸發瘋的露琪亞眼中閃著奇異的光芒。
>
> 她的頭髮鬆散而蓬亂地垂落在背上。
>
> 我看見愛爾那尼在新娘的花園裡散步，
>
> 在夜玫瑰的芳香中，容光煥發，攜著他的新婚的妻子，
>
> 聽到了地獄的召喚與號角的死誓。

然後他繼續描寫對於羅西尼、梅耶貝爾、古諾（Gounod，1818-1893）、莫札特的歌劇和一位他最喜愛的歌唱家的生動回憶：

那個豐產的婦人來了，

那光彩照人的明星，維納斯女低音，鮮花盛開般的母親，

最崇高的神祇們的妹妹，我聽到了，阿爾波妮（Alboni）本人⋯⋯。

音樂學會歌劇院和美國其他地方的小型歌劇院一樣，很快便陷入了人們所熟知的困境。這些歌劇院的運營方式和早期歐洲劇院類似，也就是說，劇院的所有權，全部或大部分屬於股東，大多數也都是那些包廂擁有者。這些包廂擁有者一般不負擔每年的經營費用，他們的主要貢獻，在於永久性地買下包廂，讓劇院修建之初就能得到一筆資助。他們會參與管理，把劇院出租給經理人。沒有專門的公司管理劇院，而是經理人通過與他的董事會協商，買下盡可能買得起的最好劇碼，並通過劇院的票房來回收成本。他們預約了一些歌劇巡迴劇團，帕蒂、克莉絲汀·尼爾森（Christine Nilsson）等耀眼明星時常來此演出。歌劇是昂貴的，歐洲的歌劇紅伶們尤其如此。人們很快發現大歌劇賺不了錢，經理人被撤換，換上了新人，音樂學會歌劇院開始舉辦交響音樂會和通俗古典音樂會，劇院被出租，用於舉辦多種社會活動、慈善活動、上流人士茶會、舞會等等。一個不可動搖的事實是，最初主要用來上演歌劇的紐約音樂學會歌劇院，上演的藝術作品全部成了虧本買賣，那些劇院包廂的主人們，最後只好自己想辦法填補虧空。

在 19 世紀，女歌手克莉絲汀·尼爾森的名氣幾乎與帕蒂齊名。

紐約有大把的錢，那不是問題所在。在19世紀早期，阿斯特（John Jacob Astor）獲得了公園劇院的所有權，而列治文山豪華的軟座包廂，在蒙特雷索演出季被一些紐約的名流購得。19世紀80年代，音樂學會歌劇院的股東們任命了新的董事會，由富甲一方的貝爾蒙（August Belmont）擔任主席，貝爾蒙顯然十分明白人們對他的期望。他是德國籍猶太人，瞭解並關注歌劇，經常慷慨地填補音樂學會歌劇院不斷發生的虧空。歌劇保留了它的尊貴，音樂學會歌劇院成為

紐約富有貴族們最喜歡身著華麗服飾炫耀自己的地方。如果你是羅斯福（Roosevelt）或者謝默霍恩（Schermerhorn）家族的一員，在音樂學會歌劇院擁有一座包廂，你希望被看到在使用它，或者偶爾借給一位擁有相同社會地位的人士？毋庸置疑的是，除了少數熱衷於購買社會地位和歐洲文化的富人，以及惠特曼等少數行家，以外語演唱的大歌劇實在是吸引力有限。即使是在美國當時最具世界觀的大都市紐約。從19世紀50年代音樂學會歌劇院開幕的那天起，包廂裡就擠滿了知名人士，然而，至少在上演歌劇的夜晚，觀眾席上經常都有成排的空位。又過了40年之後，等到紐約有了足夠的歐洲移民，他們擁有了可支配的時間和收入，歌劇院才有了觀眾保障。

　　另一個問題是，歌劇被廣泛地視為是最菁英的藝術，源自於公爵和親王們的娛樂消遣，藝術家是歐洲的，唱著德語或者義大利語，扮演著標誌性的人物，在虛幻的戲劇場景中抒發誇張的情感。而美國卻打著顛覆歐洲腐朽的社會等級價值觀的旗幟，如同《獨立宣言》所宣示的「人人生而平等」。拉法葉大道上高傲的居民們選擇去聽昂貴的歌劇，而居住在柏瑞（Bowery）街上的人對此卻毫無興趣。音樂學會歌劇院的隔壁就是坦慕里協會（Tammany Hall），也就是愛爾蘭人占主導地位的民主黨的總部，這些保守又頑固的政黨人員，歌劇不太可能和他們和平共處。歌劇這樣的藝術形式與美國的民主精神完全相悖，歌劇不是美國人演的，為什麼他們還想去看呢？對於這個國家的貴族與富豪，那些新興企業和自由經濟的宣導者，怎麼會把他們的財富浪費在一種既不能盈利、也很少有人會喜歡的藝術形式上呢？如果他們為歌劇和歌劇院挹注資金，是否就背叛了當初他們在美國獲得成功的新價值觀？因此，不管是從社會、經濟、政治，或是藝術上來看，歌劇都被普遍看成是一個以包容而自豪的社會中的異類。簡而言之，歌劇，等於是不愛國的表現。

　　在內戰結束後的艱難日子裡，如果有觀察家預測歌劇的微弱火焰遲早會熄滅的話，完全情有可原。歐洲的紅伶可以繼續靠音樂會巡演賺錢，這些節目，連同其他一些馬戲表演和畸形秀等，都各自有它們的市場。但經過辛苦排練、擁有豪華佈景和服裝，擁有訓練有素的樂隊和合唱團的高品

質歌劇，會有市場嗎？這些新移民們面臨戰後重建的強大挑戰，面臨難以馴服的西部平原和工業問題，歌劇與他們又有何相干呢？

然而歌劇在美國並沒有消失。相反地，它的星星之火，在美國最偉大的歌劇院——紐約大都會歌劇院建成之後，迅速呈現燎原之勢。

大都會歌劇院永遠都是個充滿貪婪的地方。隨著美國黃金時代的新財富源源不斷地流入鋼鐵大亨、鐵路大亨、銀行家、金融奇才和奸詐政客的腰包，他們同樣也想要歌劇院的包廂。沒有人會像這些新貴們那樣，如此在乎傳統地位與排場。更何況新興的暴發戶在對財富的掌控還不那麼牢固的情形下，貪心則更沒有任何限度。因此，這些新貴的後裔們都迫切希望加入紐約最菁英的俱樂部，例如：聯合俱樂部（the Union）、尼克博克俱樂部（the Knickerbocker），以及超級菁英的陣地——創始者俱樂部（the Patriarchs）。他們渴望在第五大道、紐波特（Newport）、羅德島（Rhode Island）上擁有宅邸，在德爾蒙尼可（Delmonico's，紐約的頂級牛排館）進餐，而他們的夫人能穿上巴黎最新款的華貴服飾，並且希望在歌劇院擁有自己的包廂。貝爾蒙特為了讓音樂學會歌劇院之舟不會沉沒，必定會盡可能地利用一切手段提供音樂學會資金。他本人在兩者之間充當了橋樑的角色。然而內戰前便已形成的美國北方貴族，在音樂學會劇院所擁有的包廂，絕不會將他們手中的特權與城裡的暴發戶們分享，不管這些暴發戶是多麼的慷慨大方。而且，就算他們有錢也做不到，因為根本就沒有足夠的包廂。音樂學會歌劇院只有30個包廂，所以即使是范德比爾夫人想要申請一個，也沒有辦法。

范德比爾家族是美國富中之富，1877年，鐵路大王范德比爾（Commodore Cornelius Vanderbilt）去世時，他給兒子威廉·亨利（William Henry）留下的遺產接近一億美元，而比利·范德比爾（Billy Vanderbilt）又將其翻倍。有這麼一大筆隨意處置的財富，比利·范德比爾的夫人阿爾娃（Alwa Vanderbilt）想在歌劇院的包廂中展示她的華麗服飾，再自然不過了。如果錢比任何人都多（「我是世界上最富有的人」，比利·范德比爾曾經得意地誇耀著），就不習慣遭到拒絕。因此，當音樂學會歌劇院拒絕給

阿爾娃包廂後，她的丈夫藉此找到了理由。1880年4月，比利・范德比爾的律師沃倫（George Warren），態度強硬地向貝爾蒙特和音樂學會歌劇院的股東們表示嚴重的抗議。不僅是阿爾娃夫人的委屈要得到安撫，還有那些紐約的新富們，他們的不滿也應當適度得到解決。

音樂學會歌劇院的處境十分尷尬。那些有幸擁有包廂的股東，不願意放棄這種彰顯社會地位的象徵。此外，還有一個沒有明說然而世人皆知的事實，那就是給音樂學會歌劇院包廂增色不少的紐約老牌富貴之家，並不願意與這些新暴發戶坐在一起。音樂學會歌劇院的伊蒂絲・華頓在《純真年代》中寫道：「即使那裡窄小又不方便但保守派依然珍惜它，而那些在紐約令人又懼怕又受其吸引的新族群，卻因而被拒於門外。」

作為回應，音樂學會歌劇院宣稱，如果經過一定程度的擴建，他們可以再增加26個包廂，這也是這座建築所能容納的極限了，但是這個數量卻還遠遠不夠。不到一周，沃倫就宣佈說，他的那些對音樂學會股東不滿的客戶們，決定籌錢為他們自己修建一座新的歌劇院，阿爾娃・范德比爾會在新劇院擁有一個私人包廂。

其他許多人也能在新劇院內擁有包廂。包廂的所有權意味著劇院的部分所有權，也就是說，一開始你就得為劇院付錢，一旦你擁有了劇院的一部分，你就可以理所當然地按自己的想法去炫耀自己，而且還不需要額外的花費。因此，當新的大都會歌劇院建成之後——依然在北面，介於百老匯大道第39和40大道之間，恰好在後來的時代廣場以南——每個人都對它的包廂津津樂道，它擁有122個包廂，遍佈在四層樓中，可以容納3,500多個觀眾的四分之一。在這裡，人們可以看到的是全紐約乃至全美國的新貴，也就是新興權力菁英們的豪華陣容。

大都會歌劇院開幕之夜，是紐約社會中最輝煌的一頁歷史。最引人注目的是，在這座城市的歷史中，第一次有了兩座歌劇院在同一個夜晚上演劇碼。古老的美國菁英、像擱淺的大鯨魚一般的音樂學會歌劇院，奇跡般地重新綻放了光彩。這應該歸功於它當時的經理人，那位古怪的英國人梅普森上校。

　　梅普森於1830年出生於倫敦，學過小提琴和鋼琴，曾一度擔任過歌劇男高音，後來開始涉足音樂經營。他數度在倫敦各大劇院策畫歌劇季，包括：德魯里巷、蘭心大劇院（Lyceum）、女王陛下劇院，以及柯芬園（曾短暫並艱難地與賈伊合作），他精力過人、富有創業精神的梅普森來到美國，在此繼續磨練他的才幹。他策畫歌劇巡迴劇團、籌措資金、帶著演出團四處奔走。雖然梅普森自認為在戲劇上是失敗的，但其實他獲得的卻是驚人的成功。

　　金錢對於梅普森而言，就像前前後後大部分歌劇推廣人一樣，永遠都是個問題。帕蒂經常向梅普森敲詐勒索，但是，對於這樣一位天賦卓越、觀眾趨之若鶩的歌手，他不得不滿足她的所有要求，給她配備豪華的私人火車包廂，每一次支付5,000美元的出場費等等。梅普森寫於19世紀80年代晚期的回憶錄，雖然內容不太可靠，但是它為那段被人們遺忘的年代中各種問題和實情提供了豐富的資料，為歌劇經理人的同情心氾濫敲響了警鐘。有一次，梅普森和帕蒂簽訂了合同，那上面寫著，帕蒂夫人「可自由參加排練，但不應被要求和強制參加」，並且由她本人，而不是管理者，來選擇她的演出服。在這方面，起碼帕蒂比起當時其他大多數歌劇女主角來說，要求並不過分。

　　梅普森還故意拿帕蒂和吉爾斯特（Etelka Gerster）之間的競爭關係來調侃。吉爾斯特是和帕蒂齊名的女高音歌唱家，帕蒂認為她有一雙「邪惡的眼睛」，每當出了什麼問題，人們總會聽見帕蒂嘮叨著「吉爾斯特」。梅普森描寫他是如何花了吃奶的力氣，在同時演出時將兩位女士隔開。有一次，媒體報導，在一場轟動的帕蒂音樂會結束之後，密蘇里州長激動難耐，親吻了這位偉大的首席女歌手。記者問吉爾斯特如何看待這段插曲，她回答說她不明白為什麼要小題大做，並且譏諷地說：「一個男人吻一個歲數和他母親相當的女士，沒什麼錯啊。」

　　1881年，梅普森帶著紐約音樂學會歌劇院全體演員開始大規模的巡演，其中最引人注目的是第一屆辛辛那提歌劇節，這無疑是美國或其他任何國家最大膽的音樂事業上的嘗試。他們在之前的集合地點聖路易斯於凌

晨1點踏上火車，第二天下午約3點到達辛辛那提，當天下午都在找旅館、上臺排練《羅恩格林》。團隊中包括150人的樂隊和眾多擁有世界知名度的明星歌唱家，他們在辛辛那提停留了一周，上演了八部以上的歌劇，觀眾數量超過8,000人。離開辛辛那提之後，他們繼續前往底特律、錫拉丘茲和奧爾巴尼，最後回到紐約，適當裁減人數，並恢復了在音樂學會歌劇院的演出。

紐約大都會歌劇院。

第二年，梅普森再次來到辛辛那提，受到了更隆重的歡迎，因為這次帶著耀眼的明星帕蒂，而且他說服了帕蒂回到他的老巢——紐約音樂學會歌劇院，在下一個演出季登臺演出，儘管吉爾斯特當時還在音樂學會歌劇院的演出節目單上。梅普森這樣做自有他特別的理由，新的大都會歌劇院即將竣工，大都會歌劇院的董事及總經理亨利‧阿比（Henry Abbey）花了大把的錢，試圖招募世界最著名的歌唱家，梅普森決定牢牢地掌握帕蒂和吉爾斯特，以自己的方式擊敗阿比。兩家競爭的公司，為了爭奪領導位置而展開了競賽，這在歌劇的歷史上已經不是第一次發生了，當然也不會是最後一次。城裡的歌劇愛好者們，發現他們的選擇性突然增加了。1883年10月22日，音樂學會歌劇院上演吉爾斯特的《夢遊女》，同一天晚上，紐約大都會歌劇院第一次敞開了大門，上演了由克莉絲汀‧尼爾森主演的《浮士德》。

　　兩家歌劇院的競爭，就像職業拳擊賽之前的流言蜚語和猜測，讓紐約的媒體和大眾興奮了好幾個星期。隨著大都會歌劇院逐漸受到關注，引來大量的群眾到百老匯大道圍觀。它的建築師凱迪（Josiah Cleaveland Cady）之前從未設計過劇院，這座建築最有趣的地方，就是至少從外面看，它不像是座劇院，實際上它一點都不像歐洲所有的大劇院，它完全不是一座雅典式的藝術神殿，進門處沒有裝飾希臘風格的三角飾和門廊，也沒有希臘或者拉丁銘文，更沒有科林斯式圓柱。它是一座七層的公寓大樓（抑或是辦公大樓），外表裝飾著黃磚。梅普森酸溜溜地稱其為「百老匯上新的黃啤酒廠」。從審美角度來看，它的拱形窗具有少許當時流行的新文藝復興風格。不過，這座建築總體來說代表了金錢而不是藝術。究竟怎樣衡量這座美國最新、最大的歌劇院呢？隨著開幕之夜臨近，《紐約世界報》敬告讀者說，「社會各界望眼欲穿地等待週一晚上的音樂競賽，它……即使不會加深，也必定會持續上演名門望族之間的猜忌和競爭。」

　　那一天，《紐約世界報》報導說，上萬人擠在馬路邊，希望看一眼開幕之夜的那些名流，正如他們的後代在50年之後在好萊塢首映會上所做的那樣。演出被宣傳為8點整開始（太早了，紐約的富人們抱怨說，他們不想狼吞虎嚥地吃晚飯）。到了晚上8點，這裡仍然擁塞著馬車，同時「身著禮服的女士和紳士們正在魚貫而入」。8點23分，當指揮終於抬起指揮棒開始演出時，「人們還在從各個地方陸續湧進來」。新歌劇院閃亮登場的賓客令人眼花繚亂，在美國從未看到過這樣的觀眾……馬蹄形大廳的各個角落都閃耀著鑽石的光芒……華麗的服裝令人目不暇給。

　　每個人都想知道，是哪些紐約名流出席了大都會歌劇院的歌劇之夜，而忠於音樂學會歌劇院的又是哪些人？此事同樣也被詳盡地報導。《紐約世界報》列出了大都會歌劇院開幕之夜包廂擁有者的名字，以及女士們穿戴的細節。第9包廂的威爾遜夫人「身穿低胸無袖的白色綢衣，鑲滿水晶刺繡，項鍊是鑽石和珍珠」。再往前幾個包廂，特努爾夫人「穿著寶石紅的天鵝絨長裙」，她的女兒「穿著粉色織錦緞長裙……領口是方形的，以蕾絲花邊和珍珠加以點綴」。那麼，在第35包廂中光彩照人、品嘗著勝利喜悅

的范德比爾夫人又是如何呢？她的服裝，是一條「淡藍色的織錦緞長裙，前面覆以針繡荷葉邊，方形領口，鑽石項鍊」。

當晚入場的觀眾會因它的奢華而大吃一驚，裡面並不是公寓隔間或者辦公室，而是一個巨大的馬蹄形劇院，座位是傳統的歐洲佈局，裝飾著華麗的綢緞，也許是太大了，許多坐席上的視線都很差，音量不夠的歌手不得不大聲吼叫。室內部分地方非常悶熱，而過道上又過於通風。後臺的設施十分侷促，佈景轉換耗時過長。就開幕演出本身而言，狂熱的觀眾也好，苛刻的批評家也好，均持保留意見。特別是尼爾森，她已非十多年以前的那位歌手，不過她在《珠寶之歌》（Jewel Song）之後，被贈予一個巨大的首飾盒，裡面裝著純金的花冠，還有兩枚工藝繁複的巨大的金色別針。一陣紛亂的掌聲之後，尼爾森將那只深紅色的天鵝絨首飾盒放低，以便讓觀眾看到裡面的內容，然後將其放在椅子上，重唱一遍詠歎調，向這份新禮物致謝。在這種情形下，再唱一遍是出於禮貌。實際上，這意味著梅菲斯特（Mephistopheles，《浮士德》劇中的魔鬼）的失敗，因為他的開場詠歎調沒有被要求再唱一遍。「一個不能保證《金犢之歌》（Song of the Golden Calf）被要求再唱一遍的魔鬼，真是一個可憐至極的魔鬼。」一位批評家這樣寫道。

不過總體來看，這個夜晚還是相當成功的。據報導說，范德比爾「這一夜展示了非同尋常的社交能力」，他情緒高昂地一個接著一個在各包廂之間穿梭（其中有三個包廂屬於他）。劇院裝得滿滿的，觀眾熱情無比，演出不比歐洲的任何演出差，范德比爾和他的朋友們為他們這座新的聚會場所帶來的知名度和地位而歡欣鼓舞。阿比不僅是大都會歌劇院的總經理，同時還是劇院的承租人，在半夜12點30分演員謝幕、布幕終於落下後，他發出了會心的微笑，滿意地鎖上劇院的大門。他的贊助者們疲乏至極，然而興奮異常，當然，紐約的富人們第二天都不必早起。

而此時在音樂學會歌劇院，梅普森的觀眾也擠得滿滿的。那一夜他多數時間都待在股東們的房間裡，據報導說，他同樣是「笑容滿面，來回地忙碌，一會兒和一位股東一起打開香檳，為音樂學會歌劇院的興旺而乾

杯，一會兒又衝到一位記者面前，回答他的提問。」他還不時地抽出時間聽一聽歌劇，「當吉爾斯特的聲音在詠歎調的末尾漸漸消失，繼之響起雷鳴掌聲時，他由衷的說，太棒了！知道嗎，誰也比不過你。」不知道究竟是詠歎調還是掌聲令梅普森如此激動，不管怎樣，他明白他獲得了巨大的成功，他甚至宣佈吉爾斯特收到了一封出乎意料的友好信件，她的死對頭帕蒂鼓勵（吉爾斯特）盡力而為，保持激情，她說：「我們將戰勝一切。」

　　音樂學會歌劇院平時的包廂擁有者，在奧古斯特·貝爾蒙特夫婦的帶領下大部分都到場了。「我不會去另一個劇場」，引用一位股東的話說，「即使是排練也不會去看」。另一位表示只要你的腳一旦邁進去，「你就會被當成是另一個陣營了」。當然也有幾個特別勇敢的人（他們的名字也被曝了光）當晚在兩家劇院都現了身。音樂學會歌劇院有一個包廂是空的，凱若琳·阿斯特夫人（Mrs. Caroline Astor），紐約社交界至高無上的領袖人物，顯然無法確定自己該站在哪一邊更合適，只好推說自己「尚未回國」。

　　兩座歌劇院上演的都是義大利歌劇。通常它意味著由義大利人創作，但它更多的是指義大利語的歌劇。因而，在大都會歌劇院開幕之夜，有幾分臃腫的尼爾森扮演古諾的瑪格麗特，她活潑地將自家雛菊上的花瓣扯下來，唱的是「m'ama!」（義大利語：愛）而不是「il m'aime」（法語：他愛我）。十年前她在音樂學會歌劇院演出的時候也是這樣唱的，以伊蒂絲·華頓美妙的語言來形容，在這裡「不可改變且無可爭議的音樂世界的法則是，要求德語內容的法國歌劇，由瑞典藝術家演唱，並被翻譯成義大利語，以便英語國家的觀眾能更好地理解。」浮士德著名的詠歎調「Salut! demeure, chaste et pure」（法語：貞潔的小屋，我向你致敬！）變成「Salve! dimora casta e pura」（義大利語，意思與前者相同）。《卡門》（Carmen）用義大利語演唱，《瑪爾塔》（Martha）和華格納的《羅恩格林》也用義大利語演唱，義大利語就是歌劇界的法定語言，由於它的單母音和開母音，演唱起來確實非常動聽。事實上，在法國多數歌劇是以法語演唱的，在德國用德語，在英國則是用英語，但是所有頂尖的國際明星都是用義大利語

演唱。因此，如果一位美國的經理人，想預約瑞典人林德或尼爾森、匈牙利人吉爾斯特、波蘭人賽布里希（Sembrich）或雷茲克兄弟（Dc Reszke brothers）、法國人普朗松（Plancon）、莫勒爾（Maurel），或是說英語的帕蒂或者諾迪卡（Nordica），在金錢利誘之外再以用義大利語演唱的邀約，那麼成功的幾率就會高得多。

　　於是，阿比的大都會歌劇院和梅普森的音樂學會，這兩家歌劇院均難分伯仲，各自推出了眾星雲集、頗具吸引力的義大利歌劇秋季演出季，意在吸引紐約社交界的菁英。到了12月，兩家公司都開始進行大規模冬季巡演。在整整一年裡，紐約人（甚至包括遠在波士頓、費城、底特律、芝加哥、印弟安納波里斯、聖路易斯、明尼阿波利斯、匹茨堡、克利夫蘭、辛辛那提、蒙特利爾、華盛頓、巴爾的摩和布法羅等城市的歌劇愛好者們）發現他們被沒完沒了的義大利歌劇包圍著。有時候，劇碼會交替上演。於是，在極個別的情況下，兩家公司會不期而遇。那是發生在 1884年1月，梅普森和阿比的巡迴演出團發現他們居然住在芝加哥同一家酒店裡，所有的首席女歌手──音樂學會的帕蒂和吉爾斯特，大都會歌劇院的尼爾森和賽布里希──的房間居然在同一條走廊上！

　　阿比和梅普森開始分出勝負。起初，梅普森似乎戰勝了對手。第一季結束之前，大都會歌劇院的財務狀況並不理想，但大家也不覺得驚訝，因為當初新歌劇院的資金到位之後，阿比招收了一支龐大的合唱團和樂隊，同時還招收了服裝和佈景設計師，以及大量的後臺工作人員。大都會歌劇院的股東們支援他和他的助手格勞（Maurice Grau）盡可能花錢去請世界上最好的歌唱家。但實際上，是縱容他們和梅普森展開競價戰爭。按照莉莉‧萊曼後來的描述，大都會歌劇院的每一套服裝、每一雙鞋、每一雙襪子都來自巴黎沃斯（Worth of Paris）。雖然這種說法不太真實，不過，當梅普森的音樂學會歌劇院循環使用以前演出的佈景和服裝時，大都會歌劇院每一部劇碼用的都是新的。大都會歌劇院所展示的奢華佈景和服裝，理所當然地贏得了讚賞。在美國的歌劇年鑑上，一位批評家口無遮攔地說，至今還沒有「展示過如此華麗的佈景和戲服」，他進一步將「新歌劇院奢華

優美的佈置和令音樂學會歌劇院蒙羞的單調骯髒毫無美感的布景」之間做了比較，並將二者比喻為紐約「貴族」和最糟糕的貧民窟。

　　所有花掉的錢和阿比的大部分開支，都只能透過銷售門票來收回。不可能指望占大都會歌劇院相當比例的包廂擁有者們，再支付額外的費用。因此，大都會歌劇院的普通票價不得不高於音樂學會歌劇院。一旦對於新劇院最初的期待與熱情消散，加上觀眾的層次逐漸下降，包括各地的旅行和住宿費用，巡迴演出總會帶來無法避免的財務風險。當阿比和格勞帶著團隊回到紐約，開始1884年的春季演出時，前期準備的資金已經所剩無幾。阿比通知股東們，下個年度他無法繼續擔任總經理一職，除非他們填補他的損失，股東們當然不會同意。大都會歌劇院開業不到一年，便面臨關閉的命運。

　　股東們一開始便知道，這座擁有豪華舞臺、巨大演唱空間的歌劇院，根本就無法盈利。他們的總裁，詹姆斯‧羅斯福（James Roosevelt）於1882年5月大都會歌劇院開幕前，曾對報社記者談及這個問題。實際上，對於某些人而言，一家好的歌劇院不盈利似乎是件值得驕傲的事。在大都會歌劇院開幕後不久，一位年輕的社交界人士在《紐約世界報》諷刺專欄中這樣問道：「他們難道認為，我們興建歌劇院，是為了把它變成商店嗎？」「感謝上蒼，我們是把錢花在歌劇院上，而不是從中賺錢。」他碰到的一位大都會歌劇院的贊助人認為，歌劇院「是唯一能通過損失金錢而使我們的生命得到昇華的地方，讓我們保持它的潔淨和純粹吧！」

　　這無疑是一句刻薄的諷刺，是對盎格魯撒克遜白人新教徒的諷刺，因為大都會歌劇院的資金主要來自於紐約的盎格魯撒克遜白人新教徒階層，而他們已經不能再像以前那樣代表整座城市了。也許大都會歌劇院的股東們曾指望城裡的義大利中產階級能填滿他們的劇院，在《拉美莫的露琪亞》和《夢遊女》身上尋找或寄託他們的鄉愁。當然樂隊裡的義大利人是很多的，包括兩位指揮：西奧費（Ciofi）和奇奧維（Giovi），但是很少有人願意花差不多一天的薪水，在這個巨大的劇院裡買張距離舞台很遠的一個座位，然後再費勁地回到家中，過不了幾小時又得準時去上班。

　　梅普森在他位於第十四大道的據點中看著這一切，可以理解他是多麼的歡欣鼓舞。他已經把對手趕走了，儘管聽到阿比遇到的麻煩時，他頗為同情地表示：「有點遺憾地聽說，這個不太聰明的老闆陷入了危機。」

　　然而，要因此斷定大都會歌劇院已經衰落還為時過早。此時此刻，一位不太可能的救星從天而降，就像歌劇裡的天鵝、鴿子和身穿銀光閃閃鎧甲的騎士，突然出現在股東們面前。利奧波德·達姆羅施（Leopold Damrosch），一位認真而有幾分學者派頭的德國人，全心全意致力於音樂的發展，一點也沒有不切實際的姿態。達姆羅施也是一位成就斐然的音樂企業家。年輕時，他在威瑪與李斯特共事，1871年來到紐約之前，曾在布雷斯勞（Breslau）管弦樂團擔任指揮。在這裡，他不僅成立了紐約清唱劇社團（New York Oratorio Society）並擔任指揮，還很快成立了自己的管弦樂團，也就是後來的紐約交響樂團的前身，該樂團在1884年時的總裁是希爾本·羅斯福（Hilborn Roosevelt），也就是大都會歌劇院詹姆斯·羅斯福的侄子。後來在達姆羅施的兒子瓦爾特的敘述中，希爾本·羅斯福曾向他叔叔詹姆斯提到，要解決大都會歌劇院的困境，有個權宜之計，就是把達姆羅施請來，把劇院出租一季給德國歌劇，「因為義大利歌劇在逐漸衰落，而華格納變得特別吃香。」很快地，達姆羅施就以一萬美元的薪水（帕蒂兩個晚上就能掙這麼多）被聘為歌劇院經理，為歌劇院工作一年，其間推出德語歌劇季，並親自擔任大部分演出的指揮工作。達姆羅施（據他兒子說）很高興得到這次機會，可以實現「他一生的夢想，將華格納的音樂戲劇介紹給美國，並將梅普森……和其他人至今還在向大眾灌輸的虛偽而膚淺的老式義大利歌劇學派永遠趕走。」1884年5月，達姆羅施乘船去了一趟歐洲，8月份帶著所有簽署的合約回到紐約，並立即投入工作中。他設法使新公司維持運行，同時還要訓練樂隊和歌手、指揮演出。到了1885年1月，由於生意非常成功，達姆羅施同意減少薪水（降至8,000美元），而另外增加一份利潤分紅，同時開始策劃下一個演出季。那時，達姆羅施已經開始排練《女武神》，該劇於1885年1月30日上演，達姆羅施在八天的時間裡指揮了五場。由於勞累過度而一病不起，不幸於2月15日離開人世。

利奧波德‧達姆羅施開創的事業,由瓦爾特‧達姆羅施繼承,他得到指揮塞德爾(Anton Seidl)的幫助和鼓勵。塞德爾曾在拜魯特居住並和華格納共事過,他在紐約創造了新的標準。大都會歌劇院在整整七個演出季都成了德國歌劇院,不光是用德語演唱華格納的作品,還用德語演唱法語歌劇,包括《浮士德》、《威廉‧泰爾》和《猶太女》(La Juive),大都會歌劇院穿上德國的新裝,取得了巨大的成功。本來興高采烈的梅普森在1886年演出季和大都會歌劇院最後一次交手,並遭到慘重損失之後,發現音樂學會歌劇院竟然運營不下去了,他不得不退出,他說:「我無法和華爾街匹敵。」音樂學會歌劇院本身還在運行,為一些巡迴演出團體提供場地,最終於1929年被拆除。如今,位於歐文大道第14和第15街之間的聯合愛迪生大樓(ConEdison building),其大廳入口處有一塊不起眼的展示牌,上面記錄著這裡曾是「紐約著名的音樂廳和歌劇院」的舊址。

在義大利歌劇遭遇失敗時,德國歌劇取得了商業成功。義大利歌劇是否真的如瓦爾特‧達姆羅施斷言的開始「走下坡了」?全然不是如此。華格納歌劇缺乏超級明星、缺乏令人難忘的詠歎調,而義大利歌劇恰恰才是大都會歌劇院股東們最想要的。雖然他們最終如願以償,但他們的劇院暫時還需要德國歌劇來維持生存。其部分原因是因為人口結構,部分則是因為文化使然。在19世紀80年代,紐約的德語系人口已經超過25萬,幾乎達到了美國許多其他大城市的人口總數。德國人在他們居住的美國城市中,不一定是最大的族群,但往往是最突出並最有社會凝聚力的族群。他們相對較為富有,並受過更良好的教育。他們積極傳播他們的文化遺產,將德國飲食習慣和穿著風格都帶到了美國。他們出席演講,支持德語出版物,也參加音樂會。音樂是德國最具影響力、也是最方便的舶來品,這個文化傳承被公認為無可匹敵。到德國去,是每一個有抱負的年輕美國音樂人都期待的朝聖之旅。

當然原因不止於此。德國歌劇為什麼在大都會歌劇院如此成功,還有其經濟上的原因。一個簡單的事實就是,華格納歌劇儘管複雜,但是上演的費用卻比貝利尼和董尼才蒂的歌劇要少得多。服裝和佈景幾乎是抄襲

拜魯特而來，在歐洲花很少的錢就可以製
作完成。此外，華格納的歌劇也不需要大
都會歌劇院去爭搶超級明星歌唱家（特別
是梅普森離開音樂學會之後）。即使是像
在拜魯特扮演布倫希爾德（Brunnhilde，
《尼伯龍根的指環》中的女武神）的阿
瑪莉‧瑪特納（Amalie Materna）這樣著
名的藝術家，其收入還不及尼爾森和帕
蒂的一半。瑪特納和馬克斯‧阿爾瓦利
（Max Alvary）、埃米爾‧費舍爾（Emil
Fischer）、莉莉‧萊曼等歌手，都是才華橫
溢的表演藝術家，在德國，他們習慣於作為
團隊中的一員，和大家一起共事。在這裡，
不管是女武神也好，崔斯坦也罷，都不會
獨自精彩突出，而是為了展現「總體藝術」
而一起努力。本著這種精神，達姆羅施簽
下了不錯的合約，但花費卻不高，因此高級
座位的票價也得以降低。

扮演女武神的阿瑪莉‧瑪特納。

　　這麼一來，當紐約大都會歌劇院啟動德語歌劇季時，便吸引了大批現
成的觀眾。雖然包廂主人們可能會被華格納的歌劇弄得惶惶不安（什麼時
候到達劇院比較合適？哪一幕才最棒？該什麼時候吃晚飯？），不過，在大
多數晚上，劇院裡的高價席都坐滿了大量熱心的觀眾，華格納式的燎亮嗓
音，充滿了劇院最遙遠的角落。華格納歌劇同樣也進行了巡迴演出。1888-
1889年的演出季，塞德爾首次將全本《尼貝龍根的指環》帶到了費城、波
士頓、密爾沃基、芝加哥和聖路易斯，莉莉‧萊曼在其中扮演齊格琳德
（Sieglinde）和布倫希爾德。

　　過了一陣子，華格納歌劇帶來的新鮮感開始消失，更多的義大利歌劇
和法國歌劇（以德語演唱）開始慢慢成為大都會歌劇院的保留劇目。1891

年，大都會歌劇院的股東們決定再次將劇院租給阿比和格勞。然而在1892年，劇院卻因一場大火被燒毀。如果火災發生在出現嚴重經濟衰退的1893年，天曉得股東們還會不會重建劇院。實際上的結果是，那塊地被出售給新成立的大都會歌劇院和房地產公司，許多股東們帶著一顆受傷的心（和虧損的金錢）撤離了這裡。新公司實際上是由35位巨富所組成的壟斷集團，他們重建了大都會歌劇院，並且成為實際的擁有者。劇院重新開幕之後，人們發現它的佈局和光線都有所改善。據《紐約時報》（New York Times）報導，劇院裝上了電梯，在劇院內部有一萬盞電燈，其中有一半用在舞臺上。座位增加了幾百個，還有可以容納1,500人的站席，為了留出這個空間，不得不相應地減少包廂的數量。這是個「民主」創新嗎？在某種程度上應該算是的。在那個時候，紐約的義大利階層正在攀登職業和財富的階梯，一座擴大的劇院所擁有的較便宜的座位是十分具有吸引力的。《紐約時報》在報導大都會歌劇院重新開張時，評論中說，出現了「極多受過教育、舉止得體的外國人。」它勉強地承認說，這座城市的世界性「不再由花生小販、香蕉賣主、廉價鮮花販子、糕點師傅、服務生來支撐。」的確，「如今城裡的生活因義大利人、德國人、法國人、西班牙人，甚至上等的希臘人而顯得豐富而多姿多彩。」《紐約時報》最後總結說，昨夜，所有的人「讓義大利歌劇的成功，將大都會歌劇院變成了旋律優美的巴比塔。」

另一方面，大都會歌劇院如鳳凰般浴火重生了，代表並重申著紐約極端反民主的本性。觀眾席上包廂的減少，使得人們比以前更加渴望佔有一個看得見的包廂。劇院的新主人們為自己配置了奢華的包廂，這種包廂後來被稱為「鑽石馬蹄座」（the Diamond Horseshoe），他們被視為佔據了紐約社會的頂端，在這個時期，社會地位讓擁有它的人和缺乏它的人同樣感到癡迷。主人們可以在一周中的幾天將包廂出借或者出租，於是不同的夜晚就有不同的面孔出現在包廂裡，因而，威廉·范德比爾和家人及朋友有可能週一（社交上最重要的晚上）和週三出現在六號包廂，週五和日場則把它借給別人，最重要的並不是能坐在包廂裡，而是宣示著對它的所有權。科洛丁（Irving Kolodin，1908-1988）這樣評論道：

如果你擁有包廂就意味著你「有身份」；如果你只是租借，就意味著你徹底出局了，也就相當於你在社交界已經不存在了。不用說，那些租借的人吞下了這種階級制度所帶來的苦果，然而他們卻俯視著也藐視著樓下那些既買不起也租不起包廂，只能買一個座位的人，這種痛苦情緒被慢慢地延伸了出去。

科洛丁這種「階級地位」的說法聽上去十分愚蠢，從我們後來的觀點看也確實如此。他繼而補充說，那些看重包廂的人，對它真的相當在乎。那些人不僅包括週一晚上，在歌劇包廂裡漫不經心地炫富的壟斷富商，和他們百萬美元身價的夫人們，還包括更廣泛的、因為看到他們出現在包廂裡而興奮激動，表現得畢恭畢敬的其他階層的人。開幕之夜過去之後，阿諛諂媚的《紐約時報》欣喜若狂，寫了這樣的報導：

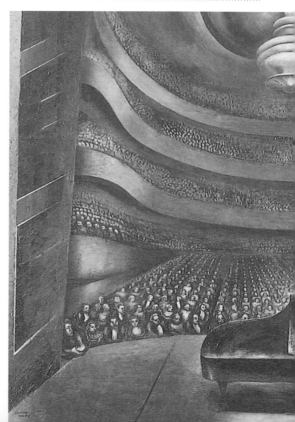

1932 年蓋希文（GershwinW 在紐約大都會歌劇院演出的情景。歌劇，在紐約大都會歌劇院建成之後，迅速發展起來。

手臂、雙肩和胸部珍珠般的肌膚在昂貴的飾物下隱隱若現，絲綢般柔軟的精緻捲髮散發著猶如烏木的光澤，閃爍著金子般的光芒；像枝頭鮮花般的笑容，此時安靜而專心致志地朝向著舞臺，凝固著陶醉的神情，當布幕降下之後，突然又閃過矛盾的表情，彷彿不願意被遮擋在舞臺上的色彩和輝煌的火焰之外；這不停息的閃光，猶如夏日的閃電帶來點點的火焰，這兒是鑽石，那兒也是鑽石，鑽石無處不在，閃爍著、耀動著、搖曳著、燃燒著、舞蹈著……。

那一整夜，《紐約時報》派出的記者肯定早已是眼花繚亂了！

　　很快地，精明的觀察家們不僅注意到了豐滿的胸部和白花花的鑽石，還注意到了坐在包廂裡——尤其是坐在鑽石馬蹄座裡那些身份顯赫的家族，以及包括這些家族像所有貴族菁英那樣複雜的相互交流的方式。而某些關係是商業上的。在所有人看得見的馬蹄座的中心，第35號包廂屬於銀行巨頭摩根（John Pierpont Morgan），而他的朋友們或者交易夥伴們則擁有第5, 8, 9, 10, 12, 16, 18, 21, 26, 27和33號包廂。再來是范德比爾這一派，他的朋友、家族和各種各樣的交易夥伴擁有第1, 3, 13, 17, 22, 23, 24和25號包廂。另外，還有少部份的音樂學會歌劇院的遺老（帶著他們的女人），拋開面子忍氣吞聲來到這裡，因為他們必定得拋棄舊式有錢人破敗的堡壘，移駕到新貴們金碧輝煌的宮殿中來。這些人當中包括阿斯特（J. J. Astor，他的夫人凱若琳（Caroline Aster，1830-1908）是紐約社交界的無冕王。有阿斯特夫人進駐大都會歌劇院的包廂，這座歌劇院的聲望便功德圓滿了。

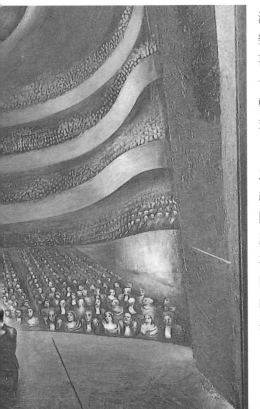

　　就這樣，紐約大都會歌劇院在開幕季瀕臨倒閉的情況下，最後戰勝了對手：音樂學會歌劇院，繼續吸引著新的觀眾，並再次成為紐約權貴的聚集中心。以當時的一位歷史學家的說法，「大都會歌劇院，較之其他任何民間機構，更能彰顯19世紀末期紐約貴族的價值觀。」

　　大都會歌劇院在重新設計、重新修建之後，於1893年11月27日開門迎賓，《紐約時報》以頭版頭條如此報導：「代表了因美貌、優雅和文化而值得誇耀的社會階層。」它再一次上演了《浮士德》，但這次是法語版。新建的大都會歌劇院，不是因其早期的歷史，而是因為此時它所著手的事業，很快衝破重重困難，成為國際上聲譽卓著的歌劇院。

首席女歌手

　　很多故事都是關於男人的，他們當中有偉大的作曲家、瀟灑的指揮大師、野心勃勃的經理人。然而在歌劇的故事中，首席女歌手從一開始就扮演著舉足輕重的角色，不論是在臺上還是在臺下。從安娜・麗茲和法蘭西斯卡・庫佐涅，到帕斯塔和帕蒂，再到卡拉絲（Maria Callas，1923-1977）、蘇莎蘭（Joan Sutherland，1926-2010）和卡芭葉（Montserrat Caballé，1933-）這些頂級的女高音歌唱家曾經獲得了無數的喝彩。

　　19世紀，是首席女歌手的時代。在此之前，最著名、收入最高的歌手，特別是在義大利，是那些偉大的閹伶，而進入20世紀之後，光環則落到英雄男高音（heroic tenor，即是指演唱華格納歌劇的男高音）的身上。到了法里內利時代和卡盧梭時代之間，最著名的歌唱家都是女性：馬里布蘭、帕斯塔、格里西、林德、帕蒂等等。她們才華洋溢、收入豐厚，然而在大量關於她們的傳記中，卻點出她們及其他男性同行在邁向巔峰的路上所付出的艱辛，正如愛迪生所說的那樣：「天才，是1%的靈感，加上99%的努力」。不過在戲劇界，特別是歌劇界，還有其他因素也占了一定的比率。

　　首先，父母佔很大的影響力。許多歌劇作曲家和演員都來自音樂世家，例如：巴哈家族、庫普蘭（Couperin）家族、史卡拉蒂家族、波切里尼（Boccherinis）家族和普契尼家族等，都至少出現過一位天才作曲家，貝利尼的父親和祖父都是教堂的管風琴師和作曲家（與普契尼一樣），理查・史特勞斯（Richard Strauss）的父親是著名的小號手。唱歌也同樣是在家庭中代代相傳的。曼紐爾・加西亞不僅本人的事業卓有成效，而且作為父親，他還培養了一位19世紀最著名的聲樂教師，以及兩位

1910年的聖誕夜，泰特拉齊妮在舊金山的 Lotta's Fountain 廣場上為民眾演唱的情景。

著名的首席女歌手：馬里布蘭和薇雅朵。格里西姐妹是19世紀上半葉深受重視的歌唱家，19世紀末期的雷茲克兄弟也是如此。加布里埃利、桑塔格（Sontag）、莉莉‧萊曼、帕蒂、泰特拉齊妮（Luisa Tetrazzini，1871-1940）和龐塞爾（Rosa Ponselle，1897-1981）都有姐妹從事聲樂工作，而且，萊曼的父母也都是歌手。

　　許多著名女高音歌唱家在她們早年的職業生涯中，似乎都離不開一位強勢家長的幫助與推動，這個角色，往往是急於想讓世界關注自己女兒才華的母親。與卡盧梭同時代的美國女高音歌唱家傑拉爾汀‧法拉爾（Geraldine Farrar）就曾經寫過一本自傳，在不同的章節中她分別以第一人稱和母親的口吻來交替敘述。作為一位有抱負的首席女歌手，生活中和母親的關係有可能比較緊張。比法拉爾稍早一點的同行凱洛格（Clara Louise Kellogg）曾經寫道：「如果允許我——不，如果我能夠自力更生的話，我的心智會發展得更快。」一個人只能從自己的錯誤中吸取教訓，凱洛格談道，「為了保護我，母親真的奪走了我不少寶貴的經驗」。20世紀20年代，著名女高音歌唱家克勞迪婭‧穆齊奧（Claudia Muzio）的母親一直負責照顧她，但兩人卻很少交談。如果凱洛格對於母愛的看法還有所保留的話，穆齊奧則近乎充滿敵意。而另一位美國首席女歌手，著名的華格納女高音莉蓮‧諾迪卡（Lillian Nordica）則毫不掩飾自己的感激之情，她這樣描述她那無所不能的母親：

　　保護我不受任何不愉快事情的影響而從工作中分心。她對我和我的事業的奉獻，意味著她必須為家庭作出犧牲，也意味著失去她生命中應該得到的饋贈。

　　一位好老師對成敗有著關鍵性的作用，而且其中還存在著門派的傳承。小曼紐爾‧加西亞的學生中，不僅有珍妮‧林德，還包括瑪蒂爾德‧瑪律凱西（Mathilde Marchesi），她培養出整整一代著名的美聲女高音，其中就有梅爾巴。瑪律凱西還有一位學生叫埃斯特爾‧里布靈（Estelle Liebling），她曾教過嘉莉-古爾希（Galli-Gurci）和貝弗莉‧希爾斯（Beverly Sills）。莉莉‧萊曼退休之後，培養了一大批新生代的年輕歌唱

家，其中有傑拉爾汀・法拉爾和奧麗芙・弗雷斯塔德（Olive Fremstad）。在
瑪西婭・達文波特的小說中，莉娜・蓋伊的原型就是弗雷斯塔德，我們讀
到萊曼堅持要求「莉娜」分別用法語、義大利語和德語學習每一個角色。
「你永遠不知道在沒人提攜的情況下，何時才能上升到演員陣容裡去，」
達文波特筆下的萊曼說：「因此你得具備一切的能力。我就是這樣。」在
法拉爾的記載中，萊曼「是一位嚴厲的監督者，總是追求盡善盡美」，而她
「從我身上發現了和她同樣的潛質」。

　　老師和學生歌手之間的關係有時候也非常緊張。瑪蒂爾德的女兒布蘭
奇・瑪律凱西（Blanche Marchesi）也是一位成功的歌唱家，她很悲哀地發
現，完美無瑕而冷若冰霜的女高音艾瑪・埃姆斯（Emma Eames）在事業
成功之後，卻對她德高望重的老師毫無感激之情。梅爾巴非常尊重瑪律凱
西夫人，但和後來的瑪麗・加登（Mary Garden）一樣，也十分畏懼她。加
登把瑪律凱西描述為「一個粗暴、傲慢、擺出皇后姿態的老婦人，不屑於
向你行禮。」瑪律凱西狂妄地向加登聲稱，她要將她塑造成花腔女高音，
而加登卻志不在此，忍耐了三周之後，加登決定離開瑪律凱西。許多年之
後，茵妮・弗萊明（Rene Fleming，1959-）向她非常崇拜的伊莉莎白・施
華洛（Elisabeth Schwarzkopf，1915-2006）爵士學習時，發現在她的教室裡
有一種氛圍「幾乎把每個人都變成了一碗顫抖的果凍」。年輕的瑪麗蓮・
霍恩（Marilyn Homne，1929-）的經歷則更糟糕。20世紀50年代，霍恩到
著名的德國女高音洛特・萊曼（Lotte Lehmann）那裡去工作，洛特當時住
在美國加州的聖芭芭拉，並在那裡從事教學工作。據霍恩回憶，她剛一開
口，萊曼就對她一頓痛斥，惡毒的言辭深深刺傷了她。「你的德語真是太
丟人、太丟人了」，萊曼這樣開了頭，並說「你有什麼權利看不起這種語
言」。說了一大堆損人的話之後，她才把話題轉到音樂上。

　　但令人惋惜的是，許多歌手在年輕的時候就承受了太重的擔子，因
而嗓子受損的風險極大，職業生涯也因此而縮短。然而，在歷史記載中，
年紀輕輕無法拒絕誘惑而冒著風險去承擔高強度工作的例子屢見不鮮。
那些較年長且自作聰明的人會搖著頭，不以為然地說，「在每個人都急

被稱為「音樂暴君」的歌唱家海因克。她的聲音堅定有力，演唱生涯持續到 70 歲才以《尼貝龍根的指環》中的智慧女神愛爾達告別舞台。

於追逐金錢和名譽的今天，誰還會允許哪個學生花上三年的時間來學習呢？」瑪律凱西在19世紀80年代惱怒地寫道，嗓音「是一切樂器中最最柔嫩、最嬌弱的」，需要精心的培育。瑪律凱西說得沒錯。歌劇這種職業的要求很苛刻，19世紀時甚至苛刻到讓人望之卻步的程度。雖然如此，施羅德-德芙琳特（Schröder- Devrient）、馬里布蘭、卡塔拉尼（Catalani）、桑塔格、林德和帕蒂卻都是未滿20歲就成了歌劇明星；女高音施羅德-德芙琳特在《費德里奧》裡所扮演的利奧諾拉充分地激發了華格納的靈感，而她扮演這個角色的時候年紀只有17歲。但入行很早並不等於演藝生涯也會結束得很早，帕蒂最著名的錄音錄製於她六十多歲時，聲音堅定有力的海因克（Ernestine Schuman-Heink，1861-1936），在第一次扮演阿蘇塞娜（Azucena，《遊吟詩人》中的角色）時只有17歲，而她在大都會舞臺做告別演出，扮演華格納的愛爾達（Erda，《尼貝龍根的指環》中的智慧女神）時已年屆七十。

　　像她們這樣的歌手，更能夠突破固定的聲音類型。例如，馬里布蘭擅長扮演羅西尼的灰姑娘和貝利尼輕鬆愉快的夢遊女，她同時也能嫺熟地把握《費德里奧》中更有力度的女主角。卡門這個角色，通常被看做是寫給次女中音、甚至是女低音的角色，而19世紀末最出色的卡門演唱者，卻是瑪律凱西培養的女高音艾瑪·卡爾維（Emma Calvé，1858-1942）。莉莉·萊曼不僅是最出色的伊索德，同時也極其擅長演唱莫札特和舒伯特的藝術歌曲。

　　每一位女伶都是首席女歌手或天后嗎？按照流行的說法，這類詞彙的言外之意，往往是指性格舉止專橫、任性、自私自利的人。對於卡拉絲就充滿了廣為人知的傳聞，她的演唱水準、她演出完畢後由義大利總統陪伴

離去、她向拘票送達人臉上吐唾沫等等。她並不是唯一一位被注意到不當
舉止的人。1833年，施羅德-德芙琳特在德勒斯登學習新歌劇角色的時候，
一名目擊者給斯蓬蒂尼（Spontini，柏林的音樂總監）寫了一封信，描述
這位女士是如何的「粗蠻無禮，不耐煩之下，把她的曲譜扔在作曲家的腳
下並在上面踩踏」。後來，在家鄉排練另一部歌劇的時候，施羅德-德芙琳
特似乎因書籍、繪畫以及糾纏不休的訪客而不停地分心。這封信最後推斷
說，如果她知道了這封信，「肯定會殺了我的，因此我懇請您千萬不要讓
她知道。」

卡拉絲在《茶花女》當中的扮相
非常華麗。

雖然史上最出色的首席女歌手們不是每一個都
「難對付」，但至少很多人是極其有主見的。她們不
得不如此，尤其是在那些年代，一個女人想得到長期
的經濟保證，在社會上唯一能夠接受的方式就是通過
美滿姻緣。19世紀之前，有些地方甚至是在20世紀之
前，女人是不被允許擁有財產的，大部分供30歲以上
的女性賺錢的工作類型，幾乎等於公開承認她們婚姻
失敗。女人們可以去做修女，例如第一位奧菲歐的扮
演者法蘭西斯科·拉西（Francesco Rasi，1574-1621）
的好幾個姐妹，還有300年後普契尼的姐姐依吉尼亞
（Iginia）；不然也可以去做歌手，還可以去當名妓。
在大眾心目中，歌手和名妓這兩個職業是密切相關的
（均被認為是用感官享受來換取金錢）。在17世紀40
年代開始走紅的安娜·麗茲，被當時一位歌劇愛好者
輕桃地描述為交際花；兩百多年後，英國社會評論家
亨利·梅修（Henry Mayhew）也或多或少地將兩者自
動連結起來。

許多歷史上有名的女歌手，都試圖將婚姻和事業
結合起來，結果則各有不同。有些人似乎婚姻美滿，
特別是丈夫能夠給她們一種戲劇界所欠缺的安全感
的那些人。有時候，生意上的兩個人也可能發展為成

功的伴侶關係。亨德爾的明星女高音福斯蒂娜‧波爾多尼和作曲家約翰‧阿道夫‧哈塞之間的婚姻維持了半個多世紀，直到福斯蒂娜80歲時離開人世。朱蒂塔‧帕斯塔和她丈夫常常在他們位於科莫湖（Lake Como）的別墅慷慨地招待川流不息的親朋好友，其中包括貝利尼、董尼才蒂和梅里美（Prosper Mrime，1803-1870）。帕斯塔的丈夫是一位歌劇男高音，但就像嶄露頭角的年輕女高音瑪爾塔‧多明哥（Marta Domingo）那樣，他為了支持自己更具才華的伴侶，主動放棄了自己的事業。而近代，瓊‧蘇莎蘭的丈夫是指揮家理查‧波寧吉（Richard Bonynge），是他先注意到蘇莎蘭動聽的嗓音並加以培養的，後來也多次為她的演出擔任指揮。

帕斯塔的丈夫是一位歌劇男高音，但為了支持自己更具才華的妻子，主動放棄了自己的事業。

　　然而，對於很多歌劇首席女歌手來說，長期的家庭伴侶關係是一種奢望。專業上的巨大付出，對家庭生活帶來不利的影響。當妻子（或者丈夫）帶著大額支票回家的時候，沒人會有抱怨，但是，不管是男人也好，女人也好，極少有人能夠開心地和這樣的伴侶共同生活：他們老是工作到半夜之後，還頻頻遠離家鄉在外逗留。從16世紀費拉拉「三女子」（其中一位被多疑的廷臣丈夫謀殺），到19世紀瑪麗婭‧加西亞與尤金‧馬里布蘭（Eugene Malibran），20世紀卡拉絲與梅內基尼（Giovanni Battista Meneghini）的短暫婚姻，無數的女歌手曾向那些和她們並不般配的伴侶尋求安全感。梅爾巴早年嫁給了一個澳大利亞農民，雖然為他生了個兒子，但她很快就從這樁婚姻中掙脫出來。穆齊奧以及諾迪卡三姐妹的婚姻都是巨大的災難。泰特拉齊妮更是淪落到起訴她的第三任丈夫向她實施金錢敲詐的地步。對於歷史上很多著名的首席女歌手來說，她們在社會上、在公眾中贏得的喝彩越多，在家庭中得到的穩定和幸福卻越少。而在另一方面，歌劇界的超級明星地位，卻能使一名出色的歌手登上社會成功的巔峰。我們曾見識了19世紀巴黎的沙龍如何爭相吸引當紅的歌手；20世紀早

期，梅爾巴也曾是倫敦每個貴族家庭裡的寵兒，但她依然只是個藝人，和招待她的主人們永遠不可能平起平坐。這個殘酷的事實可以從她的自傳中，以常常提及名人顯貴來抬高自己的身價而得到證實，其間她還不得不小心謹慎地保持著和奧爾良公爵的情人關係。對於這樣的關係我們已經看得夠多了，貴族們往往和歌手、藝人、舞蹈演員之流有染。對雙方來說，這種交往都發生在一定的範圍內，差不多是一種轉瞬即逝的相互利用關係。梅爾巴雖然被授予大英帝國女勳爵士的頭銜，但不管名聲有多大，一個小小的歌手都不可能嫁給法國王位的覬覦者，這種聯姻會使對方在社會地位上處於無法解脫的窘境，而藝人的職業生涯也會因此而告終。而人們對待成功的演員或首席女歌手，就像兩次世界大戰時期美國的黑人爵士音樂家那樣，雖然倍受社會上層人士的讚賞，卻完全被他們排除在圈子之外。

1958 年卡拉絲的丈夫梅內基尼，在她演出《海盜》時，在史卡拉歌劇院的後台安慰撫她的情緒。

　　儘管有傳統的束縛將贊助人和藝人隔開來，歌劇界也確實給歌手們提供了提高社會經濟地位的機會。它為出色的女歌手們鋪開了一條康莊大道，召喚她們衝出束縛女性的金色鳥籠，在廣闊的天地裡展翅遨翔。那些著名的女演員們，一直以來都廣受矚目、贏得讚譽。歌劇首席女歌手的收入，除了現代極少數的影視天后，很少有女藝人能夠與她們相匹敵。在大都會的酬勞清冊上可以看到，1900年至1901年，指揮家瓦爾特‧達姆羅施的週薪是400美元，合唱團成員演出一次收入15美元，清冊上的最後一位是梅爾巴，她的收入是1,850美元。49場演出，加上五個半月的演出季中每周日的音樂會，梅爾巴的收入就高達到9.25萬美元，簡直是天文數字。與此同時，一個辦公室打雜的男孩只能拿到377.5美元。在20世紀最初幾年，卡盧梭在大都會演出每場收入2,000美元，梅爾巴在曼哈頓歌劇院演出，她的收入是3,000美元。

　　進入20世紀以後，情況變得均衡了一些。職業結構開始形成，有才華的年輕歌手可以通過專門的音樂學院提升自己，並且可以順著人才培養的階梯，一直攀登到歌劇事業的高峰。同時，工會和健康安全的立法也為弱者提供了保護，使他們免於陷入貧困。卡拉絲或蘇莎蘭的收入雖然十分可觀，但是和她們之前的高薪藝人的收入相比，已經有了很大的差距。到了21世紀，首席女歌手則變成了必須和其他人一同排練、身穿牛仔褲和T恤，下班後還順道購物的普通人。

　　對於藝人來說，歌劇永遠是一個嚴苛的行業，只有極少數人能得到豐厚的回報，多數人只能勉強維持生計。其競爭的激烈程度不亞於體育界，達到高峰的機會十分渺茫。正因為如此，在歌劇的傳說當中，充斥著天后們之間的惡鬥。福斯蒂娜和庫佐涅、帕蒂和吉爾斯特、梅爾巴和泰特拉齊妮以及之後的蒙特（Toti dal Monte，1892-1980）、耶麗查（Jeritza，1887-1982）和洛特·萊曼、卡拉絲和苔芭迪（Tebaldi，1922-）。為了證明這些爭鬥並不是傳說而是事實，我們可以分別從瑪麗蓮·霍恩和貝弗莉·希爾斯的自傳中，看到兩位年輕的美國歌唱家在1969年米蘭史卡拉劇院同台發生的故事。

　　歌劇是羅西尼的《圍攻科林斯》，當時希爾斯是首次在史卡拉劇院登臺。首演之夜，霍恩在化妝間裡化妝成年輕的武士尼克：「標準的軍用裝備，寶劍、盾牌配備齊全。」她的化妝師無意間透露，一位先生當時正在和希爾斯審查準備拿給美國出版社的照片和宣傳資料，他們把凡是有霍恩的照片都挑了出來。雖然還身披著戰袍，但霍恩生氣的衝了過去，她回憶說：「還好我忘了拿寶劍」。她衝進希爾斯的化妝間，對那位困窘的公關先生說：「如果《紐約時報》刊登的任何一張照片上沒有我，等我回國一定會找上你，狠狠地甩你一個耳光，你這畜生！」這位彬彬有禮的紳士驚得目瞪口呆，「更不用說某個長著金紅色頭髮的女郎，貌似無辜地站在那裡，眨著她的藍眼睛」。霍恩繼續寫道，想到「最初還是我推薦了霍恩……我覺得自己就像伸出了友誼的手，卻被她咬了一口。」

　　希爾斯又是什麼說法呢？在這次米蘭合約之前，她和霍恩從未見過面。霍恩見到她的第一句話就是：「我們還是打開天窗說亮話吧，我更喜

歡蘇莎蘭。」對於化妝間的衝突，她回憶說，「希爾斯的公關先生試圖解釋他是為我工作，不是為《紐約時報》工作」，無權決定美國的媒體會刊登哪張照片。霍恩咆哮了一陣之後，憤憤地摔門而出。後來，在史卡拉劇院演出期間，希爾斯的照片出現在《新聞週刊》的封面，而且她斷然否認是霍恩推薦她到史卡拉劇院。

　　兩位女士在事業上都取得了巨大的成功，成為20世紀最偉大的歌唱家。然而，歌劇的歷史中依然散落著成堆的白骨，它們屬於那些本來才華橫溢的女伶，卻因競爭對手順手一推而不幸跌倒在路邊。總之，儘管好消息通常都不會被報導出來，但脾氣火爆的天后們之間的爭吵，還是遠遠少於正常的、學習中建立起來的友誼。霍恩和蘇莎蘭不僅合作演唱出色，同時也是非常要好的朋友。弗萊明曾記述了她和許多歌手之間的友誼，特別是在她個人事業跌入低谷時，這些友誼所展現的價值。如果首席女歌手的形象是一個兇猛的潑婦，隨時準備著扯掉對手頭髮的話，那麼，讓我們想一想她們相互競爭後所獲得的豐厚利益吧。在帕斯塔或者帕蒂那個年代，當許多婦女的生活模式還拘限於不斷地懷孕生子、辛勤持家，或者衣衫襤褸獨身一人的時候，這些利益是如此充滿誘惑。而歌劇事業能使那些有才能、有毅力的人從金色鳥籠裡解放出來，踏入金光燦爛的舞臺以及更廣闊的天地。

　　在許多深受歡迎的歌劇中，女主角總是以某種對於性過錯的贖罪而身亡，例如：露琪婭、諾瑪、吉爾達、瑪格麗特（Marguerite）、卡門、瑪儂（Manon）、莎樂美。一些負罪的女人，例如：珊塔（Senta）、伊索德、阿依達、托斯卡（Tosca），則選擇和愛人一起共赴黃泉或永遠消失。在另一些作品中例如：《茶花女》、《霍夫曼的故事》（Les Contes d'Hoffmann）、《藝術家的生涯》（La Boheme），不僅是女主角的身亡，同時還有她們的病痛，也會令觀眾情緒高漲。19世紀末到20世紀初，最誘惑觀眾的歌劇角色是那些不同種族的人，往往令人內心顫慄不已，包括：阿依達、達麗拉（Dalila）、梅耶貝爾、《非洲女》（L'Africaine）中的賽麗卡（Sélika）、比才的《採珍珠的人》（Pearl Fisher）中的利拉（Leïla）、吉普賽女子卡門、

拉克美（Lakmé）、泰伊絲（Thaïs）、
蝴蝶夫人和莎樂美。

　　嫵媚、脆弱而負罪的女人們與社
會習俗抗爭，並因她的「罪惡」而遭受
苦難，這樣的女主角，不斷地出現在
19世紀末期的文學作品中：包法利夫
人（Emma Bovary）、安娜‧卡列尼娜
（Anna Karenina）、左拉（Zola）筆下
的娜娜（Nana）只是眾多例子之一。她
們就像威爾第的薇奧萊塔（Violetta）、
古諾的瑪格麗特或者普契尼的咪咪
（Mimi）一樣，其作為都非淑女行徑，
給男男女女們強烈的性幻想，而女人隨
後所經歷的苦難和死亡，又讓人們道
德上的正義感，隨著柔弱而蒼白的罪人
走向浪漫的結局而得到極大的宣洩。在
當時流行的大部分歌劇中，特別能夠展
現出男性的幻想：渴望為年輕美麗的女
性充當一陣子情人，然後又因遭遇某種

1893 年王爾德的法文版《莎樂美》劇本正
式上市，比亞茲萊為他畫了這幅《我吻了
你的唇，聖約翰》的插畫。

危機，讓她最後從場景中消失。這種行為模式在當時屢見不鮮，有不少歌
劇，包括《茶花女》和《藝術家的生涯》等等的文學，實際上都是略帶偽裝
的自傳。在哪裡能比得上劇院得天獨厚的環境，更能將生活與藝術相連結
呢？又在哪裡能讓這些幻想通過藝術情感的提升而得到激發，並且在一場
又一場的表演中得以昇華？

　　歌劇和歌劇院難道是性的興奮劑？想一想它們在20世紀的傳承——電
影和電影院吧。年輕的戀人們坐在後排纏綿、媒體對於影視明星性生活的
八卦傳聞，或是對於據說描寫接近「真正的性」，或者在螢幕上展示變態
死亡等電影的廣泛宣傳。除了特定的限度以外，性和謀殺依然屬於被禁止

的危險話題。當唐璜或者威爾第的曼圖亞公爵那樣的男性，隨意去勾引他們所遇到的迷人女性時，他們便被刻畫為不只是毀掉了他的獵物的生活，而且藐視甚至攪亂了他所處的最上層的社會秩序；如果放在今天，唐璜和公爵均會因強姦、綁架、猥褻兒童而被關進監獄。在這些歌劇創作的年代，甚至在很多地方直到進入20世紀之後，大眾所唯一能接受的男女之間的性關係，只能是婚姻中兩情相悅的性行為。同樣地，殺人行為只能在戰爭期間，或在特別明確的正當防衛的條件下才會被允許。當然理論和實際常常存在著差異，對許多人而言，克己的清教徒也好，思維上天馬行空的劇作家和作曲家也罷，循規守舊無法吸引他們，往往是離經叛道才能激起他們強烈的興趣。

　　歌劇舞臺作為為數不多的公眾場合，可以讓通常處於壓抑的情感得到合法的釋放。很多歌劇通過演唱所表達的激情，通常都是傳統上的兩性相悅，不過，歌劇的觀眾中很可能包含一部分同性戀者。如我們所見，惠特曼非常喜愛歌劇，普魯斯特也是如此（特別是如果他能夠在他自己私密的臥室內聆聽的話）。還有19世紀前半葉愛好歌劇的花花公子和紈褲子弟們，據一位觀察家說，他們「才能平庸，在穿著打扮上引領時尚。」他們是這樣的形象：

　　　時尚的外套和領結，高高豎起的襯衫領口，必定是通過了最精密的計算，為頸巾打結的藝術做最佳的測試，新穎的馬褲，新潮的亞麻襯衫和花俏的馬甲，手套、皮靴和休閒鞋都是最佳款式。

　　在倫敦乾草市場的女王陛下劇院，這些公子哥兒們聚集在所謂的「花花公子走道」內，這裡是一條寬闊的走道，從正廳座位的後面一直延伸到樂隊池。一位才子在諷刺雜誌《笨拙》週報上試圖揣摩佔領過道者的心態：

　　　花花公子過道如此銷魂，我立於其中；

　　　可知會是怎樣的眼神，

　　　自四面八方，落於吾身！

19世紀40年代，花花公子的稱號已經滅絕了，當時掌管女王陛下劇院的班傑明·拉姆利寫道，「紈絝子弟幾乎已成了老古董（且「名流」尚未登上「霸主地位」）」。自1847年開始，為了和柯芬園劇院的賈伊競爭，拉姆利需要在正廳增加更多的座位，於是取消了花花公子走道。不過，他覺得有一種描述有可能讓「年輕的歌劇迷們，特別是男性」感興趣：

按照慣例，時髦男士和時尚的男歌劇主顧們，在演出的不同階段，離開他們的包廂或者稀少的正廳前排座位，站到中間的空地或者正廳後排的兩側，在此嬉笑、閒逛、聊天，透過有利的位置觀察包廂，並一起起哄或者鼓掌。在此發生的集會和問候……被看作是晚間娛樂時不可缺少的一部分。在這裡總是熱鬧非凡，這群人都是諸如貴族、名人、時尚人士或準時尚人士，他們在此相逢、推擠、問候、叨絮不休。

就像司湯達所形容的「業餘藝術愛好者」，花花公子、紈絝子弟和時髦男士當然不見得就是同性戀者，但他們對奇裝異服的癖好，加上對歌劇的強烈呼應，簡直就是下一代令人著迷的「歌劇女王」的前輩。歌劇院金碧輝煌的裝飾、歌劇本身及演員所表演的高於生活的浮誇情感、奢華的舞臺佈置，這一切所帶來的情感高漲體驗，深深地吸引著他們。同性戀者在聆聽歌劇中傳統戀人的音樂時，不太可能與阿爾弗雷德或薇奧萊塔、卡門或何塞、魯道夫或咪咪產生直接的共鳴，但歌劇成為滋長戀情的溫床這一點，顯然對許多同性戀者有著強烈的吸引力。

可能舞臺上所表現的兩性情色太過於誇張，以至於顯得拙劣不堪。它們並不是普通人的真正情感，而是經過戲劇加工，遠遠超越了人們所能夠接受的正常範圍的激情，並最終以痛苦或暴力的死亡告終。而同性之間的愛情，在歷史上同樣被社會認為是越界的，因此，在歌劇異常誇張的情感和矯揉造作的環境中，在舞臺上所表現的「虛幻」愛情的悲劇結局中，讓同性戀者產生出一種顛覆性的認同感。韋恩·克斯坦鮑姆（Wayne Koestenbaum，1958-）在這部探討男同性戀為何偏愛歌劇的著作《女王的嗓音》（The Queen's Throat）一書中寫道，歌劇「總是適合那些在愛情上失意的人」。

　　此外，許多早期歌劇的化妝中，常常有穿著異性服裝及其他喬裝的特點，有時是因為情節的需要，有時是因為演員反串。在歌劇歷史的最初兩百年裡，許多著名的演員都是閹伶。由莫札特作曲、達‧蓬特作詞的三部歌劇中，角色都需要身穿異性服裝。這個傳統一直延續到19世紀，並被帶入20世紀。因而，貝多芬《費德里奧》的利奧諾拉和威爾第《命運之力》的利奧諾拉，以及《弄臣》中最後一幕的吉爾達，都要把自己喬裝成男人。喬裝還貫穿在《尼貝龍根的指環》中，艾伯利克（Alberich）變成癩蛤蟆、巨人變成巨龍、齊格菲戴上馬首輓具以使自己能夠完全消失。在20世紀一部最流行的歌劇，理查‧史特勞斯的《玫瑰騎士》（Rosenkavalier）中，布幕一拉開，就是女伯爵和她年輕的情夫幽會的場景，兩個角色都是由女歌手扮演。布里頓（Edward Benjamin Britten，1913-1976）的《克魯河》（Curlew River）中的中心角色是個「瘋女人」，由男高音擔任。另外，由於天才型的閹伶已經消失，巴洛克和古典風格曲目的復興，則使得比較典型的中性嗓音——男聲最高音受到青睞。歌劇院就是誇張的喬裝和混淆性別的展示舞台，它也因此而聞名。

　　對於固執的男同性戀而言，歌劇的誘人魅力主要集中在明星歌手身上，特別是女高音歌手。在此我們可以和電影迷做比較，他們的狂熱不是對於角色，而是對於扮演角色的演員。「fan」（粉絲）這個詞，來源於「fanatic」（狂熱入迷者），就像每當卡拉絲和苔芭迪的崇拜者，或者喬治烏（Gheorghiu，1965-）和奈瑞貝科（Anna Jurevna Netrebko，1971-）的崇拜者為他們各自喜愛的天后魅力爭得不可開交的時候，這個詞就很容易蹦出腦海。據克斯坦鮑姆講述，當珍妮‧林德把她的披巾從陽臺上扔下去之後，歌迷們將把它撕得粉碎並爭搶那些碎片。有一位梅爾巴的俄國歌迷將天后的簽名鉛筆用牙齒咬斷，以保證他的朋友保留的是「絕版紀念品」。在一位有實力的歌手完成一場情緒飽滿的演出之後，任何到後臺去的人都會遇到一大群狂熱的歌迷，那種情感的激動狀態，就像焦急的戀人迫切渴望著一個親密的愛撫似的。整個晚上作為浪漫帶領人的歌手便成為後臺崇拜的偶像。在這些蜂擁而至的仰慕者中，同性戀者顯得十分突出。

　　唱歌是一種自然的身體活動，它比其他任何音樂方式更能表達自我，所謂聲如其人。相較於身體的其他部位，我們多半是透過嘴唇來表達我們的情感：愛和恨、恐懼、憤怒、焦急、溫柔。我們用雙唇咒罵所恨之人、親吻所愛之人；嘴唇是兩性活動和兩性吸引看得見的載體，通過它所發出的聲音承載著豐富的寓意。在歌劇舞臺上，當一個角色用歌唱而不是述說的形式表達含義的時候，它們會變得更加突出，甚至變得誇張，情感會傾瀉得異常強烈；在一座沒有擴音設備的大劇院裡，他們得讓聲音能遍及每個角落，並且在緊要關頭達到足夠的音高，因為當情感達到瀕臨崩潰的邊緣時，觀眾們常常會忍不住尖叫、呼喊並提高他們的音量。歌劇舞臺上的最高音來自女高音，這種聲音類型常常用來表達既性感又奔放的角色，需要歌手能以高音洪亮地表達出強烈的情感。對歌劇有良好反應的觀眾，在一位傑出的戲劇女高音真心傾訴的時候，都會經歷那種興奮的戰慄，例如：當薇奧萊塔祈求「愛我吧，阿爾弗雷德」的時候。不過，當一位情感流露、表達高漲激情的悲劇女主角，似乎在同性戀歌劇愛好者當中具有非同尋常的地位，而這個角色與她的詮釋者相比，又處於次要地位。正因為有格里西、馬里布蘭或卡拉絲的扮演，諾瑪才成為情感的焦點。在特倫斯·麥克奈利（Terrence McNally，1939-）在1985年創作的劇作《里斯本的「茶花女」》中（The Lisbon 「Traviata」），部分描寫了同性戀對卡拉絲的迷戀，以及她的演出錄音方面的細節。

　　在卡拉絲的個人生活中，她經歷了激情和絕望兩個極端；她的英年早逝，也許部分就是因為她無法向二者妥協的結果。在她的藝術生涯中，人們目睹她像其他的同性戀者的偶像那樣為提升自己的表演所作的辛苦努力；她是在壓抑的社會中受到傷害的脆弱女性，而在被過早扼殺的藝術事業（或者生命）中，她卻超越了她所受到的傷害，為人留下了令人難忘的堅韌和達觀。同樣的情況，還包括伊蒂絲·琵雅芙（Edith Piaf，1915-1963）和茱蒂·嘉蘭（Judy Garland，1922-1969）（她們倆也是英年早逝），還有假小子貝蒂·戴維斯（Bette Davis，1908-1989），瓊·克勞馥（Joan Crawford，1904-1977），聲音洪亮、身材高大的歌星艾瑟爾·默爾曼（Ethel Merman，1908-1984），蒙特賽拉特·卡芭葉、潔西·諾曼（Jessye

Norman，1945-）等人，她們都吸引了大量的同性戀追隨者。顯然令人激動的並不是如笛聲一般婉轉的花腔技巧，而是堅韌女性的強烈爆發力：這類女性既擁有男性的剛毅，又能夠輕鬆駕馭性感的女高音，她們的藝術充滿性感，但卻能夠以男性的力量表達自我。或許，我們可以稱她們為「具有爆發力」的女性。在歌劇有意混淆性別的藝術氛圍中，它也許進一步地揭示了歌劇、特別是某些女歌手對於男性同性戀者的魅力所在。

　　表面上看來，如今的歌劇女王和過去頭戴大禮帽、刻板的歌劇愛好者之間，似乎沒有什麼相似之處。然而，即使風格和態度有所變化，這兩個永恆的主題：性與痛苦、欲望和死亡依然是核心。19世紀最可怕的疾病是肺結核。劇院的觀眾們，看到一位性感的妙齡女子被這種磨人的疾病「耗盡生命」，他們可能會認為它隱諱地指的是梅毒（那是不能提及的禁忌，甚至在以它為中心主題的易卜生名劇《群鬼》（Ghosts）中也不能提及）。如今，肺結核和梅毒已不再那麼可怕，兩種疾病都可以被治癒。近代最猖獗的疾病是愛滋病，取材於《藝術家的生涯》的故事，被改編成百老匯音樂劇《吉屋出租》（Rent）之後，咪咪這個角色不再是死於肺結核，而是死於愛滋病。在1993年拍攝的電影《費城故事》（Philadephia）中有一個感人的場景，湯姆・漢克斯（Tom Hanks）所扮演的因身染愛滋病而被解雇的同性戀律師，一邊聆聽卡拉絲的錄音，一邊試圖向他那聽不懂的律師解釋它所觸及的情感深度。每一座歌劇院、每一個觀眾，都深知愛滋病的破壞力。韋恩・克斯坦鮑姆在《女王的嗓音》中寫道，《茶花女》中的潛臺詞，就是尋歡作樂毀掉了薇奧萊塔，正如愛滋病毀掉了同性戀者一樣。可以理解的是，早逝，在某種程度上，是特別引起同性戀者關注的問題。那些英年早逝或不幸死亡的著名天后，可以列出一份長長的名單，其中有馬里布蘭、桑塔格（在墨西哥之旅中死於霍亂）、諾迪卡（死於爪哇島沉船）、卡瓦利埃里（Cavalieri，1874-1944，在二戰中死於轟炸）、葛麗絲・摩爾（Grace Moore，1898-1947，死於墜機），還有近年來的凱瑟琳・費麗爾（Kathleen Ferrier，1912-1953）、露西婭・波普（Lucia Popp，1939-1993）和洛林・亨特・利伯森（Lorraine Hunt Lieberson，1954-2006）。

《追憶逝水年華》的作者，法國意識流作家普魯斯特。

按照克斯坦鮑姆的說法（他認為在同性戀中更普遍），對歌劇的愛是一種哀傷的體驗，是對失落的世界的一種留戀，是對逝去而不再重來的過去的一種普魯斯特（法國意識流作家，著有《追憶逝水年華》）式的追憶。他描寫一個人在靜靜地聆聽過去的藝術家錄製的偉大的歌劇唱片時，所感受到的那種愉悅，這種體驗類似於自慰所獲得的快感，對歌劇的癖好就如同對色情的癖好。克斯坦鮑姆認為，唱片的發明，扼殺了歌劇，它鼓勵人們去聽已經存在的劇碼，而不是鼓勵人們去聽新的作品。他指出，錄音這個概念和同性戀這個範疇出現在同一時期。也許，對於深受愛滋病困擾的同性戀群體來說，偉大的首席女歌手們雖然斯人已逝，但她們的唱片中所宣洩的浪漫化的愛情與死亡，卻給依然活著的人們留下了哪怕僅是片刻的心靈慰藉。

馴獅人：指揮的權勢 👓

19世紀60年代，在維也納人的關注下，他們的新歌劇院落成了，但是卻遭到尖酸刻薄的批評，令兩位主要建築師沮喪不已。1869年歌劇院開幕時，兩人均已辭世（一個自殺，一個極度抑鬱，兩個月後中風而亡）。莫札特和貝多芬生活在維也納的時候，城市周圍還有護城牆環繞，但到19世紀中葉，城牆都被拆除了，取而代之的是馬蹄形的環城大道，像一串光彩奪目的項鍊，周圍散落著一顆顆獨特的「復古」珍珠：新古典風格的議會大廈、仿中世紀風格的市政廳、新文藝復興風格的大學、哥德式並帶著迪士尼夢幻風格的感恩教堂。在馬蹄形的頂端，就是維也納著名的宮廷歌劇院。這是一座取代以前的克恩滕托爾劇院的新文藝復興風格的巨廈。

1897年，古斯塔夫·馬勒（Gustav Mahier）就在「宮廷歌劇院」接過了指揮棒。令人驚訝的是，在維也納這座以天主教為主流的城市中，哈布斯

堡宮廷居然把這個職位授予一位猶太人。馬勒出生並成長於波西米亞與摩拉維亞的交界處。他的父母是典型的逐步融入當地社會的猶太中產階級，這個社會階層出現在哈布斯堡帝國的東部邊緣地帶。馬勒一家住在熱鬧的商業小鎮伊格勞（Iglau），當地的駐軍有一支樂隊，當他們在路上行軍或在鎮上的廣場演出時，這個小男孩常常跑去聽。為了提升自己，他非常喜歡讀書，家裡有一間小小的圖書室、有一架鋼琴，馬勒很快就學會了彈鋼琴。他是一位早熟並才華出眾的年輕音樂家，曾在維也納音樂學院接受教育，隨後在一些小劇院擔任指揮，在布拉格和萊比錫謀得了一些低階職位，然後在布達佩斯和漢堡歌劇院擔任首席指揮，之後為了在維也納宮廷歌劇院擔任總指揮，他改信了天主教。

在當時，維也納從各方面來說，已經是一座非常摩登的城市，城裡有電車系統、有電燈照明的街道、有精緻的咖啡店和豪華的飯店。在文化方面，它是高雅藝術、享樂主義和病態焦慮的大雜燴。在這座城市裡，克林姆（Klimt，1862-1918）和他的同行們從前輩的沙龍藝術中高調地分離出來，轉向浮華與豔麗的讚揚式的藝術表現，而潛意識中對情欲隱秘的負罪感則被佛洛伊德揭示出來，並被史尼茲勒（Arthur Schnitzler，1862-1931）和韋德金（Frank Wedekind，1864-1918）在戲劇創作中充分展現。史尼茲勒強調了奧匈社會階層中根深蒂固的世紀末的虛偽，在公開場合彬彬有禮卻在私底下放蕩淫亂。在萊哈爾（Franz Lehar，1870-1948）和卡爾曼（Emmerich Kálmán，1882-1953）的輕歌劇中，閃耀著同樣虛偽的光芒，卡爾·克勞

馬勒指揮維也納愛樂管弦樂團。歐朋亥米爾（Max Oppenheimer）於1935年繪製。

重建之後的維也納歌劇院，這座歌劇院曾經毀於
二次大戰中。

斯（Karl Kraus，1874-1940）對他們
進行了無情的諷刺。克勞斯和佛洛
伊德、史尼茲勒及馬勒同樣也是無
宗教、被同化了的維也納猶太人。
在理查·蓋斯特（Richard Gerstl，
1883-1908）和埃貢·席勒（Egon
Schiele，1890-1918）的探討中，策姆
林斯基（Alexander von Zemlinsky，
1871-1942）和他年輕的學生荀白克

（Aunold Schonberg，1874 -1951）所處的後華格納時代音樂浪漫主義處於
頹廢而陰鬱的氣氛中，生活中黑暗和神經質的一面不斷的激發著。

　　隨著領導人物摒棄了環城大道周邊建築那樣的復古風格，建築和設計
上的新風格也開始彰顯。奧托·華格納（Otto Wagner，1841-1918）提倡了
所謂的「新藝術」風格的發展，它以使用具有象徵意義的方塊、曲線和長
方形為特色，而深受美國影響的阿道夫·路斯（Adolf Loos，1870-1933）則
完全放棄了裝飾。這是一股堅持表達從前所不能表達、描繪以前所不敢描
繪之物的文化浪潮，一個藝術家和知識份子有意識地打破界限，探索一切
未知的，或讚賞、或諷刺、或譴責人性中自我放縱
弱點的世界。這種自甘墮落、滋長嬌弱情感的文化
浪潮，甚至帶著幾分病態。韋德金的璐璐（Lulu，
韋德金德話劇作品《地精》和《潘朵拉的盒子》中
的角色）打開了她那強烈性意識的潘朵拉魔盒，
導致許多人死於非命，其中包括她自己。蓋斯特自
殺身亡，勇於探索的數學家路德維希·玻爾茲曼
（Ludwig Boltzmann，1844-1906）也自殺身亡。從
更深的層次上來說，這也是一個狹隘、利己、有幾
分亂倫的世界。蓋斯特自殺的起因是因為他和荀
白克的妻子，也就是策姆林斯基的妹妹發生了不
倫之戀。馬勒所住的公寓大樓是由奧托·華格納設

柯克西卡所繪製的《風的新娘》。
畫中描繪著他對艾瑪的深深愛戀。

計的，他的樂隊、維也納愛樂樂團的首席小提琴手阿諾德·羅斯（Arnold Rosé），是他的小舅子。馬勒年輕的妻子艾瑪（Alma）曾經是策姆林斯基的學生和情人，早年她還曾經和克林姆有染，嫁給馬勒之後，和建築師沃爾特·格羅佩斯（Walter Gropius）又傳出了緋聞（後來嫁給了他）；她還和畫家柯克西卡（Oskar Kokoschka，1886-1980）有曖昧關係，兩人分手之後，柯克西卡曾帶著一個真人大小、外形酷似艾瑪的玩偶去看歌劇。馬勒本人曾找到佛洛伊德，用一個下午的時間進行集中式的心理治療。性與死、愛與恨、創造與毀滅、產生與蛻變，隨著哈布斯堡維也納在年邁的皇帝弗朗茨·約瑟夫（Franz Joseph，1830-1916）搖搖欲墜的名義統治下瀕臨崩潰，這些主題更加張狂的滋生以至於無處不在。

　　文化界同樣也是如此。1897年，37歲才華橫溢的馬勒滿懷純真的熱情，笨拙而躊躕地邁入其中。馬勒先被聘為樂隊指揮，不到一年的時間，便被提升為宮廷歌劇院的總指揮。在本質上，馬勒只是個皇室的雇員，他所有的決定需要上面的橡皮圖章予以同意，在他受聘的同時，維也納的選民們用選舉的方式成立了市政府，該政府處於基督教社會黨的控制之下，黨魁是極其反猶太的市長卡爾·魯依格（Karl Lueger）。不過，宮廷對馬勒十分支持維護，據說皇帝本人從不讓反猶分子作任何決定。

　　即使馬勒設法避免了直接的政治衝突，但至少在開始的時候，他對宮廷歌劇院的管理還是引起了極大的爭議。一個聽話的指揮會小心行事，中規中矩地指揮那些優美而傳統的作品，但馬勒是一個固執的完美主義者，無論在政治上、愛情上，還是藝術上，他都毫不妥協。對於自己成為天主教徒，他聲稱（並從不否認自己是猶太人）只是出於意識形態的原因。他公開地反覆強調，傳統就等同於邋遢、凌亂和懶惰，馬勒對任何一點都不能接受。他需要隨時能參加排練的藝術家、會表演的歌手。他認為不能勝任工作的人應馬上遭到解雇，而對於簽下合約的人，他則是個嚴厲的監督者。十年裡，這個出色而討厭的人把維也納歌劇院變成了他的私人領域，控制了劇碼、角色、創作等各方面，在此之前從來沒有哪個專業音樂家達到過這種程度。

　　馬勒並不是個妄自尊大的權力狂，相反地，他從不裝腔作勢擺架子。在維也納期間，他滿足於坐電車上下班，後來在紐約成為拿高薪的著名指揮之後，他仍然坐著地鐵上下班。他似乎從未意識到他的唐突和直率給自己帶來的傷害，因為他太專注於藝術了。宮廷歌劇院裡沒有哪個人比他們的指揮更勤奮，馬勒沒日沒夜地待在劇院裡，旁聽排練，頻繁地擔任演出指揮，每到夏天，便以過人的創作精力譜寫出大量聲樂作品和龐大的交響樂，馬勒正是因這些作品而聞名於世。音樂對於馬勒而言，遠遠不止是藝術，更是提升精神境界的橋樑。

音樂對於馬勒而言，遠遠不止是藝術，而是提升精神境界的橋樑。

　　消息很快在維也納狹小的文化圈中傳播開來，說宮廷歌劇院在他狂熱的指揮手裡發生了變革。一周七天的每一天晚上，新一代出色的年輕歌手們都會由富有才幹的音樂助理沙爾克（Franz Schalk）和瓦爾特（Bruno Walter）進行輔導，人們可以聽到他們高水準的排演，兩位助理在彈奏總譜進行伴奏時，幾乎不會刪減音符以降低難度。而且馬勒還把歐洲各地大量的當代作品介紹給觀眾：宮廷歌劇院上演了柴可夫斯基的作品、普契尼、聖桑、理查·史特勞斯和漢斯·普菲茨納（Hans Pfitzner，1869-1949）等人的新作品，同時，馬勒還高水準地安排上演了莫札特和華格納的作品，由他本人擔任指揮。許多經驗豐富的樂手，包括那些苛刻的批評家，都公開承認馬勒是他們所遇過最偉大的指揮家。

　　對於馬勒而言，歌劇的創作不光是它的音樂，包括它的各種面向，都應該具有藝術性。在他任職期間，他聘用了維也納分離派的主要成員之一的阿爾弗雷德·羅勒（Alfred Roller）擔任舞臺佈景和服裝設計總監。羅勒根據瑞士舞臺佈景設計家阿道夫·阿庇亞（Adolphe Appia，1862-1928）的理論，在馬勒熱情的支持下，省去了老式繁複的佈景，以樸實透明的舞臺燈光圖片取而代之，讓觀眾的注意力集中在表演本身所營造的氛圍上。除

了藝術方面的事物，馬勒還強調遲到的觀眾不能進場，必須等到中場休息時方可進人，他還企圖驅逐那些受雇的專業捧場者（雖然沒能成功）。

　　曾經有人說，掌控維也納歌劇院的人是城裡第二號大人物，也就是僅次於管理這個國家的人。馬勒和他的作為時常見諸報端，人們記不住政客的名字，但是都瞭解並關注馬勒和他的明星歌手們的最新動向：他們的住處、他們的穿著打扮、他們喜愛的食物，並且，小心謹慎地關注他們的愛情生活。當馬勒咯瞪咯瞪地走在往返歌劇院的路上，或者一邊走一邊和同事深談的時候，大街上的人們會認出他來，並尾隨著他。那時候照相技術剛剛發明不久，他在街上常常遭到偷拍（威爾第也有同樣的遭遇）。普通民眾很希望看到馬勒做他擅長的事情：指揮歌劇。在當時，維也納的有軌電車系統使得到歌劇院變得容易多了，從城裡各處到歌劇院也不再那麼昂貴。此外，宮廷歌劇院供應大量普通座的便宜票，願意站一晚上的觀眾花的錢則會更少。

　　馬勒受到廣泛的崇拜，甚至是敬畏，但並不是每個人都喜歡他。從近距離看，他是個很難共事的人。被稱為「音樂暴君」的歌唱家海因克曾描述，馬勒曾經為了一個音符不停地反覆排練，一直到她唱對為止。另一位女高音敘述了當她第一次到他那裡試音時，馬勒開除排練的鋼琴師，然後又弄得她傷心流淚，作風可謂十分唐突無禮。一位馬勒的觀察家曾報導說，馬勒對待他的音樂家的方式，就像馴獅人對付他的動物一樣。男高音利奧·斯里贊克（Leo Slezak）曾描寫當他要求到其他地方去客串演出時發生的事情：

　　我心裡怦怦直跳，走進房間。

　　「指揮先生，我想到格拉茨（Graz）去唱兩個晚上，

　　所以我想請四天假。」

　　「什麼，你瘋了嗎？你才請過假！」

　　斯里贊克禮貌地指出，他上次請假是好幾周之前的事了，馬勒決定查一查。在他的桌子上，有一個儀錶盤，上面有大約二、三十個按鈕，每一個

按鈕可以招來一個工作人員。馬勒用手掌使勁地拍打了十幾個按鈕，兩扇門全被猛然地打開。「不，不是你，出去！」馬勒對著一個又一個他不需要的員工大吼大叫，他們不得不驚恐地退了出去。

馬勒去世多年以後，人們問他的妻子艾瑪，與他共事的音樂家們怎麼看待他，她簡短地回答道：「他們怕他。」

在歌劇的歷史長河中，從來沒有哪一個指揮能如此徹底地統治著他的領地——馴服著他的獅群。專業指揮的概念，僅僅是在幾十年前才開始出現。19世紀以前，樂隊的規模都很小，只需首席小提琴手或者樂隊中的大鍵琴師稍加留意，就不會出錯。大鍵琴師通常是曲目的作曲者（董尼才蒂和羅西尼的新歌劇上演的頭三天，他們都還會擔任這個角色）。當作曲家開始給更大型的樂隊創作曲目時，協調整個歌劇表演的工作就變得越來越複雜化，大鍵琴師偶爾點點頭、首席小提琴間或揮揮弓已經遠遠滿足不了需要。法國早在17世紀時就有一個傳統，通過一根棍子或節杖敲擊地面或者樂譜架，以標出主要的音樂節拍（呂利就是因為這樣不小心敲到自己的腳，引起壞疽感染而去世）。盧梭（Rousseau）等後來的音樂愛好者們對這種噪音十分反感。19世紀早期，巴黎歌劇院開始出現了指揮，揮舞一根類似於接力賽中運動員的接力棒的細短節杖來協調演出。在其他地方，指揮手拿一根類似羅馬雕像手裡拿的那種紙卷來打節拍。作曲家路德維格·斯波爾（Ludwig Spohr）被聲稱是第一個用我們現在所說的指揮棒進行指揮的人，指揮棒的概念在19世紀20、30年代開始普及起來。這並不意味著噪音就停止了。白遼士（Berlioz）拜訪那不勒斯的聖卡洛歌劇院時，曾抱怨指揮手裡的弓（應為指揮棒）在樂譜架上敲得太響，但是人們告訴他，如果不這樣做的話，演奏者的節奏就無法統一。

隨著歌劇觀眾日益要求更奢華的舞臺佈景、更大的合唱團，對指揮的期望也比僅用一把樂器來打出節奏要多得多，像華格納的《唐懷瑟》（Tannhäuser，1845）和梅耶貝爾的《先知》（Le Prophète，1849）這樣的作品，由首席小提琴指揮根本無法獲得滿意的效果，因此小提琴手被棄用，開始由指揮來將所有的注意力，集中在他面前的團隊所演奏和演唱的曲目

上。這麼一來，排練的時間就比較適中，同時
指揮在音樂界的地位也更加突出。行業分工
細化之後，歌手們便可由一名首席小提琴手
來指揮排練，再在後期階段由指揮來統一最
後演出的管弦樂隊總指揮，將全部表演匯總
在一起。音樂的分工帶來了更大的野心。隨
著指揮開始介入具體的音調、速度、均衡和
總體詮釋，作曲家配合構建出更加複雜的總
譜。指揮這個職業由此誕生，他們當中的佼
佼者，逐步具備了李斯特或帕格尼尼等器樂
大師曾經擁有的神秘感。

一幅描繪馬勒各種指揮樣貌的畫作。

　　19世紀，隨著管弦樂隊更大、音樂更複雜，單獨的指揮職位終於出
現，帶著全球公認的權威象徵——指揮棒。最初，大多數的指揮主要都是
由作曲家來擔任。歌劇製作一般都採用最新或最近的作品，作曲家通常都
會積極介入早期的排練中，正如我們所看到的那樣，擁有決定權的往往是
歌手，是他們告訴指揮他們打算如何表演，是他們向隨和的作曲家提出請
求進行修改。不過，作曲家們逐步開始堅持他們的主張，由他們決定他們
的作品應如何演繹。白遼士經常責備指揮的無能，他帶著自己的作品巡演
並親自指揮，以此來全力推銷這些作品（順便賺些可觀的收入）和其他作
曲家不同的是，他不會彈奏樂器。白遼士還撰寫了一些早期的指揮規則。
在德國，孟德爾頌（Mendelssohn）是萊比錫布商大廳交響樂團（Leipzig
Gewandhaus）的優秀指揮，他和稍後的華格納一樣，不僅擅長表現自己的
作品，也擅長詮釋前輩大師們的曲子。據說德國皇帝觀看了華格納的指揮
之後，表示他終於知道一個優秀的將軍該怎樣指揮軍隊了。馬勒以他的作
品聞名於後世之後，富特文格勒（Wilhelm Furtwangler，1886-1954）和克倫
佩勒（Otto Klemperer，1885-1973）也希望能有作品流傳後世，對於他們而
言，音樂的詮釋只是音樂創作的附屬品而已。

　　在某種意義上，富特文格勒和克倫佩勒都生不逢時，這並非指近代的
作曲家都不能當指揮，或者指揮家不能作曲，雷納德・伯恩斯坦（Leonard

Bernstein，1918-1990）和皮埃爾·布列茲（Pierre Boulez，1925-）就是相反的例子。但是身處馬勒的時代，作曲家和指揮家的角色開始分離，對二者的要求都更高了，而且大眾的口味也越來越傾向於現有的經典作品，這也對專業化指揮家的增多作了貢獻。觀眾對於沒有知名度的作曲家的新作品越來越不感興趣，而十分喜歡對奉若神明的古典作品進行新的演繹：有可能是彪羅（Büfow）指揮的貝多芬作品，或者馬勒指揮的《唐璜》或《女武神》。

　　與德語、英語、法語國家相反，義大利音樂界有如一潭死水。對於一個產生了羅西尼、董尼才蒂、貝利尼和威爾第的國家，更不用說還擁有眾多的歌唱家詮釋他們的作品，擁有大量的劇院和觀眾能夠欣賞他們作品的國家，這樣評價似乎很不恰當。不過，即使義大利歌劇在世界各地受到熱烈的歡迎，但更廣泛的音樂形式卻未曾降臨到義大利。海頓、莫札特、貝多芬和舒曼的交響樂、室內樂作品只進入到阿爾卑斯以南，推廣得緩慢而吃力，而且被認為太長、太理性、太難演奏。貝多芬第三（英雄）交響曲於義大利的首演是在熱那亞舉行時，距離創作這部作品過了將近半個世紀。在普契尼的家鄉擁有一座知名歌劇院的城市盧卡（Lucca），一直到1881年才有全本的交響樂首演，曲目是海頓的《告別交響曲》。

　　就算是歌劇，義大利也幾乎是一片不毛之地。音樂和戲劇的標準非常匱乏。義大利的音樂學院長期缺乏資金，這個新建國家的管弦樂演奏水準長期止步不前，歌劇合唱團只在演出季才臨時成立，人員來自各階層的人——工匠、廚子等等，他們當中很少有人

萊比錫布商大廈演奏廳舉行音樂會的情形。此為 1846 年的版畫作品。

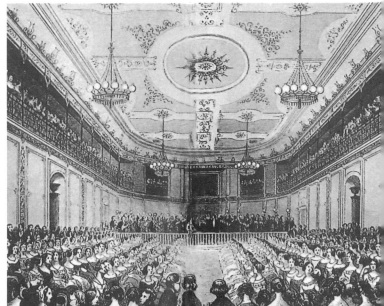

能識譜，只是急於想多賺幾個里拉。這支東拼西湊的隊伍，就像法斯塔夫（Falstaff，是威爾第在八十多歲寫的三幕喜歌劇）衣衫襤褸的軍隊，一會兒喝得爛醉如泥，一會兒又向管理層敲詐勒索，以罷工為威脅，要求增加薪酬。

　　最初讓人歡欣鼓舞的義大利的統一，很快就變得令人失望。被復興運動掃地出門的國王、公爵和各地諸侯，都曾有習慣資助他們自己的歌劇院。隨著統一的義大利新政府站穩了腳步，掌管了整個半島，它不可避免地對這些不斷發生的債務很不以為然。也許沒有哪個政府能帶給人們希望中的奇跡，19世紀70年代，隨著一連串的農業欠收、股市不景氣，整個國家經濟、社會陷入低迷。移居外國的移民不斷增多，大多來自貧困的南方；工業化被頑固地拒於門外，黑手黨日益猖獗。行政管理陷入困境，拼命緊縮開支，對於歌劇院的補貼也進一步減少，責任被推卸到各個地方政府身上。一些歌劇院關門大吉，還有許多歌劇院不得不減少演出季。這樣一來，產生了大量士氣低落的樂手、合唱和獨唱演員，他們都要重新尋找工作，因此進一步增加了到美國和其他地方的移民人數。

　　威爾第的問題也來了。統一帶來的亢奮消散之後，威爾第經常表示自己是個農夫而不是作曲家，他創作的間隔時間變長了，同時，其他義大利作曲家創作的新歌劇還遠遠沒有跟上。他本人也覺得和當時出現的一群著名新生代音樂家和藝術家越來越疏遠，他們被稱作「浪蕩文化派」

托斯卡尼尼。

（Scapigliatura，或稱「放浪不羈的文化人」），是一個鬆散、自發的前衛團體，其中包括詩人及作曲家阿里格·博伊托（Arrigo Boito）、音樂家弗朗哥·法西奧（Franco Faccio）、詩人埃米利奧·普拉加（Emilio Praga）和費爾迪南多·豐塔納（Ferdinando Fontana）。威爾第是一個高高在上的巨人，除了模仿他、效仿他，他們別無選擇，只能想辦法繞過他。他們求助於國外的影響力，一開始是法國，後來是德國，尤其是華格納的作品。他們所製作的作品很少能夠持久，創傷癒合之後，博伊托和法西奧高調的轉而

1958 年阿伊達在義大利威洛納圓形劇場公演時的盛況。

和年邁的大師合作。不過，浪蕩文化派興起後帶來的副作用，是義大利開始受到阿爾卑斯山外文化的影響，譬如，普契尼和布索尼（Busoni）的作品就深受影響；1899年，年輕的阿爾圖羅・托斯卡尼尼（Arturo Toscanini）從拜魯特寄給朋友一張華格納墓園的明信片，他在上面寫道：「這就是本世紀最偉大的作曲家之墓！」

　　托斯卡尼尼1867年出生於帕爾瑪，比馬勒小七歲，他是義大利最負盛名的指揮家，一位鐵腕天才，大師中的大師。然而，他並不是第一位大師，早在19世紀40年代，安吉洛・馬里亞尼（Angelo Mariani）就開始引起威爾第的注意，後來成為他的御用指揮，直到兩人在19世紀70年代因爭吵而決裂。馬里亞尼是給托斯卡尼尼和馬勒帶來重大影響的前輩，他單純而嚴以律己，跟他們一樣，他對歌劇製作的各個細節，都保持著一定程度的控制慾。《英雄交響曲》在義大利的首演，就是由馬里亞尼指揮的。1871年，第一部在義大利上演的華格納歌劇《羅恩格林》，是在波隆尼亞市政廳歌劇院演出，也是由馬里亞尼擔任指揮。與他同時代而比他更年輕的法西奧，作為一位作曲家並不怎麼成功，後來也成為傑出的指揮家。正是法西奧在史卡拉歌劇院揮動指揮棒，揭開了威爾第歌劇《阿依達》在義大利的首

演，和1887年《奧賽羅》（Otello）的世界首演。在《奧賽羅》的首演會上，樂隊的大提琴席位中，坐著年方19歲的托斯卡尼尼。

在前一年的夏天，托斯卡尼尼就已經獲得相當的好評。在隨一家義大利巡迴演出劇團到里約熱內盧演出時，因為原指揮無法勝任，他的副手和觀眾起了衝突，托斯卡尼尼接過指揮棒，挽救了《阿依達》的首夜演出。由於托斯卡尼尼表現出色，感激涕零的樂團管理層請求他放棄大提琴，繼續擔任巡迴演出的指揮，指揮餘下的11場歌劇，他憑著記憶指揮完所有的演出。30歲以前，托斯卡尼尼在各地擔任指揮，其中包括都靈的瑞吉奧劇院（Teatro Regio），在那裡他指揮了華格納的作品，以及《藝術家生涯》的全球首演。1898年，在馬勒成為維也納宮廷歌劇院的總指揮一年後，托斯卡尼尼被聘為米蘭史卡拉歌劇院的藝術總監，與新上任的總經理朱利奧·加蒂-卡薩紮（Giulio Gatti-Casazza）開始合作。

米蘭這座最了不起的歌劇院可以追溯到1778年，所處的位置原為聖瑪利亞史卡拉教堂（Santa Maria della Scala）。起初，這座劇院是哈布斯堡王

米蘭史卡拉歌劇院內部。19世紀時的版畫作品。

朝的文化前沿，它開幕上演的第一部劇碼，是義大利籍維也納宮廷作曲家薩利埃里的作品。這座建築通過富有的貴族支付的包廂定金來籌措資金，劇院的包廂多達六層，而營運收入透過政府許可的賭博，得以大大提高，史卡拉大廳因此變成實際上的賭場。拿破崙戰敗之後，哈布斯堡政權在義大利北方大部分地區捲土重來，史卡拉歌劇院因得到了經費補貼，賭博被徹底取消。

　　米蘭很快成為義大利的歌劇中心，此時人口有20萬，大約有十座歌劇院，主要的三座為：史卡拉、坎諾比納（Canobbiana）和卡爾卡諾（Carcano），能夠容納7,000多名觀眾。在19世紀中期，史卡拉歌劇院斷斷續續由巴托洛梅·梅雷利經營，他就是鼓勵年輕的威爾第創作了《納布科》，把他從危機中挽救了出來。梅雷利是個公開的親奧者，他於1848年革命後移居維也納，19世紀60年代早期又回來繼續經營史卡拉歌劇院。在那個時候，特別是在各大城市中，傳統的、特別設立的經理人系統已經開始改變。劇院的所有者們如今不得不指望統一的義大利政府能提供資助，他們意識到，如果歌劇演出季要取得藝術和金錢的雙豐收，必須得制訂長期的計畫。此時指揮的角色已開始逐步形成；托斯卡尼尼受聘於史卡拉歌劇院時，他並不是唯一一位認為此項工作遠不止是排練和指揮演出那麼簡單的人。

　　聘用加蒂-卡薩紮和托斯卡尼尼表明了史卡拉歌劇院從此有了新生力量的加入。米蘭比多數城市更加繁榮，史卡拉歌劇院是國內最傑出的歌劇院，這是個事實。但即使是在這裡，預算依然吃緊，觀眾數量很少，也缺乏熱情。1897年，位於羅馬的國家政府為了減少損失，將史卡拉歌劇院的管理權移交給米蘭市政府，米蘭市政府很快就停止了財政補貼。不久之後，劇院關門，接著，加蒂-卡薩紮和托斯卡尼尼華麗登場了。

　　「你們須永遠牢記一點，劇院應該裝滿觀眾，而不是空著。」85歲高齡的威爾第在29歲的加蒂-卡薩紮準備接替他經營史卡拉歌劇院時，說出了這句充滿智慧的話，他同時囑咐加蒂-卡薩紮要時常閱讀包廂的報表，這些東西「不管你喜不喜歡，」年邁而老謀深算的大師說道，「是唯一衡量成敗

的標準……如果大家都來了，目標就達到
了。」說起來倒是不難（特別是對威爾第來
說），做起來卻不是那麼容易。

1910 年加蒂 - 卡薩札、大衛‧貝拉斯科、托斯
卡尼尼及普契尼的合影（由左至右）。

　　加蒂-卡薩紮來到史卡拉歌劇院之前，
是費拉拉市政廳劇院的董事會主席。1860
年他的父親曾經跟隨加里波第在西西里島
作戰，和托斯卡尼尼的父親是戰友。老加
蒂不久成為一名軍官，最後成為義大利議
會議員，他學識豐富，曾擔任多項公職，
其中包括費拉拉歌劇院的董事會主席，到
了1893年他24歲的兒子繼承了這個職務。加蒂-卡薩紮當時已是一名合格
的海軍工程師，並已獲得數學學位，在軍隊裡服了一年兵役，但他喜愛的
是歌劇。成為費拉拉劇院的董事會主席之後，他的主要工作是監督董事會
聘用的經理人在劇院的日常工作，並確保資助劇院的市政府和包廂主人們
花出去的錢物有所值。加蒂-卡薩紮覺得自己既是堂吉訶德又是桑丘‧潘沙
（Sancho Panza，唐吉軻德的隨從），集理想主義者和現實主義者於一身。
他必須要有狂熱而天馬行空的想法，同時又得具備腳踏實地的執行能力，
將它們認真地付諸實施。1898年2月的某一天，一位聲稱是吉普賽後裔的女
高音抓著他的手給他算命，當場告訴他說，他很快就會換工作。「我看你
的掌紋說得很清楚！」她大聲地說。四個月後，加蒂-卡薩紮收到一封信，
寄自米蘭一位曾經為史卡拉歌劇院重新開張造勢的著名記者，他建議加蒂-
卡薩紮考慮一下是否願意成為史卡拉歌劇院的老闆。他告訴加蒂-卡薩紮，
音樂總監將是托斯卡尼尼。加蒂-卡薩紮帶著信徵詢父母的意見，「我親愛
的孩子，」他父親說，「容易的事只適合傻瓜和笨蛋，一個堅強男人的標
誌，是能夠成就艱難的事業。」看來算命說得沒錯。

　　加蒂-卡薩紮不是按老式的經紀人方式受聘，而是一位簽訂了五年合
約只領薪水的總經理。他的第一個議題就是督促這座義大利最有名的歌劇
院重新開幕。不過他首先得進入史卡拉歌劇院：不太容易，他第一天想進

去的時候，就被一個粗暴而生氣的人物擋在門外，要求這位年輕的闖入者表明身份。在劇院安頓下來之後，加蒂-卡薩紮立即著手解決財務和管理等當務之急。董事會的主席是歌劇愛好者吉多‧威斯康蒂公爵（Duke Guido Visconti）和阿里格‧博伊托（Arrigo Boito）。有消息透露說，博伊托在幕後操縱了托斯卡尼尼的聘用，並透過包廂擁有者的收益，和創立股東組織，以保證可以籌得歌劇院的啟動資金。總體而言，兩人聯手開始工作時，一切都是再好不過了非常順利。

　　與其說托斯卡尼尼是一股清風，還不如說他是一陣颶風，他控制了藝術上的一切，由他選擇上演的歌劇、指定歌手和樂隊及合唱團的成員，只有他才能規定每上演一部劇碼需要多少次排練。托斯卡尼尼還堅決要求掌控視覺和佈景，要求有權決定設計和設計師。和維也納的馬勒一樣，托斯卡尼尼還關心舞臺的燈光，堅持要求演出時燈光應熄滅，正廳就座的女士們應取下帽子。他取消了史卡拉歌劇院布幕從下往上升起的老傳統，因為這種方式，最先露出的是演員的腳和腿，然後才是臉。取而代之的是從兩邊拉開。任何東西都逃不過托斯卡尼尼的眼睛。19世紀很多的劇院，包括史卡拉歌劇院都有一個傳統，那就是每次歌劇演出前或演出當中，都有芭蕾舞表演。如果你是一個夜貓子貴族，對芭蕾舞女感興趣的話，這倒不失為一道香甜的點心，但如果你第二天必須要上班，這一夜就長得太過份了。這個做法也被托斯卡尼尼取消了。他並不是每戰必勝，他試圖取消歌手在詠歎調之後受到熱烈歡迎時要求「安可」的傳統，但沒有取得太大的成功。托斯卡尼

馬勒因指揮莫札特的作品而受到廣泛的讚譽，也是最後一位集作曲家和指揮家於一身的偉大人物，其歷史高度無人能及。攝於馬勒遠赴紐約的船上。

尼和馬勒一樣，決定要培養看戲的觀眾將注意力集中到集音樂和藝術於一體的作品上。這位傑出的義大利指揮家選擇以華格納的作品《紐倫堡的名歌手》開啟他在這座最偉大的義大利歌劇院的統治之途。

托斯卡尼尼和馬勒有許多共同點。兩人個子都不高，但都散發著非凡的魅力，他們就像歌劇界的拿破崙，體驗並刺激著強烈的激情，尤其是在和異性的關係上，他們兩人都頻頻和共事的歌手傳出緋聞。不過，據說兩人從不讓這種多情影響任何藝術原則，相反地，他們都狂熱地追求藝術的完整性。托斯卡尼尼可以憑記憶指揮浩大、複雜的器樂，任何樂器出現的任何一點微小的錯誤都能被他聽出來，樂隊成員們對此驚愕不已。也許是對這位飛揚跋扈的人物充滿了敬畏與欽佩，他的演奏者們總會把托斯卡尼尼壞脾氣的軼事告訴朋友們，說他如何對排練不滿意，憤怒地折斷指揮棒轉身離去。同樣的，馬勒的樂手們在剛剛踏出校門之際，聽說馬勒的指揮棒技術有缺陷（「大師，可否稍稍舉高一些？」），或者在排練當中會殘忍地捉出一個樂手來狠狠地指責的故事，都讓人倒吸一口氣。不過，這絲毫不妨礙當馬勒或者托斯卡尼尼在指揮時，樂手們也好觀眾也罷，為其充滿魅力的身影深深著迷。

托斯卡尼尼是普契尼作品的最佳詮釋者，也是至今專業指揮這個職業最傑出的典範。

兩人也有很多不同之處。托斯卡尼尼先天體質更好，儘管他有長期失眠的困擾，但是一直工作到八十多歲，而馬勒在五十多歲就離開了人世。馬勒和他的得意門生布魯諾·瓦爾特均因指揮莫札特的作品而受到廣泛的讚譽，而托斯卡尼尼則不同，他是普契尼作品的最佳詮釋者。最重要的是，馬勒是最後一位集作曲家和指揮家於一身的偉大人物，其歷史高度無人能及。相較之下，托斯卡尼尼則是至今專業指揮這個職業最傑出的典範。因為有了他們兩人，指揮家的地位達到了巔峰。

1808 年黎柯笛出版公司創立於在米蘭，是義大利最大的音樂出版社，此圖為 1845 年的印刷物。

　　命運讓他們兩個人相遇，不過不是在維也納，也不是在米蘭。托斯卡尼尼在史卡拉歌劇院推行的徹底改革，搭配他暴躁的性格，很快便使自己陷入艱難的處境，甚至連和善的威斯康蒂公爵和圓滑老練的加蒂-卡薩紮都無法解決。1901年威爾第去世時，面對告別大師的龐大群眾，自然是托斯卡尼尼擔當音樂指揮。但在史卡拉歌劇院的矛盾，早在托斯卡尼尼排演第二齣劇碼《諾瑪》的時候便開始醞釀。當時他認為彩排的水準不夠高，立即要求取消演出。托斯卡尼尼不允許重唱一遍的做法，導致觀眾席裡一片抗議的吼聲，傳統的贊助人也同樣大聲叫嚷地反對他取消歌劇之夜的芭蕾舞。更不幸的是，托斯卡尼尼和出版公司的老闆黎柯笛之間也開始產生摩擦。許多年來，黎柯笛公司不但控制了它所擁有的曲譜，而且壟斷了演出權，其中就包括威爾第的大部分作品。如果能夠保證按照他們要求的水準排演作品，他們才會出租歌劇曲譜。基本上這位彬彬有禮的紳士出版商和這位粗暴的年輕指揮家有著相同的信念，但也許是因為托斯卡尼尼在外交方面太不拘小節（並且過度忠於華格納），從而逐步導致黎柯笛對他的怨恨，他們之間關係的破裂，給這個重要的歌劇院帶來了許多嚴重的後果。

　　1902年11月，威斯康蒂去世，他的兒子繼任董事會主席。年輕的公爵缺乏他父親對於托斯卡尼尼追求藝術盡善盡美的那種體諒和理解，不久之後，指揮家便放棄了史卡拉歌劇院的指揮席位，成為自由職業者。1906年，加蒂-卡薩紮讓他回到史卡拉歌劇院。之後托斯卡尼尼堅持要求修建一座合適的樂池，此項創新被黎柯笛嘲笑為托斯卡

加蒂 - 卡薩紮在紐約大都會歌劇院。

尼尼百折不撓追求華格納主義的另一個例子。到了1907年，有消息指稱，加蒂-卡薩紮和托斯卡尼尼都將於演出季結束之後離開歌劇院，遠渡重洋前往紐約。加蒂-卡薩紮被聘為大都會歌劇院的總經理，而托斯卡尼尼則同意和一位同行一起分擔首席指揮的工作。這可不是讓每個米蘭人又愛又恨的獨裁指揮大師的一貫風格，但是，在紐約的這位指揮家名字叫做「古斯塔夫‧馬勒」。

　　邀請加蒂-卡薩紮和托斯卡尼尼來大都會的人是奧托‧卡恩（Otto Kahn）。大都會歌劇院被精明而富有的投資銀行家卡恩重組之前，曾經被當成企業在經營，致力於為它的股東們賺錢，重組後成為非營利性的機構，卡恩本人則成為公司的負責人。透過玫瑰色的玻璃窗，鑽石馬蹄座耀眼的光芒，卡盧梭、梅爾巴、法拉爾等人充斥在每一個夜晚的歌聲，極易給這座接納加蒂-卡薩紮和托斯卡尼尼的劇院增添浪漫的色彩，然而，迎接加蒂-卡薩紮背後的現實卻是十分嚴峻。舞臺本身就讓他覺得又小又窄，任何現代化的設施都沒有，排練和儲物的空間嚴重缺乏，道具和服裝在任何天氣下都只能整夜放在外面。加蒂-卡薩紮到達後不久，就向卡恩提出他的苦惱，卡恩早就意識到這些問題。他體諒地對加蒂-卡薩紮這樣說，不要著急，並保證將有一座滿足他所有要求的新劇院會「在兩、三年內」建成，結果，新劇院的興建卻花了整整58年。

　　卡薩紮還遇到了其他的問題，其中之一是由於歌劇當時在紐約大受歡迎所造成的。奧斯卡‧漢默斯坦（與奧古斯特‧貝爾蒙特和奧托‧卡恩一樣）是一位德國籍的猶太移民，他在美國發跡，並喜歡把錢花在歌劇上。經營了一系列不太穩定的戲劇企業之後，漢默斯坦把自己的資金重新整理，集中在他所認為的十拿九穩的專案上，趁大都會遭遇危機時，決心要和這個傲慢的劇院一決高下，讓它嘗點苦頭。1906年9月，離大都會僅幾個街區以外，漢默斯坦的曼哈頓歌劇院這座裝飾簡潔的專業劇院開幕了，它的目的是讓紐約的普通音樂愛好者，能夠以較低廉的票價欣賞到明星們演唱的佳作。請明星當然花費不菲，漢默斯坦期望能通過出售包廂的費用和正廳前座的高價票來彌補，這樣就可以使普通座位的票價低於大都會。

　　漢默斯坦這項大膽的冒險即使是失敗，但他的嘗試也是成功的。他所引來的最了不起的明星內莉‧梅爾巴曾描述過他過人的勸誘能力。梅爾巴在巴黎逗留期間，接待了「一位具有猶太人信念的堅決而果斷的男人，他個子不高，瘦而黑，一雙敏銳的黑眼睛。」梅爾巴當時正想減輕一些工作的擔子，尤其是想避開紐約的一、兩個演出季。漢默斯坦向梅爾巴解釋說，他正在修建全世界最好、最大的歌劇院，「而缺了你就不成」。梅爾巴表示她來年不打算去紐約：

漢：我可以一晚上給你1,500美元。

梅：請不要討論條件，漢默斯坦先生，我向你保證這一點也沒用。

漢：喔，你會來的（他頓了頓），2,000美元怎麼樣？

梅：就算給我2,000美元，我還是那句話。

漢：這將會是你所做的最偉大的事。

梅：不。我不打算去，早安，漢默斯坦先生。

　　梅爾巴說，如果其他人對她如此糾纏不休的話，她早就生氣了。但漢默斯坦那種「純真的堅定」吸引了她。每過幾天，漢默斯坦就會來拜訪梅爾巴，或者寫紙條、打電話。甚至有一天梅爾巴在洗澡的時候，他來敲門：

漢：你去美國嗎？

梅：（一邊沖澡一邊說）不。

漢：一個晚上給你2,500美元。

梅：給我十倍都不去。

漢：你想唱幾晚就唱幾晚。梅：走開！

　　在專橫的梅爾巴面前，很多人都敗下陣來，但漢默斯坦卻沒有。有一天，當這位首席女歌手悠閒地吃著早餐讀著《費加洛報》（Le Figaro）時，他闖了進來：

漢：就這樣定了，每晚3,000美元。

梅：我已經跟你說了一百遍了。

漢：（打斷她）不要再提了，每晚3,000美元，首演時你唱《茶花女》。

　　說著，漢默斯坦從口袋裡拿出一大捆千元面額的法郎扔在地毯上，錢散得到處都是，他「像一陣旋風般」離去。梅爾巴將紙幣撿起來，拿到銀行，對他們說，這些錢不是她的，需好好保管，等到漢默斯坦先生來要的時候再還給他。然而他卻沒有來要錢，只是再一次現身，輕鬆地說道：儘管梅爾巴嚴重抗議，但她一定會去的。

　　她去了，並且非常喜歡，特別是衝著「無數的對抗、競爭和困難所帶來的興奮。」也許在這位首席女歌手的一生中，這是僅有的一次棋逢對手的經驗，不過，正如她自己說的：「我喜歡良性的競爭。」她也喜歡金錢，喜歡成功所帶來的權力。她對自己說，「我是梅爾巴，我想在哪裡唱就在哪裡唱，想什麼時候唱就什麼時候唱，而且我要以我自己的方式唱。」首演之夜的《茶花女》帶給她的掌聲，讓她想起塞西爾・羅茲（Cecil John Rhodes，1853-1902）曾向她描述過的生命中最大的滿足：權力。在漢默斯坦的天堂裡，梅爾巴是迄今為止最重量級的明星，她演出的海報一貼出，劇院的門票便宣告售罄。

　　曼哈頓歌劇院在第一個演出季（1906-1907）獲利不菲，並對大都會歌劇院形成了巨大的威脅，漢默斯坦大受鼓舞。新資金、新觀眾滾滾而來，漢默斯坦聲稱第一季票房達到750,000美元。也許這個數字不那麼可信，但值得關注的是，從1890年到1910年，大紐約地區的人口從250萬增加到475萬，幾乎翻了快一倍。曼哈頓歌劇院開業時，在紐約的義大利人也壯大到了五十多萬。在票房成功的鼓勵下，漢默斯坦除了聘請梅爾巴之外的著名歌唱家，如瑪麗・加登和路易莎・泰特拉齊妮等，他還打算在費城再興建一座劇院。為此大都會歌劇院變得極其擔憂，聘用卡薩紮和托斯卡尼尼就是大都會歌劇院的一次反擊。

　　立竿見影的效果是，紐約的歌劇愛好者們發現他們再一次陷入了豐富得無法選擇的尷尬境地：兩家歌劇公司互相競爭，各家都拿出了最棒的劇碼。卡薩紮啟動的第一個大都會演出季，豪華得讓漢默斯坦都無法匹敵。11月14日週六的晚上，距離在紐約開幕的幾天前，大都會歌劇院在新建的布魯克林音樂學院推出了由法拉爾和卡盧梭演出的《浮士德》，週一，托

斯卡尼尼掀開了大都會歌劇院的演出季，由卡盧梭特別演出《阿依達》；第二個晚上在費城上演《藝術家的生涯》，仍由卡盧梭主演。週三晚上演出《女武神》；週四晚上是法拉爾和卡盧梭主演的《蝴蝶夫人》，由托斯卡尼尼指揮；週五晚上演出《茶花女》，因男高音病倒，由卡盧梭接替演出；週六日場的《托斯卡》還是卡盧梭主演。卡薩棻的明星男高音在八個晚上於三個不同的劇院演出六部不同的歌劇。

曼哈頓歌劇院的開幕之夜，請來了最了不起的明星內莉‧梅爾巴，演出《茶花女》。

紐約觀眾們享受著大都會歌劇院和曼哈頓歌劇院相互競爭下所帶來的盛宴，不僅因為這裡雲集了眾多的才子佳人，也因為具備了受人歡迎的舒適條件，例如大都會歌劇院安裝了電梯（前廳和後臺都有），城裡新的地鐵系統在時代廣場的樞紐，恰恰就在大都會歌劇院旁邊，離曼哈頓只有幾步之遙。在19世紀80年代，當新的大都會歌劇院和紐約音樂學會歌劇院正面交鋒時，戰鬥雙方都備受傷害。漢默斯坦（就像之前的梅普森）受到的傷害更為嚴重，因為他野心太大，超出了自己能力所能承載的範圍。紐約許多頂尖的歌唱家以卡盧梭為榜樣，都在大都會留了下來。費城的事業花費太高，漢默斯坦難以為繼。於是漢默斯坦和大都會歌劇院進行了談判，其結果是大都會歌劇院把費城劇院買下來，漢默斯坦本人被禁止在美國各大城市製作歌劇。紐約大都會歌劇院在它存在的25年裡，再一次擊敗了一個重量級的對手。

　　就跟在米蘭一樣，托斯卡尼尼在紐約也引起了軒然大波，甚至是陣陣狂潮。和大都會樂隊第一次排練時，他簡短地說了幾句話，然後就直接開始進人《眾神的黃昏》，指揮時跟往常一樣不看曲譜。雖然托斯卡尼尼和馬勒彼此相互吹捧，但兩位令人敬畏的大師同處一室，難免會產生矛盾。托斯卡尼尼安頓下來之後，堅持要指揮《崔斯坦與伊索德》，而這應該是馬勒的領域，而且此時馬勒為了遠離爭議（也為了更好的收人）剛剛才來到劇院不久。同時，托斯卡尼尼也讓他的歌手們弄明白了到底誰才是上司。卡盧梭和法拉爾是大都會觀眾的寵兒，有一次，這位男高音排練時沒有放開嗓門演唱，托斯卡尼尼毫不猶豫地責罵了他。還有一次，法拉爾不贊同托斯卡尼尼採用的節拍，說因為她是明星，他應該跟著她，據說托斯卡尼尼輕蔑地回答道：「小姐，明星們都在天堂裡，你僅是一個平凡的藝人，你必須服從我的命令。」也許正是這個從緊張中產生的小小摩擦，最終導致了托斯卡尼尼和法拉爾之間極度痛苦糾纏的私人關係。

　　托斯卡尼尼在1915年離開了大都會歌劇院。據他的傳記作家透露，法拉爾給他下了最後通牒：要麼和她一刀兩斷，要麼他離開妻子和孩子與她在一起。這樣的要求，無疑讓托斯卡尼尼這位羅馬天主教徒絕望的心被徹底撕碎，他無論如何都做不到。後來他說他的離開是因為大都會歌劇院的工作太過平淡，適合工匠而不適合真正的藝術家。然而，托斯卡尼尼的離去還有第三個原因，作為一個義大利愛國主義者，他渴望為他的國家效力；1915年，大部分歐洲，包括義大利，都陷入戰爭當中。

CHAPTER 4

戰爭與和平中的歌劇（1900—1950）

歌劇走向西部

　　1897年秋天，一家義大利劇團在墨西哥巡演時，越過了邊境，在當時人口稀少的小城市洛杉磯，他們決定上演一部新穎的作品，由義大利新生代作曲家中一顆冉冉上升的新星所創作。他們的冒險顯然卓有成效，據《洛杉磯時報》1897年10月15日的報導：「普契尼關於貧困之地和友誼之情的浪漫歌劇《藝術家的生涯》，是昨晚……劇團中偉大的歌唱家們顯示才華的載體，這是一次值得記錄的演出。」

　　處在世紀之交，歌劇在北美擁有了更廣泛的群眾基礎，不僅限於紐約，還包括在波士頓和費城等重要大都市，同時也流行到了西部。在舊金山，德國移民約瑟夫·柯樂林（Joseph Kreling）的蒂沃利劇院（Tivoli theatre）於1879年開業，最初上演輕歌劇和其他小品，但進入19世紀90年代之後，歌劇為它帶來了大量忠實的觀眾。據估算，20世紀的前十年，舊金山上演的劇碼達到2,225場。1905年，泰特拉齊妮在這裡獲得了在北美的首次重大成功。一年之後，卡盧梭與大都會歌劇院到此巡演，在唱完《卡門》的那個晚上，他被那場著名的大地震（1906年舊金山大地震）從酒店的床上震了下來。

1906 年 4 月 18 日上午 5 點 15 分，舊金山發生規模 7.8 的大地震，有 500 條街道被夷為平地，25,000 棟房屋被毀，死亡人數超過 3,000 人。

　　歌劇也同樣來到了芝加哥。在半個世紀之前，芝加哥和舊金山在幾個月內相繼受到歌劇的洗禮。1850年，貝利尼的《夢遊女》在芝加哥由小型的「曼維斯-布倫迪（Manvers-Brienti）義大利歌劇團」（編制只有三個歌手和一架鋼琴）推出改編版。1851年初，佩萊格里尼（Pellegrini）巡迴劇團在舊金山上演了同一齣劇碼的精簡版。當時的芝加哥是成長迅速的貿易中心，而舊金山是淘金熱的樞紐，兩座城市都不屬於歌劇的重點城市。但它們很快就因鐵路網而改變：芝加哥當時通過伊利運河與紐約水路相連，成為連接美國東海岸和西部廣大內陸的主要樞紐城市，而連接東西海岸鐵路網的建成，使舊金山成為西部最重要的城市。19世紀末，兩座城市都試圖成立永久性的歌劇製作公司，這個願望在20世紀終於實現了。

　　19世紀30年代仍只是邊睡要塞的芝加哥，在1865年擁有了一座3,000席位的歌劇院，它得力於美國北方出生的威士卡大亨兼慈善家尤拉諾斯·克羅斯比（Uranus Crosby）的鼎力支持。克羅斯比一直致力於把高雅文化帶進他的第二故鄉。克羅斯比的劇院兩側都是商業中心，有利於增加歌劇院的收入。在開幕演出季（因林肯總統遇刺而稍稍推遲），克羅斯比在這座僅有肉類加工業的鐵路小鎮推出了大約100場的演出，將近40部劇碼，觀眾涵蓋了近年來大量定居在芝加哥及其周圍的斯堪的納維亞移民和德國移民。像那些富有的歌劇贊助人，克羅斯比不久便發現他的錢財正以意想不到地速度在飛快的流失。為了挽救歌劇院，克羅斯比採取了以抽獎來吸引觀眾的行銷手段，雖然獲得成功，但是因為被察覺到有作假的疑慮，差點讓他陷入牢獄之災。1871年，克羅斯比的劇院在開幕六年之後，被一場大火燒毀，這場大火同時也燒毀了大半個城市。這次大火使十萬人無家可歸，300人喪生，死傷牲畜不計其數，間接損失更無法估算，是人類歷史上最為慘重的火災。

　　十幾年裡，芝加哥具有比建造歌劇院更急迫的事情要做，更嚴重的是，1886年在襪市廣場的勞工集會中，一顆炸彈扔向員警，使得週期性的經濟不景氣和勞資糾紛達到空前混亂，導致許多芝加哥人對「外國人」（特別是德國人和義大利人）和「外國娛樂」非常排斥。不過，芝加哥一些開明的菁英人士則認為，高雅文化的出現有可能緩解城市的緊張局勢。

1885年，房地產大亨費迪南·佩克（Ferdinand Peck）贊助的歌劇節，在格蘭特公園內的芝加哥洲際工業和展覽大廈舉行。這座大廈更適合政治會議而不是歌劇，它由德國建築師丹克瑪·阿德勒（Dankmar Adler）和年輕的路易士·沙利文（Louis Sullivan，1856-1924）進行改造，而由知名人物梅普森主辦的盛大歌劇節最後大獲成功。梅普森的劇團在兩周內上演了13部歌劇，當地媒體估計觀眾人數累計達到19萬人，在帕蒂演出之夜，劇院的觀眾達到1.1萬到1.2萬人。據梅普森描述，上演《阿依達》的時候，帕蒂幾乎無法從化妝間走到舞臺上，「舞臺兩側和佈景區擠滿了大約2,000名觀眾……還有500多個塗黑了臉，東方裝束的龍套演員，跑來跑去地站位置，其他拿旗幟的人正在整理他們的服裝。」在一片混亂中，帕蒂在當地員警的幫助下才離開了化妝間，「但瞬間便被手拿紙筆的女士們包圍，向她索取簽名，而這時她馬上就要開始演唱一大段詠歎調。」

歌劇節結束時，梅普森榮獲芝加哥市自由勳章，佩克宣佈說，他相信「帶來美妙的音樂、竭盡所能的持續舉辦年度歌劇節，以高雅文化來培養大眾，會減少這座城市的犯罪和社會問題。」佩克的理想主義理念使他關注劇場的永久性，劇場要能夠容納「各種形式的會議……群眾性集會、部隊的聚會，當然還包括具有節日慶祝性質的音樂盛事、歌劇等。」這和不久前在紐約開幕、擁有奢華包廂的大都會歌劇院形成了鮮明的對比。換句話說，芝加哥擁有紐約所擁有的一切，並且帶給每個人更多、更美好的經驗。

偉大的建築師，法蘭克·洛伊·萊特。

一座4,200席位的大劇院，是芝加哥對紐約大都會歌劇院的反擊。法蘭克·洛伊·萊特（Frank Lloyd Wright，1867-1959）在這個項目中還只是個初級學徒。和克羅斯比的劇院一樣，這座大劇院的綜合設施內也規劃了商業賣場：不僅有商店，還包括一家大酒店。大劇院到1889年才開幕，但其間歌劇演出並未停止。大劇院尚在籌畫階段，梅普森和紐約大都會歌劇院就數次造訪

芝加哥，引起極大的關注。這兩家競爭者在芝加哥的爭奪，反而使當地的
劇迷們大為受益，他們開始考慮到這座城市真正需要的，是他們自己的常
設劇團和常駐的管弦樂團，大劇院的設計，正是出於這樣的目的。

　　芝加哥的人口數，在發生火災時大約有三十多萬人，之後的30年裡，
增加了大約五倍，超過了國內除紐約以外的所有城市。在大多數城市還沒
有平整的馬路時，芝加哥已經鋪設有軌電車，這也成為主要的鐵路樞紐。
與此同時，這座年輕城市，以市區內和湖濱旁一系列壯觀的新建築，奠定
了國內建築業的標準。新世紀之初，芝加哥居民們可以到附近的拉維尼亞
公園（Ravinia Park）度過一個愜意的夏夜，享受一場古典輕音樂會，或者
精編的歌劇劇碼，然後再乘坐方便的火車回到城裡。

　　1891年，芝加哥管弦樂團（Chicago Orchestra）成立，由希歐多爾·
湯瑪斯（Theodore Thomas）擔任指揮。過了20年，芝加哥才有了自己的歌
劇團，正確地說是發現了一對準備贊助成立劇團的富翁夫婦。哈樂德·麥
考密克（Harold F. McCormick），國際收割機公司（International Harvester
Cornpany）的老闆，他的妻子是約翰·洛克菲勒（John D. Rockefeller）的女
兒，他們好比是來自農業的財富混合著來自石油的財富，中西部的情趣摻

芝加哥大劇院的外觀與內部（1872-1958）。

雜著東海岸的優雅，是這座城市在火災之後數十年裡渴望重生的縮影。兩家紐約機構：大都會歌劇院和曼哈頓歌劇院，都一心夢想著佔領西部，不料它們之間的領地爭端，卻意外地導致麥考密克的芝加哥大劇院（Chicago Grand Opera Company）的誕生。大都會歌劇院在深受漢默斯坦威脅的那些年裡，不斷地來到芝加哥訪問演出，帶來了特別的明星陣容（包括托斯卡尼尼）。由於漢默斯坦太急於想獲得紐約和芝加哥的歌劇控制權，從而導致大都會歌劇院的奧托‧卡恩趕緊聯絡芝加哥具有號召力的人物，成立了以麥考密克為首的籌委會，並於1910年成立了芝加哥大歌劇院。

　　不久之後，這個新生的嬰兒就宣稱要脫離父母的懷抱而獨立，這個舉動得益於一位超級明星，一位可以和大都會歌劇院的法拉爾媲美的人物。瑪麗‧加登出生於英國亞伯丁，成名於巴黎。她在台下個性堅強而活潑，臺上的歌唱和表演則激情而動人，她擅長詮釋馬斯涅（Massenet）的作品，也是首位德布西（Debussy）的梅麗桑（Mlisande，《佩利亞斯和梅麗桑》的女主角）扮演者。加登被漢默斯坦帶到美國，演出理查‧史特勞斯筆下充滿愛欲的公主莎樂美（Salome），當她淫蕩地親吻先知約翰被砍下的頭顱時，引得全場為之轟動。如果說，是漢默斯坦過大的野心促成了芝加哥劇院的成立，而他的倒閉顯然讓芝加哥劇院又撿到了便宜，接管了他的產業，包括全套佈景、道具和服裝，還包括不少他的歌唱家。1910年11月3日新成立的芝加哥大劇院的開幕演出上，由漢默斯坦的首席指揮克里奧馮特‧坎伯尼尼（Cleofonte Campanini）擔任指揮。兩天之後，瑪麗‧加登登臺演出梅麗桑。此後十年，加登演繹的這位柔弱、受傷而性感的角色，讓芝加哥的觀眾如癡如醉。1921年1月，這位精力旺盛的蘇格蘭人成為劇院總監，據說她更喜歡用總管來稱呼自己。加登是一位出色的歌手，卻不是一位出色的經理，她聘用了一大群非常昂貴的歐洲藝術家，在製作上花了太多資金（包括著名的普羅科菲耶夫（Prokofiev）《三橙之戀》（Love of Three Oranges）的全球首演），因此不得不再次向麥考密克求助。這時一戰已經結束而麥考密克和妻子已經離婚，坎帕尼尼也離開了人世，芝加哥不是因為歌劇，而是因非法釀販私酒和黑幫猖獗而迅速受到矚目。待了不到一年，加登便回到原來的歌唱生活中，換句話說，就是回到了舞台。

普羅科菲耶夫的《三橙之戀》

這時另一位富翁慈善家登場了。愛迪生（Edison）公司的老闆山繆·英薩爾（Samuel Insult），他不僅僅為芝加哥及其歌劇院提供電力，還是一位狂熱的歌劇愛好者。當他還是個孩子在倫敦生活時，就已經愛上了歌劇。一位非常富有的大亨級歌劇愛好者會做什麼呢？在這座成為卓越建築設計典範的城市裡，他為自己的公司修建了一座新的歌劇院。英薩爾的市民歌劇院（Civic Opera House）是芝加哥劇迷們至今仍十分熟悉的劇院。它不是富麗堂皇的義大利風格的馬蹄形包廂，而是極其實用性的長方形的座位區，大約是劇迷們看到過的縱深最長的觀眾席。瑪麗·加登形容它為「長長的黑牢」，認為它更像是會議廳而不是歌劇院。不過，觀眾們在任何座位上都能看得到舞臺、聽得到歌唱。而歌手們很快便發現，他們不用像開始時那樣大喊大叫，劇院良好的音效，可以讓最角落的觀眾都能聽到他們的歌聲。而且劇院在設計的時候還考慮了老式劇院所欠缺的各種最新的設施，包括寬敞的舞臺兩翼和較高的空間，以容納複雜的舞臺佈景。正如那些前輩，英薩爾同樣也希望透過商業收人為歌劇院籌資。他發現克羅斯比的商店和大劇院的酒店都不賺錢，於是便把自己的劇院安置在42層辦公大樓的中間。1929年11月4日，市民歌劇院開幕，演出的劇碼是《阿依達》。就在它開幕幾天前，紐約證券市場崩盤。

英薩爾本想透過出租市民歌劇院周圍大量的辦公室，來為劇院籌資。大蕭條的到來讓他的美夢變成了噩夢。按照歷史學家羅伯特·馬西（Robert T. Marsh）的說法，芝加哥的歌劇院從「勉強維持跌入災難當中」。大都會歌劇院透過重複上演同一齣劇碼來攤平成本，而芝加哥由於害怕觀眾流失，將同一劇碼的場次減少，因而增加了許多成本。在1930年至1931年的

演出季，大都會歌劇院推出45部劇碼，演出225場，而芝加哥的演出場次從僅有的90場（33部劇碼）降低到第二年的83場（27部劇碼），到1932年至1933年的演出季，更是一場未演。20世紀30年代剩下的幾年裡，每一季只能勉強維持30至40餘場演出。

戰爭的到來促使這座城市經濟復甦。但是芝加哥的歌劇，由於長期依賴外來的頂尖藝術家缺乏穩定的本土歌唱家，而持續陷入衰退。不管是在市民劇院還是拉維尼亞公園，最受歡迎的夜晚，仍然是大都會歌劇院明星們訪問演出的時候。1943年至1944年的演出季，芝加哥一部歌劇都沒有，造成缺口的原因是自1910年以來，大都會歌劇院第一次沒能在它的巡演計畫中納入這座城市。但這一切卻並不意味著如麥考密克、坎帕尼尼、加登和英薩爾所設想的那樣，依賴一家本地公司就能夠生存。馬西總結說道，總而言之新建的市民歌劇院的頭15個演出季，是「芝加哥歌劇史上最差的時刻」。

歌劇的沙漠在戰後依然持續著，只有來訪的紐約劇團才能給些滋潤。1947年之後，芝加哥被納入了大都會歌劇院的巡演城市，此後從1948年到1953年，每個演出季也有年輕的紐約城市中心歌劇院（New York City

芝加哥市民歌劇院，至今仍是芝加哥劇迷們仍十分熟悉的劇院。

Opera）到訪。這些演出季表明芝加哥擁有歌劇觀眾，同時也表明，這個時候一家管理得當的本地公司很有可能獲利。1954年，當芝加哥抒情歌劇院開幕時，有人認為這只不過是之前多次失敗的企業又一次異想天開的重組，但這三個年輕的創辦者卻不這樣認為：他們是指揮家尼古拉·雷西尼奧（Nicola Rescigno）、保險及房地產商人勞倫斯·凱利（Lawrence Kelly），以及喜愛唱歌、立志要做點什麼、意志堅定的年輕女子卡蘿·福克斯（Carol Fox）。公司成立沒多久，雷西尼奧和凱利就退出了，但福克斯一直堅持將芝加哥抒情歌劇院經營了25年之久，成為管理歌劇院最成功的女性之一。1981年，另一位女性阿迪斯·卡拉尼克（Ardis Krainik）續寫了她的成功。如今，芝加哥市民歌劇院的演出大廳被正式稱為阿迪斯·卡拉尼克劇院（Ardis Krainik Theatre）。

1922年夏天，梅洛拉接管了舊金山體育場，並請來了世界頂級男高音馬帝內尼演出《丑角》、《浮士德》和《卡門》。

1923年，舊金山成立了一家本地歌劇院，九年後，它的歌劇院在大蕭條最嚴重的時候開幕。在這裡最著名的並不是富翁、企業家，而是一位義大利音樂家：加埃塔諾·梅洛拉（Gaetano Merola）。梅洛拉1881年出生在那不勒斯，父親是一位小提琴家。梅洛拉曾經在那不勒斯音樂學院讀書，19世紀末移民到紐約，為大都會歌劇院和漢默斯坦工作了一段時間，1921年移居西部。他成為一名聲樂老師，在舊金山的文化菁英和城裡的北岸義大利人社區中成為偶像級的人物。有一天，梅洛拉觀看了史坦佛大學在半島以南的帕洛阿爾托（Palo Alto）舉行的橄欖球賽，沒有記載說他是否喜歡這場比賽，我們只知道，他對這座巨大的露天橢圓形球場的音效印象深刻，他能夠聽到軍樂隊奏出的每一個音符。1922年夏天，梅洛拉接管了這座體育場，用於上演大歌劇，同時也顯示了他的偉大。他從義大利朋友和當地的銀行那裡盡可能的借了一

筆錢,在體育場的一端搭建了一座舞臺,成立了管弦樂團和合唱團,請來了世界頂級男高音喬萬尼‧馬帝內尼(Giovanni Martinelli,1885-1969)擔任主角,上演《丑角》、《浮士德》和《卡門》,由他本人擔任指揮。《舊金山記事報》(San Francisco Chronicle)報社主編寫道,「人們欣喜地發現,所有階層的人們,從販夫走卒到菁英人士,齊聚一堂來觀賞歌劇。」

除了經濟之外,一周的嘗試在各方面都取得了巨大的成功。財務赤字不足以使梅洛拉氣餒,他抓住海灣地區的一切商業機會,在籌募基金的宴會席上發表演說,說服舊金山市政府,讓他在1923年秋季繼續他的歌劇嘗試,而這次是將場地設在市政大禮堂內。梅洛拉和他的同仁們開始察覺到,應該在舊金山創立一家長期的本地歌劇院,他們想出了一個在當時頗為新穎的籌資方法。一方面,他們向本地的權貴求助,另一方面,他們還邀請普通的市民成為公司的創辦人,只需要投入少許資金(50美元)即可。這個計畫不僅為公司創辦初期帶來了急需的現金,同時被海灣地區的媒體大加吹捧和讚賞,認為他們在工作中為加利福尼亞民主樹立了光輝的榜樣。他們尤其讚賞這位有著火山般性格的那不勒斯人,他熱情洋溢,卻又具備一名高超的管理者所應具備的執行力。早期由於服裝道具缺乏,他請歌手們帶著自己的衣服,而短期的道具和服裝,則由梅洛拉向他曾經教授過的上流社會的女士們懇請借用。

梅洛拉決定創辦的永久性公司,只能將市政大禮堂作為臨時處所——它的空間巨大而不實用且音效極差。他說,有歌劇團而沒有歌劇院,總勝過有歌劇院而沒有歌劇團,而他則想兩者兼得。1928年,兩座相毗鄰的民用建築,在舊金山市政廳(由同一建築師設計)對面開工,以作為一戰中陣亡美國將士的紀念館。其中一座大樓中包括一個音樂廳,另一座樓裡,是第一家美國市政府所有的歌劇院。儘管受到經濟大蕭條的影響,戰爭紀念館的建設依然進行著,而市政要員們頗感欣慰地發現,建築成本還低於原來的預期。1932年10月15日,舊金山戰爭紀念歌劇院開幕,舉行了一場《托斯卡》的慶祝演出,由梅洛拉指揮。13年後,《聯合國憲章》也在這裡簽訂。

1932 年 10 月 15 日，舊金山戰爭紀念歌劇院落成，13 年後，《聯合國憲章》也在這裡簽訂。

　　梅洛拉一心都在自己畢生的事業上，直到1953年去世。由於經常回想起自己年輕時代的不容易，因此常常將較為缺乏經驗的歌手納入自己的演出陣容中，給他們大量的演出機會，讓他們和重量級歌劇演員瑪律蒂內尼、吉里（Jili Beniamino Gigli，1890-1957）、品薩（Ezio Pinza，1892-1957）和德盧卡（Libero de Luca，1913-1997）等人一起演出。他帶著演出團隊沿著海岸由北到南巡演，從北面的西雅圖、波特蘭，到南面的聖‧迪亞哥（San Diego）和洛杉磯，其中去洛杉磯的次數最頻繁。

　　1897年將《藝術家的生涯》帶到洛杉磯演出的劇團，還算不上是南加州唯一的來訪者，早在十年前，帕蒂就曾在莫特音樂廳（Mott's Hall）演出。同年，瑟伯夫人（Mrs. Thurber）的紐澤西國家大歌劇院（National Grand Opera Company of New Jersey）出現在新建的哈薩德大劇院（Hazard's Pavilion）中。大都會歌劇院1900年到訪洛杉磯，梅爾巴在開幕演出上演唱了《藝術家的生涯》以及《露琪亞》發瘋的場景，據《洛杉磯時報》報導，大量觀眾從四面八方聚集到哈薩德大劇院（劇院位於奧利佛大街和第五大街的交界處，後來成為洛杉磯愛樂廳（Philharmonic Auditorium）所在地）。《洛杉磯時報》還報導說，一支帕薩迪納（Pasadena）來的小分隊，

「把專用有軌電車打掃乾淨，並用燈光把車門裝飾得光彩熠熠」，而另有
50人從聖迪亞哥遠道而來。由於遭遇了1906年舊金山地震和大火，大都會
歌劇院的大部分樂器、佈景和服裝都遭到毀壞，他們的年度訪問演出不得
不突然中止。到了1910年，洛杉磯人口已達到30萬，人口普查顯示，在職音
樂家的人口比例高於任何一座人口在一萬人以上的城市。洛杉磯繼續吸引
著音樂家的到來，並於1919年創立了新的管弦樂團。之後，洛杉磯愛樂樂
團克服了種種危機，在洛杉磯和橘郡（Orange County）各個音樂廳之間奔
波，試圖籌措資金，培養觀眾群。樂團生存了下來，它在好萊塢露天劇場
（Hollywood Bowl）舉行的音樂會最受矚目，觀看者最多。好萊塢露天劇場
擁有極佳的自然條件，可以容納兩萬多人，偶爾也成為歌劇演出的場地：
1936年上演了著名的《卡門》，1938年上演了《女武神》。有記錄說：

> 經典的「女武神騎行」令人激動萬分，生龍活虎的白色駿馬，以平時
> 演出兩倍的數量，由平時兩倍的女武神駕馭著，從遠處的山上飛馳而下，
> 來到露天劇場的舞臺上……（同時）佈景的山頂上電閃雷鳴，風煙滾滾，
> 伴隨著觀眾們興奮而激動的尖叫聲。

洛杉磯也有室內歌劇。20世紀20年代，在梅洛拉的領導下興建了一家
「舊金山南方劇院」，但由於經濟大蕭條而不幸倒閉，在奧利弗山（Olive
Hill）上建造大歌劇院的計畫，也因此而被擱置。從1937年到1965年，舊金
山歌劇院來到洛杉磯，定期在設有6,000個座位、適合籃球比賽的神殿大禮
堂（Shrine Auditorium）舉辦演出季。1948年，大都會歌劇院再次將洛杉磯
納入它的巡演城市。

不少人認為，此時這座城市已經具備成立自己歌劇院的條件。洛
杉磯像一塊優秀藝術人才的磁石，吸引了大量最有才華的歐洲移民。
克倫佩勒曾在20世紀30年代擔任洛杉磯愛樂樂團的指揮，二戰之後，
荀白克和史特拉汶斯基均居住在洛杉磯。在這裡居住的作曲家有康格
爾德（Korngold）、艾斯勒（Eisler）、格什溫（Gershwin）、克熱內克
（Krenek）和福斯（Foss）。演奏家海菲茲（Heifetz）、西蓋蒂（Szigeti）、
皮亞蒂戈爾斯基（Piatigorsky）、霍洛維茨（Horowitz）和伊托比

（Iturbi）也在洛杉磯安家落戶。指揮家瓦爾特（Walter）、斯托科夫斯基（Stokowski）和奧曼迪（Ormandy）頻頻到訪。安德魯‧普列文（André Previn，1929-）和倫納德‧斯拉特金（Leonard Slatkin，1944-）曾在洛杉磯學習技藝。電影工業吸引著一批又一批的歌手、舞者、樂師、音樂編曲、演員、導演、舞臺設計師、道具和服裝製作者。到了20世紀50年代，音樂家、音樂愛好者雲集南加州，它擁有第一流的管弦樂隊，擁有羅傑‧華格納聖詠合唱團（Roger Wagner Chorale），它的大學為國內的學生提供了最好的音樂教育。

　　甚至還有一家小小的、如嬰兒般稚嫩的洛杉磯歌劇團，它由義大利音樂家法蘭西斯科‧佩斯（Francesco Pace）於1952年成立。佩斯每一年都臨時把劇團召集起來，做兩周的演出，演出頗有藝術水準，吸引了不少熱情的觀眾，但他的劇團總是處於入不敷出的窘境苦苦掙扎。不少人對此感到迷惑不解，其中包括年輕的洛杉磯律師伯納德‧格林伯格（Bernard Greenberg），他在1959年一份針對佩斯的潛在捐贈者的報告中，描述洛杉磯是「全世界最大的沒有歌劇團的大都市」，它的居民比其他地方「閒暇更多、收人更高、享受更好的氣候」。當波修瓦芭蕾舞團（Bolshoi Ballet）或舊金山歌劇院等劇團來洛杉磯演出時，格林伯格寫道，他們的票房總是能夠得到保證。從更廣泛的角度來看，他說：「在美國上演的歌劇越來越多，而美國明星們在很多歐洲的歌劇院裡成為主要演員，和原來的情況正好相反。」格林伯格希望洛杉磯最終能擁有一家永久性的本土歌劇團，擁有自己的歌劇院。而這兩個夢想終於在25年之後實現。

傳播訊息 👓

　　小恩里克‧卡盧梭（Enrico Caruso Jnr）在他所寫的父親的傳記中，引用了這位男高音和朋友之間的一段對話，朋友問他從唱片錄音中獲得的收入是多少：

　　「你猜」，爸爸回答道。

「一萬美金？」，朋友試探性地說。

「對」，他答道，「你知道，只有我才能每個月賺那麼多錢。」

　　我們不能武斷的說是卡盧梭「成就」了錄音產業，也不能說靠著早期的唱片就能推廣歌劇，但錄音的確是世紀交替的一系列新興先進技術之一，它史無前例地將聲音廣泛地傳播開來。

　　20世紀初，許多比較富裕的人們開始熟悉照相機和電話，能夠收到大量發行的最新日報。電影院也出現了，觀眾們可以在那裡欣賞最新的電影，而同樣令人激動的是亨利·福特（Henry Ford）萬眾矚目的發明和事業——汽車。沒過幾年，人們又聽到了唱片錄音的問世，讀到了令人匪夷所思的懷特兄弟載人飛行試驗。他們也許還聽說了另一位科學家——義大利移民、物理學家伽利爾摩·馬可尼（Guglielmo Marconi，1874-1937），他帶著一大堆設備於1896年到達倫敦，聲稱可以實現聲音的「無線」通訊。無論在何處，話語、想法、圖像和聲音的交流技術，以及對製造和使用它們的人們的運載技術，似乎時時刻刻都在發生改變。隨著舊世紀結束，歷史翻開新的一頁，人們熱烈地談論著新時代的來臨，這是一個「新女性」、「新奇事物」的「新藝術」時代。就像是為了給舊紀元向新時代過渡留下印記，維多利亞女王，這位舊時代的偉大象徵，於1901年1月撒手人寰。幾天之後，另一位偉大的民族象徵，八十多歲高齡的朱塞佩·威爾第，在米蘭離史卡拉劇院不遠的一座酒店裡去世。第二年，在同一家酒店的另一間房間裡，年輕的恩里克·卡盧梭在倫敦留聲機及打字公司（Gramophone and Typewriter Company of London）的弗雷德·蓋斯伯格（Fred Gaisberg）勸誘下，同意灌錄他的第一張唱片。

　　電話、攝影、電影、鋼琴打孔紙卷、自動鋼琴、汽車、載人飛機、留聲機和收音機先後在幾十年的時間裡紛紛問世；它們逐步改變了20世紀的交流方式（正如我們這個時代的數位化革命一樣）。這些新技術的出現，同樣也給歌劇界帶來了改變，這種改變在某種程度上直接影響到歌劇的創作過程。如果沒有愛迪生的發明，阿爾弗雷德·羅勒在維也納馬勒王國的創新燈光效果就無法實現。一直對新發明好奇的普契尼很早就改變了對錄音

的觀念。1903年他在創作《蝴蝶夫人》時，就加入了從留聲機唱片裡聽到的真正的日本旋律。30年後，阿爾班·貝爾格（Alban Berg，1885-1935）創作了一首旋律嚴謹對稱的管弦樂插曲，並配上一段無聲影片，作為他的歌劇《璐璐》中的中心橋段，以標誌璐璐生活及職業的轉捩點。儘管新技術在歌劇本身的藝術形式上有所應用，但它們對歌劇發展影響最大的，還是對它的普及化所造成的傳播作用。

　　愛迪生不僅發明了電燈，他還發明了圓筒錄音。錄音上邁出的這第一步令人難忘，但是它錄製下來的聲音很難複製，保存的代價也十分昂貴。很快地，旅美德國人埃米爾·柏林納（Emil Berliner）開發了更為可靠的唱盤式留聲機，它為錄音工業奠定了基礎。圓盤技術不僅能使聲音的錄製和重現更加精確，同時圓盤能以極低的成本大量複製，反過來它又打開了一個巨大的潛在市場，能夠為頂尖藝術家們帶來巨大收益。

　　一開始，大部分唱片提供的是中檔的流行藝術家和曲子：當一位歌劇歌手列在標籤上時，表演的常常是最有名的詠歎調，加上一些輕快、通俗的曲子，比如《當我行過麥堆》、《夏日裡最後的玫瑰》、《甜蜜的家》等等。隨著圓盤逐步替代了圓筒，初生的錄音工業變得更加大膽和國際化。蓋斯伯格在美國學習技藝，遠渡大西洋紮根在倫敦，縱橫在歐洲（之後又到了東南亞），一邊尋找人才，一邊製作錄音。他甚至遠赴俄羅斯，希望為沙皇錄音。

　　到此時為止，交響樂或古典器樂曲目實際上還未製作過唱片。部分原因是因為人們推測這類嚴肅的作品，在仍然十分渺小的錄音潛在市場裡缺乏吸引力，另一個原因是技術上的難度。在一張十英寸的圓盤單面，播放的轉速是每分鐘78轉，只能持續播放三分鐘左右，根本無法容納貝多芬的交響樂或者協奏曲；就算是短歌或者詠歎調，都常常需要重新編排，並且還要加快演唱速度，以便能裝進唱片裡。另外，聲音越靠近喇叭效果越好，離得遠的效果就差，這樣的系統無法適應頻率寬廣的交響樂隊。獨唱演員在演唱安靜的選曲時，可以湊近喇叭，演唱嘹亮的段落時，則必須遠離喇叭。這絕非美的享受。但對於接受遊戲規則的藝人來說，早期技術

特別有助於獨唱演員，因而早期古典音樂的大部分錄音，都是出自歌劇歌手。合約包括大額的預付款和誘人的版稅協議。這些歌手可能無法錄製完整的歌劇，但他們不斷將越來越多的重點歌劇曲目錄製成唱片。他們是那個時代的超級巨星，唱片公司急於向市場兜售他們的名字。

　　起初，許多重要的古典錄音都是在倫敦、巴黎和米蘭等歐洲城市製作，這個還在起步的產業在美國還只能將重點放在「羽量級」的藝術家和曲目上（1902年至1903年哥倫比亞公司錄製的大都會歌劇院歌手的唱片銷量不佳）。不過，蓋斯伯格和他留聲機公司（Gramophone Company）同伴們的成功，在大洋彼岸引起了關注。如果加大促銷力度，歌劇唱片在美國或許也能賣得掉，這裡畢竟存在著大量的潛在消費族群。勝利者公司邁出了第一步，在紐澤西州卡姆登（Camden）建立了一家工廠，簽約了許多歐洲明星，包括卡盧梭、梅爾巴、普朗松、卡爾維和德斯汀。為了能聽到這些名人的聲音，越來越多的大眾開始購買唱片，甚至購買播放唱片的機器。帶旋轉轉盤和喇叭的笨重留聲機，有幾分優雅地佔據了愛德華七世時代中產階級家庭的客廳。勝利者公司於是將全套設施裝進一個四腳紅木櫃子裡，它被稱為「勝利留聲機」。錄音和放音設備並不便宜，當一美元鈔票可以買到飯店裡一頓多道菜的大餐時，一套明星雲集、六張裝的董尼才蒂《拉美莫爾的露琪亞》唱片要花掉你七美元，而勝利留聲機的出售價則是令人心寒的200美元。雖然如此，唱片和唱機依然持續地供不應求。這種狀況，和20世紀50年代的電視機潮、70年代的彩色電視機潮和十年後的密紋

留聲機

唱片和雷射唱片潮相似。勝利者公司的投資取得滿意的回報，它的資產從1902年的270萬美元增加到1917年的3,320萬美元，難怪他們能支付給明星們驚人的報酬。

　　蓋斯伯格愛強調他所認為的唱片的教育價值，不僅是他一個人認為如此。1903年，哥倫比亞留聲機公司（Columbia Phonograph Company）發行了它的大歌劇系列（美國首套歌劇唱片），隨附的冊子內包含以下內容：

　　本套大歌劇唱片對學生特別有教育價值。那些想努力弄懂音調的理論，或致力於建立獨特風格的學生們，必須知道成功的最大誘因之一，是那些具體的典範和展現方式，這樣才有學習與努力的目標。

　　哥倫比亞公司說，學生們能作出最大的努力，並不是老師鞭策的結果，而是：

　　那些取得成就的藝術家的聲音；而那種聲音需要學習，而且是細心學習。有了這一套大歌劇唱片，學生們就有機會瞭解到樂節和發音的每一個細節，而這些是他們在這之前所遠遠無法掌握的。

　　此外，唱片還能使重要的歷史文件得以保存，以供後代欣賞。蓋斯伯格在錄音喇叭面前試圖誘導藝術家盡最大努力時，他曾說道，你是在把錄音留給子孫後代。有些人因此而感到拘謹，因過度緊張而無法留下完美的錄音，而另一些人則完全發揮出他們的表演水準。不管怎麼樣，許多早期錄音都留下明顯的音樂錯誤，而這些錯誤在後期可以通過重新錄製和編輯輕易地解決。不過，在我們這個高科技時代所認為的輕微缺陷，卻令人驚歎地讓我們深刻洞悉了一去不復返的那一代人的音樂和聲音風格。

　　唱片所帶來的巨大衝擊力卻增大了大眾的胃口。歌劇歌手成為第一批主要錄製唱片的藝術家，這個事實，為他們這種特別的藝術形式贏得了廣泛的歡迎。一旦人們在自己的客廳裡欣賞到了卡盧梭、梅爾巴等人的聲音而不見其人，想見到有血有肉的真人的渴望便更加強烈。後來出現的歌劇廣播節目也造成了同樣的效果。

　　大都會歌劇院第一部全本歌劇實況轉播，是在1931年耶誕節上演的《糖果屋》。但它並不是第一部播出的歌劇，第一部歌劇早在十年甚至更早之前就已經播出，當然，這要取決於我們對「播出」的定義。例如，以前曾有過所謂的戲劇電話，以及在英國出現的相似但不那麼成功的有線廣播，這是一條得到許可和戲劇舞臺直接相連的電話線，一個大箱子上連著聽筒，戲劇電話裡傳送的聲音品質非常差。熱愛音樂但極不情願出門的普魯斯特都承認說「太難聽了」，但他還是成了訂購用戶和熱心的推廣者：

戲劇電話能使你足不出戶、自我陶醉地欣賞美妙的音樂，彷彿音樂是專門為你一個人而演奏似的。1911年2月21日，在普魯斯特寫給雷納爾多‧阿恩（Reynaldo Hahn，1875-1947）的信中，他提及他已經聽了《紐倫堡的名歌手》的第一幕，當天晚上將聽完整部《佩利亞和梅麗桑》。在當時的報紙廣告上聲稱，只需每月花60法郎就能擁有「家庭劇院」，舒舒服服地在自己家裡就可以聽到巴黎上演的各種戲劇，包括歌劇、喜歌劇、綜藝節目和法國喜劇。1913年，戲劇電話公司將巴黎歌劇院上演的《浮士德》越過英吉利海峽，直接傳送到有線廣播用戶的家中，而作為互換，英國公司轉播了柯芬園上演的《托斯卡》精選。

這類通過電話的傳播方式只能觸及極少數的觀眾，並因無線廣播的出現而注定滅亡，而歌劇廣播的第一項試驗也出現在同一時期。1910年在美國，發明家弗里斯特（Lee De Forest）說服加蒂-卡薩紮，讓他放了幾副麥克風和發射機在紐約大都會歌劇院內。連續兩個晚上，一段飄忽不定的信號，將一些類比得幾乎難以辨認的世界上最偉大的聲音，傳送到曼哈頓和鄰近的紐澤西州的少數無線電愛好者的定點收音機內。加蒂-卡薩紮無疑是通過辦公室的電話進行了收聽，但他一直抱持著懷疑的態度。第一次世界大戰之後，這個課題被重新且認真地開始進行。1920年6月，梅爾巴在英格蘭訪問了馬可尼位於埃塞克斯郡切姆斯福德（Cheimsford）的工廠，並演唱了一些歌曲，不僅40英里之外的倫敦能夠收聽到，整個

留聲機在 19-20 世紀中期風靡全球，這是上個世紀歐美報紙上的留聲機廣告。

歐洲大陸也都能收聽到；幾個月之後，泰特拉齊妮在紐約的酒店套房中也如法炮製，對準了方圓400英里內的船隻播放。1923年1月，新成立的英國廣播公司（BBC），通過2LO無線電臺，轉播了由壽命短暫的英國國家歌團（British National Opera Company）在柯芬園的皇家歌劇院舞臺上演的《糖果屋》，幾周之後，又轉播了梅爾巴出演的《藝術家的生涯》。

不久，全本歌劇或歌劇精選音樂會跨美國進行轉播，其中一些節目由25歲的業餘歌手密爾頓・克洛斯（Milton Cross）進行介紹，他後來成為大都會廣播節目的著名播音員。這時擁有收音機的人數迅速增多：1923年僅美國就賣掉了50萬台收音機，而兩年後這個數量則成長四倍。到了1928年，收聽節目的收音機達到1,200萬台，聽眾數量達到4,000萬。1925年是史上所稱的「爵士時代」的鼎盛時期，剛剛創辦的美國國家廣播公司國家大歌劇院（NBC National Grand Opera Company），在指揮及編曲家凱薩・索德羅（Cesare Sodero）的帶領下，每週定期推出精編版歌劇廣播。索德羅和他的許多劇團成員一樣是一位義大利移民，他在世紀之交來到美國，在廣播公司任職之前，曾在愛迪生留聲機公司擔任音樂總監。索德羅是一位技藝高超的內行人，他能將一部龐大的歌劇精編之後，放進深夜節目中（通常是60分鐘），而且能夠保留所有的著名詠歎調，並用原譜中一、二十分鐘之後才出現的音樂將其天衣無縫地串連起來。從華格納到維克多・赫伯特（Victor Herbert，1859-1924），幾乎每一部作品都經過索德羅的妙手刪改，而這檔節目一直持續了五年。習慣於演唱未刪減版本的歌手，會發現這些縮減版很難唱，但這樣的挑戰令人興奮莫名。法蘭西斯・阿爾達（Frances Alda，1879-1952，加蒂-卡薩紮的前妻）曾經很擔心在根本不存在、無聲的觀眾面前表演會怎麼樣，但她很快便發現，觀眾的反應不是出現在現場的掌聲中，而是出現在像雪片般飛來堆積如山的信件中，這些沉甸甸的感謝信，大部分都是從未看過歌劇的聽眾寫的。

紐約大都會歌劇院在歌劇轉播方面可謂姍姍來遲。當它最終於1931年開始播出節目時，美國卻深陷經濟大蕭條的陰影下。1929年股市崩潰之後，大都會歌劇院的票房猛跌，特別是高檔票銷量不佳。據加蒂-卡薩紮描述，三年當中大都會歌劇院流失了30%的包廂訂戶。他感覺自己就像「身陷暴風雨中的船長」，急需採取緊急措施以避免大都會歌劇院沉沒。

促成節目播出的並不是大都會歌劇院，而是NBC的總裁埃爾斯沃斯（Merlyn H. Aylsworth）。埃爾斯沃斯曾好幾次找到加蒂-卡薩紮，但都被他拒絕了，賺錢的機會當然很有吸引力，但是他卻認為廣播對於他的歌手和樂隊很不公平。也許加蒂-卡薩紮腦子裡記得的還是弗里斯特在1910年實驗

時，傳到他辦公室的那種音響效果。不過，在埃爾斯沃斯的努力不懈下，加蒂-卡薩紮終於勉強同意。1931年12月23日大都會歌劇院舞臺上演的《蝴蝶夫人》成功試播，加蒂-卡薩紮在他的辦公室裡收聽了廣播，他的疑慮打消了。兩天後，大都會歌劇院以實況轉播《糖果屋》開始了正式播音。

　　沒有人知道，究竟有多少人在1931年的耶誕節收聽了大都會歌劇院的首次播音，但它的影響力卻迅速顯現。NBC《布魯克林鷹報》（the Brooklyn Eagle）指出，「作出了傑出的努力，為美國的收音機聽眾們獻上了最優美的音樂」。與此同時，女高音拉克嘉・波利（Lucrezia Bori，1888-1960）展望未來，認為有一天電視也能夠給「所有的歌劇帶來全新而極大的推動作用」，並把現有的歌劇觀眾群擴大到無遠弗屆的境界。激動和興奮很快地傳播開來，一周之後，在1932年新年那天，吉里和波利參加了日場《藝術家的生涯》的演出。當天下午，一位女士匆匆來到大都會歌劇院售票處，詢問是否還有門票出售。當時演出已經過去一大半了，但當她得知還有票時，上氣不接下氣地說：「我在收音機裡聽了前兩幕，真是太棒了，我想親眼看看後面的！」

　　如果你問一位美國20世紀30年代的歌劇愛好者「吸引你去看歌劇的原因是什麼？」多數情況下，回答都是因為聽了他們父母收藏的留聲機唱片。一代人之後，人們則會向你談到聆聽大都會歌劇院週六日場廣播的美好回憶（這個節目一直持續到今天）。從經濟的角度來說，廣播完全是上天的恩賜；1932年的前三個月，它就將大都會歌劇院急需的15萬美元賺到手。不過大都會歌劇院的問題還沒解決。加蒂-卡薩紮曾經給名冊上的每一位員工寫信，要求他們同意將薪水下調10%，他表示，此舉意味著撕毀現有合約，但是「當一座房子失火時，人們不會去叫律師或者公證人」。所有的人都同意減薪，除了唯一的例外：吉里。他當時已經在大都會歌劇院演唱了12年。1932年4月，由於發現劇院的55萬美元資金和大部分儲備都被花光了，進一步的自願減薪計畫被提了出來。看來大都會不得不在每週2.5萬美元到4.5萬美元之間的資金缺口中營運，而且極有可能面臨隨時關門的危機。吉里再次拒絕減薪。加蒂-卡薩紮收到一封譴責吉里行為的聯名信，上面包括許多當時歌劇界頂級明星的簽名。不久之後，這位偉大的義大利男

高音慘遭解雇。吉里立即為自己的行為感到後悔了，雖然他提出了各種妥協辦法，發表了一份聲明，表示只要不取消他的合約，他願意和其他人一樣減薪。在他的回憶錄中，吉里表示他的作為既輕率又愚蠢，因為他「只是為了賭口氣，萬能的加蒂-卡薩紮就命令他自動毀約。」

在大蕭條的困難年代裡，廣播是大都會歌劇院試圖拓寬其支撐基礎的方式之一。隨著50周年紀念日的臨近，「挽救大都會委員會」成立了，由波利擔任主席。收音機裡、報紙上傳出呼籲，波利的信件寄送到偉人、好人、富人手裡，各種各樣的創意活動被策畫出來，包括一場歌劇院舞會，所有的歌劇明星都貢獻出他們微薄的力量，並上臺做一些新奇的表演。此外，埃莉諾‧貝爾蒙特（Eleanor Belmont，大都會歌劇院董事會的第一位女性）成立了「大都會歌劇協會」。貝爾蒙特夫人說，她的使命是讓普通的紐約人感覺到大都會歌劇院是屬於他們自己的，「是這座城市生活中不可分割的一部分」。簡單的說，她的目的是實現歌劇的民主化。她所主持的協會，給大都會歌劇院帶來急需的現金和堅強的支持。這時大都會歌劇院通過幾筆贊助人的大額捐助，基本上彌補了虧空，協會又通過各種小禮品為它籌集了大量的資金，這在當時是比較新穎的行銷手法，並從此被廣泛地模仿。

而大都會歌劇院繼續保持著它的傳統，每年春季都帶團進行大規模的巡迴演出，這個傳統開始於大都會歌劇院初創時期，已經持續了一個世紀之久。早在1909-1910年的演出季，當競爭對手漢默斯坦的劇團將其觸鬚伸至東海岸南北各地時，大都會歌劇院雇用了兩倍的樂團、兩倍的合唱團、一百多名獨唱演員，派遣這支聯合大軍在整個東部穿行，橫跨半個美國，演出多達163場，隨即又在托斯卡尼尼的帶領下高調出訪巴黎。一戰結束之後，加蒂-卡薩紮在十年左右的時間裡縮減了劇團的巡迴演出，主要限於在附近的布魯克林和費城進行演出，以及每個春季在亞特蘭大進行演出。然而在大蕭條時期，春季巡迴演出重新擴大規模，作為恢復補充觀眾的寶貴方式。在今天，許多美國老歌劇愛好者常留著眼淚回憶20世紀30年代那個時候，他們的父母曾帶著他們去費城或者亞特蘭大觀看《拉克美》（Lakm）或者《露琪亞》，或者去紐奧爾良觀看瑪蒂內尼出演的《阿依

達》，或去克利夫蘭觀看弗拉斯達德（Kirsten Flagstad，1895-1962）和梅爾基奧爾主演的《女武神》……。

　　對於其他人，記憶最深刻的也許是去看電影，也許是電影中的主角格蕾絲‧摩爾（Grace Moore），也許是電影中的大都會明星勞倫斯‧狄白特（Lawrence Tibbett）、瑞莎‧史蒂文斯（Rise Stevens），或馬里奧‧蘭紮（Mario Lanza，1921-1959）。電影工業出現在19世紀末期，起初電影是針對心存疑慮而又對此著迷的大眾，常在使用率不高的歌劇院中放映。到了20世紀20、30年代，電影已成為在美國廣為傳播最受歡迎的娛樂形式。據估計，1938年大約有8,000萬美國人（占人口比例的60%）每週都去看電影。去一趟電影院肯定比去歌劇院便宜很多，在紐約大都會歌劇院1925-1926年的演出季，最便宜的座位價格是1.5美元，而電影票只需10到25美分。另外值得注意的是，最後一部廣受歡迎的歌劇，創作於第一部有聲電影出現之前不久：《杜蘭朵》被認為是標誌著一個時代的結束，而《爵士歌王》（The Jazz Singer）則是新時代的開端。是否電影就是新型的歌劇，而電影院就是新型的歌劇院呢？或者，反過來說，歌劇是否能借電影日益普及的提攜，從而得到新的推廣？事實證明，這兩種藝術形式與它們各自的觀眾群之間，都存在著千絲萬縷、盤根錯節的關係。

最後一部廣受歡迎的歌劇《杜蘭朵》，創作於第一部有聲電影出現之前不久。

到了1900年，一些世界知名的歌劇院的營運方式，和二、三十年之後的好萊塢電影製片廠的營運方式極為相似，擁有大製作、宣傳機器和大批的合約藝術家。如我們所見，馬勒對待想四處遊走的奧地利歌劇演員的方式，就如同30年後電影巨頭對待意圖跳槽的電影明星一樣。

一些大型的音樂出版商也開始效仿好萊塢製片廠的風格。黎柯笛出版公司收購了一系列重要的競爭對手，在海外開辦了分公司。此時的他們已經不再是簡單地出版、銷售或出租音樂曲譜，而是開始考慮對搬上舞臺的作品進行控管。黎柯笛公司有權贊成和反對啟用的歌手和指揮，他們還開始發行「製作手冊」，清楚而準確地說明他們出版的每一部歌劇應該怎樣設計佈景、怎樣安排服裝、設置燈光，什麼時候開始移動。此時，多用途的平板繪圖將過去標準化的花園、海灘、浪漫城堡等場景一一打破，現代的首席女歌手也不用打開自己的大衣櫥，拿出她的露琪亞、吉爾達或者薇奧萊塔的通用戲裝。根據不同的歌劇，有了專用的佈景和服裝，而且由出版商本身委託製作並提供的東西越來越多。黎柯笛還出版了一本雜誌以發佈最新的黎柯笛出版物，其中常包含由它的內部圖形工作室製作的高品質多彩插圖。這一切都有助於公司——像米高梅公司（MGM）和聯藝公司（United Artists）那樣——建立一個大眾認可的風格和品牌。

歌劇和電影之間還存在著藝術上的相似性，二者都試圖通過將不同的藝術揉合在一起的方式，創造出一種大型的娛樂形式，強調誇張的情感並帶著誇張的表演風格。在電影中和在歌劇中一樣可以創造出大型場景，以及數個角色同時表達衝突情感的效果。這一切不會出現在易卜生和蕭伯納的作品中，卻能出現在格里菲斯（D. W. Griffith）的電影中，如同出現在《弄臣》裡的四重唱和《藝術家的生涯》中的咖啡店場景一樣。歌劇裡同樣也有過渡場景，在華格納氣勢磅礡的管弦樂片段中，例如齊格飛前往萊茵河等場景中，人們可以預先找到很多電影的表現手法，而那些對普契尼的情感強度有抵觸、嘲笑它為電影音樂的人，他們忘了是電影從普契尼那裡學來的，而不是普契尼從電影中學來的。

在早期的電影時代，許多歌手，包括卡盧梭和法拉爾等著名的歌劇演員，都曾在無聲電影裡擔任過主角。這也許令我們感到驚訝，不過在當時

很可以理解。在那個時候，放電影不僅僅常常要用鋼琴伴奏，而且在大型電影院裡還要用整個管弦樂隊進行伴奏。在當時已經成為整個紐約的（不單單是托斯卡尼尼的）偶像的法拉爾，1915年主演了由塞西爾‧德米勒（Cecil B. DeMille）導演的電影《卡門》。她理所當然地希望成為全美國乃至全世界的偶像。她的製片人山姆‧高德費希（Sam Goldfish）也有同樣的想法。據說他這樣說過，「我相信法拉爾小姐會讓銀幕上所有的人讓位」，並且還說「她會將電影藝術提升到做夢也不能達到的高度」。也許《卡門》並沒達到如此高度，但是，它真實的鬥牛場景（包括大約20,000名群眾演員）、迷人的明星，以及備受矚目的首演之夜演奏音樂的50人交響樂團，給這部電影帶來了巨大的轟動效應。《卡門》是所有歌劇曲目中最受歡迎的故事之一，其電影、電視和錄影改編版多達70部以上，而這部電影則是最早的一部。

《卡門》是所有歌劇曲目中最受歡迎的故事之一，其電影、電視和錄影改編版多達 70 部以上。

從表面看來，有聲電影的出現，給那些想製作歌劇電影的人帶來了福音。有少量的歌劇被搬上了銀幕，但是都經過了大刀闊斧的裁剪。歌劇畢竟是一種靜態媒介，遠非大多數電影觀眾所能忍受。提托‧戈比（Tito Gobbi）在20世紀40年代末開始拍攝了幾部歌劇電影，普拉西多‧多明哥（Placido Domingo）在40年之後也有幾部電影問世。

不過，更常見和更受歡迎的是《淘氣的瑪麗達》（Naughty Marietta）和《羅斯‧瑪麗》（Rose Marie）等劇情片，它們有音樂，有具備歌劇風格嗓音的迷人演員仁納爾遜‧埃迪（Nelson Eddy）和珍妮特‧麥克唐納（Jeanette MacDonald）。有時候，電影裡會插入一兩段詠歎調，以示它的與眾不同，或者是為了安插一個角色。狄安娜‧德賓（Deanna Durbin）在她的許多電影中都演唱過詠歎調。格蕾絲‧摩爾也在《一夜之緣》中扮演

一位年輕歌手，遠走高飛去實現自己的人生追求，一路上表演了多首詠歎調。摩爾自己艱難地徘徊在歌劇界和電影界之間，她的美貌令她在兩個舞臺上熠熠生輝，但是都未能達到登峰造極的地步。麥克唐納在她的早期電影《為了一個男人》（Oh for a Man）中，演唱了《崔斯坦與伊索德》中的《愛之死》（Liebestod），幾年之後，她又在另一部電影中演唱了《浮士德》和《茶花女》中的詠歎調，而該電影的主題曲卻更加著名：這部電影就是《舊金山》（San Francisco）。在1943年版的《歌劇魅影》中，開場就是埃迪以華麗的嗓音演唱《瑪爾塔》中的飲酒歌。如果說埃迪和麥克唐納是具有好嗓子的演員，那麼，也有一些成功的電影顯示出，頂級的歌劇歌唱家同樣也有外表不錯並能演戲的人：大都會歌劇院明星男中音勞倫斯·狄白特因在《流氓之歌》（The Rogue Song）中的出色表演使他獲得奧斯卡最佳男主角提名；另一位迷人的「卡門」瑞莎·史蒂文斯曾在《巧克力士兵》（The Chocolate Soldier）中與埃迪演對手戲。這樣的成績來之不易，一些著名的歌手，包括卡盧梭和吉里，以及許多年後的帕華洛蒂（Pavarotti）也曾經拍攝過電影，本希望借此增加名氣，但多數以鬱悶的失敗收場。不管在其他方面多有名氣，一個在銀幕上十分笨拙的演員，是無法吸引電影觀眾的。

　　當時最有名的歌劇電影，其實是一部挖苦歌劇的電影。在《歌劇院之夜》（A Night at the Opera）中，格勞喬·馬克斯（Groucho Marx）扮演奧提斯·吉夫特伍德（Otis Driftwood），他是一個下流的商人，試圖誘騙一位富有的寡婦把大筆財富投給資金緊缺的紐約歌劇團，吉夫特伍德告訴她說，這麼做的話就會受到紐約社會的歡迎。他在米蘭向她引見留著大鬍子、一本正經的歌劇團老闆（酷似加蒂-卡薩紮），老闆激動地得知有人願意投入資金，便可以雇用他心儀的義大利男高音，十分激動。而此時，歌手本人正在化妝室裡發脾氣，因為他的女朋友向另一個名氣不大的男高音示好。吉夫特伍德和男高音的代理人費歐雷羅（Fiorello）正在商談合約，整個情節都是在嘲弄藝術家、代理人和經理人。後來所有的角色都一起乘船橫渡大西洋，吉夫特伍德小小的艙房內，成為電影中精心策劃的著名混亂場景之一，在甲板上，一大群性格開朗、熱愛音樂的義大利移民們正在

吃著一盤盤的義大利麵。在紐約經歷了許多混亂之後，結局則是以一場精彩的、被破壞的《遊吟詩人》演出告終，一切歌劇表演中能出錯的地方都準時地出了差錯，當然這一切是為了羞辱傲慢的男高音，並給他的對手帶來愛情事業雙豐收。《遊吟詩人》的故事荒謬而誇張，是一個很容易被嘲弄的對象，而那些徇私舞弊的貪婪代理人和自以為有教養的富人也是如此。有些人將《歌劇院之夜》視作是對於本質上非美國的昂貴、菁英藝術進行惡毒的攻擊，不過對大多數人來說，它只是對這種極其自我的藝術形式和行業的絕妙諷刺，這是一種獲得了許可的狂歡節，其中所有事物一時之間都可以黑白顛倒、是非不分。

19世紀末至20世紀初，隨著傳送複製圖像和聲音的新方式開始出現，歌劇無疑成為受益者。也就是說，更多的人能得到著名歌劇演員的圖像、聽到他們的聲音、看到他們的表演，並能夠在自己家裡試著自己表演和演唱那些音樂。在1787年的布拉格，也許並不是每個人都能哼唱或者用口哨吹出《費加洛的婚禮》中的選段，但是到了20世紀初，地球上數不清的人都知道了卡盧梭和梅爾巴是誰、長得什麼樣，而且有越來越多的人聽到了他們的聲音。當然，這些人看到、買到和聽到的並不是真的而是複製品。這些新技術能把歌劇帶給所有人嗎？抑或只是帶來了它的幻影？經過機器複製後，藝術還能是藝術嗎？《時代週刊》在1910年的一篇社論中大聲地宣稱，「藝術的複製品和藝術是相同的，就像一個活人和他的蠟像一樣」，或者，如半個世紀後奧托‧克倫佩勒的精闢比喻：「聽留聲機唱片就像是抱著瑪麗蓮‧夢露的照片睡覺一樣！」

另外，收音機和唱片的出現，對於許多人來說，還意味著聽音樂的享受本質上變得被動了。一度在中產階級家庭裝飾中被奉若神明的鋼琴，讓位給了無線電和留聲機。鋼琴和樂譜的銷售，就像它們所促成的國內音樂製作，都在直線下降。一位音樂出版商悲哀地回憶說，「因為沒人感興趣，現存的古典主義音樂和浪漫主義音樂的印刷曲譜都銷聲匿跡了。」剩下的印刷品被打成了紙漿，留下來的雕版也被熔化。「曾經高度文明和肥沃的音樂生活之土變得一片荒蕪」，他總結說，許多聲稱欣賞音樂的人從此欣賞的只是複製品。

　　不過，與這個悲觀的預料相反，以機器方式聽音樂的發明，似乎並沒減少人們對於體驗真實的渴望。少數像普魯斯特那樣內心挑剔的人，喜歡在自己舒適的家中聆聽複製的音樂，而不喜歡在劇場、歌劇院和音樂廳擁擠喧鬧的人群中去聽現場。但雖然留聲機唱片、收音機轉播和歌劇電影滿足了人們的部分好奇心，卻未能令人們得到充分的滿足。那位通過廣播聽了前兩幕，又匆匆跑到紐約大都會歌劇院去看吉里演出的女士，也許只是一個例外，但也只是例外在她狂熱的程度上罷了。

在歌劇院中為爭奪座位而大打出手的諷刺漫畫。1821 年由拉內（T. Lane）所繪。

戰爭的影響

　　托斯卡尼尼回到義大利之後，盡其所能地為他的祖國奉獻力量，他為支援戰局而舉辦音樂會，並於1917年成立了一支軍樂隊，有一段時間親自在前線指揮這支樂隊。據說在每首曲子結束之後，托斯卡尼尼都要高呼「義大利萬歲！」（Viva l'Italia!）一架低音鼓還曾經被砲彈擊破，還好樂隊裡沒有人受傷。事後托斯卡尼尼因戰火中的英勇表現而受到義大利政府的褒揚。雖然托斯卡尼尼是個激進的義大利民族主義者，但他對複雜的國際政治並不精通，當然很少有藝術家能精通政治的。托斯卡尼尼崇拜的對象威爾第或許也曾經為復興運動而歡欣鼓舞，然而他只是一位作曲家，對於他心目中的英雄、義大利統一之後的第一位首相加富爾伯爵（Count Cavour，1810-1861），在政治上極其出眾的幹練也非常清楚。進入20世紀之後，隨著全世界陷入經濟低迷、政治上的極權意識形態，以及災難性的戰爭，音樂家和普通民眾一樣，都艱難地生活在非他們所能選擇、理解的道路上。

　　透過歷史的視角來觀察，第一次世界大戰所產生的那些仇恨，顯得那麼離奇古怪、荒謬無比。在英國，人們得知德國人曾強姦修女並砍掉比利時兒童的手掌，而王室則為了謹慎起見，將名字由薩克森-科堡（Saxe-Coburg）改成溫莎（Windsor）。因此英國國王的表親德國皇帝應該在戰後受到嚴厲的制裁。在德國，一群著名的知識份子簽署了一項聲明為德國的行為辯護，並譴責英國與野蠻的俄羅斯聯盟。

　　在這種氛圍下，急劇上升、相互憎恨的病毒必定會傳染給歌劇，在對義大利的愛國情操不輸任何人的托斯卡尼尼，因羅馬的一場音樂會有華格納的作品而勃然大怒。數日之後，政府頒佈了一項法令，在戰爭期間禁止在義大利首都演奏任何德國音樂。戰線的另一端也發生了類似的事件，執掌慕尼黑宮廷歌劇院的布魯諾·瓦爾特被迫縮減義大利和法國的曲目，又因他的樂隊聘用的一位優秀的比利時大提琴手，而遭到當地媒體的嚴厲譴責。

　　與托斯卡尼尼既是同時代人、朋友、偶爾又是對手的普契尼，也捲入了複雜的政治漩渦中。1913年在訪問維也納期間，普契尼被問及能否考慮創作一部華爾滋輕歌劇，腳本是德語，將在維也納出版並首演，作曲家將會得到一份豐厚的報酬及版稅協議，擁有義大利版的版權。這是一份誘人的合約，但普契尼顧慮之下沒有答應：帶念白的輕歌劇不是他的長項，且不管怎麼說，他已經與黎柯笛的出版社簽約。第二年春天，依然是在維也納，普契尼也許是受夠了蒂托·黎柯笛的冷落和漠視，也或許是對自己在維也納的名氣感到沾沾自喜，他再次考慮，終於接受了委託。

　　普契尼開始創作之後，國際外交變得烏雲密佈。誰也沒有料到的戰爭在1914年8月突然爆發，與德意志帝國和奧匈帝國同盟的義大利王國宣佈中立。戰爭早期，很多義大利人同情德奧的遭遇，但問及普契尼時，他只是表明自己的中立

普契尼肖像。

立場，以及與所有上演他的作品的國家之間的友誼。
1915年4月，英法兩國開出優厚的領土條件，誘使義大
利加入協約國。在夢想收復義大利淪陷區的誘惑下，
義大利正式向奧匈帝國宣戰，並於1916年向德意志帝
國宣戰。維也納成為敵國首都，普契尼很快就發現自
己因和敵國做交易而備受非議，法國媒體上的一篇傷
人的指責尤其尖銳，也許是法國人對他在法國歌劇觀
眾中極受歡迎而感到憤然，因此火上加油的緣故。普
契尼勞心勞力的創作了《燕子》（La rondine）這部歌
劇，這是一部每節旋律各異、含有動人華爾滋旋律的
歌劇，儘管它的創作過程有幾分艱辛，但這部宏大的

普契尼的《燕子》。

作品遠遠超過了他的維也納支持者們的期望。《燕子》由黎柯笛的強勁對
手松佐諾（Sonzogno）出版，並於1917年在蒙特卡羅（Monte Carlo）首演，
直到1920年才來到維也納。

　　無論在哪裡，戰爭的潛在影響都會導致原來的朋友和夥伴分道揚鑣、
對藝術的評價扭曲變形。美國人儘管抱著反德情緒，但在1917年4月之前
一直保持中立。在紐約大都會歌劇院，總經理加蒂-卡薩紮試圖維持藝術
完整性，繼續雇用德國藝術家、上演德國作品。在回憶錄中，他回憶起
1917年4月6日耶穌受難日當天，大都會歌劇院計畫上演華格納的《帕西法
爾》，一部充滿人類和平和美好願望的劇碼。就在當天，美國國會投票贊
成參戰。最早的受害者是著名的華格納女高音約翰娜‧戈德斯基（Johanna
Gadski）。戈德斯基的丈夫是在美國的多家德國軍火商的代表，1916年他被
指控企圖陰謀炸毀韋蘭運河（Welland Canal），之後被判無罪釋放；還有傳
聞說，一年前當德國U型潛水艇擊沉英國盧西塔尼亞（Lusitania）號遠洋客
輪後，有人看到他們在家裡舉辦慶祝晚會。美國參戰之後，戈德斯基和丈
夫立即返回德國。

　　到了1917年秋天，美國對於德國的態度更加尖銳。大都會歌劇院董事
會緊急通知加蒂-卡薩紮停止上演德國作曲家的作品，並立即調整了演出計
畫，完全剔除了華格納的作品。加蒂-卡薩紮又不得不終止和許多德國藝術

家的合約，這些藝術家們發現他們身陷一個充滿敵意的國家中，找不到新的工作。他們當中大部分都是德國愛國主義者，被解雇前還算不上怨恨美國，被解雇後便態度迴異。舒曼-海因克（Ernestine Schumann-Heink）第一次婚姻中生的一個兒子在德國潛艇部隊中作戰，而第二次婚姻的兩個兒子和一名繼子在美國海軍服役。在大都會歌劇院擅長義大利和法國劇碼、對政治毫不關心的德國首席女歌手弗里達·亨佩爾發現，有些美國媒體指責她具有親德情緒，戰爭結束後卻發現德國媒體說她親美。

同樣的故事也在其他地方上演著。波士頓交響樂團大約有四分之一的樂手為德國人，包含指揮卡爾·穆克（Karl Muck）。穆克原本是柏林歌劇院的音樂總監，在波士頓深受樂手和觀眾們的好評。亨利·希金森（Henry Higginson），波士頓交響樂團偉大的創辦人及樂團的擁有者，把他形容為「我所見過最吃苦耐勞、最能幹的指揮」。但和其他德國移民一樣，穆克從不隱瞞對祖國的驕傲，一時之間關於他複雜的私生活在美國謠言四起，人們荒謬地認為他在從事間諜活動。穆克純粹的從藝術角度判斷，認為德國音樂不應被禁止。他認為在一場嚴肅的音樂會上演奏《星條旗永不殞落》並不是管弦樂隊指揮的分內工作，被認為充滿政治上的不祥徵兆。也許穆克應該閉上嘴、低下頭，但那不是他的風格。布魯諾·瓦爾後來回憶說，他「精力旺盛、不屈不撓、辛辣尖刻」。這一切風波導致波士頓交響樂團決定讓穆克辭職，並準備於1917年至1918年演出季結束時生效。然而在這之前的1918年3月，在為復活節演出巴哈的《馬太受難曲》進行的一次排練後，美國法警以敵國僑民為由逮捕了穆克，將他拘禁在喬治亞州的奧格索普堡（Fort Oglethorpe）中直到戰爭結束。穆克並不是唯一的一位，波士頓交響樂團共有29名德國籍成員被拘押。1920年，當布魯諾·瓦爾在慕尼黑與他再次相遇時，無比驚訝地發現他已經是一位「嚴肅而疲憊的60歲老人」。因為戰爭的緊張局勢，將潛在而排外的敵意注入了這個本應是最國際化的行業之中。

但不能不承認，在所有的參戰國中，美國遭受的損失最小、得到的利益最大，至少在音樂和歌劇方面如此。1918年在維也納和柏林上演的歌劇並不多，但在美國卻從未停止過。加蒂-卡薩紮在這裡將新一代的年輕美國

歌手和主角介紹給大都會歌劇院的觀眾，其中最著名的是女高音羅莎·龐塞爾，就是在停戰協議簽訂的那周出現在觀眾面前。龐塞爾的父母是義大利移民，她和姐姐卡梅拉出生在美國，兩人都是年輕的歌唱演員。她們的老師認識大都會歌劇院的人並且和卡盧梭關係不錯。多年後，龐塞爾敘述了當時的故事，卡盧梭將姐妹倆的情況告訴了加蒂-卡薩紮，說其中一位的嗓音適合唱威爾第《命運之力》中的利奧諾拉，這部歌劇11月份首次在大都會歌劇院製作演出。加蒂-卡薩紮讓她們來試唱，雖然剛滿21歲的羅莎非常緊張，唱得也很糟糕，但顯然她擁有一副十分出色的嗓音。兩周之後的第二次試唱，龐塞爾唱得非常完美，加蒂-卡薩紮回憶說，「一位年輕而缺乏經驗的歌手能夠有如此優美的嗓音和風格，真是令人讚歎。」龐塞爾則說她當時緊張得發昏，只記得加蒂-卡薩紮隨後讓她簽約演出《命運之力》與卡盧梭搭檔。戰爭結束了，許多著名歌手仍然滯留在歐洲，而加蒂-卡薩紮需要一位利奧諾拉，卡盧梭也確信她的才能值得冒險一試。加蒂-卡薩紮對卡盧梭說，「如果這個美國人成功了，從此之後所有的機會都會向有潛力的美國人敞開。」如果失敗了，他就乘第一班船打道回府。

　　龐塞爾初次登臺便大獲成功，歌劇歷史上又一段偉大的職業生涯從此開始。正如加蒂-卡薩紮所希望的那樣，它也為美國的藝術家們開闢了一條新路。在他任職期間，大都會歌劇院舉行了十幾場由美國作曲家譜寫的新歌劇的首演，其中迪姆斯·泰勒（Deems Taylor）的《彼得·艾伯遜》（Perter Ibbetson）和路易士·格林貝格（Louis Gruenberg）的《強斯皇帝》（The Emperor Jones），均由極富魅力的美國男中音勞倫斯·狄白主演。自1920年起，還有許許多多像狄白這樣傑出的美國歌手被大都會歌劇院延攬，這個傳統一直持續到今天。

　　但歐洲大陸卻與此相反，當一切在戰爭的廢墟上百廢待興之時，歌劇尚不值得被優先考慮。不過在貧困與痛苦之下，人們卻渴望藝術和娛樂。俄羅斯雖然經歷了戰爭、革命和內戰的創傷，但早期的蘇維埃卻迎來了藝術的繁榮。如果說在沙皇時代，音樂和文學是極少數菁英人士的專利，那麼布爾什維克黨則下決心將文化普及到大眾。列寧對美學問題並不感

興趣，他寧願將其留給他的「大眾啟蒙人
民委員」安納托利・盧那察斯基（Anatoly
Lunacharsky）。盧那察斯基是一位知識份
子和音樂愛好者，具有廣博的文化興趣，除
了喜愛俄羅斯古典音樂外，他很早就成為華
格納的狂熱崇拜者。對於像盧那察斯基這
樣受過教育的布爾什維克來說，正如19世紀
80年代的蕭伯納那樣，他們從《尼貝龍根的
指環》以及從華格納以後所寫的《藝術與革
命》一書中，不難看出他所描寫的資本主義
勢力的腐朽，以及他在藝術中展現出來的，
對1848年至1849年大革命的熱情。布爾什維
克在俄羅斯重新出版了《藝術與革命》，盧
那察斯基充滿熱情地指出：「革命運動……
為我們帶來了傑出的導師馬克思、恩格斯所

列寧對美學問題並不感興趣，圖為列
寧的海報。

作的偉大的《共產黨宣言》（Communist Manifesto），革命運動也反映在
同樣傑出的華格納的這本簡短、生動、深刻而革命的小冊子中。」

　　俄羅斯經歷的激進和快速的變革伴隨著廣泛的苦難與不幸。沙皇遜
位、羅曼諾夫王朝的終結，再加上前線戰敗的恥辱，對成千上萬的人來說
是一場幾乎令人難以相信的大災難。此後，許多藝術家和知識份子移居到
各個西方城市，尤其是巴黎，他們當中有史特拉汶斯基、夏里亞賓和戴亞
吉列夫的俄羅斯芭蕾舞團。

　　其餘的人留了下來。他們覺得，革命是造就更好新社會的機會。根據
這個觀點，人就像一部機器，按照所遇到的力量的不同可以被塑造成各式
各樣：人們的所見所聞會在某種程度上改變他們。社會工程就像是工業工
程，在一座工廠的總體規劃中，每一顆釘子都有自己的位置；同樣地，如
果施以正確而科學的力量，一個人的奇想就會變成服從更廣泛的社會的需
求，最終惠及所有人。

在新興的蘇維埃俄國，人們孜孜不倦地追求藝術和科學規劃之間可能存在的聯繫，畫家、雕刻家和設計家們為「未來主義」、「至上主義」（Suprematism）、「構成主義」（Constructivism）的功過而辯論不休，詩人和作家設想出新的社會形態，電影製作這個新興藝術的擁戴者們則力圖證明紀錄片和蒙太奇手法的教育意義。在革命後對美好社會的追求中，藝術顯然扮演著關鍵性的角色，新的布爾什維克領導者們深深明白，如果能夠獲得國內文化菁英的支援，必定會增強他們對權力的掌握。盧那察斯基在其中發揮了關鍵作用。他是一位很世故的人，個人品位有幾分保守，從一開始，他就主張過去的偉大成就應受到尊重，例如對歷史建築不應進行大規模的破壞，沙皇的珍寶不應被出售，托爾斯泰和柴可夫斯基的作品不應被禁止。同時，盧那察斯基向文化前衛派中的重要人物拋出了誘因，其中包括詩人馬雅可夫斯基（Mayakovsky）、藝術家馬列維奇（Malevich）和塔特林（Tatlin），以及戲劇導演梅爾赫德（Meyerhold）。其他藝術家也為蘇維埃政權提供了支援：作家高爾基（Maxim Gorki，1868-1936）給列寧帶來了積極的影響，畫家夏卡爾（Marc Chagall，1887-1985）在維特伯斯克（Vitebsk）地區擔任藝術委員。

　　一開始，布爾什維克在文化活動上真正的革命是嘗試著將藝術作品帶給更廣泛的無產階級觀眾。蘇聯的文化和其他事務一樣，都必須服從官方的計畫。對許多人而言，這並沒有什麼壞處，因為文化水準得以提高了，而且普羅大眾第一次能夠閱讀普希金和托爾斯泰的作品。蘇聯領導人大力推行無產階級文化運動，隨後又推行RAPP（俄羅斯無產階級作家協會）和音樂上的相同機構RAPM（俄羅斯無產階級音樂家協會）。蘇聯政權也很快領會到電影的宣傳價值，通過列寧電影製片廠（Sovkino），將謝爾蓋‧愛森斯坦（Sergei Eisenstein，1893-1948）等人的最新作品進行推廣，就算是傳統的藝術形式也得到支持和鼓勵，劇院、音樂廳和藝術場館向所有社會大眾開放。因此從前那些貴族菁英的象徵——馬林斯基劇院和波修瓦劇院，也史無前例地允許工廠和工會的廣大工人前往觀看歌劇和芭蕾舞劇。這類由政府負擔大部分費用的文化遊覽，通常帶著濃濃的教育作用。另外，包括彼得格勒（Petrograd，原來的聖彼德堡）和蘇聯的首都莫斯科，其

描繪 1861 年莫斯科波修瓦劇院舉行慶典的畫作。

他各地都紛紛興建劇院、成立音樂舞蹈學院、籌建管弦樂團和劇團；佈景畫師、木匠和服裝設計師在各個城鎮都能找到工作。

　　大部分而言推出的作品並不是宣揚革命的新創作。正如盧那察斯基指出的那樣，沒有「革命劇碼」存在，而俄羅斯原來的歌劇觀眾們發現，招待他們的是經過挑選並重新徹底編排的古典作品：不僅包括《伯里斯・戈杜諾夫》和柴可夫斯基的《尤金・奧涅金》（Eugene Onegin）等俄羅斯傑作，還包括未來主義風格的《羅恩格林》，將中世紀羅馬轉移到法國大革命的《黎恩濟》（Rienzi），更有場景設置在巴黎公社時期的梅耶貝爾的《先知》，以及根據《新教徒》改編的《十二月黨人》（The Decembrists）。他們也許喜歡這種體驗也許並不喜歡，更有可能的是困惑而不知所措。

　　如果說，蘇維埃政權的雄心是將文化從菁英們封閉的堡壘中普及至大眾，那麼他們算成功了。不過，置身於大眾之中的藝術，也許沒能製造出蘇聯領導人頭腦中所構想的無產階級領導的新社會，但對於許多創造者或是消費者來說，革命宛如穿破烏雲的陽光，給在內戰和饑荒破壞下瀕臨凋

謝的文化帶來了榮景。而在20世紀20、30年代所推行的更自由的新經濟政策（NEP），則帶來了煥然一新的生活。

　　隨著俄國革命和內戰的展開，各國心懷疑慮地注視著這一切。然而，它的繁榮藝術將富有想像力的藝術帶給廣大觀眾，則無庸置疑地讓人刮目相看並備受推崇。這種矛盾的心理尤其展現在俄國的西方鄰居——德國身上。德國和俄國一樣在戰爭中慘敗，一次大戰之後淪為一個政治和社會動盪、暴力乍現的國家。德國共產主義嘗試革命，被來自右派自由軍團（Freikorps）的部隊殘酷地鎮壓，之後，民主共和的憲法終於在威瑪起草並正式實施。在十年的時間裡，威瑪共和國搖搖欲墜、危機不斷，隨著納粹的出現，終於在1933年倒臺。然而，在它短暫而騷動的歷史中，德國創新藝術活動呈爆炸性的增長，尤其是在音樂方面。

　　1918年戰敗之後，盛行了幾個世紀的宮廷贊助藝術的體制徹底瓦解，再沒有人會像腓特烈大帝或者路德維希二世那樣資助有才能的藝術家，甚至也沒有誰能像威廉皇帝那樣，偶爾態度粗暴地出現在菩提樹大街而令歌劇院蓬蓽生輝。戰後的共和德國，既沒有資金也沒有政府來扶持像歌劇這樣的昂貴藝術。其結果導致文化方面罕見的無序狀態，特別是在20世紀20年代中期貨幣穩定之後尤其明顯。在柏林，古典音樂會和歌劇與亂糟糟的諧劇、爵士音樂和尖酸刻薄的諷刺劇並存。傳統主義者能夠聽到大量的貝多芬、舒曼和華格納的作品，但是柏林或許和任何一座城市都不一樣，它能夠和當代作曲家的音樂產生共鳴。在這裡，你能夠體驗到理查·史特勞斯、普菲茨納、策姆林斯基（Zemlinsky）等備受尊重的藝術家們的新浪漫主義作品，以及荀白克和他的學生們創作的更刺耳的現代主義音樂，貝爾格（Alban Berg，1885-1935）的《伍采克》（Wozzeck）於1925年在柏林首演。一些具有創新精神的年輕作曲家，例如漢斯·艾斯勒（Hanns Eisler）、庫爾特·威爾（Kurt Weill）等人，以音樂風格作嘗試，按照他們所描寫的政治社會內容來進行調整。克熱內克（Ernst Krenek，1900-1991）的爵士歌劇《強尼奏樂》（Jonny spieltauf）獲得巨大的票房成功。克熱內克的老師施雷克爾（Schreker）是作品上演最多的當代作曲家之一，他離開維也納來

到柏林，在音樂學院從事學術工作並享有崇高的
威望，幾年後荀白克也追隨他的足跡來到柏林。
荀白克在柏林的大師班，培養了許多新生代著名
作曲家。柏林就像一塊巨大的磁鐵，吸引著各地
的音樂家。

柏林的音樂品位也不僅局限於德國本土，
人們在柏林可以聽到德布西、拉威爾的作品，普
朗克（Poulenc）、米堯（Mithaud）的作品，以及
巴爾陶克（Bartók Béla Viktor János，1881-1945）
和楊納傑克（Leoš Janá ek，1854-1928）的作品。
柏林的歌劇觀眾尤其喜愛普契尼，而且威爾第
的作品，不是在義大利，而是在這裡開始復甦。

克熱內克的爵士歌劇《強尼奏樂》
海報。

還有俄羅斯作曲家：拉赫曼尼諾夫（Rakhmaninov）、普羅高菲夫、史特拉
汶斯基，以及蘇聯出現的最新音樂大師蕭斯塔高維奇（Dmitri Dmitriyevich
Shostakovich，1906-1975），他因布魯諾・瓦爾特指揮他的《第一交響曲》
在柏林成功上演而開始在國際上廣受矚目。20世紀20年代末，瓦爾特在位
於夏洛滕堡（Charlottenburg）的柏林德意志歌劇院（Städtische Oper）擔
任首席指揮時，在城市另一端的菩提樹大街上的國家歌劇院擔任指揮的
是埃里希・克萊伯（Erich Kleiber，1890-1956）。回顧這段歲月，那是兩
座劇院的「黃金時代」。柏林還有第三家歌劇院由奧托・克倫佩勒（Otto
Kiemperer）領導的實驗性的克羅爾（Kroll）歌劇院。和早一輩的馬勒在維
也納宮廷歌劇院任職一樣，克倫佩勒在克羅爾歌劇院任職的時間也不長，
但是在他短暫的任期內帶來了巨大的影響。

克倫佩勒是馬勒的寵兒，曾在馬勒手下擔任助理指揮。克倫佩勒又高
又瘦，帶著一種憂鬱的氣質。他也是猶太人，後來皈依了天主教。他同樣
具有馬勒般的野心——在歌劇演出中集成所有的藝術形式和創作，將舞臺
佈景和設計視為與音樂同等重要。多年來，克倫佩勒在多個不同的歌劇院
工作（布拉格、漢堡、斯特拉斯堡、科隆），但是沒有哪一家符合他的理

想。1924年，克倫佩勒訪問了俄國，並每年過
去擔任指揮，直到1929年為止。在工作之餘，
他迷上了戲劇，他去觀看了史坦尼斯拉夫斯基
（Stanislavsky）和梅爾赫德（Meyerhold）的作
品。對於像克倫佩勒這樣具有冒險精神的德國
藝術家，此時的莫斯科和列寧格勒令人興奮，
內戰已經結束，新的蘇維埃政權建立，隨著更
自由的新經濟政策的實施，文化在蘇聯經歷著
短暫而強勁的復興。回首看來，克倫佩勒置身
於俄羅斯前衛文化孕育的時刻，可以被視為20
世紀德國歌劇史上最具影響力的時刻之一。

克倫佩勒肖像。他認為歌劇應該和當代產生
共鳴，因此決定將處在舒適傳統中而大大落
後的音樂和戲劇來個翻天覆地的變革。

　　1926年，克倫佩勒簽約成為柏林新修復
的克羅爾歌劇院的音樂總監。劇院緊鄰德國國
會大廈，位於以前的國王廣場（1923年改名為
共和廣場）。克羅爾劇院比城裡的另外兩座歌劇院更大，但在行政上是菩
提樹大街歌劇院的附屬劇院。克倫佩勒很快便發現，它的資金也不如兩個
競爭者雄厚。克羅爾劇院曾是柏林人民劇院的財產，人民劇院成立於1890
年，目的是以低廉的票價提供優質劇碼給廣大的觀眾。1920年，人民劇院
同意出資修繕克羅爾劇院，作為回報，普魯士國家劇院將用它來上演票價
適中的戲劇。

　　然而，由於德國經濟很快崩潰，惡性通貨膨脹令馬克快速貶值，人
民劇院不得不把經營權交回給政府。因此當新劇院於1924年開幕時，本質
上它是柏林國家歌劇院的分支（每場演出人民劇院有權收購一部分的座
位）。這就意味著，當克倫佩勒兩年後來到這裡時，他就是普魯士文化部
的一名雇員，更直接地說，就是國家歌劇院主管海因茨‧迪特延（Heinz
Tietien）手下的一名雇員。迪特延是一位沉府很深的人，他後來成為普魯
士所有國家劇院的行政總長官（還擔當拜魯特的藝術總監）。他向克倫佩
勒表明，不要指望在克羅爾劇院聘用最頂尖的歌手，他們應留給國家歌劇

院在菩提樹大街的劇院，該劇院目前也正在修繕當中。實際上，克倫佩勒上任的時候，基地在菩提樹大街的國家歌劇院臨時將克羅爾歌劇院作為駐地，因為他們劇院的修繕時間比預期還長。

　　這真不是好兆頭。不過，1927年11月，克倫佩勒還是讓他的歌劇院開幕了。他以新的風格上演貝多芬關於自由的歌劇：《費德里奧》，佈景和服裝都十分簡單，而音樂則更注重於整體表現而不是個別明星。對此有些人非常喜歡，但有些人，包括柏林一些著名的評論家，卻對它十分厭惡。巨大的立體派佈景招來一致的痛斥，至於音樂方面，漢斯・艾斯勒認為，這個夜晚的特色是「經過完美排練的鄉下歌手」，而柏林著名的評論家阿爾弗雷德・愛因斯坦（Alfred Einstein）則指出，演出「過分精準，嚴重依賴於幾近專橫的指揮。」克倫佩勒對此無動於衷，決意繼續前行，他又以低廉的票價推出了一連串各類型具有現代意識的歌劇，從莫札特、威爾第到現代的作曲家史特拉汶斯基和亨德密特（Hindemith）。柏林的一些最具創新精神的劇場設計師，以及現代派藝術建築學派包浩斯（Bauhaus）的成員們，都被吸引到克羅爾劇院。也許這其中最令人觸動的是它的核心理念：歌劇和所有的精彩戲劇一樣，應該和當代產生共鳴。克倫佩勒和他的前輩馬勒一樣，決定將處在舒適傳統中而大大落後的音樂和戲劇來個翻天覆地的變革。

　　然而，對於十年裡經歷了一系列急速且出人意料的社會變革，傳統卻是大多數人的渴望。克倫佩勒的傳記作者指出，人們需要的是自然的創作和更熟悉的劇碼。在克羅爾劇院擁有一半席位的人民劇院發現，它的會員並不願意去看他們所喜歡的老作品改編的前衛劇碼，也不想看從來沒聽說過的新作品。亨德密特的《卡地亞克》（Cardillac）吸引不了他們，《魔彈射手》等深受喜愛的古典作品的現代版也吸引不了他們。1929年1月，克羅爾劇院上演了華格納的《漂泊的荷蘭人》，布幕升起之後，舞臺上的大船不見了，取而代之的是一系列簡單的直線形佈景，以及對比強烈的明和暗，像是令人不安的表現主義電影。而原來觀眾所熟悉的神秘角色，變成了一大群普通的水手和織補漁網的女子。荷蘭人變成了小白臉，而公認的

女主角森塔（Senta）不再是金髮碧眼、編著辮子的鄰家女孩，而是穿著藍色衣服的紅髮鄉下姑娘。一些評論家咒罵說，這完全是在低毀德國藝術中最偉大的作品。另一些人則憤怒地咆哮，這是赤裸裸的共產主義，普魯士國內出現這種東西真是糟糕透頂。

克倫佩勒後來指出，他的目的是在克羅爾劇院推出優質戲劇。但在這個政治氣候已經十分緊張的城市中，他那上演新作品或是以新形式上演老作品的方法，給克羅爾劇院帶來了激進主義溫床的政治名號。那些右翼勢力輕蔑地將共和廣場的這座劇院稱為「共和主義」歌劇院。與此同時，克羅爾劇院卻遠離它所希望爭取的工人階級和小資產階級。柏林和蘇維埃俄國一樣，大眾和前衛之間無法調和。克倫佩勒後來說，大眾劇院的會員們「想要大牌歌手、大牌詠歎調、大量的掌聲」。簡而言之，克倫佩勒的克羅爾劇院在社會政治的兩端都挑起了戰火，其結局可想而知。

1929年10月發生的兩件事情，帶給很多人厄運。第一件事，是德國總理兼外交部長古斯塔夫‧施特雷澤曼（Gustav Stresemann，1878-1929）年僅51歲便意外去世。施特雷澤曼是一位傑出的政治家，他具有真正的民主意識，對知識和藝術充滿興趣，他做了大量工作，給國家帶來了社會和政治穩定，與德國的西方鄰居們建立了良好的關係，並穩定了貨幣。他的去世令人震驚，「是我們所有人的命運之日」，當時的克倫佩勒先知先覺地這樣說道。三周之後，紐約證券市場崩盤，將金融界捲入一片混亂當中，西方經濟進入了持續衰退。德國當時還未付清《凡爾賽和約》的戰爭債務，因而受到的衝擊尤其嚴重。失業率上升，並因此導致社會不滿加劇。到了1931年，劇院的補貼只有1928年水準的一半，新歌劇的首演從60部下降到28部。德勒斯登歌劇院將擁有一大批忠實觀眾的所有劇碼全部取消，柏林的菩提樹大街劇院以重新上演輕歌劇來吸引觀眾。柏林人民劇院的會員大量減少，隨之劇院的票房也急劇下降。在這樣的狀況下，柏林無法再繼續維持三座歌劇院的運營。

克羅爾劇院成為首要的考慮對象。塞翁失馬焉知非福，德國接踵而來的一連串危機，卻給一些政治權力帶來了很大的好處，尤其是國家社會主

義。納粹開始吸引了一大批追隨者，起初只是一些零星的城市，很快便波及全國。柏林也許是德國最具有自由主義意識的城市，然而即使在這裡，像克羅爾劇院這樣具有明顯顛覆性的地方，依然很容易成為箭靶而遭到抨擊：克倫佩勒手中的克羅爾劇院的現代性、猶太性、布爾什維克性、民主性、共和性，所有的一切都令右派憎恨。

　　不過，此時的克羅爾劇院，在這個被評論家阿爾弗雷德·科爾（Alfred Kerr）稱為柏林的伯里克利時代（Periclean Age，古希臘的全盛時期）裡，被一些深具影響力和洞察力的人物所看重。湯瑪斯·曼（Thomas Mann，1875-1955）仰慕並公開竭力支持克羅爾劇院，史特拉汶斯基、哲學家瓦爾特·班雅明（Walter Benjamin，1892-1940）、建築學家（包浩斯校長）沃爾特·格羅佩斯（Walter Gropius，1883-1969）同樣也是如此。像克倫佩勒這樣一位傑出而備受欽佩的人物，不是那麼容易被解僱的，但可以把他調到菩提樹大街劇院去繼續履約，在那裡，他和克萊伯等人一起負責指揮工作，狡猾的迪特延還可以密切注意他的動向。克倫佩勒為失去藝術的獨立性而造成的損失感到惱怒，並採取了法律手段，最後以失敗告終。他懷疑克羅爾劇院的關門和他的降職，根本是個政治陰謀而非財政因素，但他很難證明這一點。他在菩提樹大街劇院堅持工作了數年。1933年1月納粹上臺，克倫佩勒很清楚，在希特勒統治下的德國不會再有他的位置。在國會大廈失火之後，他去見迪特延，告訴迪特延他將前往蘇黎世。迪特延和他聊了幾句，假裝認為克倫佩勒只是去短期訪問，但兩人都心知肚明克倫佩勒永遠不會再回來了。在他

克倫佩勒離開之後，克羅爾劇院被納粹統治的德國議會所佔據。1939年，希特勒在柏林克羅爾歌劇院做國會會議主題演講的畫面。

離去之後，因國會大廈被燒毀需重新修建，他心愛的克羅爾劇院就被納粹統治的德國議會佔據了。

　　克羅爾歌劇院在四年之後毀於第二次世界大戰，但克倫佩勒和克羅爾歌劇院在歌劇歷史中都留下了深遠的影響。

獨裁統治下的歌劇

　　戈培爾（Goebbel）在1938年曾經說過，歌劇是「德國最偉大的藝術遺產」，對此，希特勒不會有異議。像希特勒那樣熱愛並熟知歌劇的國家領袖是很罕見的，墨索里尼（Mussolini）不像希特勒那樣暸解歌劇、關心歌劇，但兩人都深諳其政治價值。對於義大利的法西斯政府而言，歌劇是民族文化遺產中最重要的部分，它在義大利生根發芽並取得了輝煌的成就。在法西斯義大利、納粹德國政權之下，在某種程度上，歌劇可說達到了全盛之境，它的機構和人員得到國家的支持和資助，而國家亦有意識地將這種藝術作為一種政治工具。受國家控制是一件好壞參半的事，在這些殘酷的政權下，國家控制則成為許多人災難的根源。政治表現不合格的藝術家會被體制排除在外，某些情況下還會陷入牢獄之災，甚至失去生命，許多人不得不流亡國外。最終人人都捲進了第二次世界大戰的恐怖陰影之中。不過，在大災難到來之前，獨裁統治下的小小歌劇界，卻給那些願意並能夠涉足殘酷政治路線的有才之士，提供了真正的機會。

　　墨索里尼首先取得政權，他於1922年10月發動了「進軍羅馬」的行動。包括一些著名的藝術家在內的許多義大利人，都歡迎墨索里尼和法西斯黨派掌握政權。在統一後的六十多年裡，義大利一直處於不斷的政治經濟危機中，且危機因那些承諾多於兌現的軍事冒險而不斷擴大。19世紀90年代，當其他歐洲政權成功地奪取非洲時，義大利欲征服的衣索比亞卻頑強抵抗，一直到1911年，義大利從奧斯曼土耳其手中奪取利比亞，才最終獲得了一塊非洲殖民地。在第一次世界大戰中，義大利姍姍來遲加入協約國，讓它得以在凡爾賽和平談判桌上獲得一席之地，但談判結果卻令義

大利的「領土收復主義者」失望。當作家、唯美主義者鄧南遮（Gabriele D'Annunzio，1863-1938）勇挑重任，於1919年親自帶兵佔領達爾馬提亞（Dalmatian）的城市阜姆（Fiume），宣佈它為義大利的一部分之後，他得到了許多人的熱烈喝彩。

在頹廢陰鬱而深受華格納影響的浪漫主義晚期，鄧南遮是義大利文壇的一位巨匠。和華格納一樣，鄧南遮吸收和利用了豐富的神話傳說，特別是維吉爾和但丁。他的部分吸引力在於試圖按照自己的審美觀來生活。對他來說，行動和文字同等重要。因此，他於1900年完成的《火》（Ii fuoco）是一部根據真人真事、表現自我放縱的小說，其故事源自他對華格納的熱愛和對女演員埃萊奧諾拉·杜塞（Eleanora Duse）的情欲糾葛。鄧南遮和華格納一樣，生活毫無節制並貪戀女色，同樣也為了躲債而逃離故鄉。第一次世界大戰爆發時，鄧南遮正在法國，他先和德布西合作了一段時間，隨後回到義大利成為一名戰鬥機飛行員，因在戰鬥中失去一隻眼睛而使英雄形象倍增。

鄧南遮是義大利文壇的一位巨匠，他因在戰鬥中失去一隻眼睛而使英雄形象倍增。

鄧南遮在生活與藝術中所展現的誘人而強烈的浪漫主義，將義大利歌劇所謂「真實生活」的寫實主義流派的性與暴力，和世紀末的頹廢相互交織。如今，我們都能發現他的文學風格與他個人是如此誇張且自我放縱。但應該記住的是，當復興運動的偉大時代從人們的記憶中逐漸遠去，那些最後的風流人物淡出歷史舞臺時，特別是全世界所公認的義大利最偉大時代的象徵威爾第於1901年高齡去世之後，鄧南遮正好迎來了自己的輝煌時代。雖然很懷念威爾第，但人們也認為他的許多作品已經跟不上時代，他最後的歌劇《奧賽羅》和《法斯塔夫》也被認為晦澀難懂。人們愛戴他是因為他早期作品中的愛國與自由的讚歌，換句話說，在新世紀的開端，義大利人歌頌的是這個人而不是他的音樂，而這個人又被賦予了政治意涵。

ARCHIVIO ARMUS GENOVA

威爾第逝世時在米蘭舉行的盛大葬禮。

1913年威爾第百歲誕辰，義大利各地都舉行了慶祝活動，其中最盛大的活動是帕爾瑪舉辦的大展，該展覽從8月一直持續到10月。當然少不了歌劇，但也包括一些亂七八糟的體育賽事、工業展和軍事展、白天的兒童樂園、晚上的焰火晚會等等。最引人注目的是一座巨大的農業展館，裡面佈滿了義大利繁榮昌盛的農業社區出產的產品。展出的不僅有水果、蔬菜、家畜、乳製品，還有義大利最新的科技產品：肥料和園林機械與設備。文獻資料中提到了威爾第的「農民出身」背景，提到他對土地的熱愛，提到在各種藝術上的努力之後，「喜歡在平靜的鄉村景色中恢復自己的精神」。威爾第從義大利土壤中生根發芽，「他滋養著我們，正如麵包滋養著我們那樣」，鄧南遮在紀念威爾第去世所寫的頌歌中這樣寫道，這部頌歌在1913年被一再出版，內容十分接近基督教變體論的觀點。

威爾第的形象在帕爾瑪展覽中被賦予了一種標誌性的、準宗教性的意義，而市政當局決定為作曲家打造一座「國家紀念碑」，則進一步強化了這樣的政治意義。紀念碑是位於巨大的拱門前的一座祭台，上面是各種不同的寓言中的人物，在他們中間的，是以羅丹式的風格雕出的身穿古代寬鬆長袍的威爾第雕像：或像蘇格拉底，或像舊約中的先知。它於一戰結束之後完工，並於1920年揭幕。

威爾第並不是唯一一位與重振義大利文化愛國主義緊密相關的音樂家，在今天，普遍認為歌劇的起源是在文藝復興晚期義大利北部的宮廷，而蒙台威爾第是第一個偉大的典範。其實這個一再被提及的觀點，形成於20世紀初，當時的義大利音樂理論家和歷史學家們，力圖把他視為

文藝復興這個偉大歷史時代的巔峰人物，作曲家馬利皮耶羅（Francesco MaliPiero）曾花了16年時間整理蒙台威爾第的所有作品。特別是當學者們將研究重點放在他的歌劇上，而把他的牧歌和宗教作品放在次要地位時，蒙台威爾第作為歌劇創建人的這個地位，便更加確定無疑了。在鄧南遮的早期作品中，也有一些與此有關的伏筆。例如，儘管狂熱崇拜華格納，鄧南遮卻讓作品《火》中的主角把佛羅倫斯‧卡梅拉塔學派（Florentine Camerata）描述成是第一批向古典主義戲劇理想靠攏的人，華格納後來在拜魯特將這個理想付諸實踐，而獨一無二的義大利抒情天賦，則展現在超級英雄蒙台威爾第身上。

　　蒙台威爾第以及廣義上的早期音樂復興，很難僅歸功於鄧南遮一人，雖然很多人認為他巴不得佔據這個功勞。不過，在這個士氣低落、不滿現狀而渴望榮耀重現的國家，鄧南遮的確變得極具感染力。鄧南遮說，這份榮耀就存在於義大利過去的英勇歷史中。他聲稱，義大利能夠重新站起來，就像在古羅馬時代和文藝復興時代一樣，讓世界為之歡欣鼓舞。鄧南遮還竭力提倡滲透在過去「第三羅馬」（第三羅馬指的是俄國）的英勇血液中的「一種新藝術」。所需要的就是將文化懷舊與軍事壯舉大膽結合起來，正如他在自己的作品和行動中所展現的那樣。這種立場離法西斯主義的意識形態基礎僅僅一步之遙。

　　鄧南遮比普契尼稍稍年輕一些，早在1894年，普契尼在構思《藝術家的生涯》時，兩人就曾討論過合作的事。在接下來的二十多年裡，這兩位義大利最著名的作家和作曲家時常保持著聯繫。從表面上看，他們擁有許多共同之處：兩人都充滿後華格納時代的浪漫主義精神，且深知自己的知名度和市場前景。然而，兩人的合作卻未能實現，普契尼轉而向美國劇作家大衛‧貝拉斯科（David Belasco）尋找靈感（後來也許是因為對抒情戲劇沒有感覺而捨棄了鄧南遮）。普契尼有一部取自但丁《神曲‧地獄篇》故事的獨幕喜劇，即獨幕歌劇《強尼‧史基基》，這樣誇張的情節鄧南遮則很可能不會選擇。墨索里尼上臺之後，鄧南遮欣喜若狂。普契尼則現實得多，當這個獨裁領袖授予他榮譽議員（Senatore）稱號時，他受寵若驚，但

開玩笑說，他被授予的稱號應該是「音樂家」（Sonatore）──一個噪音製造者。

在許多方面，鄧南遮的懷舊浪漫主義與詩人、愛國者菲利波·托馬索·馬里內蒂（Filippo Tommaso Marinetti）鼓吹的未來主義也相互爭執不下，然而，兩者卻與不關心政治的普契尼形成鮮明對比，為通向法西斯主義發揮了極大的作用。馬里內蒂和他的同仁們發表了一系列宣言，信奉他們所認為的活力、新思想，以及權力、機械、速度和暴力本質上的都市美學。馬里內蒂和鄧南遮一樣，都是民族統一主義者，竭力主張義大利要加入第一次世界大戰，相信這樣就能夠最終將義大利所有自然疆界統一在一起。在戰後狂熱而不安的氣氛中，懷舊的浪漫主義、崇尚速度的未來主義一致呼喚一位「強者」來掌舵。1922年，他出現了。

歌劇界和其他各界都等待著政府的幫助，許多人覺得這個政府強硬且能夠提供支持。多年來，整個義大利的歌劇產業停滯不前，不斷受到各種力量的衝擊，1924年普契尼去世之後，一個時代也似乎終結了，再也沒有像普契尼這樣有才華、有魅力的作曲家還活在世上。經理人也許可以推出大製作的馬斯康尼（Mascagni）、蒙特梅茲（Montemezzi）或贊道奈（Zandonai）等人的新歌劇，評論家和行家們也許會大加讚賞，但更多的大眾喜歡的卻是《露琪亞》、《阿依達》和《藝術家的生涯》，或者全新的娛樂形式。電影院開始在各地湧現，其中一些由歌劇院改建而來。它們以低廉的價格，給無數的義大利人提供溫暖而浪漫的享受，而這種享受曾經是他們的父輩們在歌劇院裡花費昂貴代價才獲得的。在20世紀30年代有聲電影出現之後，電影院在義大利成為歌劇院最強的競爭者。

如果歌劇要生存下去，它顯然急需更專業的經營管理。有少數歌劇院採納了1898年史卡拉劇院率先推出的體制，當時劇院聘用加蒂-卡薩紮為帶薪的總經理，他直接向董事會負責，而劇院的資金則來自包廂所有者和市政當局，劇院所有權也屬於他們。不過，有許多小劇院依然在老式的經理人制度下蹣跚前行。 1921年，也就是墨索里尼進軍羅馬的前一年，史卡拉劇院再次獨領風騷，托斯卡尼尼回到劇院，憑藉他在紐約打拼所積累的豐

富經驗，一種完全嶄新的歌劇院管理模式開始運作。在米蘭一些最具影響力的人士支持下，托斯卡尼尼提議，史卡拉劇院應該成為半獨立的自治機構，即擁有自治權、非盈利性質的機構，負責從公眾和私人的管道募集自己的資金，並可以與兩者進行合作。所有其他的本地娛樂場所，包括劇院和電影院，所得到的收入應該課稅，稅收所得的收益應該交給米蘭最負聲望的史卡拉劇院。採納這種模式，義大利的歌劇院首次適用於20世紀的管理手段，不久之後，義大利一些主要歌劇院也開始跟進並成立了聯盟，通過這種方式互通有無，從集體的智慧中受益。

　　墨索里尼粉墨登場了。他帶來了一種觀點：如果義大利最偉大的藝術要造成最大的衝擊力，那麼它的體制就需要來自上層的協調。對於托斯卡尼尼這位義大利藝術家中最極端的反法西斯主義者來說，從一開始就清楚地表明政府監督實際上意味著政府控制，這點最令人擔憂。接下來發生的事件很快證明了他的眼光正確。歌劇界的高級職位，包括劇院中的以及管理歌劇的部門中的高級職位，很快都落入法西斯同情者的手中。當時有些人認為這並無任何不妥，意味著歌劇能得到更多的資助，藝術水準能得到提升。許多音樂家有理由對墨索里尼和他的政權心存感激，正如托斯卡尼尼傳記中所說的，「歌劇的神聖化和官方化，及其向高雅藝術的轉變，一年勝過一年。」如果墨索里尼能使義大利的歌劇文化重新繁榮，專業界和觀眾誰又會抱怨呢？直到現在，墨索里尼的名字，連同那些義大利君王和羅馬統治者的名字，都高高地鑴刻在羅馬歌劇院舞臺前的拱頂上。

　　義大利的法西斯主義者對於所有不順從、不贊同統治階級意識形態的人，織起大網並逐漸把他們籠罩在其中。事實上，因為它太過緩慢，許多在早期能夠並且比較容易離開義大利的人，並沒有考慮到要這樣做，而當他們想要離開的時候，卻為時已晚。就像溫水煮青蛙，他們極易沉浸在這個國家新的強盛所帶給他們的溫暖和舒適中，不知不覺地完全忘掉了它潛在的致命力。其中最令人同情的是喬吉奧·巴薩尼（Giorgio Bassani），他在小說《費尼茲花園》中所描寫的費尼茲-康蒂尼（Finzi-Contini）一家是一個在費拉拉的猶太貴族家庭，在他們衰敗的老宅子中過著沒落的生活，法

西斯的魔爪慢慢伸向他們，網球俱樂部撤銷了其會員資格，圖書館不允許其進入。巴薩尼在小說裡貫穿著對其大家長竭力維護文化和體面的溢美之情。在逾越節上，他們舉行了符合傳統形式的節日家宴，而就座的大部分人，後來都在德國的焚屍爐中化為一縷青煙。

絕大部分義大利人，包括那些處於潛在威脅之下的人，都同樣缺乏政治遠見，因此很難譴責那些作曲家、指揮家和歌唱家，為這個提供工作並積極鼓勵和資助藝術和歌劇的政府繼續演出。有少數人具有先見之明，生於比薩的著名男中音蒂薩‧魯弗（Titta Ruffo）是一位堅定的反法西斯者，他的姐夫是社會黨領袖吉亞科莫‧馬泰奧蒂（Giacomo Matteotti，1885-1924），1924年被法西斯政權殺害。魯弗絕大部分時間都沒有待在義大利，但1937年訪問羅馬時，他的護照被沒收，他只好在自己的餘生中近距離目睹家園的慘敗和恥辱。如今，他得到了人們的紀念。如果有機會去比薩，你可以去找找威爾第劇院（Teatro Verdi），如果運氣好的話，可以在那裡面的蒂薩‧魯弗廳欣賞一場演出。

義大利音樂家中最勇猛的反法西斯主義者，是他們中最著名的人物——托斯卡尼尼。他在政治上並不世故且本性也並不民主（多年來在他魔鬼般的指揮下備受折磨、苦苦掙扎的樂手們證明了這點），但他是個異乎尋常的愛國者。1919年，鄧南遮以義大利的名義佔領阜姆之後，托斯卡尼尼帶著一支義大利管弦樂隊到此演出，熱情的詩人為此給他授勳。但和鄧南遮不同的是，托斯卡尼尼堅決反對對藝術進行任何形式的政治干預。當政府指示藝術家應該怎麼做的時候，托斯卡尼尼總是無畏地給予回應。

而這樣的強勢干預很快就開始顯現。早在進軍羅馬期間，托斯卡尼尼就私下表露了對墨索里尼的厭惡。就在那一年，史卡拉劇院觀眾中有一小群墨索里尼的支持者，斥喝著要求大師演奏法西斯黨歌《青年贊》（Giovinezza），托斯卡尼尼拒不照辦，他折斷指揮棒憤然離席。後來在宣佈當晚演出結束後再演奏讚歌之後，演出才得以繼續進行。演出結束後，據當時在場的演職員說，歌手們被要求留在臺上，在鋼琴伴奏下演唱《青年贊》。但托斯卡尼尼告訴他們不必如此，並命令他們回到化妝間，於是

讚歌只得變成了鋼琴獨奏。1926年在普契尼最後一部歌劇《杜蘭朵》的首演上，這首法西斯黨歌再次意圖混入音樂的舞臺。演出在史卡拉劇院進行，由托斯卡尼尼指揮，墨索里尼表示他樂意出席。在這種情況下，當然要演奏《青年贊》，托斯卡尼尼回應說，如果史卡拉劇院想要在演出《杜蘭朵》的時候演奏法西斯黨歌，那他們就另請指揮。那天晚上，托斯卡尼尼指揮了歌劇，而法西斯黨歌沒有演奏，墨索里尼也沒有出現（他假惺惺地表示，不想讓自己的出現分散了觀眾欣賞《杜蘭朵》的注意力）。

托斯卡尼尼在法西斯義大利越來越不好過，此時紐約愛樂樂團（為建立一家超大型管弦樂隊剛剛和達姆羅施的紐約交響樂團合併）力邀他擔任首席指揮。1929年春天，在離開史卡拉劇院之前，他帶領整個300多人的劇團，到柏林和維也納進行了一次成功的巡迴演出。演出水準得到評論家們的一致讚揚，也給包括富特文格勒、克倫佩勒、布魯諾・瓦爾特、馬克斯・雷恩哈特（Max Reinhardt，1873-1943）和齊格飛・華格納（Siegfried Wagner，1869-1930，理查・華格納之子，李斯特的外孫）在內的觀眾們留下了深刻的印象。在維也納，21歲的卡拉揚（Herbert von Karajan）觀看了《法斯塔夫》，驚歎於音樂與戲劇的完美結合，他覺得這在國家歌劇院裡簡直難以想像。劇團回到米蘭後像凱旋的英雄般受到熱烈的歡迎。墨索里尼寄了一封慶賀電報給托斯卡尼尼，其間充斥著浮誇的法西斯式措辭。托斯卡尼尼回了封電報，僅僅表示，他知道服務於他的藝術，也就是服務於他的國家。

托斯卡尼尼以為離開了義大利遠赴紐約愛樂樂團，就能避開與法西斯的正面交鋒，但隨後他卻受到一連串更大的打擊。最糟糕的一次是在1931年，他回到義大利，準備在波隆尼亞剛剛修復的城市劇院指揮兩場音樂會。事情的起因又是托斯卡尼尼拒絕演奏《青年贊》。托斯卡尼尼到達劇院指揮第一場音樂會時，他的汽車被法西斯暴徒團團圍住，他們逼問他是否要演奏法西斯黨歌，然後開始衝撞他並動手打他。指揮家臉上受了輕傷，他按捺不住自己的憤怒，鑽進汽車迅速回到酒店。不久之後，數百名法西斯分子聚集在酒店下的大街上，不堪入耳地大聲辱罵這位64歲的大師。最

後人群終於冷靜下來，部分原因是托斯卡尼尼的朋友、作曲家雷斯皮基（Respighi）的勸說。第二天一大早，托斯卡尼尼和妻子前往米蘭，但他們的護照在米蘭被拿走，並陷入政府的監視當中。

　　波隆尼亞事件在世界各地被廣泛報導。托斯卡尼尼不由分說地成為反抗極權主義的代表。那年夏天，托斯卡尼尼來到拜魯特，他成為第一位受聘指揮華格納神聖作品的義大利人。齊格飛・華格納已於前一年去世，音樂節由他的遺孀威妮弗蕾德（Winifred）掌管。威妮弗蕾德很高興拜魯特有了兩位明星指揮家，但托斯卡尼尼和富特文格勒的關係卻相處得並不融洽，後來因肩傷疼痛，托斯卡尼尼結束了在拜魯特的逗留。起先他拒絕了1933年再來下一屆音樂節的要求，但在威妮弗蕾德的懇求下，他最終答應了。1933年1月，希特勒在德國掌權。威妮弗蕾德害怕失去托斯卡尼尼，她說服希特勒在4月份時給這位義大利大師寫了一封信，說他對於大師能在晚些時候來到拜魯特感到十分高興。可以想像這封信對托斯卡尼尼的衝擊有多大，他小心翼翼地回了一封信，一個月之後他失約了。威妮弗蕾德不知所措，而希特勒則大為光火。托斯卡尼尼的位置最終由順從的理查・史特勞斯替代。托斯卡尼尼曾經說過一句令人難忘的話：「在作為作曲家的理查・史特勞斯面前，我要脫帽；在作為個人的理查・史特勞斯面前，我要重新把帽子戴上。」

　　說納粹恐怖，說希特勒政權對德國、奧地利等國文化人殘酷迫害，這是不容置疑的事實。許多人失去工作、生計甚至生命。無數的人逃往國外，而給他們提供庇護的國家常常得到長遠的好處。但很難評價的是，在戰爭爆發之前，甚至在戰爭爆發後的一段時間裡，納粹政權對它所承認的藝術和藝術家，給予了大量的鼓勵和支持。文化成為國家的武器，這並不意味著

理查・史特勞斯正在指揮演奏的情形。

所有的藝術都受到奴役，或者具備相同的意識形態。當然，少不了有阿諛奉承的人隨時準備著要創作那些肌肉發達的雕像、浮誇的建築、激揚的合唱曲，讓電影和繪畫裡顯示出對帝國效忠的成員個個都是金髮碧眼的幸福家庭。而且納粹也反對德國文化中的猶太化、美國化和黑人化（惡意低毀威瑪時代廣受歡迎的爵士樂），詛咒這類音樂腐化墮落，被認為是「布爾什維克文化」的一切東西，也被貼上了相同的標籤。不過，納粹領導層卻十分圓滑世故，他們並沒有要求藝術要完全歸順。相反地，作為帝國文化協會主席的戈培爾，儘管關心娛樂節目中所傳遞的有限的政治資訊，但同樣關心它們品質的好壞。如果電影、戲劇、音

理查・史特勞斯（左）與納粹宣傳部長戈培爾「親切」握手。

樂、歌劇和舞蹈有較高的水準，那麼其本身就能給帝國帶來意識形態上的勝利，並打擊那些意欲誹謗納粹帝國缺乏文化修養的行徑。

　　音樂尤其從中受益。德國對於世界文明所公認的巔峰貢獻，被帝國當作永不生銹的武器。在納粹眾多的評論中，有一種論調指責威瑪對音樂的忽視，在他們看來是多麼糟糕。在20世紀20年代不穩定而失控的政治經濟局勢中，腐化墮落、非德國的音樂大行其道，而同時國家對正統的管弦樂隊和歌劇院的補貼也大大縮減。連聲名卓著的柏林愛樂樂團在20世紀20年代都差點破產，最後在市議會的幫助才擺脫困境。而與它幾乎齊名的柏林交響樂團，不得不於1932年解散。納粹當局決定扭轉這種傾向。他們深信，音樂活動必須交由強大的中央國家機關進行控制，換句話說，就是以國家的力量，復興幾個世紀以來在德國傳統的親王和公爵宮廷中流傳下來的那些完美的音樂。對於納粹政權來說，對過去認知價值的延續，不見得比中斷它們效果更差。

　　納粹取得政權後不久，他們便成立了帝國文化協會，由戈培爾主事，管轄一系列分支協會：分別管理音樂、戲劇、視覺藝術、文學、電影、廣播

和新聞。被邀請擔任帝國音樂協會主席的，是享有國際聲望的德國歌劇作曲家理查・史特勞斯。帝國音樂協會開始著手推動音樂事業，構建合適的薪資結構，開辦培訓課程，建立補貼計畫，並通過給予德國主要的歌劇院和音樂機構以實際的補貼，使計劃能夠提前進行。其目的在於，不僅在柏林乃至在全國，都能夠讓歌劇和音樂這類職業重振雄風。納粹當政之時，在德國劇院的名冊上就有歌手1,859名，樂手4,889名；到了1938年，這兩個數字分別提高到2,145名和5,577名。

音樂研究同樣也得到了支持。在這裡，納粹帝國同樣不難做出一副將威瑪時期背棄的德意志光榮傳統繼續發揚光大的模樣。畢竟，一個多世紀以來，音樂理論家和音樂歷史學家們驚歎於貝多芬等人的天賦，一直在努力定義他們在民族音樂中的德意志特性，這種探索也不僅限於學音樂的學生（實際上也不僅限於德國人），而是整個歐洲和北美洲的學者們都力圖確立他們國民性格中的文化根源。人們普遍認為音樂最能夠揭示國民性格，特別是普通的平民百姓。在近代的音樂歷史中，不乏人種志學者們（ethnographers）不遺餘力地挖掘並保護他們國家殘留的民間音樂遺產的事蹟。在20世紀之初，匈牙利的巴爾陶克和高大宜（Zoltn Kodly，1882-1967）就曾經做過，英國的沃恩・威廉斯（Ralph Vaughan Williams，1872-1958）也於1934年出版了一本關於民族音樂的隨筆。

因此，國家社會主義對德國民間音樂的研究給予的鼓勵和支持，也算不上是多麼特別的舉措。乍看之下，對於每一個民族主義者和社會主義者，這都是個完全能夠接受的話題，不過，納粹的此舉和它所有的作為一樣，最後總是走向極端。他們不惜將學術探索進行扭曲、篡改，以確保它的結論符合帝國的政治方針，讓民族一詞代表的不再是普通民眾，而是德國本身。通過思維上的巧妙手法，人們會認為，德國著名作曲家的音樂與其說是受到了德國民間或民族音樂的影響，不如說是對它們進行了具體的展現。而納粹所說的德國民族，當然不是指政治上新近構建的這個民族國家，而是指日爾曼種族，這個源自遠古時代的北方日爾曼人的神秘聚落，他們和納粹黨都致力於復興他們曾經的榮耀。德國的音樂理論家們聽到這

樣的資訊，便開始研究莫札特和韋伯音樂中他們所認為的德意志特質，研究德國民間音樂如何通過史前的北歐樂器「lur」（S形銅管短號）創造出早期的複調和大三和弦。德國音樂被認為（這點被從韓德爾到布魯克納，無數作曲家的作品所證明）使用大調多於小調，協和音多於不協和音（而猶太音樂，不用說，正好相反）。得出這個結論的音樂理論家們有可能得到研究經費，也許還能得到高薪的學術職位。

　　在希特勒的帝國中，音樂上最大的受益者無疑是拜魯特。歷史學家指出，「沒有哪個現代大國的領袖，能像這位（希特勒）自詡的再生的伯里克利（Pericles，古代雅典政治家）那樣，如此迷戀藝術。」希特勒熟知華格納的所有作品，把它們拔高為德意志文化最傑出的典型。在他早年的職業生涯中，他曾在華格納一個位於拜魯特的家——萬福里德（Wahnfried，在德語中的意思為「幻想中的和平」）受到熱烈的歡迎。在這裡，年輕的威妮弗蕾德·華格納，也就是作曲家兒子齊格飛的英國籍妻子，給他留下了深刻印象。

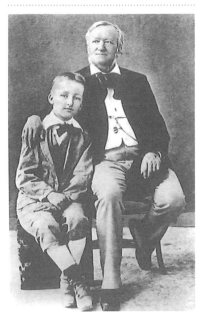

1880 年華格納與兒子齊格飛的合影。

1923年希特勒政變未遂，被捕入獄，威妮弗蕾德送去了幫助和安慰（還包括便箋紙，他就是在這些紙上寫下了《我的奮鬥》），這讓希特勒永遠銘記在心。1925年希特勒第一次參加了拜魯特音樂節，威妮弗蕾德·華格納以一束鮮花歡迎他的到來。兩人用名字互稱對方，並互稱對方為「你」而不是「您」。

　　拜魯特音樂節是華格納家族的私人領地，和威瑪時期德國的許多藝術機構一樣，它在整個20世紀20年代都只能勉強維持。音樂節每三年舉辦兩次，在舉辦的空隙，主管拜魯特的齊格飛·華格納想盡一切辦法募集資金，他的權威不斷受到質疑，不僅因為財務上的窘況，同時還因為他年邁的母親柯西瑪在背後垂簾聽政。1930年4月，柯西瑪·華格納於92歲

高齡撒手人寰，幾個月之後，齊格飛也隨她而逝，
他的職責立即被他33歲的遺孀接管。在華格納這個
大家族中，不少女性成員懷有赤裸裸的嫉恨之心，
威妮弗蕾德的擔子可謂不輕，但她證明了自己是一
位不屈不撓、堅韌靈活、富有創造力的管理者。在
籌備1931年度的音樂節期間，她和不少人簽約，其
中著名的有海因茨·迪特延——一位無處不在的人
物被聘為藝術總監。

1872 年華格納與柯西瑪的合影。

　　1933年1月，希特勒成為德國總理；2月，任職
兩周之後的希特勒參加了華格納故鄉萊比錫舉行
的華格納逝世50周年紀念活動；又過了兩周，國會
大廈這個在許多人眼中威瑪共和體制失敗的見證，
燃起了熊熊大火。3月，在一個充滿象徵意義的日子裡，希特勒召集已搬遷
的國會併發表演說，這次會議被看成是第三帝國正式成立的典禮。事後他
參加了菩提樹大街歌劇院舉行的節日演出，演出的劇碼是華格納最喜慶的
作品《紐倫堡的名歌手》，指揮是富特文格勒。「醒來吧！」在最後一幕
中，當漢斯·薩克斯（Hans Sachs，1494-1576，《紐倫堡的名歌手》中的主
角）呼喚著德國藝術的榮耀時，合唱團興高采烈地面向他們的元首，歡快
地這樣唱著。

1867 年拜魯特音樂節時，
節日歌劇院的外觀。

　　希特勒一直對華格納滿懷欽佩，而威妮弗蕾德也一直仰慕著希特勒。她所策劃的1933年度拜魯特音樂節的大計畫，很顯然缺乏足夠的資金，這時她找了她的總理朋友，結果第三帝國買下了大量的門票，以低廉的價格分發給群眾。希特勒像巴伐利亞國王路德維希那樣，挽救了拜魯特音樂節，而他又像德國皇帝威廉一世那樣，親自蒞臨音樂節，置身於歡呼聲、飄揚的彩海和喧囂的人群中。不過和威廉皇帝不同的是，希特勒看演出的時候非常專注，並在拜魯特待了將近一周。政治被擋在節日劇院神聖的大門之外。當然，人們不會反對希特勒的照片掛在商店的櫥窗裡，或者愉快的納粹黨徒遍佈在大街上、在拜魯特的啤酒館裡飲酒作樂，也不會反對納粹黨旗插遍小鎮和劇院邊的山坡上。不過在劇院裡面，一張以總理的名義頒佈的告示，要求贊助人禁止演唱愛國歌曲或進行愛國示威；畢竟，「沒有什麼能比大師不朽的傑作更能表達偉大的德國精神」。在20世紀30年代的後面幾年，雖然拜魯特日漸成為納粹政權的節日，但這個模式卻一直沿襲了下來。

希特勒不僅耗資支持1933年拜魯特音樂節，並親自蒞臨欣賞當晚《齊格飛》的演出。陪同在他身邊的是威妮弗蕾德。

　　音樂節上宏大的製作也反映出納粹時期的拜魯特和原來的風格有所區別（1933年迪特延製作的《紐倫堡的名歌手》的最後一幕，上場的演員達到800人）。不過，威妮弗蕾德作出了決定，藝術的視野不能僅限於宏大的場面，她的拜魯特應該致力於成為德國舞臺的最佳典範。這意味著需要進行一定程度的劇院改革，當然不能像克倫佩勒在克羅爾劇院那樣激進，但新的方法的確激怒了保守勢力，舉例來說，拜魯特合唱團的成員們將要個個直接參與互動的演出，而不是排成正規的一排，保守勢力認為這個舉措背叛了由柯西瑪長久以來維護的華格納精神的真正傳承。幸運的是，威妮弗蕾德得到了希特勒的支持（她甚至一度說服元首關照一下她手裡那些傑出的猶太藝術家，她認為他們是最棒的）。希特勒一直堅持安排德國部隊

到拜魯特參加音樂節，部分原因是為了提高他們的文化修養，同時也是為了確保拜魯特不要虧本。矛盾的是，威妮弗蕾德的拜魯特比其他同等的機構享受到更大程度的藝術獨立，只因為她和希特勒的友好關係，以及希特勒對音樂節的個人偏愛所給予的保護。

　　隨著時間的推移，希特勒事務纏身，威妮弗蕾德很難見他一面，但他從未失去對華格納的欽慕。1939年，在他50歲生日收到的禮物中，最打動他的是一批華格納的手稿。這些無價之寶曾是巴伐利亞國王路德維希二世的珍藏，後來被一群著名的實業家買下來，並得意洋洋地呈送給他們激動而心懷感激的元首。威妮弗蕾德曾懇請希特勒將手稿放在萬福里德保管，但他捨不得這些手稿離開他。

從 1867 至 1908 年間，拜魯特音樂節的歷任指揮。

　　理查·史特勞斯並不是唯一一位和第三帝國握手言和的藝術家，不少人對希特勒的到來表示歡迎，還有些人效忠於納粹。以生動的水彩畫聞名的畫家埃米爾·諾爾德（Emil Nolde）很早就是納粹的成員，但令他深深懊惱的是，第三帝國後來卻拋棄了他，甚至把他的作品收進1937年舉辦的「墮落」藝術展中。雕刻家阿諾·布雷克（Arno Breker）稍稍幸運一些，他為1937年的柏林奧運會製作的運動員雕像，就像萊妮·里芬斯塔爾（Leni Riefenstahi，1902-2003）的電影畫面一樣，被盛讚為體現了完美的雅利安精神。雖然作曲家漢斯·普菲茨納真正的政治觀點讓人琢磨不透，但他對納粹表達的信念則多半表示認同，在與兩者的周旋中，他嶄現出一種有幾分尖刻而憤慈的個性。

　　其他人則顯得不是那麼熱情高漲，或許他們認為自己不關心政治，只管堅守自己的老本行：藝術。不過，在所謂的「內在放逐」裡謀得一席之地也是很不容易的。每一個行為，哪怕是消極被動的行為，在第三帝國內

都屬於一種政治聲明，沒有哪種職業能躲得過政治上的牽連和嫌疑：外科醫生、學校教師、法官、記者都未能倖免。藝術家儘管為他們歷來的獨立甚至反叛的個性而感到驕傲，但同樣也不得不屈服於政治。如果他們不順從，他們的作品，也許還包括他們本人，則極易遭受滅頂之災。

　　音樂家和大家一樣清楚這一點。作曲家卡爾‧奧爾夫（Carl Orff，1895-1982）戰爭期間一直在德國工作，他最著名的作品《布蘭詩歌》（Carmina Burana）於1937年在法蘭克福首演，卻遭到主流納粹評論家的猛烈抨擊，因而保全了奧爾夫戰後的聲譽。奧爾夫和他的學生維爾納‧艾克（Werner Egk）受委託為柏林奧林匹克運動會創作音樂，同一年，艾克又被任命為柏林國家歌劇院的指揮，他在這個位置上一直工作到1941年。鋼琴家瓦爾特‧吉澤金（Walter Gieseking，1895-1956）以及年輕的歌劇女高音伊莉莎白‧施華範，戰爭期間也都一直在希特勒的帝國裡工作，舞蹈編導魯道夫‧拉班（Rudolf Laban，1879-1958）也曾工作過一段時間，他同樣受託在柏林奧林匹克運動會上施展才能，特別設計了一齣壯觀的芭蕾舞開幕式。戈培爾觀看了彩排，對此很不喜歡，這把拉班嚇得不輕，最後他去了英國。

　　人們可能一開始會被第三帝國的善舉所迷惑，而反對帝國和其意識形態，或者對它的種族法不贊成的人很快就遭到了懲罰。德國許多著名的音樂家都有猶太血統。1933年1月納粹上臺時，布魯諾‧瓦爾特正在紐約，但他於3月回到德國受邀在萊比錫和柏林指揮演出。他一到達就發現了一種新出現的壓抑氣氛，到處都是納粹十字軍旗，瓦爾特腦海中響起《費德里奧》中囚犯們焦急而低聲的話語：「輕聲些，控制自己！四周都是耳目在監視我們。」

　　瓦爾特的家鄉柏林，尚保留了一些威瑪時代的自由精神。然而當瓦爾特到達之後，他被告知萊比錫那邊發來了緊急通知，當地的納粹黨計畫阻止他在布商大廈舉行音樂會。瓦爾特火速趕往萊比錫指揮排練，並且每天晚上都和布商大廈委員會的高層坐在一起，等著他無休止地撥打懇求電話。兩個人都知道，問題遠遠不只是一場音樂會。瓦爾特後來回憶道：「我

理查‧史特勞斯指揮時的神采。

們是兩個守望者，呼喚著幫助，以抗擊野蠻人威脅文明和文明棲身之所的蔓延大火。」

　　音樂會當天，瓦爾特趕到布商大廈準備最後的彩排，卻發現排練和音樂會均已被薩克森州內政部取締。他懷著沉重的心情趕回柏林，而萊比錫事件的消息已比他先一步到達。瓦爾特一回到柏林，就聽說即將舉行的柏林音樂會也將被取消。官方的理由跟往常一樣，是為了防止任何不愉快事件的發生。經進一步詢問，瓦爾特的經紀人從戈培爾宣傳部的一名高官處得知，他們並沒有正式禁止音樂會，但「如果你堅持舉辦音樂會，那麼音樂廳內的一切東西都將被砸得粉碎」。在這樣的情況下，瓦爾特別無選擇只得轉身而去。當晚，瓦爾特離開柏林前往奧地利。而音樂會卻如期舉行，指揮由理查‧史特勞斯擔任。

　　布魯諾‧瓦爾特和奧托‧克倫佩勒都是猶太人。有千千萬萬的猶太人在時機尚存時逃離了納粹德國，其中包括眾多的德國作曲家、器樂家、歌唱家、音樂理論家和經理人。還有一些離去的人並不是猶太人，例如卡爾‧亞伯特（Carl Ebert）和弗里茨‧布希（Fritz Busch，1890-1951），他們發現自己很難在這個具有破壞性的帝國裡生活和工作。亞伯特是柏林夏洛滕堡歌劇院的主管，他需要一位指揮，因此找到在德勒斯登歌劇院的朋友弗里茨‧布希。兩人曾偶爾在一起合作，最為著名的是1932年威爾第《假面舞會》（Un ballo in rnaschera）劃時代的製作，當時的舞臺設計為卡斯帕‧奈爾（Caspar Neher）。 1933年，亞伯特和布希相約在柏林共進晚餐。布希心煩意亂地出現在亞伯特面前，告訴亞伯特說，他幾天前曾在德勒斯登劇院遭到納粹同情者喝倒彩，不得不離開樂池。布希和亞伯特都比較寬宏大量，他們拒絕解雇猶太同事。亞伯特是一位社會民主主義者，他會給

任何政治派別的人提供工作，包括像奈爾這樣的極左派。這種藝術上的包容，顯然不會得到新帝國的賞識。

　　吃飯的時候，亞伯特聽到消息說，他的劇院當天晚上稍早已被納粹衝鋒隊佔領，第二天，他被傳喚去見普魯士總理、同時也是希特勒內政部長的戈林（Goring）。戈林貌似親切的外表下包含著層層的威脅利誘，在這次不歡而散的會面之後，亞伯特實際上已被革職。兩天之後，他離開德國前往瑞士。

　　布希也去見了戈林，戈林一見面就開始責備黨內的那些下流傢伙和傻子們，在德勒斯登的那些夜裡搞砸了事情，布希對此表示強烈贊同。然而戈林話題一轉，說元首是多麼希望他回到德勒斯登，布希斷然拒絕，因為他知道這樣做的代價，就是失去藝術上的獨立。戈林氣勢洶洶地恫嚇他說，「我親愛的朋友，我們手上有的是辦法讓你就範。」但布希毫不動搖，戈林勸他再認真考慮一下。顯然，納粹也不想再失去一位享有崇高國際聲譽的藝術家。後來，布希收到拜魯特的邀請：表面上看是個具有誘惑力的機會，結果發現是去接替托斯卡尼尼，對此布希也斷然拒絕了。

　　5月初，布希永遠離開了德國。他起初在布宜諾斯艾利斯的科隆（Colon）歌劇院工作了一個演出季，一年之後，他和亞伯特重聚，兩人又一起開創了一番嶄新的歌劇事業，而他們所在的地方卻是最不像從事歌劇事業的地方：英國蘇塞克斯丘陵地帶的一家鄉下劇院，叫戈林德伯恩（Glyndebourne）。

　　克倫佩勒、瓦爾特、亞伯特和布希，都是在納粹的高壓下失去了指揮棒的德國歌劇界名人。還不僅是他們，第三帝國成立之後的那幾個月內，在德國八十多家歌劇院中，有一半以上的劇院總監被納粹黨指派的人替換；猶太、左翼作曲家或劇作家的歌劇作品通通被撤掉。瓦爾特離開德國時，一位常給他家裡打零工的工人，也是一個社會民主黨人，執意要到車站去送他。和藹的指揮家對他說，「我想你可能得加入納粹黨，不然會失去工作。」那人傷心地點點頭，突然間又面露喜色，想到希特勒黨員中也許有不少「我這樣的人」。這個天真的願望很快就破滅了，書籍被焚燒，人

們因政治不及格而失去了工作，不符合納粹目的的藝術作品被斥為腐化墮落。一些人在1934年的「長刀之夜」事件（Night of the Long Knives）中第一次看到了納粹的真實面目，許多被認為有可能威脅到希特勒領導權力的人被謀殺（和史達林的政治大清洗相似）。而另一些人則隨著第二年的紐倫堡法案的頒佈而發現了真相，這些法律禁止猶太人和「雅利安人」發生性關係，並剝奪猶太人的德國公民權。曾經有一段時間，猶太人被允許成立他們自己的猶太文化聯盟（Jewish Culture League），猶太藝術家們可以在這裡面向專門的猶太觀眾，演奏他們的猶太音樂。人們從中能夠得到片刻的安慰，這裡有高水準的演奏者，能夠聽到被禁的作曲家的音樂，這些音樂會所吸引的觀眾也有較高的音樂鑒賞力。然而，隨著螺絲越擰越緊，這樣的安慰則越來越虛無縹緲了。

　　薩爾茨堡靠近德國邊境，雖然離希特勒的老巢貝希特斯加登（Berchtesgaden）不遠，但最大的優勢是它屬於奧地利。當一些著名德國音樂家們被迫離開納粹德國時，他們知道在維也納和薩爾茨堡都會得到熱烈的歡迎。的確，歐洲最早、最好的薩爾茨堡音樂節，成為逃離納粹德國的音樂家們家鄉之外的家鄉：在薩爾茨堡演出的藝術家們，實際上都是在德國不受歡迎的人物，反之亦然。被按上級命令取消了薩爾茨堡合約，接著在拜魯特登臺的德國女低音歌唱家西格麗德·奧涅金（Sigrid Onegin），幾乎得不到德國之外歌劇院的邀請。相反，當女高音洛特·萊曼為了不妨礙出國演唱，拒絕了來自戈林的豐厚報酬的合約之後，她發現自己立刻被禁止在德國演唱。布魯諾·瓦爾特曾愉快地回憶起在薩爾茨堡，他和托斯卡尼尼、萊曼、湯瑪斯·曼等人在作家史蒂芬·茨威格（Stefan Zweig）位於附近山上的家中度過的時光。小提琴大師弗里茨·克萊斯勒（Fritz Kreisler）、另一位逃離納粹德國的里希·克萊伯都出現在薩爾茨堡。托斯卡尼尼在薩爾茨堡指揮歌劇時，他的首席助理是埃里希·萊因斯多夫（Erich Leinsdorf），而他於1937年指揮《魔笛》時，鐘琴的演奏者是來自匈牙利歌劇院、前途無量的輔導教師喬治·蕭提（Georg Solti，1912-1997）。托斯卡尼尼對蕭提的工作深表滿意，大師說：「明年薩爾茨堡再見。」令蕭提高興萬分。回到布達佩斯後，歌劇院管理層許諾讓他自己指

揮演出一場，指揮的作品是《費加洛的婚禮》，1938年3月11日上演了第一場。當天夜裡，德國軍隊越過了奧地利邊境，第二天，在人們在或歡欣或害怕中，他們朝著維也納出發，隨即吞併了維也納。

　　一夜之間，奧地利人成了德國公民。希特勒欣喜若狂，同樣欣喜若狂的人群聚集在維也納的大街上迎接他的到來，並湧向維也納前皇宮霍夫堡（Hof burg）聆聽他的演講。而其餘的人則暗暗地揣測他的下一個打擊目標是哪裡。那年秋天，第三帝國吞併了位於捷克邊境的德語區蘇台德，第二年春天，波西米亞和摩拉維亞餘下的地方也落入納粹的手中。1939年9月1日，德國入侵波蘭。希特勒帝國發起的這場戰爭，迅速席捲全球，帶來的是哀鴻遍野、山河變色、死傷無數。

全面戰爭 👓

　　在列寧格勒，絕望的市民們為了溫飽而苦苦地掙扎著，他們根本無暇去考慮什麼歌劇。這座城市長達900天處在鐵蹄的包圍下，300萬居民中，死亡人口就超過四分之一。許多人認為，俄羅斯的文化遺產已全面處於危險的境地。

列寧格勒被德軍圍困長達900天，300萬居民中有超過四分之一的人死亡。許多人認為，俄羅斯的文化遺產全面處於危險的境地。

　　然而，在這漫漫長夜、難以描繪的苦難和殺戮中，音樂，正如歷史學家博里斯·施瓦茨（Boris Schwarz）所說的那樣，給身處困境、饑寒交迫的百姓帶來了生的希望。1941和1942年相交的隆冬季節，施瓦茨說，「劇院努力維持運轉，音樂家們繼續演出，作曲家們仍然能夠創作音樂。」衣衫襤褸、食不果腹的市民們，想方設法冒著零度以下的寒冷，跌跌撞撞地穿過那些還未埋葬的屍體，來到沒

有暖氣的音樂廳，聆聽柴可夫斯基的音樂會。演奏音樂會的管弦樂隊人員參差不齊，病的病、死的死，參加演出的樂手們不得不在手上戴著只露出指尖的羊毛手套。蕭斯塔高維奇被疏散到了古比雪夫（Kuibyshev），在那裡完成了他的第七交響曲（即《列寧格勒交響曲》），並把它獻給自己的故鄉。也正是在古比雪夫，他的《列寧格勒交響曲》於1942年3月舉行了首演，由撤退至此的波修瓦管弦樂團擔當演奏。8月，這部氣勢宏大的作品在身處重圍中的列寧格勒上演，這部作品和這場演出向所有人預示著，他們為之苦苦奮鬥並彼此深信的勝利終將會到來。《列寧格勒交響曲》經過了時間的考驗流傳了下來，它如同戈雅（Francisco Goya，1746-1828）的《戰爭的災難》或畢卡索的《格爾尼卡》，總是喚起人們對那個時代的深刻記憶。當然，在戰爭帶來的恐懼和貧困中，很難產生這樣有代表性的傑作。在列寧格勒被包圍期間，沒有創作或出品過一部歌劇，在那種狀況下又怎麼可能呢？戰局開始扭轉時，莫斯科出品了好幾部愛國歌劇，但沒有哪一部讓今天的觀眾感興趣（除了普羅科菲耶夫的《戰爭與和平》，他於1953年與史達林同一天去世，沒有來得及留下最後的版本，而過了許多年後這部作品才得以上演）。

1959 年，普羅高菲夫的歌劇《戰爭與和平》，於莫斯科波修瓦劇院演出時的劇照。

　　戰爭早期，歌劇界在納粹德國享有政治特權。演員們免於服兵役，許多歌劇院繼續得到官方的資助，觀眾們繼續享受票價補貼。對於希特勒而言，最感自豪且頭等重要的事情就是即使是在戰爭期間，也應該讓音樂，尤其是德國音樂，以最高水準在帝國各地奏響。的確，不少傑出的作曲家和演奏家已逃離了帝國，或者身陷囹圄，或者已被害身亡，然而在早期，高水準的音樂依然得以維持，特別是在柏林，有富特文格勒掌舵的柏林愛樂樂團，在城對面菩提樹大街上還有他的對手——年輕的卡拉揚執掌的國家歌劇院。戰爭的前兩年，維也納的歌劇也維持了高水準的演出。馬塞爾·普拉維（Marcel Prawy）——維也納國立歌劇院的歷史學家，也是一位逃脫納粹魔爪的人——在戰爭期間的絕大部分時間都待在美國。然而

他承認，當時維也納有許多頂尖的歌唱家，正處在他們事業的高峰，他提到劇院在它的名冊上有「兩位一流的布倫希爾德，四位漢斯·薩克斯，四位齊格飛」，還有一些常任指揮，包括三位頂尖指揮：富特文格勒、克勞斯（Clemens Heinrich Krauss，1893-1954）和克納佩茨布希（Knappertsbusch，1888-1965）。

蕭斯塔高維奇（右）與摯友索列爾金斯基。

　　在拜魯特，威妮弗蕾德·華格納曾請求在戰爭期間暫停音樂節，但是元首卻有不同的想法。1940年4月，在一系列軍事勝利的鼓舞下，他堅持要求當年的音樂節繼續舉辦。威妮弗蕾德反對說，時間和金錢（更不用說藝術資源）都嚴重匱乏。「胡說！」資源豐富的總理回答道。他準備通過納粹的「從快樂獲得力量」運動來保證門票的銷售，把德國最可敬的人帶來暢飲華格納的靈感之泉。那年夏天，專用列車載著一群又一群不知所措的度假士兵、德國兵工廠的工人們和穿著制服的護士來到拜魯特，他們作為元首的貴賓而受到熱烈歡迎。這些貴賓們沒有時間去啤酒屋，也沒有時間去弗蘭克尼阿美麗的鄉下，而是直接被帶到節日劇院，在意氣風發的五個小時裡，觀看《女武神》或者《眾神的黃昏》。威妮弗蕾德·華格納的傳記作

者布里吉特‧哈曼（Brigitte Hamann）正確地指出說，他們「最終加入了發誓不再看華格納作品的行列」。不過我倒是懷疑，究竟有沒有人向希特勒稟報過此事。

　　歌劇並不僅僅是一個國家的寶貴政治資源。隨著一個又一個歐洲國家倒在納粹的屠刀下，他們在經受失敗的打擊之後，緊接著就會迎來德國歌劇院的訪問：它們的佔領者也許試圖通過以自己較高的文化水準來打動當地老百姓的方式，來緩解佔領帶來的不良影響。1940年，漢堡歌劇院出現在奧斯陸（Oslo），法蘭克福歌劇院出現在貝爾格勒（Belgrade）。巴黎在被占那些年裡，迎來了一連串頂級德國歌劇院的訪問，其中包括1941年由卡拉揚帶領、並由威妮弗蕾德‧華格納隨同的柏林國家歌劇院的來訪。

　　隨著戰事向不利於軸心國的方向轉彎，希特勒本人也不得不把他心愛的歌劇放到一邊。盟軍的炸彈撕破了德國的防線，給德國許多的主要歌劇院造成嚴重的破壞。早在1941年4月，柏林菩提樹大街的歌劇院就被炸毀，希特勒命令重新修復（正是在修復期間該歌劇院去巴黎訪問演出）。1943年，盟軍對德國的襲擊越來越頻繁，越來越劇烈。8月，漢堡歌劇院被摧毀；10月，燃燒彈如雨點一般落在慕尼黑國家大劇院的屋頂上；11月，轟炸輪到布魯諾‧瓦爾特和卡爾‧亞伯特曾經工作過的柏林夏洛滕堡德意志歌劇院。一些歌劇團繼續在當地的教堂、電影院、學校音樂廳等地演出。到了1944年夏天，雖然希特勒躲過了一樁刺殺事件，但德國軍事失利不斷增多，第三帝國陷入了全面戰爭階段。從此之後，一切無助於戰事的活動都停止了，像未來的歌唱家迪斯考（Dietrich Fischer Dieskau，1925-）和指揮家馬舒爾（Kurt Masur，1927-）這樣的青年男子全部被征召入伍，而德國一些嶄露頭角的歌劇女高音中，格羅布-普蘭多（Gertrud Grob-Prandl，1917-1995）和瑪莎‧莫多（Martha Mödl，1912-2001）都在兵工廠裡工作，一個檢驗毒氣面罩，一個則製造手榴彈。

　　「千年帝國」最終的失敗既殘酷又徹底。東邊的蘇軍和西邊的盟軍在易北河岸勝利會師，德國各地的城鄉居民，或死於復仇心切的蘇聯戰士的刺刀下，或悲慘地死於盟軍的轟炸中。1945年2月初，位於柏林菩提樹大

街、鄰近第三帝國最主要的政府大樓、花費昂貴重建的國家歌劇院，再次成為一片廢墟。兩周之後，德勒斯登的大部分地方，以及數萬居民遭到燃燒彈襲擊，該城市的巴洛克中心，以及由戈特弗里德·桑珀設計的歌劇院（一位首席女歌手曾稱它為「有史以來最美麗的劇院」）被摧毀。1945年3月12日，德國吞併奧地利整整七年之後，維也納國立歌劇院這座曾經令人驕傲的馬勒的宮廷歌劇院的大本營，遭到了襲擊。工作人員們開玩笑地說，當盟軍向維也納發動最後襲擊時，他們至少可以利用一切人類可以利用的武器來保衛自己：中世紀的大炮、都鐸王朝的鐵戟、西班牙貴族的寶劍、華格納的長矛和頭盔等等。一位比較現實的人說；歌劇裡最有實際價值的東西，可能是在普契尼的《西部女郎》（La fanciulla del West）中，女高音瑪利亞·耶麗查（Maria Jeritza）騎上飛奔而去的墨西哥馬鞍。4月，在戰爭正式結束之前數天，拜魯特遭到了轟炸，許多人被炸死，萬福里德莊園遭到嚴重破壞，還好節日劇院絲毫無損。幾周之後，一位隸屬於佔領部隊的美國士兵，名叫約瑟夫·韋克斯伯格（Joseph Wechsberg）的歌劇愛好者，驅車穿過被炮彈夷為平地的紐倫堡前往拜魯特，去拜謁華格納的節日劇院：

> 《紐倫堡的名歌手》第二幕的佈景依然保留在舞臺上，這是中世紀紐倫堡的美麗景色。看門人說，最後一場演出的中間，他們來了。他伸出食指意味深長地指著天空。

為了實現畢生的願望，韋克斯伯格爬上了舞臺，唱著「瘋狂，瘋狂⋯⋯」，這正是這一幕中漢斯·薩克森的著名獨白。

而威妮弗蕾德·華格納的好友希特勒呢？據推測，一場大火吞沒了地下室、吞沒了他和愛娃·布勞恩（Eva Braun）的軀體，也燒毀了他最珍貴的財產：他所珍藏的價值無法估量的華格納手稿。

戰時的義大利所遭受的死亡和破壞，其規模雖然比不上中歐和東歐，但它所受到的創傷，並不低於那些捲入戰爭的國家。在義大利各地，大部分人也許更關心的是如何讓自己和家人吃飽喝足、如何躲過殺戮，而不是去關心戰爭。當義大利本國在1943年中期淪為戰場之後，民生更加艱難。

剛剛在北非取得勝利的盟軍部隊，開始朝義大利半島挺進，這是一個隨之帶來巨大破壞的痛苦過程。盟軍進攻時，墨索里尼被巴多里奧（Badoglio）推翻，巴多里奧開始秘密進行停戰談判。在佛羅倫斯，蒂薩·魯弗聽到墨索里尼下臺的消息，興奮地衝向窗邊，用他那尚存的渾厚嗓音引吭高歌《馬賽曲》，窗外很快聚集了一大群人，和他一起唱了起來。然而真正的和平卻姍姍來遲，德國依然強大而兇惡，它在那年夏天佔領了佛羅倫斯，魯弗不得不躲藏起來。羅馬，這座所謂的「不設防城市」繼續由德國軍隊控制，同時德國人在北面建立了傀儡政府，並駐紮下來，準備進行持久戰。最早的犧牲者是米蘭史卡拉劇院，這座義大利最古老的劇院在盟軍8月16日的襲擊中毀於炸彈。不久之後，佛羅倫斯遭到襲擊，女高音麗娜·卡瓦利埃里（Lina Cavalieri）死於轟炸中。這位40年前在大都會歌劇院與卡盧梭同台演唱、美麗非凡而聞名遐邇的明星，就這樣悲慘地結束了一生。

而戈比是幸運的。這位前途無量的年輕男中音是羅馬歌劇院的一員，曾於1941年4月參加由羅馬-柏林軸心國發起的文化交流活動到過柏林訪問。所有的人和器材也都去了：歌手們、合唱團、樂隊、佈景、服裝以及技術人員。戈比此行回到義大利的戰利品之一，是戈培爾的一張簽名照片。戈比是在官方接待時見到了戈培爾，後來在盟軍登陸之後但還未到達羅馬之前的那些危險的日子裡，戈比利用這張照片搪塞德軍，掩護了好幾位逃跑的盟軍俘虜。如果被發現的話，他自己也逃不了被槍殺的命運。

在焦急等待的過渡期間，羅馬備受煎熬，戈比為此留下了一幅生動的圖畫。飲水需要用罐子和水桶到公共噴泉裡去汲取，牛奶等一些最基本的奢侈品，都被無所不在的德國人奪走，他們遍佈大街小巷，以猙獰的目光注視著人群。戈比回憶起那些恐怖的叫喊：「德國人，德國人」；如果走在羅馬的大街上聽到這樣的叫喊，你一定會朝相反的方向奪路而逃，因為它預示著手拿機關槍的德軍馬上就要到來，他們一旦發現青年男子便會將其捉拿，然後發配到帝國去做苦力。有一次，戈比看到德軍衝過來而他沒有機會逃脫，於是他果斷地將他那件貌似軍服的外衣領子豎起來，做了一個「嗨，希特勒」的敬禮手勢，壯著膽子從他們身邊大步走了過去，很可能是

他的演技救了他一命。還有一次，戈比被邀（實際上是被命令）去索倫托（Sorrento）演出，他聽說那裡的劇院已經被毀。但他無論如何也得去，這意味著先得從羅馬到那不勒斯，然後再乘車環繞索倫托半島。也許對你我而言充滿詩意，但是在戰時的義大利，這無疑是個噩夢之旅，要躲開轟炸的襲擊，還要穿過多處戰區。到了那不勒斯，戈比不得不在坍塌的建築物間艱難穿行，耳邊迴盪著人們對被埋葬親人的哭喊聲；在港口，他目睹一條船被炸毀，船體的碎片從他身邊飛過。戈比一路搭乘馬車、卡車，驚險萬分環繞半島，最後到達索倫托之後，他發現這裡根本就沒有劇院，也沒有演出。於是他只得原路返回，回到羅馬時，他又餓又渴，精疲力盡，差點一病不起。

戈比的經歷並不罕見。儘管一些義大利人堅持法西斯主義信仰，繼續與德國佔領者合作，而另一些人例如戈比，卻一點一滴、英勇無畏地行動著。還有一些人，如羅西里尼（Rossellini）在1945年所拍攝的電影《羅馬：不設防的城市》（Rome: Open City）中所描繪的那樣，冒死加入了抵抗的行列。應該說，大多數音樂家，不管他們政治立場如何，最關心的是如何利用自己的技能糊口。如果這意味著要為戈培爾演唱，那就唱吧，沒人會拒絕。當時已遠比戈比成功和出名的吉里，就常常為義大利和德國的政界要員演出。1943年至1944年之間，他和戈比一起在羅馬演唱，他們還專門為納粹國防軍演出了一場《托斯卡》。演出之後，主要演員被要求接受電臺採訪，吉里佯稱生病，女高音卡尼利亞（Caniglia）裹著厚厚的圍巾，偽裝成清潔女工悄悄溜走，只剩下戈比，他描述自己如何被一隻機關槍抵著後背，來到後臺走廊上安放的麥克風面前。

不可否認這樣的印象：吉里是個更熱心的合作者，不過也許是出於本性，而不是因為政治信仰。他在自傳裡講述了如何為納粹高層演出，如何好幾次見到希特勒的情景。希特勒「握著我的手，告訴我他非常喜歡義大利音樂」。還有一次，希特勒「不停地鼓掌喝彩，演出結束之後，他送來大把的花束，上面捆紮著德國和義大利國旗顏色的緞帶。多麼動人啊！」吉里和希特勒的多次碰面都是簡短而正式的，他告訴我們，他們「從來沒有

機會談論政治」。但當他向我們保證「我從來不瞭解他的政治行為」時，是否話也說得太絕對了？不少他的同胞一定也這樣認為。當盟軍終於在1944年6月抵達羅馬之後，吉里嚇了一跳：

> 我曾經「為德國人演唱」，現在卻無比震驚地發現，我是個叛徒。對我的譴責並非來自盟軍，而是來自自己的同胞。恐嚇的人群包圍了我在羅馬的房子：好幾個月我都不敢踏出家門。

他當然曾經「為德國人演唱」，吉里對前來調查他的官員說。「我為任何人演唱，為英國人演唱，為美國人演唱。我在法西斯政權下唱歌，就像我在布爾什維克政權下唱歌，或者在任何一個統治義大利的政權下唱歌是一樣的。」

吉里的案情沒有耽擱當局太多的時間。他是著名歌唱家，政治上不怎麼成熟且沒有惡意。不久後他就回來參加了國際巡演，於20世紀40年代末至50年代早期，在英國和美國舉辦了一系列令人難忘的獨唱音樂會，其中最著名的是在倫敦巨大的皇家亞伯特音樂廳面對滿座的觀眾獻演。不管政治觀點如何，許多義大利著名的音樂家都會按照義大利政治統治者的要求作曲、演奏或者演唱。其中，包括馬斯康尼、奇萊亞（Cilea）和焦爾達諾（Giordano）等著名的歌劇作曲家，還因他們的成就而受到嘉獎。不少人代表他們的國家出現在第三帝國：不光是戈比和吉里，還有另外一些頂尖的演員，如指揮家薩巴塔（Victor De Sabata）和古伊（Vittorio Gui），但並不是每個人都對他們的角色感到滿意，戈比顯然就不認同。作曲家達拉皮柯拉（Luigi Dallapiccola）的妻子是猶太人，在納粹佔領下的佛羅倫斯，他只得在城郊過著半隱居的生活，其間創作出他的傑作：歌劇《囚犯》（Il prigioniero），表達了對自由的強烈呼喚。然而，很少人敢於公然抗議。就這點而言，托斯卡尼尼和蒂薩·魯弗還有那些加入遊擊隊的人都是例外，包括後來成為義大利前衛派領導人物的布魯諾·馬代爾納（Bruno Maderna）。

在義大利，與法西斯政府或德國佔領者進行文化合作，或多或少是出於現實的考慮，戰後很快就得到大部分人的原諒，甚至很快就被他們遺

忘。而在第三帝國，情況卻有所不同。納粹當局的要求要無情、徹底得多；反對者不可能像在義大利那樣懷著一絲僥倖，舉棋不定或者埋首躲在一旁。達拉皮柯拉或魯弗可以在德國佔領下的佛羅倫斯躲起來，但如果他們在斯圖加特或者馬格德堡（Magdeburg）如法炮製的話，則很可能在藏匿處被查出來直接送往集中營。在第三帝國，特別是在戰爭爆發之後，迎合官方規範的壓力遠比在義大利大得多，因而導致被動的、不情願的合作成為一種普遍現象。你去參戰，或者去歌劇院或音樂廳演出，是因為政府付錢讓你這樣做，而違背他們則會遭到重重的懲罰。

　　一些人合作得更積極。如我們看到的那樣，理查·史特勞斯輕而易舉地接過了指揮棒，並被迫取消計畫好的演出，還同意出任帝國音樂協會的主席。海因茨·迪特延在納粹時代，和在他長長的職業生涯的其他時間一樣，在政治上總是見風轉舵，而威妮弗蕾德·華格納一直和希特勒保持著友誼，充分利用這種友誼服務於她的首要任務：維持拜魯特的運轉。在第三帝國成立的第一年，富特文格勒作為政府的雇員，同時管理著柏林愛樂樂團和柏林國家歌劇院，並擔任理查·史特勞斯的帝國音樂協會的副主席。富特文格勒辭去他的職位之後，國家歌劇院的管理權交給了克萊門斯·克勞斯（據說是按希特勒的明確願望）。其他在納粹柏林的卓越指揮家還包括克納佩茨布希，還有很快成為納粹同路人的指揮家中最傑出的一位，也是富特文格勒的強硬對手：卡拉揚。與此同時，還有不少著名歌手都是在納粹時代成長起來的，其中包括伊莉莎白·施華寇。

　　這些準「納粹黨人」的角色，是否像納粹那樣受到了戰後同胞的非難，受到了歷史的譴責？答案是複雜的，同時也因情況而異。克納佩茨布希一直待在帝國，但他對納粹持批評態度並拒絕入黨。普拉維提到一個小插曲，有一次排練被希特勒的廣播演講打斷，克納佩茨布希誇張地抄起一隻垃圾桶，朝喇叭扔過去，以此作為抗議。1933年，弗里茨·布希不得不退出理查·史特勞斯題獻給他的《阿拉貝拉》（Arabella）在德勒斯登的全球首演式，由更順從帝國的克勞斯接替他繼續負責這部作品。後來，克勞斯結束了在柏林歌劇院的工作，到慕尼克國立劇院任職，隨後又來到被吞併後的維也納，在維也納愛樂樂團任職。因據稱有支持納粹的行為，戰後數

年克勞斯被禁止在公開場合露面。然而人們發現他和他的妻子、歌手烏爾
蘇萊亞克（Viorica Ursuleac）也為逃離帝國的猶太人和其他人提供過秘密
的協助，部分是通過一對喜愛歌劇的英國姐妹艾達·庫克（Ida Cook）和路
易士·庫克（Louise Cook）的援助。在一份感人的記述中，艾達講述道，她
和路易士起初為了「追星」而頻頻訪問德國，後來漸漸地擔當起營救的任
務，而克勞斯為了給她們的秘密行動提供合法的不在場證明，竟然不惜調
整演出日期。

　　希特勒的政權，對於很多人而言意味著新的開始。這個政權有別於前
威瑪政權的是，在瞭解並關心歌劇的領袖的帶領下，它積極推動藝術，特
別是音樂的發展。儘管帝國給猶太人造成了嚴重的威脅，但假如你是一位
金髮碧眼的「雅利安」青年，才華橫溢、勤奮刻苦如同施華寇，那麼帝國則
充滿了吸引力、充滿了機會。施華寇的老師伊沃根（Maria Ivogun）早年是
一位著名的首席女歌手，和很多人一樣也是一名納粹狂熱者。施華寇在戰
爭期間開始自己的職業生涯後，在夏洛滕堡的德意志歌劇院登臺演唱。這
裡曾是指揮家布魯諾·瓦爾特供職的劇院，此時處在好色的戈培爾的掌管
之下。施華寇因肺結核病倒之後，據說是她的納粹黨衛軍軍官兼醫生情人
在照顧她。後來流傳著各種各樣的謠言，說施華寇對納粹高層人物百依百
順。戰後她成長為一位著名的歌唱家，因美貌和精湛的技藝，在世界各地
都受到隆重的歡迎，但她在公開場合忌諱談起自己的早年生涯。

卡拉揚的指揮神韻。

卡拉揚同樣也不願提及自己早年工作時的政
治污點。不過，因為他成名較早，所以很容易對
他的個人歷史進行研究。1935年，也就是他被任
命為亞琛歌劇院（Aachen Opera）音樂總監時，
這位27歲的指揮申請加入納粹黨。三年後柏林新
聞界尊稱他為「卡拉揚奇跡」。國家歌劇院也不
斷向他拋來橄欖枝。戰後，面對一系列針對他的
調查，卡拉揚冷靜地解釋說，加入納粹黨在當時
是出於職業上的考慮，並無任何重大的政治意

義。他說，如果你想在第三帝國生存下去，你就不得不做這樣的事情。關於他正式入黨的時間和他的黨員登記號碼，他聲稱這些細節都不記得了。他遠非納粹黨中的積極分子，也不是政論家，卡拉揚說，他不喜歡納粹政權，希特勒本人也十分討厭他。那是起因於1939年，在一場《紐倫堡的名歌手》的節日演出中，卡拉揚因沒看總譜進行指揮，在一個地方出了差錯，招致希特勒的不滿。而在1942年以後，當他娶了一位有四分之一猶太血統的女子之後，事業從此就止步不前。

　　在另一個年齡段的是理查·史特勞斯，納粹當政時他已年近70歲。理查·史特勞斯擁有無可比擬的後浪漫主義音樂創作天賦，但他是一位溫和的音樂家，他最關心的是實際的音樂事業而不是政治；他一心想創作音樂，並不惜一切代價讓它們能夠上演，如果需要向當時當政的任何人卑躬屈膝也在所不惜。理查·史特勞斯的人脈中有一位猶太出版商：萬有音樂出版社的恩斯特·羅斯（Ernst Roth），一位猶太兒媳婦，還有一位去世於1929年的半猶太血統劇本作家霍夫曼斯塔爾（Hugo von Hofmannsthal，1874-1929）。納粹上臺之後，作為世界級聞名的德國作曲家，理查·史特勞斯讓自己擁有了帝國官方頂尖音樂家的身份和地位。然而，他對此卻並不在意，繼續創作自己的新歌劇，合作的劇作家是他的一位朋友、另一位猶太人史蒂芬·茨威格。為此雖然他僥倖逃脫了懲罰，卻失去了帝國音樂協會主席職位。理查·史特勞斯並不是那種能堅持原則、敢於與納粹針鋒相對的人，而納粹反過來也深知他的名望所具備的價值，對他和他的家庭從未施以真正的威脅。因此老人留了下來，受到一點點創傷，卻仍然堅持創作最好的音樂。大戰結束前幾周，理查·史特勞斯為弦樂創作了一首輓歌，名叫《變形》（Metamorphosen）。這是哀悼何種毀滅呢？是人性？是德國？還是曾給人以希望卻墜入野蠻深淵的第三帝國？抑或是慕尼黑歌劇院？也許都有吧。戰爭即將結束之際，美軍來了，他們徵用民宅供軍隊使用，給居民們15分鐘的時間讓他們搬走。一位美軍軍官在加米希（garmisch）遇到一位年邁的紳士，他說：「我是理查·史特勞斯，《玫瑰騎士》和《莎樂美》的作曲者。」軍官立即告訴士兵這棟房子禁止徵用。

　　所有被迫在納粹政權下繼續工作的頂尖音樂家中，最惹人注目的應該是富特文格勒。他和理查‧史特勞斯一樣，政治上幼稚而單純。納粹新政府為慶祝他們正式執掌政權，要求他指揮一場《紐倫堡的名歌手》的節日演出，富特文格勒為其全力以赴：不是為了納粹，而是為了華格納。面對著納粹的敵視，富特文格勒堅持了很長的時間，一直拒絕開除他樂隊裡的猶太成員，也拒絕解雇他的秘書兼助理、恰巧也是猶太人的格斯瑪（Berta Geissmar）。

　　富特文格勒在1933年4月給戈培爾的一封信中寫道，藝術和藝術家的功能，是為了團結而不是分離；就他而言，唯一有意義的分隔線，就是好、壞藝術之間的區別。富特文格勒最後說，我們的鬥爭應該針對缺乏根基、具有破壞性的不良精神，而不是針對藝術家本身。戈培爾回了一封措辭講究的信件，表面上看起來頗具安撫意味：富特文格勒和理查‧史特勞斯一樣都是國際知名人士，如果失去與他們的友好關係，第三帝國將不能承受。不久之後，富特文格勒邀請一批外國藝術家和柏林愛樂樂團同台演出，他們全部都是些猶太人或是對納粹持批評態度的人。但是這些人一個個都帶著深深的遺憾拒絕了他。他們佩服他的立場，但是他們也知道，如果出現在柏林，會被認為是承認了納粹政權。

　　決定性的時刻出現在1934年。納粹禁止富特文格勒上演保羅‧亨德密特的新歌劇《畫家馬蒂斯》（Mathis der Mater），這是一部關於德國文藝復興畫家馬蒂斯‧格呂內瓦爾德（Matthias Gronewald）的作品。亨德密特不是猶太人，但他是德國年輕一代作曲家倍受尊崇的領袖，是一位前衛主義者。不知出於何種原因，希特勒十分厭惡他。而作為柏林國家歌劇院總監的富特文格勒，這樣的命令無異於踐踏他的絕對權威。貝爾塔‧格斯瑪事後寫道，它「就像邱吉爾先生突然發個消息給柯芬園，告訴湯瑪斯‧比徹姆爵士（Sir Thomas Beecham，1879-1961）應該怎麼做一樣。」11月，富特文格勒在一份主流報紙上，大膽地發表了他對亨德密特事件的看法。那一天，當他早上出現在柏林音樂會的排練場以及晚上在國家歌劇院指揮《崔斯坦與伊索德》演出時，都獲得了熱烈掌聲，儘管晚上的演出還有戈林和戈培爾在場。他成了政治焦點。12月，富特文格勒辭去了他的公職。

　　格斯瑪在她的回憶錄中，深情地描述了她和富特文格勒之間相互信任和彼此的愛慕之情。富特文格勒曾一度被宣佈為托斯卡尼尼在紐約愛樂樂團的繼任指揮。然而，報紙上說他將恢復執掌柏林國家歌劇院，這個消息使紐約的態度丕變，任命也被取消。最後，他在納粹執政期間一直留在第三帝國，而格斯瑪則在富特文格勒的幫助下成功離開。她定居在倫敦，為比徹姆工作。她寫道，比徹姆就像是個「巴夏（pasha，古代土耳其對高級官員的尊稱）」；對他而言，「我們國家所發生的納粹災難和禍害，好像是無窮無盡的樂趣來源。」1936年，比徹姆和他新成立的倫敦愛樂樂團受邀到德國巡迴演出，指揮家堅持讓她先去安排一切，然後再和他及樂團會合。帶著幾分恐懼，格斯瑪踏上了旅途，她和她的前老闆重聚，又在柏林愛樂樂團的老辦公室裡工作了一陣子，並作為貴賓到訪拜魯特，還成功地避開了希特勒。

　　在帝國的中心，納粹黨人不得不對猶太人格斯瑪博士表示極高的尊重，否則他們就有可能失去英國最著名的指揮家，已被大肆宣揚的訪問。訪問順利進行，希特勒也親臨在柏林舉行的倫敦愛樂樂團音樂會，這場演出通過廣播進行了直播。看到希特勒第一次開始鼓掌的時候，比徹姆大聲對樂手們說：「老傢伙看來挺喜歡的！」他的這句話通過音樂會的轉播被傳送到各地，第二天被英國媒體廣為報導，而納粹報紙的報導則更為有趣。中場休息時，比徹姆在他的休息室裡接待富特文格勒等人的拜訪，而在德國的報紙上，卻赫然出現一張被篡改的照片，顯示的是比徹姆在中場休息時到貴賓包廂拜訪希特勒和戈培爾。

　　而此時，富特文格勒則和納粹政權達成了臨時妥協，戰爭期間繼續在德國和奧地利擔任指揮。由於感到不自在，富特文格勒沒有接受政府的任何官職（也從不行納粹禮）。1945年1月，他逃離德國，流亡到瑞士，也許正是因為這樣才保住了性命。在對他進行去納粹化聽證時，富特文格勒告訴他的審問者說，他覺得他有責任在納粹統治時期維護德國的傳統音樂文化。在一個沉迷於恐怖和戰爭的政府統治下，人們應該能夠聽到貝多芬的音樂，聽到他所傳遞的自由和博愛。聽證會之後，富特文格勒得到了無罪證書，並繼續在柏林、拜魯特、薩爾茨堡和國外各地擔任指揮。但他沒有

到美國，這裡的人們和媒體仍然對「富特文格勒事件」耿耿於懷，他成了不受歡迎的人物。

能夠得到帝國工作機會的音樂家是幸運的。許多人因反對帝國的人種論或者意識形態而被趕進了集中營。後來，在集中營被解放之後，一個極其顯著的發現是，這些囚徒們曾如何掙扎著通過藝術來表達他們深刻的思考：在牆上或者在偷偷帶進去的廢紙上畫上一幅畫，或者寫下一首詩歌，或將金屬扭曲成各種形狀，表現出自己無聲的抗議，否則就是寄託於音樂。一般情形下就是簡單地唱唱歌，常是些傳統的猶太歌曲，有時候甚至是一些抗議歌曲（當然為了避免被察覺都是輕聲吟唱）。集中營裡也有藝術音樂：達豪集中營裡的囚犯們在一座廢棄的廁所裡偷偷舉辦古典音樂會，薩克豪森集中營（Sachsenhausen）裡成立了一個合唱團，布痕瓦爾德集中營（Buchenwald）則不同凡響地成立了一支絃樂四重奏樂隊。

通常，音樂都是供納粹當局娛樂之用，同時也淪為他們羞辱俘虜的工具。令學者們驚歎的是，集中營的指揮官們，白天可以大開殺戒，晚上則欣賞著充滿了振奮和文明力量的偉大音樂。納粹集中營是最慘無人道的地方，這裡的音樂家們不得不向將要殺害他們的人提供娛樂消遣。

特萊津（Terezin）位於布拉格以北30英哩處，起初曾被納粹作為中轉站，在這裡將俘虜進行集中，再送往死亡集中營。不過，它也成為某種樣板，成為一所「尊貴」的囚犯集中營，他們認為可以安全地邀請外人來此視察，為參觀者展示囚犯們根本無意逃跑和暴動，而是健康快樂地在唱歌奏樂。在這裡，作曲家維克多‧烏爾曼（Viktor Ullmann，1898-1944）創作了歌曲和鋼琴曲，還完成了一部小型歌劇《亞特蘭提斯之王》（The Emperor of Atlantis，一部嚴厲諷刺殘忍的君主人性泯滅、瘋狂殺戮的作品）的初稿。1944年，紅十字會到訪特萊津，招待他們的是一場兒童歌劇《布倫迪吧》（Brundibr），這部歌劇由備受尊敬的捷克作曲家（同時也是特萊津囚徒）漢斯‧卡拉撒（Hans Krsa，1899-1944）創作，一年前在集中營被首次搬上舞臺。納粹就是通過這樣的方法，用特萊津來掩護他們的斑斑劣跡，為緩解他們在別處被揭露的殘忍行徑遮掩事實。多數囚犯無法得

到像音樂家那樣的優待生活，據統計，在特萊津受到監禁的14萬人中，約有3.3萬人因饑餓、缺乏醫療、疾病和嚴刑拷打而身亡，而在轉往死亡集中營的8.7萬人中，活下來的不到50%。在送往奧斯維辛集中營並被殺害的人中，就包括漢斯·卡拉撒和維克多·烏爾曼。

甚至在奧斯維辛集中營也有音樂。如今這裡已經成為一座感人至深的博物館和紀念堂。到奧斯維辛集中營參觀的人們，一開始就是徒步進入那扇臭名昭彰的大門，上面寫著「勞動帶來自由」。那些成群結隊新來到的，並且最後大部分都失去生命的囚犯們，就是在這裡受到其他囚犯組成的樂隊奏樂歡迎。囚犯中被認為有工作能力的人，每天早上穿過大門去工作，或者因精疲力盡而掉隊、或十多個小時後收工回來時，他們會進一步享受到他們瘦弱的獄友們奉上的小夜曲。音樂對於被監禁在納粹集中營裡的人而言，不僅僅是一種回憶、一種慰藉、一種悲傷的獄友之間默契的連結，對於幸運的極少數，音樂就是救命稻草。安妮塔·拉斯克（Anita Lasker）是每天早晚在大門邊奏樂的一名樂手。她來到這裡時，女子樂隊恰巧缺一名大提琴手，安妮塔正好符合要求。安妮塔的生命，因大提琴而倖存。

CHAPTER 5

歌劇的全球化時代（1945—）

浴火重生 👓

　　當戰爭走向尾聲，文明恢復元氣的途徑之一便是透過音樂。列寧格勒的圍城之勢解除之後，很多倖存者的生活狀態幾乎退化到了動物一般的境地，他們睡在防空洞裡，徘徊在饑餓的邊緣，心理上瀕臨崩潰。加琳娜·維什涅夫斯卡婭記得，當時還是少年的她曾目睹一隊德國戰犯沿著涅夫斯基大道行進，他們必須在蘇聯軍隊的保護下才不會在受審之前就被別人打死。雖然處於這樣的狀況，人們依然「絕處逢生地追求藝術」。音樂劇院奇跡般地從混凝土廢墟中冒出頭來，吸一口氣，再次開始發揮它的功用。

　　維什涅夫斯卡婭加入了一家小型巡迴輕歌劇團，迅速與其總監結婚、懷孕。她把自己塞進一套最緊的緊身衣，從戰爭中的最後一個秋天到春天唱著跳著，走遍灰燼中的俄羅斯。劇團的足跡遠至摩爾曼斯克，那裡的旅店房間裡遍地都是老鼠。戰爭結束之後他們還去了東普魯士，陰差陽錯地與被遣返回家的德國戰犯同乘一列火車、同處一節車廂前往哥尼斯堡（後來的加里寧格勒）。抵達時，看到的是一座被夷為平地的死城，屍體在瓦礫間任意腐爛，維什涅夫斯卡婭與她的同事在這裡要面對的，是如其他各處一樣糟糕的演出條件。旅途中任何地方都找不到浴室，也沒有廁所，只有寒冬中的街巷；到了晚上，只能在可供棲身的地方和他人擁抱取暖。萬一有病痛或感染侵襲劇團，演出毫無疑問就要被迫取消，大家都必須相依為命。維什涅夫斯卡婭與同伴們裸著肩，顫抖著熬過了一個月25場演出，在一座座冰冷刺骨的大廳中為蜷縮在大衣或斗篷中飽受戰爭摧殘的士兵們表演節目。無論對於演出者還是對於觀眾，這都是一件苦差事。但無論如何，布幕兩邊的人都堅定地認為演出應該要繼續下去。

　　類似的情形出現在中歐和東歐各處。無論何處，人們都極力想將戰爭拋諸腦後，回歸到一種至少表面平靜的正常生活。維也納對於歌劇的渴望或許比其他地方更甚，民眾與音樂家就像染上了嚴重的毒癮一樣。維也納的狀況沒有列寧格勒那麼殘酷，但戰爭依然在這座城市和它的人民心裡留下了深深的創傷。成千上萬的維也納人死去。對於倖存者，住房極為匱乏，食物供給也不穩定，電力系統時常癱瘓，通信退化到原始狀態，公共交通幾乎蕩然無存。維也納的周邊全部化為瓦礫，而這座城市也在奧地利昔日敵人的鐵蹄下被佔據、瓜分。卡羅爾‧里德（Carol Reed，1906-1976）在電影《第三人》中生動地描繪了這座城市：這座曾經輝煌的首都，在哈布斯堡家族被推翻後不到30年，在奧地利併入希特勒的德意志帝國僅七年，便淪為一個配角：一座荒涼的無人島，身處新興的政治前沿苟延殘喘。說到歌劇，環城大道上的大劇院已被炸彈摧毀成空殼，很多道具和服裝都已損毀，一些頂尖的演員也名譽掃地。然而，維也納將見證歌劇的強勁復興，令歌劇愛好者們在數十年後回憶起來還淚眼婆娑、津津樂道。

　　一切始於人民歌劇院（Volksoper），這是位於城市週邊地帶新街區內一座中等大小、樸實無華的劇院。人民歌劇院開幕於1898年，用來紀念約瑟夫皇帝登基50周年。同城的國立歌劇院具有的迷人魅力在它身上難覓蹤影。然而它所擁有的關鍵優勢是它完整無損，而且還保留了不少道具和服飾。人民歌劇院平時的主要吸引力是約翰‧史特勞斯、卡爾曼和萊哈爾等作曲家創作的流行輕歌劇。但現在可不比平常了，從戰爭結束之日起，人民歌劇院便為維也納的首席歌劇院——國立歌劇院提供了臨時的棲身之所。為了盡快將生意推向正軌，他們在5月1日便開張，上演了莫札特的《費加洛的婚禮》這部正好在這座城市創作，並深受觀眾喜愛的作品。強大的演出陣容由約瑟夫‧克里普斯（Josef Krips）擔任指揮，這位音樂家擁有半猶太血統，在被放逐數年後回到維也納，受到了熱烈的歡迎。看來人民歌劇院為這部歌劇使盡了渾身解數，至少也是用上了儲存櫃裡所有耀眼的道具。普拉維講述了俄國佔領軍對黃金的覬覦，不知為何「每次幕間休息後，打開的場景裡就會少一些鍍金椅子或鑲金窗簾。」管理層似乎認為將學生閣樓搬上舞臺比將一座貴族城堡搬上舞臺更省錢，因此下一部作品便

是《藝術家的生涯》。曾在
《費加洛的婚禮》中飾演凱魯
比諾的塞納・朱莉娜綺（Sena
Jurinac，1921-2011）在《藝術
家的生涯》中飾演咪咪，伊爾
姆加德・西弗里德（Irmgard
Seefried，1919-1988）飾演穆
塞塔，兩人當時皆只有二十
多歲，註定要名揚世界。

莫札特的《費加洛的婚禮》正好在維也納這座城市創作，並深受
觀眾喜愛。此圖為 1786 年在維也納首演時的海報。

　　歌劇回來了，真是太棒
了！人們爭先恐後前往觀看，
其中也包括佔領軍中的很多音樂愛好者。人民歌劇院無法容納維也納如此
龐大的潛在觀眾群，因此第二座劇院不久便投入服務。維也納河畔劇院，
希卡內德曾經的駐地，正好坐落在環城大道的南側，靠著那條與城市同名
的小河。在今日的維也納，此處已經成為一座巨大而多元化的開放市場，
但對於1945年秋天很多渴望歌劇的維也納人來說，這裡最吸引他們的還是
這座老劇院。它自1939年以來便處於荒廢狀態，沒有上演過一場劇碼，只
被用作戰時的軍需倉庫。當歌劇院管理層第一次來此拜訪時，唯一前來迎
接他們的是一位守門的老太太，她當時還在舞臺上種著蘑菇。在這座劇院
能夠向民眾開放之前，顯然還需要大規模的翻新，工作便由歌劇院合唱團
的成員來完成，他們或充當木匠或充當油漆匠。由於電力系統依然癱瘓，
因此劇院總監被允許將劇院直接接通給佔領軍供電的線纜。1945年10月6日
劇院終於開幕了，開幕劇碼是正好曾在該劇院首演的貝多芬歌劇《費德里
奧》，一曲無可比擬的自由頌歌。

　　在接下來的幾年裡，維也納國立歌劇院在兩家劇院進行演出，在克里
普斯的宣導下發展出一種整體風格，後來被整個歌劇界所推崇。1947年，
劇團開始了一段相當成功的巡迴演出，首先到達尼斯和巴黎，秋天又前往
倫敦的柯芬園。美國歌劇愛好者文森特・謝恩（Vincent Sheean）在維也納

一直待到1947年末，看了不少演出。有一回，維也納河畔劇院上演活力四射的《伯里斯・戈都諾夫》，謝恩說直接從克里姆林宮空運來一大批華貴的服飾、鑲金的錦緞和貴重的博物館珠寶，意在為那搖搖欲墜的老朽舞臺增添一點真正的華麗氣氛。一天晚上，謝恩參加了一次由一位美國軍官組織的舞會，舞會主題是奧地利文化的復興。舞會上，他遇見了很多來自歌劇界的藝術家，發現他們「像蟋蟀一樣快樂」。或許是舞會提供豐富的美式食物和飲料使然，但謝恩感覺到即使光是喝水他們也會很開心，因為他們知道「當時的人們需要他們……拿出幾分英雄氣概……而這也令他們感覺極好，因為他們能夠不負眾望。」有些歌手跟謝恩聊到，他們當時在兩個劇院每週各演兩場，演出間隙也都在兩家劇院排練。他原本以為他們會抱怨在這寒冷、潮濕、百廢待興的城市裡繁重的體力操勞，但是他們一點都沒有怨言。謝恩總結說，這些「歌劇狂人看來依靠一點可憐的口糧就能茁壯成長」，儘管「生活中物質條件極度匱乏，卻令他們反而比以往更加堅定地追求著藝術價值。他們加倍努力地工作，因為這裡簡直沒有其他事情可做，由於正常的滿足都被殘酷地限制，因而從事音樂的滿足感便取代了所有的一切。」看來，古老的哈布斯堡維也納的精神依然存在。

　　的確，歌劇之光再次閃耀在古老的哈布斯堡帝國的大地上。在匈牙利，戰爭後期根本沒有什麼歌劇值得稱道，因為當時的霍爾蒂（Horthy）政權已被納粹取代，且布達佩斯也在準備對付俄國人的襲擊。進攻到來之後，納粹沒能抵擋住蘇維埃軍隊，坐落在多瑙河上游的古堡區被慘烈的戰爭撕碎。不過，在多瑙河另一側的佩斯受到的損失卻相對較小，不久歌劇院便在蘇維埃的支持下重新開放；布拉格則更為幸運，至少這座城市躲過了嚴重的破壞。在納粹佔領期間，舊時的德國名稱與文句被重新使用，因此，歷史悠久的伊斯特劇院便成為附屬於新德意志劇院的劇院。戰後，這座劇院再次被重新命名，不再叫伊斯特劇院，而是以19世紀那位劇作家的名字命名為狄爾劇院（Tyl Theatre），重申它的捷克血統。

　　在眾多被戰時的炸彈摧毀或重創的大歌劇院中，第一個重新開放的是米蘭的史卡拉大劇院。1946年5月11日的慶典音樂會，由高齡78歲的托斯卡

尼尼擔當指揮，歡樂的情緒也因這位大師自逃離法西斯後在義大利的首次亮相而愈發高漲。與此同時，那不勒斯的聖卡洛歌劇院也被英國佔領軍中一位愛好歌劇的軍官從瀕臨倒閉中挽救回來，他的貢獻如今被銘刻在劇院大廳的一塊匾額上。

在德國的城市裡也如同在維也納一樣，一座大劇院的損毀往往導致另一座劇院被臨時佔用。在慕尼黑，人們在與拜魯特劇院非常相像的攝政王劇院（Prinzregenten Theater）演出歌劇，在法蘭克福則是在曾是玉米交易大廳的勃洛森賽爾廳（Bérsensaal）演出。在德勒斯登、紐倫堡與前德意志帝國的大部分疆域上，也上演著相似的故事。在柏林，老夏洛滕堡劇院遷入了西城劇場，如同在維也納河畔劇院和德語國家的其他很多劇院一

樣，他們以《費德里奧》慶祝自己的回歸。與此同時，在海軍上將宮殿（Admiraispalast）演出的國家歌劇院，後來以都市劇院（Metropole Theatre）的身份重生，而老都市劇院重新翻修成為新的喜歌劇院（Komische Opera），它是克倫佩勒的克羅爾劇院的完整重現。到1947年末，幾年前幾乎被炸彈夷為平地的柏林，已經有了三個正常運作的歌劇團，一個在西部，兩個在東部，至今仍都在運作中。

攝政王劇院外觀。

這一切已經相當令人欣慰了。但只有擁有超群洞察力的先知，才能預見戰後的地緣政治推動了英國成為無可爭議的全球歌劇中心。

久違的英國的歌劇權威時代終於到來了。在漫長的歌劇發展過程中，我們遇到了很多勇敢的人物，他們向歌劇投入了資金和努力，部分原因是他們愛好歌劇，另一種則是因為他們莽撞地認為自己能從中獲利。偶爾才

會有真正懂音樂、管理才華突出，同時又有足夠資金可供支配的人物出現。其中便包括指揮家湯瑪斯・比徹姆（Thomas Beecham，1879-1961），他是一位富有的蘭開夏郡實業家的兒子。

19世紀末至20世紀初，大歌劇藝術團（Grand Opera Syndicate）都會在每年的春天和初夏在柯芬園推出他們短暫的歌劇季。同時，這座劇院也會不定時被一些臨時演出所佔用。雖然在大歌劇藝術團演出季期間一些世界頂尖的歌手也會現身，但是作品的製作和音樂水準卻毫無亮點。對於馬克斯・比爾伯姆（Max Beerbohm，1872-1956）來說，顯然他並不孤單，因為大歌劇藝術團演出季最迷人之處並不在音樂本身，而在於它所提供的社交機會。他在1899年寫道，「倘若有史以來的所有歌劇樂譜……將在明天的一場突如其來的大災難中盡數毀滅，我也不會感到任何的失落。」比爾伯姆最享受的事莫過於「在貴賓區散步，欣賞那些被銘刻在包廂門上的顯赫名字，「或是故意撞上一位曾經入選英國首相內閣的世襲議員」，以此能夠榮幸地向其道歉。在劇院內，比爾伯姆寫道，「小提琴手們靜靜地演奏著單調的音符，聲音並未蓋過那些在前排席位或者包廂裡的細碎交談」；而一排排包廂裡的情形，則讓他聯想起英國傳統滑稽的木偶戲。

比徹姆的野心在於更高的總體品質。1910年初，這位30歲的指揮家依靠父親的資金租用了柯芬園劇院，推出長達一個月的歌劇季並且轟動一時。當年夏天，他在女王陛下劇院指揮了歌劇演出，爾後再次為秋季的三個月時間訂下了柯芬園。演出季以理查・史特勞斯的《莎樂美》（Salome）在倫敦的首演作為壓軸。歌劇當中，女高音會褪去她的七層面紗，在高漲的情緒中對著銀盤中施洗者聖約翰被斬下的頭顱心醉神迷地歌唱；而全劇的高潮，就是她會親吻施洗者聖約翰毫無生氣的嘴唇。比徹姆毫無疑問地遇到了審查問題，然而他決意繼續這個計畫。他勉強答應了宮務大臣的要求，同意將該歌劇作品「進行剪輯，以迎合永遠見不得此景的反對大軍的品位」。劇情更改後變得無傷大雅，地點也由巴勒斯坦轉移到了希臘，而約翰改名換姓，被含混地稱為「先知」。至於結局的那一幕，銀盤上可以使用血跡斑斑的蓋布，但不會有頭顱：首演之夜，比徹姆局促不安地看著他

的女主角對著一盤酷似粉色果凍似的東西動情歌唱。流言蜚語和公開宣傳從不會給藝術帶來太多害處，於是比徹姆的《莎樂美》演出將他的奇跡之年推向了成功的結局。大歌劇藝術團顯然是為了取勝，邀請比徹姆加入了他們的隊伍。

　　一戰期間，比徹姆盡力維持著歌劇在英國的活力。待父親去世之後，他遭遇了嚴重的經濟危機，後來在一位慷慨的女贊助人庫納德女士（Lady Cunard）的幫助下才恢復過來。從1934年至第二次世界大戰爆發之前，這位從來都是特立獨行的人，再一次在柯芬園安頓下來，執掌每年的演出季。這位身著絲質睡衣、口叼大雪茄優雅而自負的男爵既能夠表現出令人驚異近乎瘋狂的慷慨作為（例如他對貝爾塔·格斯瑪爾的很多善舉），又有著相當尖刻的一面。比徹姆的很多同輩之人都被他刺傷過，而他也不斷發現自己被英國的音樂體制排斥在外。1930年，英國廣播公司成立了自己的交響樂團，由阿德里安·鮑爾特爵士（Sir Adrian Boult，1889-1983）擔任指揮。只要是鮑爾特和這家獲得補貼的交響樂團選擇演奏什麼作品，那麼全國都能聽到。比徹姆的反應是在幾年後也建立了一家自己的交響樂團——倫敦愛樂樂團。至於歌劇，的確有一些全球知名的歌唱家和指揮家會來到比徹姆一年一度的柯芬園演出季獻藝，但在英國總有一群名門望族堅持認為，這個國家最好的歌劇不在倫敦，而是出自另一個富裕卻古怪的英國歌劇愛好者位於蘇塞克斯（Sussex）大宅旁的自建小劇院。

第二次世界大戰期間受到轟炸的倫敦街道。

　　弗里茨·布希和卡爾·亞伯特離開納粹德國之後，兩人依然保持著聯繫，他們甚至發現相互之間仍在合作（在布宜諾斯艾利斯科隆劇院為德國歌劇季擔任聯合導演）。1933年下半年，當時已在斯堪的納維亞的布希收到一則來自英國的有趣消息，他的弟弟、小提琴家阿道夫·布希（Adolf Busch）曾在蘇塞克斯海岸旁的伊斯特本（Eastbourne）演出。他原本打算在音樂會後返回倫敦，但是由於霧太濃，為他駕車的女士建議在附近的大提琴家朋友那裡過夜。那天晚上，他們談到了在蘇塞克斯一位名叫約翰·克利斯蒂（John Christie）的地主，據近期報紙上的一篇文章說，他在鄉間別墅旁邊有一座小劇院，希望能在那裡演出歌劇。於是他們安排與克利斯蒂見了一面，克利斯蒂顯然對自己的小歌劇院非常認真，談到要舉辦固定的音樂節。克利斯蒂打算讓阿道夫·布希全權掌管所有事物，或許還可以他的絃樂四重奏組為核心組建管弦樂團。他被告知這是不可能的，但他也許能夠聯繫一下布希的指揮家哥哥弗里茨。

　　弗里茨·布希被這個試探嚇了一跳，他趕緊聯繫亞伯特。兩人對克利斯蒂和他怪誕的想法充滿了疑慮。不過，亞伯特還是在1934年上旬途經英國時，順道前往克利斯蒂在蘇塞克斯的大宅，親自拜會他，並見到了克利斯蒂夫人——歌手奧德莉·邁爾德梅（Audrey Mildmay），她的魅力與才幹緩和了丈夫的衝動。她對丈夫約翰說，「既然你決定花這筆錢，看在上帝的分上就要把事情做好。」這句話後來被銘記在戈林德伯恩的傳奇中。

　　克利斯蒂對歌劇或歌劇院的運作方式知之甚少，他只知道自己的喜好和如何取悅年輕的女高音妻子。上演《帕西法爾》如何？這位堅持己見卻毫無判斷力的親德派建議道。亞伯特看著這座小小的劇院，嘲弄說，「當然可以上演《帕西法爾》，只是你要將管弦樂團和歌手們安排到觀眾席上，然後讓觀眾們坐在舞臺上嗎？」「好吧，那麼，」克利斯蒂回答，「什麼作品才行呢？」

　　「這座私人劇院只適合莫札特的歌劇。」

　　克利斯蒂不服氣：「英國觀眾並不特別喜歡莫札特。」

　　「那麼我們就得試著讓他們喜歡莫札特。」亞伯特機敏地答道。

　　幾個月之後，亞伯特和布希主持了首屆戈林德伯恩音樂節的開幕式。開幕上演的兩部作品分別是莫札特的《費加洛的婚禮》和《唐璜》，二者皆以英國少見的專業水準製作。戈林德伯恩的非正式合同經理（後來的總經理）是曾在德國與亞伯特共事的奧地利僑民，他的名字叫魯道夫・賓。

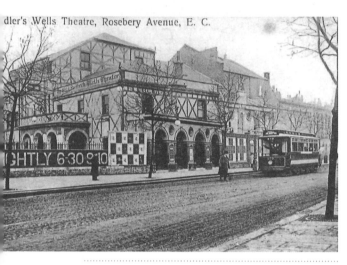

1910 年時的沙德勒井劇院舊貌。該劇院是由建築師柏帝・克魯（Bertie Crewe）所設計。

　　同在1934年，莉蓮・貝利斯（Lilian Baylis，1874-1937）決定將倫敦的沙德勒井劇院改建成一座歌劇院。數十年前，貝利斯還是一位毫無氣勢與魅力的窮困女孩，她最後繼承她的姑媽艾瑪・康斯（Emma Cons，1838-1912），成為倫敦南部工人階級的女神。正如救世軍或湯恩比館（Toynbee Hall，早期的睦鄰社區）對於無家可歸者的意義，貝利斯小姐也將滑鐵盧路上她的老維克劇院（Old Vie Theatre）當作光明的燈塔、饑餓者的糧食、精神的昇華。雖然貝利斯是位面容鬆弛的未婚老嫗，操著過時而沒教養的口音，但她懷著傳教士般的堅強信念，為那些渴望看到優秀戲劇、歌劇和芭蕾舞的工人階層帶來福音。「不要擔心，上帝會帶給你們的。」當年輕演員西比爾・桑代克（Sybil Thorndike）、拉爾夫・理查森（Ralph richardson），歌手瓊・克洛斯（Joan Cross，1900-1991）、赫德爾・納什（Heddle Nash，1894-1961）等人急切地尋求第二天晚上演出的所需服裝時，她便這樣許諾著。而神奇的是，上帝往往都做到了。

　　上帝也為貝利斯帶來了觀眾，多到以至於她買下並翻新了第二座劇院：位於地段稍佳的伊斯靈頓區（Islington）的沙德勒井劇院。北倫敦的

人們也將因此而能得到精神食糧。從1934年開始，貝利斯將「維克-沙德勒井」劇團一分為二：話劇團的演出只在老維克劇院進行，而芭蕾舞團（以尼內特‧德‧瓦盧瓦（Ninette de Valois，1898-2001）為首）以及歌劇團從今後則以沙德勒井劇院為大本營。

　　貝利斯於1937年去世，而1939年戰爭爆發後，歌劇在英國便不再受到重視。沙德勒井劇院被芬斯伯里區（Borough of Finsbury）接管，成為空襲中失去家園者的休養中心，而女高音歌唱家瓊‧克洛斯則帶領一支袖珍的維克-沙德勒井劇團，外加寥寥幾件道具和一架鋼琴，在西北部的工廠區演出，偶爾也到倫敦的新劇場（New Theatre，如今的阿爾伯瑞）表演。戈林德伯恩由於其東南沿海的戰略性位置，如果不是已被用作孩童們從倫敦撤離的庇護所的話，則早就成了部隊的營地。魯道夫‧賓記得他曾到路易斯市（Lewes）的伍爾沃斯（Woolworth）連鎖店訂購了一大批便壺。國內首屈一指的歌劇院柯芬園，被租賃給了麥加咖啡公司（Mecca Cafes Ltd.），作為舞廳款待歸國休探親假的士兵們。曾經的贊助人悲哀地自問，大多數頂尖藝術家不是德國人便是義大利人，在這兩個國家已成了英國不共戴天死敵的情況下，我們又如何能上演歌劇呢？而此時的比徹姆已經到澳大利亞和美國作長期訪問去了。

　　政府為了維持士氣，成立了音樂與藝術促進委員會，稍後又成立了全國勞軍演出協會，這兩家組織都派藝術家和藝人在全國巡演，以保持國民的鬥志。除了兩者名稱和側重點的差異，音樂與藝術促進委員會和全國勞軍演出協會不久便暴露了功能上的相似性，甚至成為競爭對手。經營全國勞軍演出協會的是一位流行戲劇製作人，但他的音樂主管卻是唱片製作人沃爾特‧萊格（Walter Legge，1906-1979），此人不久前在柯芬園擔任比徹姆的助理，戰後成為全英國最具實力的古典音樂企業家之一。音樂與藝術促進委員會和全國勞軍演出協會都被當作為一種臨時性的組織。它們也是對於計劃經濟體制價值更加信賴的徵兆，計劃經濟的概念在戰時的緊急情況下獲得了飛速發展，並且在日後歷史上所稱的福利國家（Welfare State）中迅速得以體現。戰爭結束之後，新的工黨政府不僅將煤礦與鐵路國有

化，並建立了國民醫療保健制度，它同時也將音樂與藝術促進委員會轉型
成為藝術委員會，由政府資助，擁有專門授權以促進藝術的發展，而從它
成立之後，從中受益最大的便是位於柯芬園的皇家歌劇院。

　　將皇家歌劇院確定為芭蕾舞劇團和歌劇團兩家劇團的常駐地，是既定
計劃的結果。麥加公司在柯芬園的租約將於1944年12月到期，如果不再續
租，就要找到其他打算用此劇院演出歌劇和芭蕾的人。業主委員會主席詢
問經理人哈樂德·霍爾特（Harold Holt）是否有興趣申請；忙碌的霍爾特
將此事安排給了他的兩個總監：音樂出版人萊斯利·布塞（Leslie Boosey）
和拉爾夫·霍克斯（Ralph Hawkes）。麥加公司要求他們儘早作出決定。於
是布塞和霍克斯簽訂了劇院的五年租約，並且成立了以經濟學家、藝術愛
好者凱因斯勳爵（Lord Keynes，1883-1946）為首的諮詢委員會。按照布塞

柯芬園的皇家歌劇院。

與霍克斯在如今所稱的工作白皮書中的概述，它們的主要目標，是要將柯芬園經營成英國歷史上第一家由政府定期進行補貼，且不附加任何額外條件、全年演出的國際性歌劇院。

　　委員會的首要任務是選擇一位為他們掌管劇院的人。有數位潛在的競爭者，包括：比徹姆、萊格、賓和克利斯蒂。然而，他們都被視為任性而略有幾分偏執的人物，沒有一個是委員會尋求的經驗老手，於是，他們的選擇反而落在了名氣相對較小的大衛·韋伯斯特（David Webster）身上。韋伯斯特是利物浦最大的百貨公司的經理，也是利物浦愛樂樂團（Liverpool Philharmonic Orchestra）的主席，而他雖然遭到強烈反對，卻仍負責在戰時維持默西賽德郡（Merseyside）的音樂創作品質。有了韋伯斯特做總管，皇家歌劇院於1946年重新以劇院的身份開幕，開幕演出是瓦盧瓦領銜的芭蕾舞劇。

　　創建一家成功的歌劇院需要更長的時間，但最重要的問題是該將劇院的領導權賦予何人。當然，比徹姆再一次成為可能，然而自大與好鬥的習慣讓他失去了競爭力。另一個顯眼的名字是約翰·巴比羅利（John Barbirolli，1899-1970），他在二戰白熱化期間從美國返回英國，接手曼徹斯特的哈雷管弦樂團（Hallé Orchestra）。由於韋伯斯特來自利物浦，因而熟知巴比羅利的才華。但巴比羅利一心專注在哈雷管弦樂團的經營，從而謝絕了此次邀請。而後還有瓊·克洛斯——維克-沙德勒井歌劇團背後的推動者，一位偉大的歌唱家，個性強大，但她也備受爭議。她的劇團不具備柯芬園的觀眾們所要求的迷人魅力與國際化抱負。不久之後在班傑明·布瑞頓的最新歌劇《彼得·格萊姆斯》（Peter Grimes）大獲成功的鼓勵下，她和彼得·皮爾斯（Peter Pears）、埃里克·格萊姆斯（Eric Grimes）退出了沙德勒井劇團，共同創建了後來的英國歌劇團（English Opera Group）。韋伯斯特又找到曾於20世紀30年代在柯芬園與比徹姆共事的指揮家尤金·古森斯（Eugene Goossens），並與布魯諾·瓦爾特討論了他的想法。這兩人都出了很多難題給韋伯斯特，而生性優柔寡斷的韋伯斯特最後也失去了他們。也許他反而鬆了一口氣，如此過於強勢的人物，對於為新工作而焦頭爛額的韋伯斯特來說，或許太難以掌控了。

　　這樣一來，選擇便落在一位遠不知名的人物身上。卡爾·蘭克爾（Karl Rankl）是一位奧地利僑民，他曾是荀白克的弟子，也曾在維也納和柏林（在克羅爾劇院任克倫佩勒的助理）做過教練與合唱團指揮，在1939年逃往英格蘭之前，還在中歐的各類小劇院工作過一段時間。作為一個難民，蘭克爾對於得到一份重要工作而心存感激，他在劇院裡表現得腳踏實地，是一位稱職的作曲家兼指揮家。韋伯斯特認為，他熟悉業務並能將演出帶上正軌。俗話說，巧婦難為無米之炊，蘭克爾不得不無中生有地創造出他的歌劇演出：沒有可供修改的現成作品，沒有服裝和道具，沒有工作人員，沒有合唱團，連管弦樂團也不夠完整。就在蘭克爾為難之際，劇院接待了那不勒斯聖卡洛劇院的一次訪問，這家年輕的歌劇團以泊塞爾（Purcell）的《精靈女王》作為開幕演出，指揮不是劇院的音樂總監，而是康士丹特·藍伯特（Constant Lambert，1905-1951）。劇團真正首場演出，即蘭克爾第一次在樂池露面，是1947年1月上演的《卡門》。那是一場還不錯的演出，但也僅此而已，奧林匹斯的山峰可沒那麼容易攀登。或許柯芬園的觀眾和評論家們，早已被來訪的那不勒斯劇團中的吉里與莫納科（Mario del Monaco，1915-1982）等歌手的水準把耳朵慣壞了，更何況下半年還來了維也納國立歌劇院，它的演出和指揮陣容（克勞斯和克里普斯）更是柯芬園無法企及的。

　　多虧柯芬園與藝術委員會建立起來的緊密聯繫，因而至少資金得到了保障，且科爾斯頓·弗拉斯達德、漢斯·霍特（Hans Hotter，1909-2003）和伊莉莎白·施華寇這樣的歌唱家同意來劇院獻唱，也沒人會抱怨。但是新政權的批評家們人數眾多，又喜歡暢所欲言，他們總想著要二者兼得。選擇一名外國人來做音樂總監激起了眾怒，而且對於蘭克爾認為他的工作所應該改變的英國和聯邦藝術家的匱乏狀態，很多人也大放厥詞，聲稱在演員陣容中啟用肯尼斯·尼特（Kenneth Neate）或愛德格·埃文斯（Edgar Evans）來代替安東·德莫塔（Anton Dermota）或路易吉·因凡蒂諾（Luigi Infantino）是在降低水準，事情往往在變好之前會變得更糟。1948年6月，在一個高調宣傳的文學主題午宴上，比徹姆選擇對英國歌手的那種「令人愉悅卻有些毛糙的聲音」進行譴責，他彷彿要以特有的尖刻的方式證明他

在戰前便開始謀劃的誘人的國際演出季已經到來，在本土管理之下匯集世界各地頂尖的歌唱家。比徹姆挖苦地說，任命蘭克爾已經讓柯芬園成為了一個笑柄，是在向世界宣告英國人無法掌管自己的音樂機構。

像比徹姆過去做的那樣，組織一個由外來明星獻藝的短小的德國或義大利歌劇節是一碼事，而蘭克爾正在嘗試的卻是更困難的事：建立一個長久的、大型的本土劇團，能夠擔當起四十餘部經典劇碼中任何一部的高品質演出。五年來，蘭克爾一直在為這個艱難的目標努力。到了1950年，劇團已經相當完善，擁有很多年輕的英國歌唱家，比起歐洲大陸的明星同事毫不遜色。韋伯斯特要求所有演出必須用英文的規定開始被打破，頂尖的外國導演和指揮家也表達了與劇團合作的興趣。柯芬園逐漸達到了韋伯斯特和蘭克爾一直以來的理想：成為具有國際水準的歌劇之家。而諷刺的是，正是蘭克爾的巨大成功導致了他的離去，因為他所創立的劇團已經壯大到不再需要他，同時他也將倫敦打造成為世界上首屈一指的歌劇中心。

英國的歌劇愛好者虧欠蘭克爾太多了，他們同樣也虧欠貝利斯、比徹姆、布瑞頓、克利斯蒂、克洛斯、凱恩斯、韋伯斯特以及許許多多的人。在某種意義上，這些人十分幸運，因為他們所耕耘的土地很快就變得豐饒而肥沃。在戰爭年代，許多早期的頂尖音樂中心（柏林、布達佩斯、慕尼黑、德勒斯登）遭受了比倫敦更嚴重的轟炸，從漢堡到維也納，著名的歌劇院皆傷痕累累、殘破不堪。接踵而至的冷戰又使得這些城市雪上加霜，它們不再是歐洲的地理中心，而是退居為新的政治分界線的邊緣地帶。相對之下倫敦卻成為了中心舞臺。英國是整個中歐和西歐與希特勒作戰並取得勝利的唯一國家，並因此獲得了崇高的威望，沒有哪個國家會像它那樣把頭高高昂起。英國和它的首都疲憊而殘破地從戰爭的硝煙當中走過來，贏得西方世界異乎尋常的喝彩。

不僅如此，在它的民眾當中還有很大一部分中歐僑民，渴望能作出自己的貢獻。有一部分人是專業歌劇人士，更多的則是熱心的音樂愛好者，他們定期看歌劇、聽音樂會的人數比例高。或許他們會驚訝地發現，戰後的英國急於想擺脫「沒有音樂的國土」的歷史惡名，沙德勒井劇院首演的

布瑞頓的《彼得‧格萊姆斯》，表明了他是一位全球最有才華的青年歌劇作曲家，同時這個國家的文化官員們也首次在柯芬園設置了永久性歌劇院和芭蕾舞團，並組建了藝術委員會來資助它們。

1946年，英國廣播公司（BBC）開通了音樂與文化廣播頻道，一年之後魯道夫‧賓又開辦了愛丁堡音樂節（Edinburgh Festival），把它視為英國的薩爾茨堡音樂節；布瑞頓的英國歌劇團和奧爾德堡音樂節（Aldeburgh Festival）也始於這一時期。在1951年「英國節」（Festival of Britain）上閃亮登場的音樂廳設備一流，是二戰以來英國修建的第一座如此規模的公共建築。比徹姆也迅速趕回英國，成立了另一支管弦樂團——皇家愛樂樂團（the Royal Philharmonic）。他在柯芬園的前同事、現任HMV（主人之聲唱片公司）的製片主任沃爾特‧萊格，成立了他夢寐以求的超級樂團——愛樂管弦樂團（the Philharmonia），並將卡拉揚帶到倫敦擔任指揮，借此為那些古典巨作錄製權威唱片。萊格的時間選擇得恰到好處：此時唱片業剛剛淘汰了78轉唱片而轉向密紋黑膠唱片，並開始著手大規模的錄音項目，包括許多之前無法製成光碟的全本歌劇，倫敦因音樂方面人才濟濟而成為唱片業的首選城市。經歷了20年的經濟衰退、戰爭和財政緊縮之後，倫敦再一次成為全球重要的文化中心，成為一座充滿激情、創新和樂觀主義精神的城市。「英國節」獲得巨大成功，兩年後女王伊莉莎白二世的加冕典禮，造就了倫敦萬人空巷的盛況。

加冕慶典上還包括了一部委託班傑明‧布瑞頓創作的、與伊莉莎白女王一世有關的歌劇。年邁的王公貴族們身穿體面的晚裝、胸佩勳章、手戴雪白的手套出席了首演，

1947年魯道夫‧賓開辦了愛丁堡音樂節，將它視為英國的薩爾茨堡音樂節。

他們無疑期待的是一部內容簡單的慶典劇作，然而卻被《格洛里亞納》（Gloriana）弄得狼狽不堪。布瑞頓在這部作品中，深刻地刻畫了伊莉莎白一世對年輕的埃塞克斯（Essex）的癡心。他為作品注入了一些迷人的都鐸風格的樂曲和醉人的小夜曲卻受到冷遇，令他十分受傷。後來他更轉向創作室內樂作品，這些作品能夠在奧爾德堡這樣更安全的環境內掌控和演出。然而《格洛里亞納》受到冷遇所傳遞出的資訊，遠遠大於它給作曲家帶來的影響。當時保守派政府已站穩了腳步，正在談論如何將文化更緊密地與商業結合。讓廣告來養活電視頻道的提議已經取得進展。大量納稅人的錢，應該貢獻給像《格洛里亞納》這樣曲高和寡的菁英藝術嗎？很多人並不以為然。因而，剛剛在英國建立的國家資助藝術的政策，一度充滿了不穩定性。

　　很快地似乎有更多的東西在動搖。新一代憤怒的青年小說家和戲劇家，開始以他們對昔日價值的大膽批判來引起大眾的注意。在約翰‧奧斯本（John Osborne，1929-1994）的《憤怒的回顧》（Look Back in Anger）中，有一位人物這樣嘲弄道，王權是「填充在腐爛傷口上的黃金」。這部劇於1956年推出，那年正逢英國向蘇伊士派兵，被詬病為腐朽的王權對別國莫須有的干涉。在某種程度上，正如哈樂德‧麥克米倫（Harold Macmillan）首相於1959年對選民們所說的那樣，沒錯。英國人民「從沒過上這麼好的日子」，他們享受到他們的第一台電視機、第一輛車、第一台洗衣機、到國外度假。雖然如此，麥克米倫自己的權力和地位卻也陷入了困境。而出生於戰後嬰兒潮的一代，已經成長為20歲左右堅定而自信的青年，其他優先考慮的事物也出現了，一系列新型的、有幾分激進的大學建立起來，而在象牙塔之外，英國的年輕一代在時裝、流行音樂和尖銳、反正統的諷刺文學上正在引領世界潮流。

　　20世紀60年代對於嚴肅的電視文藝節目是嚴峻的考驗，BBC從1955年引入的商業電視的打擊中緩過勁來，套上她的花裙，為了吸引更新潮、更年輕的觀眾，開通了第二個頻道：BBC 2。喬治‧蕭提爵士（Sir Georg Solti，1912-1997）為無數的觀眾所熟知，並不是因為他在柯芬園的歌劇演

出中擔任音樂總監，也不是因為他的密紋黑膠唱片，而是因為韓弗理・伯頓（Humphrey Burton）拍攝了一部電視電影，記錄了由他指揮的華格納《尼貝龍根的指環》的唱片錄製。

　　到了1971年蕭提離開皇家歌劇院時，柯芬園已經如他所願，無可爭議地成為世界上最好的歌劇院。1968年被正式命名為「皇家歌劇院」的劇團，如今已經真正具備國際性的規模和雄心，它集結了全球著名的歌唱家，以自己的語言製作絕大部分作品。此外它的主要藝術家都是英國人，是蕭提含辛茹苦培養的結果。每晚觀看歌劇的觀眾平均在2,000人左右，雖然票價比芭蕾舞演出貴，但看的人卻更多。而且此時的歌劇院特別多產，在1946年到1971年的25年間，雖然和它的姊妹芭蕾舞團共用一座舞臺，但它出品的歌劇幾乎達到了該劇院1939年之前50年間上演的歌劇的總和。

　　其中威爾遜（Harold Wilson）首相1964年任命珍尼・李（Jennie Lee）為英國首位藝術部長，為皇家歌劇院管理層帶來了巨大幫助。珍尼・李不僅得到工人階層的信任，而且事實證明她也是一位藝術支持者，她與愛好歌劇的藝術委員會主席（同時也是威爾遜的私人法律顧問）阿諾德・古德曼（Arnold Goodman）建立了良好的關係。1960年至1961年間，藝術委員會給皇家歌劇院的年度撥款為50萬英鎊，十年後這個金額翻了三倍。而且皇家歌劇院並不是唯一得到藝術委員會資助的歌劇團體。1968年，因一系列巨大的成功而備受鼓舞的沙德勒井劇院，遷入了倫敦西區最大的劇院之一：倫敦大劇院（the Coliseum），六年後又將自己的名稱改為「英國國家歌劇院」（English National Opera）。同時，歌劇在首都之外也得以迅速發展。蘇格蘭歌劇院（Scottish Opera）於1962年在格拉斯哥（Glasgow）成立，二戰末期建立的威爾斯國家歌劇院（Welsh National），在20世紀70年代早期建立了自己的專業樂團，稍後又成立了自己的合唱團，證明其雄厚的實力。戈林德伯恩開辦了很久的英國首座歌劇節類型的劇院，受寵若驚地發現它的山寨版在其他地方開始出現。與此同時，眾多的本地劇團、巡迴劇團和歌劇節幾乎都找到了它們所苦苦尋求的藝術家、觀眾和資金。英國的歌劇從未如此廣受歡迎、無所不在，或許，也從來沒有如此的輝煌。

創建美國歌劇 👓

　　日本偷襲珍珠港之後，紐約大都會歌劇院歌劇院停演了《蝴蝶夫人》，原因是他們覺得觀眾們不會對美國軍官辜負的日本姑娘表示同情。但和第一次世界大戰時期不同，華格納、理查‧史特勞斯等德國作曲家的歌劇得以繼續在大都會歌劇院上演。至於演員和指揮，劇院無法再請來德國、奧地利或被占領地區的歐洲藝術家，只得依賴幾位從納粹魔爪下逃出的名人和為數不多的美國人，亦有大量優秀的美國藝術家填補了諸多的義大利劇碼。實際上，兩次世界大戰的影響之一，是將美國和歐洲的人才隔離了，卻因此推動了年輕的美國藝術家的事業發展。

　　戰時的大都會歌劇院也吸引了新的歌劇觀眾。在1944年大都會歌劇院協會的出版物中，發佈了一份聲明，宣佈放寬著裝規定，並對身穿軍隊、護士制服或日常黑色小禮服或休閒西裝的人表示歡迎，曾經出於禮儀而在高價座席處必須佩戴的黑領結和頭飾，也逐步被取消。

　　戰後，比約林等一批著名歐洲藝術家重返大都會歌劇院並受到隆重的歡迎。另外有一些人，卻因被猜測或確定與納粹政權有過合作而無法洗脫污點，因而被大都會歌劇院拒於門外。富特文格勒因受到廣泛的質疑而無法回到美國重拾指揮棒，卡拉揚和施華寇也在多年以後才得到機會來到大都會歌劇院演出。

　　也許經歷最辛酸的，要數戰前大都會歌劇院最出色的歌唱家、華格納女高音科爾斯頓‧弗拉斯達（Kirsten Flagstad）。戰爭爆發之後，弗拉斯達回到家鄉挪威與家人團聚。後來有很多報導說她丈夫和德國佔領者進行合作，並謠傳她曾為納粹演唱，質疑她返回家鄉的決定是出於政治動機。所有瞭解弗拉斯達的人都說她是一位單純、低調的女子，熱愛自己的國家但缺乏政治概念。大戰期間她大部分時間都在家隱居，很少演唱。她確實在蘇黎世出現過，因此需要途經德國，也去過斯德哥爾摩。這些中立國之行並不能說明她支持納粹，可是許多挪威人還是對他們這位著名的公民在被占時期所享有的特殊待遇不滿。1947年春天，弗拉斯達參加巡演音樂會

來到美國，她遭到一連串的示威抗議，在費城的獨唱會上甚至有人向她投擲臭氣彈。著名記者沃爾特・溫切爾（Walter Winchell）在他的專欄裡對她大肆中傷，「請對這個女人採取行動，她在戰爭之前和戰爭當中都沒有加入我們的隊伍……挪威不需要她，這是美國也不能接納她的理由。」。當年底，弗拉斯達在芝加哥演出《崔斯坦和伊索德》受到好評，但紐約大都會歌劇院沒有人向她伸出橄欖枝。

1865 年《崔斯坦與伊索德》首演時的舞台設計，模型現存於 Herrenchiemsee 古堡。

　　三年後，魯道夫・賓成為大都會歌劇院總經理。經過瞭解並不能證明弗拉斯達是不受歡迎的人物，於是賓力邀她回到大都會歌劇院。的確，她在挪威被占領之後曾在華盛頓舉辦了一場獨唱音樂會，當時德國大使曾到場觀看。然而當時她還是美國的客人，賓心想，美國當時還沒有參戰。他拿定主意，此事已「過去很久且微不足道」。弗拉斯達的丈夫也許和德國佔領者做過生意，但他在戰後因賣國罪遭到審判，不久後便離開人世。就弗拉斯達本人而言，賓寫道，她「顯然不懂政治，用她丈夫的錯誤來懲罰她並不公平」。當賓宣佈弗拉斯達將重返大都會歌劇院時，他只是簡單地表示，世界上最偉大的女高音應當在世界上最偉大的歌劇院演唱。令他錯愕的是，此事在媒體引發了一陣「辱罵狂潮」，大多無知且充滿偏見。劇院經理人、製作人比利・羅斯（Billy Rose）在多家報紙上發表文章，毫不含糊地抨擊弗拉斯達曾為納粹表演，並挖苦說賓應該聘用希特勒的財政大臣亞爾馬・沙赫特（Hjalmar Schacht）為大都會歌劇院的預算主任，至於戲裝保管員就讓「用人皮來做燈罩而臭名昭著的褓子」伊爾斯・科赫（Ilse Koch，1906-1967）來當吧。儘管受到這些激烈的攻擊，弗拉斯達還是榮歸

大都會歌劇院，受到眾多熱情觀眾由衷的歡迎。不過，傷害已經造成了，因此當賓提議下一季邀請富特文格勒回到大都會歌劇院時，立刻遭到董事會的斷然拒絕，他憤憤地說，「22年來，我第一次遇到別人對我能聘用誰、不能聘用誰指手畫腳」。

剛剛結束戰爭後的那幾年，紐約大都會歌劇院擔負著讓多數美國人唯一有機會看到「現場」歌劇的重任。除了在紐約的演出季之外，歌劇院每年春天繼續展開巡迴演出，足跡遍及東海岸和南部、西部一些大城市。1948年4月以及第二年，大都會歌劇院的巡演把洛杉磯囊括在內，他們已經有四十多年沒來過這座城市了。一般情況下，300多人的劇團常於4月份出發，旅程持續約一個多月，包下兩列帶臥鋪的車廂和行李車廂的專列火車，每到一處，就在當地酒店住上幾天。雖然旅途勞頓，但藝術家和技術人員們都很開心，他們有機會和同事們朝夕相處，而這些同事在平時的工作中僅是泛泛之交。前期宣傳確保了他們的票房收入，不管大都會歌劇院的大旅行團來到哪裡，當地的媒體都會大肆報導，並配上各種吸引人的照片。同時在這些演出季當中，具有票房潛力的新一代歌劇愛好者，也通過大都會歌劇院週六下午的日場轉播得以培養。

不過，大都會歌劇院絕不是美國唯一的專業歌劇團體。成立於1923年的舊金山歌劇院，在它的創始人及總監加埃塔諾·梅洛拉（Gaetano Merola）堅忍不拔的領導下欣欣向榮。還有一些更小的劇團：1939年成立的匹茲堡歌劇院和1943年成立的紐約城市歌劇院。而一些小型、半專業的劇團於20世紀40年代，尤其是在南方，紛紛成立，其中包括佛羅里達（成立於1941年）、查塔努加（Chattanooga）和紐奧爾良（均成立於1943年）、密西西比（成立於1945年）、莫比爾（Mobile）和沃思堡（Fort Worth，均成立於1946年）、塔爾薩（Tulsa）和夏洛特（Charlotte，均成立於1948年），以及什里夫波特（Shreveport，成立於1949年）。它們一開始大多先推出簡短的演出季，與當地戲劇團體、管弦樂隊或舞蹈團共用現有的表演藝術中心或市政中心的場地。戰後幾十年裡，許多新的歌劇院在美國興建起來，而老劇院也進行了重整，它們的領導者和宣導者往往是義大利或德國僑民，或是在歐洲有過歌劇經驗的美國人。肯塔基歌劇院於1952年開幕，同

年由羅莎‧龐塞爾擔任藝術總監的巴爾的摩歌劇院也遷入了新院址。紐約城市歌劇院在藝術總監拉斯洛‧哈拉茨（Lszlé Halász）和朱利斯‧魯德爾（Julius Rudel）的先後領導下，逐步建立起自己的聲望。20世紀50年代中葉，還有許多團體在各地成立，包括休士頓、塔爾薩（Tulsa）、達拉斯、聖達菲（Santa Fe）和華盛頓特區。在芝加哥，包括年輕的義大利籍美國指揮家尼古拉‧雷西尼奧（Nicola Rescigno）在內的三位狂熱的音樂愛好者，宣佈成立了新劇團——芝加哥抒情歌劇院（Lyric Opera of Chicago）。

　　1960至70年代，隨著經濟高速增長，不斷有新的劇團加入到現有的歌劇大軍中，其中一些成功的劇團進駐了專門修建的演出場所。華盛頓沃森姆戲劇中心（Wortham Theater Center）於1983年落成。曾憑藉改建的市政禮堂起步的西雅圖歌劇院，於2003年搬進了嶄新閃亮的新院址。約翰‧克羅斯比（John Crosby）的聖達菲劇團，1957年成立於新墨西哥州沙漠中的一座露天小劇場，1968年搬進一座半露天的大劇場，30年後則搬遷到一座以他的名字命名設施先進的高檔劇院。新的劇場總是隨著劇團的不斷擴大和進一步成功而跟著出現，就像多年前的舊金山那樣。然而，在首都華盛頓特區以及在洛杉磯，恰是因為新劇院的修建，才使得當時微不足道、苦苦掙扎的劇團得到發展，最後均躋身為20世紀二流歌劇院的佼佼者。

　　20世紀60年代初，華盛頓還是一座呆板、產業單一的南方城鎮。當時的暫住人口都是一些固定上班的國會議員、外交官、具有政治特色的公務員和說客，對高雅文化很難有真正的追求。至於它的常住居民，包括那些南方民主黨議員和他們的工作人員、新聞記者、法官、學者、酒店經理、餐館老闆等，偶爾也許會去觀看著名樂團、歌劇院、芭蕾舞團高調的訪問演出。但大多數情況下，他們更喜歡美國式的娛樂：看電影、在俱樂部享受加冰塊的威士忌，或在高爾夫球場或波托馬克河上度過一段閒暇時光。

　　但幾乎從建立城市開始，一些劇院中上演的音樂娛樂節目，就包括歌劇選段。19世紀50年代，華盛頓的人口大約有五萬，歐洲頂級的歌唱家，譬如林德、帕蒂、馬里奧和格里西在巡演中都曾經來過這裡。這座城市仍處於發展中：當林肯於1861年住進白宮時，大樓內使用的是煤氣燈，華盛頓

紀念碑還在蓋，國會大廈還在修建圓形屋頂，賓夕法尼亞大道也還沒有鋪好。而林肯在南北戰爭期間顯然在一座劇院裡看過好幾次歌劇。

20年後，城市的人口已經達到17.5萬人，這個規模已經能夠吸引大都會歌劇院的到訪。大都會歌劇院隨後還多次來訪，但在1910那年，華盛頓的歌劇愛好者們欣賞了大都會歌劇院的強勁對手——以奧斯卡・漢默斯坦為首、擁有大明星加登加盟的曼哈頓歌劇院的訪問演出。華盛頓一度還曾經有過常駐歌劇團。20世紀20年代，一位勇敢的當地聲樂教師暨歌劇愛好者阿爾比恩（Edouard Albion）經營了一個歌劇團，雖然演出僅夠糊口，經營也不斷遇到麻煩，但它把夏里亞賓帶到了首都，並使約翰娜・戈德斯基（Johanna Gadski）在美國歌劇舞臺上重現輝煌。戈德斯基於1928年重返舞臺演出《女武神》，在華盛頓受到狂熱的歡迎，以至於當布倫希爾德出場發出戰鬥的吶喊之後，演出不得不暫時中斷。阿爾比恩的劇團經歷了艱難的掙扎，最後於1936年倒閉。

「華盛頓應該有一家歌劇院」，瑪麗・加登於1949年如是說道，她當時正在和同樣活躍、以高超的鋼琴即興伴奏技巧聞名的杜魯門（Harry Truman）總統交談。「世界上所有的著名首都都有自己的歌劇院」，加登說，「但只有華盛頓沒有！我要把這件事放進我的下一次演講裡面。你不會介意吧，總統先生。」杜魯門禮貌地表示他不介意，接著和她道別，轉頭繼續關心冷戰去了。後來創建華盛頓永久性歌劇院的人，並不是歌手或者政客，而是一位音樂評論家。為《華盛頓星報》撰寫評論的戴・索普（Day Thorpe）找到華盛頓國家大教堂的管風琴師、唱詩班指揮卡拉威（Paul Callaway），兩人成功爭取到足夠的贊助人，於1956年宣告華盛頓歌劇社誕生。其實索普和卡拉威的目的極其單純。他們對那些來來去去的國際巨星並不感興趣也請不起，而是瞄準了以原語言演唱的歌劇，這些歌劇經過了充分排練，演員陣容是專門為演出打造的，歌手扮相合適且能表演。不過，這些原則也無可避免地因無情的現實而打了折扣。首場演出是莫札特的《後宮誘逃》，演出地點是喬治・華盛頓大學的里斯納禮堂。雖然是以德語演唱，但他們決定使用英語對白，佈景和道具都是東借西湊而來。樂池

太小，以至於半數的樂手都不得不坐在外面。儘管如此，但演出卻取得了巨大的成功，索普和卡拉威放膽繼續前行。1961年，歌劇社應邀來到白宮為甘迺迪夫婦和英迪拉·甘地（Indira Gandhi）表演了《魔笛》選段。

然而，觀眾和收入一直都非常少。實際上到了20世紀60年代中期，資金越來越難以籌措，因為當地用在高雅文化上的每一分錢，都流向了華盛頓有史以來最大的藝術項目：在波托馬克河畔拔地而起的巨大的國家文化中心。歌劇社苦苦支撐，在瀕臨倒閉的邊緣徘徊了數年之後，才得以把當時被重新命名的甘迺迪中心當成常駐劇場。在某種程度上，是這座建築救活了垂死的歌劇社。

在美國的另一端，一座建築的出現也為一家歌劇院的建立發揮了關鍵作用。桃樂西·巴法姆·錢德勒（Dorothy Buff urn Chandler）夫人是好萊塢露天劇場協會（Hollywood Bowl Association）的主席，其丈夫是《洛杉磯時報》的老闆。錢德勒為時運滄桑的露天劇場和洛杉磯愛樂樂團付出了很多努力，1951年她將劇場從關閉的邊緣挽救回來。她在權貴中的遊說能力以及她募集資金的方式，已經成為了一代傳奇。如果「星空之下」交響音樂會還無法讓露天劇場坐滿的話，那麼因為她的朋友尼克森副總統的蒞臨而蓬壁生輝的「美洲音樂節」又會如何？接下來還有「華特·迪士尼之夜」，迪士尼本人則因為被宣佈為加州的名譽州長而笑逐顏開，而州長本人也被宣佈為露天劇場的名譽主席。1955年迪士尼樂園開幕之後，第一批賀信中就包括錢德勒夫人的賀信。

錢德勒夫人巴不得她的劇場能場場爆滿，一方面是為了履行她的財務職責，同時還因為她和同仁

好萊塢的露天劇場協會（Hollywood Bowl Association）。

們有更宏偉的志向：隨著在洛杉磯邦克山坡上發展起來的新的市中心，他們最終想建立一座為觀眾量身打造的洛杉磯音樂中心（Los Angeles Music Center）———一座表演藝術的聖殿。錢德勒夫人和她的團隊為這個項目募集資金已經超過十年，最終從各界名流、善心人士、富人手中籌集到1,300萬美元。1964年12月在年輕大師祖賓·梅塔（Zubin Mehta，1936-）帶領下的洛杉磯愛樂樂團終於喬遷新居。樂團以熱鬧的銅管樂演奏宣佈開張。「我們喜歡這裡的音響效果！」梅塔滿臉笑容地對一位歡天喜地的觀眾說道。兩年半之後，中心內又建起兩座劇院，最初的建築被正式命名為桃樂西·錢德勒音樂廳（Dorothy Chandler Pavilion）。錢德勒夫人圓了她的夢：讓加州的新財富和舊世界的文化緊密地聯結起來，並以這座音樂中心來宣告她的夢想。

　　一開始，擁有3,250個座位的錢德勒音樂廳是作為洛杉磯愛樂樂團的駐地而設計的，它同時也修建了充裕的後臺空間，可靈活地當成劇院使用。不久之後，又有不少其他的劇團將它作為演出場所。第一批當中包括紐約城市歌劇院，它的秋季訪問演出開始於1967年（取代了舊金山歌劇院）。在接下來的三十多年裡，桃樂西·錢德勒音樂廳因作為每年奧斯卡電影金像獎的頒獎現場而在外界獲得了更廣泛的知名度。

　　20世紀70年代末，紐約城市歌劇院每年到洛杉磯的訪問演出漸漸失去支持，並在1982年中斷。那年，洛杉磯愛樂樂團染指歌劇，與倫敦皇家歌劇院合作，推出了製作豪華的威爾第歌劇《法斯塔夫》。這個嘗試還算是成功，但很難週期性地重複演出下去。不過，與柯芬園的結合在隨後的數年中則開花結果。在1984年隨洛杉磯奧運會舉辦的藝術節期間，其重頭戲就是皇家歌劇院到訪錢德勒音樂廳，並帶來了《魔笛》、《彼得·格萊姆斯》和全新製作的《杜蘭朵》。演出取得了巨大的成功，再次證明洛杉磯擁有渴望高品質歌劇、並願意為它們花錢的觀眾。出生於馬德里，在墨西哥長大的多明哥，此時已經進入了洛杉磯音樂中心協會的董事會，他深深地明白南加州有大量把他當作偶像的西班牙人口。「我們應該在這裡把歌劇做起來！」他說給每一個願意傾聽的人聽。1984年10月，同時經營蘇格蘭和澳

大利亞歌劇院以及倫敦交響樂團的英國人彼得‧海明斯（Peter Hemmings）被董事會任命為一家新劇院的總經理，而多明哥同意擔任藝術顧問。兩年後，洛杉磯音樂中心歌劇院以多明哥主演的《奧賽羅》掀開了它的第一個演出季，並繼而成為紮根於這座城市的唯一一家永久性劇團。多明哥很快便同意擔任此地和華盛頓的藝術總監，後來又成為劇院總監。過去曾經有其他歌手管理過歌劇院，但多明哥是第一位掌管兩家歌劇院的歌唱家。

　　在美國各地，新歌劇院和新建築紛紛湧現，這種現象以前從來沒有過。它們當中最大、最顯眼、最奢華、最有氣派的建築，毫無疑問就是出現在紐約曼哈頓西區的大都會歌劇院。奧托‧卡恩在1908年安撫新來的總經理加蒂-卡薩紮時曾經說過，一座新的大都會歌劇院很快就會蓋起來，這句話從此在老的大都會歌劇院陰暗、潮濕、髒兮兮的後臺走廊裡迴盪著。當賓來到這裡時，他注意到劇院沒有側舞臺，沒有內舞臺，也沒有旋轉舞臺，這意味著每次更換佈景都不得不在主舞臺上進行，觀眾們坐在那裡等待時，會聽到布幕後面的砰砰聲。燈光照明設施也比歐洲落後了數十年。每一次製作都要重新搭佈景，然後又要拆掉，更沒有地方可以存放佈景和服裝，因而紐約第七大街上的過路人，已經習慣了人行道上成堆的天鵝絨窗簾和襯裙、頭盔、寶劍和彎刀，放在箱子裡或者用帆布蓋著，等著被清走。劇場如此捉襟見肘的部分原因，是因為它處於擁擠的城市中心無處可供擴張。在劇院的劇碼不斷增加，製作更壯麗的情況下，它的自然條件限制便顯得特別突顯。

　　多年以來，紐約文化中心的重心逐步移到了北面，大都會歌劇院的幾代管理者都嚮往著能擁有一座更好的劇院，他們考慮了時代廣場以北的多處地點。20世紀20年代末，曾計畫將新的大都會歌劇院和後來的洛克菲勒中心合併。如果洛克菲勒團隊的青年建築師華萊士‧哈里森（Wallace K. Harrison）的設計能夠實現，那麼如今的溜冰場就應該是大都會歌劇院的廣場。然而大蕭條的爆發終止了這項計畫。後來也有人建議將大都會歌劇院搬到第55大街上的聖地兄弟會的「麥加神殿」（Mecca Temple），甚至還考慮過將其建在中央公園內，就像大都會博物館那樣，不愁沒有地方可以擴

充。二戰之後，有人建議將大都會歌劇院建在百老匯大街和第59大街交匯處的哥倫布廣場上。這個想法後來也被放棄了，此處後來蓋了紐約體育場（New York Coliseum）。

　　每一次劇院遷移，在執行之前都需要一系列恰到好處的考量，其中有位置、金錢、時機等等，還要有前進的決心。如果沒有這樣的決心，魯道夫·賓就會一文不值。大蕭條過去了，戰爭也結束了，大都會歌劇院需要搬遷。當時，紐約久負盛名的卡內基音樂廳（Carnegie Hall）面臨著被出售並有可能被拆除的危機。因而，這座城市的主要交響樂團和歌劇院都在尋找新家。華萊士·哈里森保留著被夭折的洛克菲勒中心歌劇院的草圖，他在考慮歌劇院和管弦樂團是否可能成為一家人。有一個可以共用的地方浮現出來：在百老匯大街和哥倫布大道相交的西南邊，紐約第60大街和第70大街之間的那一大片土地，有幾處貧民窟街區被標示出來，正在等待重新開發。這裡曾聚居著大量波多黎各移民，是伯恩斯坦《西區故事》中的幫派火箭幫和鯊魚幫的地盤。而剛剛推出的《聯邦住宅法》為舊城改造提供了資金，正應了20世紀60年代的紐約西區所需。

　　然而，並不是每個人都認為大都會歌劇院此舉有必要將美國頂尖的歌劇院建在當時毒品和犯罪出沒的貧民窟中。隨著時間的推移，以新大都會歌劇院占主導的紐約林肯中心，成為第一家全球藝術的多機構中心——一座真正的文化園地，它為兩家歌劇院提供場所，有兩座音樂廳、一座戲院、一座藝術圖書館，在街對面還有一家音樂學院。然而在構思和建造之初，卻困難重重。大都會歌劇院和紐約愛樂樂團一起小心翼翼地找到約翰·洛克菲勒三世（John D. Rockefeller III），他同意動用自己的基金來資助該中心。隨著「林肯中心股份有限公司」開始進入談判階段，令大家猶豫和退縮的是這個專

1910年代的卡內基音樂廳。

案非異常複雜,數十位土地和房屋的所有權人還時不時地起訴他們。其中最頑固的是擁有一座巨大汽車倉庫的約瑟夫・甘迺迪(Joseph P. Kennedy,約翰・甘迺迪的父親),他成功地將大都會歌劇院的建設延誤了兩年。

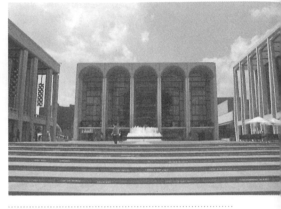

紐約林肯中心,全名為林肯表演藝術中心,佔地 61,000m²,是一個綜合藝術表演中心,共有 12 個表演團體以此為駐紮地。

大都會歌劇院這位最大的潛在承租人,終於完成所有的複雜部署。隨著計畫展開,那位心繫劇院的總經理卻發現自己不停地在打仗。賓對在他的歌劇院旁邊建一座音樂廳持保留意見,他委婉地表達了自己的異議,認為這樣會引起交通混亂。賓的這個意見被否決了,但在其他意見上則取得了勝利。新的歌劇院將會有不到4,000個座位,而不是某些董事希望的5,000個座位。雖然座位多一些會帶來更多的票房收入,然而卻不能上演小型作品,如莫札特的作品。在新劇院應具備的視線和音響效果品質上,賓也堅持己見,同時還堅持劇院應該配備合適的側舞臺和排練室,並且有足夠的存放空間、工作室、盥洗設施、行政辦公室等等,這一切都是老劇院極為欠缺的。作為一名嚴謹的歐洲人,賓還要求劇院最好能夠設置打開的窗戶,至少在他辦公室裡能得到保證。他還說服他的好友馬克・夏卡爾(Marc Chagall)構思了兩幅歌劇主題的油畫,並將它們裝飾在新劇院正面巨大的落地玻璃窗兩側。

如這種龐大的項目所一貫經歷的那樣,由於工程量不斷增加,預算不斷升高,許多地方不得不進行了縮減。令賓苦惱的是,新的大都會歌劇院從它開幕那天起就已經顯得太小了。廁所的數量不夠充足,一樓大廳觀眾席兩側的過道太窄,無法很舒適地容納散場後的人群。劇場的設施無法應付不斷擴大的演出季、不斷增加的節目,以及它很快需要容納的華麗佈景。賓還在另一場戰鬥中失利。他一直為緊挨著歌劇院的另一座音樂廳煩悶不安,但更令他驚訝的是,有人不僅計畫把紐約城市中心的芭蕾舞團搬

進來，還要把城市中心歌劇院也搬到這家多功能劇院來。「我以為林肯中心的目的在於展現菁英文化成果」，他很不以為然，並爭辯說，兩家歌劇院處在毗鄰的兩座劇院內，大眾會混淆不清，無可避免的會損害大都會歌劇院的利益。更糟的是，要容納紐約城市芭蕾舞團和城市歌劇院、由美國最著名建築師菲力浦・詹森（Philip Johnson）設計的國家劇院率先落成了。賓只能屈辱地看著紐約城市歌劇院在林肯中心舉辦盛大的首演開幕，而他自己的劇院卻仍然還是個建築工地。更糟糕的是，紐約城市歌劇院以年僅25歲的多明哥主演希納斯特拉（Albcrto Ginastera，1916-1983）的全新歌劇《唐・羅德里戈》（Don Rodrigo）引起轟動，幾個月後，新的大都會歌劇院開張的首演則運氣不佳，上演由山繆・巴伯（Samuel Barber）創作的歌劇，而且很快就被人淡忘了。

時間開了一個大玩笑。大都會歌劇院成功地在新居安頓下來之後，這座建築成為一處勝景，歌劇院也保全了自己全美第一的名號。前來林肯中心參觀的遊客們聚集在中心廣場的噴泉旁，仰望大都會歌劇院的五座拱門，回味起威尼斯的聖馬可大教堂。劇院外部的拱門邊裝飾著偉大的夏卡爾油畫，而透過劇院的前門，可以瞥見鋪著紅地毯的弧形中央樓梯。看過演出的觀眾們也許認為，它那四四方方的觀眾席比起原來那座劇院魅力差了點，少了與舞臺的親近感。然而，它的視線和音響效果卻都非常出色。那一盞光芒四射的大吊燈，看起來似乎遮擋了許多人觀看舞臺的視線，但在幕起的瞬間，它會恰如其分地熄滅並緩緩升到天花板上面，看上去就像許許多多的蜘蛛爬上了蜘蛛網，美麗得令觀眾們不禁倒吸一口氣。同時，在國家劇院內，朱利斯・魯德爾擔任藝術總監的紐約城市歌劇院推出了比大都會歌劇院更大膽的劇碼，培養了一批穩定的出色歌手，他們當中有不少人後來贏得了國際聲譽，除了多明哥，還包括何塞・卡列拉斯（José Carreras）、康奈爾・麥克尼爾（Cornell MacNeil）、綺麗兒・米倫茲（Sherrill Mimnes）、山繆・拉梅（Samuel Ramey），貝芙麗・希爾斯和雪麗・維萊特（Shirley Verrett）。儘管如此，從長遠來看，在兩家相鄰的劇院中，紐約城市歌劇院所處的狀況更加不利，它的劣勢在於不得不和一連串的舞蹈團共用一座劇院。新世紀之初，大都會歌劇院不斷推出一部接一部

的豪華製作（然而，與其他劇院相同的是因「911」事件而喪失了觀眾），城市歌劇院卻想方設法尋找新址而不得，最後不得不於2007年放棄這項努力。在可以預見的將來，紐約的這兩家歌劇院仍然會在林肯中心的同一個屋頂下，繼續彆扭地做鄰居。

到了20世紀末，歌劇院遍佈北美各地。在舊金山，梅洛拉建立並培育的劇院，在他的繼任者，前合唱指揮阿德勒（Kurt Herbert Adler）手中發展壯大；卡蘿·福克斯和阿迪斯·卡拉尼克在芝加哥先後主持了許多高品質的歌劇演出季；不少製作精良的華格納作品搬上了西雅圖的舞臺；聖路易則因出色的英語歌劇和格林姆格拉斯歌劇節（Glimmergiass）具有創新精神的劇碼和富有想像力的表演而備受關注。許多歌劇院以製作近代和當代美國作曲家的歌劇而倍感自豪，美國歌手、導演、指揮不僅在北美，而且在全球歌劇界聲名鵲起。到了2000年，美國和加拿大已經擁有上百家專業歌劇院，其中70％自1960年起陸續建立，1970年起建立的占一半以上；專業歌劇演員的人數，1980年略多於1,300人，20年後增加到了2,100人。

歌劇並不是處處受到歡迎。有些人對它不屑一顧，認為它是一種只能吸引極少數專家的娛樂，觀看它的人遠遠少於電影、爵士、百老匯音樂劇等製作精美、平易近人、體現平等、容易理解的美國式娛樂。許多人甚至覺得對歌劇有興趣是娘娘腔的表現，這種娛樂形式是個真正的男人都不會感興趣，除非是非常勉強的為了陪夫人出席。一份2002年的民意調查顯示，非歌劇愛好者列出不願意看歌劇的主要原因是：不瞭解這種藝術、看歌劇時會覺得害怕和不適、沒有人陪同並感到無法理解故事情節。幾乎有三分之二的調查對象表示，外語是影響他們去看歌劇的主要障礙，其他人提到的原因則是高票價、更喜歡看其他表演，更多的僅表示沒有時間、沒有興趣。什麼才能吸引他們去看歌劇呢？他們說，也許像帕華洛蒂這樣的明星，朋友或家人的邀請才會吸引他們。但許多人提到他們的配偶或朋友也不欣賞歌劇，還有人補充說它是「菁英藝術」，不親民。

雖然阻力重重，無數的美國人依然愛上了歌劇這種藝術與活動。當然有權力者獨特的活躍個性成為重要因素：例如像梅洛拉和多明哥這樣

的音樂家，或者像山繆・英薩和錢德勒這樣的富有贊助人。當然一位熱情的總經理也是功不可沒的因素：沒有克羅斯比就很可能沒有聖達菲歌劇院；沒有大衛・賈克立（David Gockley），休士頓大歌劇院永遠不可能那麼引人注目；沒有格林・羅絲（Glynn Ross）和斯佩特・詹金斯（Speight Jenkins），則很難相信西雅圖會成為美國的拜魯特。當地的政治經濟條件也會帶來影響。正因為舊金山的政府官員們決定投資修建戰爭紀念館，且在設計中包含了一座歌劇院，才促進了這座城市的歌劇發展，而大蕭條的到來又使得建造戰爭紀念館和歌劇院的成本大幅降低。在芝加哥，情況卻恰恰相反，新歌劇院剛剛落成，大蕭條的到來幾乎使高品質歌劇陷於停頓。每一處都具有各自不同的社會條件。明尼蘇達歌劇院製作了德佛札克（Dvorak）的《水仙女》（Rusalka），有信心借此來吸引該州大量的捷克人族群。在華盛頓，費恩斯坦（Martin Feinstein，1921-2006）和後來的多明哥以高品質歌劇對於國家首都的重要性來呼籲大家進行捐助。相較之下，在洛杉磯，多明哥的拉丁背景則有助於提升他的歌劇院在當地的形象。

　　美國的歌劇院不僅絕大多數成立於二戰之後，且南方和西南方的大部分劇院都是在20世紀70年代甚至更晚的時候才成立，而好幾家身處北方傳統文化城市中的劇院，卻好不容易才生存下來。這和總體人口發展趨勢是相對應的。二戰後的幾十年裡，許多北方傳統的重工業開始面臨不斷增長的國外競爭力和國內由來已久的勞資糾紛。許多工廠甚至整個產業都面臨倒閉。這時，大量的城市貧民區成為社會動盪和暴亂的根源。許多北方企業家逐步開始遺棄北方老工業州，向南方和西部諸州靠攏。最初的涓涓細流，到世紀末變成了滔滔大江，1990年至2000年間，大休士頓地區的人口增長了25%，在2005年成為全美第七大都會區。同時期的大亞特蘭大的人口增長率達到了驚人的38.4%，到了2005年成為國內第九大都會區。2005年排名第五位的達拉斯-沃思堡都會區，在20世紀最後十年人口增長率達到29.4%，而邁阿密-羅德岱堡、大洛杉磯地區以及南方和西部無數雖小但迅速擴大的城市和鄉鎮，也出現了相同的發展趨勢。

　　在許多迅速擴展的新興大都市裡，歌劇院成為博物館、藝術畫廊和其他文化教育設施旁邊的「市政榮譽徽章」。美國人引以為榮的地域自豪

感，部分是因為遙遠的距離所帶來的。一位居住在邁阿密、休士頓或洛杉磯的人，更可能會支持本地而不是遠在百里、千里之外的紐約或芝加哥的劇院、樂團、舞蹈團或藝術博物館。在18世紀的義大利或德國，每一座熱愛自身的城鎮都曾經擁有宮殿和歌劇院，此地的狀況就和當時有幾分類似。當然，美國的大城市並不是自治州，王公貴族少得多。但是，正如帕爾瑪和巴勒莫、曼海姆和慕尼黑那樣，生機盎然的中心城市，能夠從他們所炫耀的健全文化機構中，將它們的部分特徵彰顯出來。因而在一座健康的、同時也需要吸引企業和高素質勞動力的城市中，歌劇會被認為是它們典型的特色，也是市政基礎設施必不可少的元素。正如玻璃幕牆的摩天大樓和門口有石獅子守護的大飯店那樣，歌劇是彰顯財富和文化的耀眼象徵，是一座城市聲望與成就的宣言。

美國歌劇的預算從當地、聯邦和國家政府中得到的資助從來都是微不足道的。紐約大都會歌劇院2005年2,200萬美元年度預算中，僅有0.25％來自公共基金。米蘭的抗議者們可以因政府補貼史卡拉劇院而舉行示威遊行，英國媒體可因彩票基金落入柯芬園的腰包而憤怒聲討，而在美國卻很難看到這樣的抗爭行為。美國政府並非不補貼歌劇，它會補貼，但它是通過對歌劇捐助者免稅來實施。這實際上是一種「預先確定的補貼」，以政府放棄本應徵收的稅收的形式來補貼。然而，這種補貼形式和歐洲更常見的直接撥款有根本上的區別，歐洲的方式是讓市民們能夠知曉，他們支付的稅款有一部分用於支持歌劇院等文化機構，也就是說，聯邦政府給市民們提供了一個選擇為社會和文化設施免稅捐款的機會，而歌劇院所要做的事，就是說服這些潛在的捐款人將錢捐給歌劇。

當他們這樣做的時候，民眾會問，為什麼在城裡到處都有夜間娛樂時還要去看、去資助歌劇？且不說還有電視、DVD和網路提供的那麼多現代家庭娛樂。為什麼要資助歌劇或交響樂這類被廣泛認為是傳統歐洲文化表徵的活動，而不去資助急需得到支援的殘障團體、救濟院、美國黑人戲劇或即興舞蹈團呢？即使還有激烈的爭議需要歌劇院去處理，然而美國捐款人的複雜性正是歌劇的優勢之一，正因為美國的歌劇和如此多的其他文化

活動並存，它才有理由聲稱它的存在和繁榮，並不是取決於哪個王公貴族或者政府，而是順應了人民的要求和願望。隨著歌劇普及全球，隨著保護它、資助它的傳統方式逐步失去功能，都有助於賦予它更多的合理性。

歌劇席捲全球

　　在1900年左右，除了義大利和德國，很少有國家能擁有一到兩座主要歌劇院以及穩定而專業的劇團。一個世紀之後，美國的劇院超過了100家，其中三、四家享有國際最高聲譽。歌劇已經在開普敦、伊斯坦堡、雷克雅維克、里約、首爾和新加坡開唱，新的歌劇院在東京、多倫多、特拉維夫、特內里費島（Tenerife）、奧斯陸、卡地夫（Cardiff）和哥本哈根等地拔地而起。倫敦、舊金山、巴賽隆納、布宜諾斯艾利斯、塔林、米蘭和威尼斯等地的老劇院也得到了修繕和重建。《阿依達》在尼羅河畔上演，《杜蘭朵》在紫禁城唱響。在世界各地「三大男高音」像流行歌星一般受到追捧，而在歐洲任何一個響噹噹的歌劇院，一場具有代表性的演出，有可能是一部捷克語歌劇，配上本地語言字幕，歌手們則來自北美或者南美、東歐或者西歐、澳大利亞或者紐西蘭、南非或者亞洲。曼谷正在計畫推出《尼貝龍根的指環》系列劇碼。在整個南半球，最著名的建築物就是一座歌劇院。

　　正如我們所看到的那樣，澳大利亞早在作為歐洲殖民地的時候，就開始有了歌劇，大部分是由巡迴劇團帶來的，他們通常能找到自己的觀眾。梅爾巴曾於 1911年、1924年和1928年隨威廉森（J. C. Williamson）劇團到澳大利亞巡迴演出，大量的觀眾蜂擁而至聆聽她的歌聲。20世紀30、40年代，澳大利亞曾試圖在墨爾本和雪梨建立本土劇團，不過直到50年代中期，永久性歌劇院的想法才開始紮根。對某些人而言，擁有一座國家歌劇院的想法，就像擁有一枚民族自豪的徽章：也許就像1954年載年輕的女王伊莉莎白二世到澳大利亞的國家航空公司——澳洲航空一樣。澳大利亞人為執政君王首次造訪自己的國家而興奮。年底，一家信託基金為了建立國家芭蕾舞團、國家話劇院和歌劇院而成立。為了向女王表示敬意，這個信託基金被命名為「澳大利亞伊麗莎白戲劇信託基金」（AETT）。

　　兩年後，奧運會首次在澳大利亞舉辦。墨爾本奧運會帶來令人興奮和驕傲的意外收穫，那就是振興藝術的決心。1956年，同時也是莫札特誕生200周年，AETT同意資助澳大利亞第一家國家歌劇團。這個劇團利用澳大利亞廣播公司的管弦樂隊，帶著以莫札特四部歌劇為核心的劇碼，在墨爾本和其他城市進行巡迴演出，它後來被命名為伊莉莎白信託歌劇院，它所聘用的指揮，便是戰後在柯芬園劇院任職的卡爾‧蘭克爾。如果蘭克爾期望得到比在倫敦更輕鬆的擔子和更多的重視，那麼他一定會很失望。因為演出的劇院都不是為歌劇而建造，而演出消息大都出現在報紙的社會版裡，放在時裝欄旁邊的競賽版中報導，很少在藝術版出現。資金很難籌募，早期的演出季不得不縮減甚至取消。蘭克爾1961年辭去職位，但歌劇院跌跌撞撞地繼續往前發展。

　　如果不是另一位澳大利亞天后級人物的努力，如果不是老練的指揮泰特爵士（Sir Frank Tait）帶領的威廉森劇團，澳大利亞永久性歌劇院只可能永遠停留在人們的想像中。1965年，蘇莎蘭-威廉森巡迴劇團（其中包括年輕的義大利男高音帕華洛蒂）帶著七部歌劇，在澳大利亞所有的大城市進行演出。瓊‧蘇莎蘭（Dame Joan Alston Sutherland，1926-2010）本人演出了五部歌劇，只要有她的演出，門票就會銷售一空。但若是由不知名的帕華洛蒂演出的不出名的歌劇《愛的甘醇》（L'elisir d'amore）時，票價雖然低廉但是座位卻很空。人們顯然是花錢去看名氣和明星的，與其說是去聆聽這類高雅的歌劇，還不如說是去為他們全球知名的同胞喝彩。不過觀眾們熱情高漲，巡演得到了廣泛的宣傳報導。在一次蘇莎蘭演出的日場結束之後，頻繁的謝幕占去了後臺工作人員拆除佈景和準備晚上另一場歌劇的演出時間，因而晚上的演出不得不推遲了一個半小時。最後一場巡演時，蘇莎蘭最後一次登上舞臺，如她之前的梅爾巴曾經做過的那樣，為沉醉的觀眾們獻上了一曲《家，甜蜜的家》（Home, Sweet Home）。

蘇莎蘭與帕華洛帝

《墨爾本時代報》報導，「身著晚禮服的女士們站在座椅上鼓掌，掌聲持續達40分鐘」。這次巡演計畫證明，不管歌劇的供應多麼的不足，澳大利亞對歌劇的潛在需求卻是巨大的。

　　還有一件事促成了它的出現。麥格里堡（Fort Macquarie）是位於貝尼朗夾岬角（Bennelong Point）頂端的一個有軌電車站，是一片面向雪梨港的夾角狀的陸地。二戰之後有軌電車逐漸被淘汰。在新南威爾士州州長卡希爾（Joseph Cahill）的領導下，州政府決定重新開發這塊土地，在上面建造一座歌劇院。據了解卡希爾並不是一位歌劇愛好者，但他渴望為自己留下一份政績，當時他很可能是被新南威爾士州公立音樂學校校長尤金·古森斯的建議所打動，認為這座城市需要一座體面的音樂場所。卡希爾把雪梨歌劇院當成一項面子工程來進行，大部分融資是通過聯邦政府國庫捐助的彩票籌集。面向世界的設計競標最終由丹麥設計師約恩·烏松（Jorn Utzon）奪得。在烏松的設計中，這座擁有巨大曲線、頂部為高聳的白色風帆（或貝殼）的建築，很快就讓人們清楚地知道，僅憑當時的建築技術幾乎不可能完成。由於費用不斷增加，方案不斷修改，烏松不得不退出設計。結果這座預算為700萬澳元的建築，花了1億多，歷時將近15年才建成。1973年落成之後，這座巨大而輝煌的建築物吸引了世界各地的歌劇愛好者。莫法特·歐克森鮑爾德（Moffatt Oxenbould），這位後來擔任澳洲歌劇院（Opera Australia）多年的藝術總監（曾經是蘇莎蘭-威廉森巡迴劇團的舞臺經理，也是這座新建築的第一代工作者）在這座巨大的綜合建築逐漸成形時，心裡的那份激動與欣喜，令他彷彿置身於《萊茵的黃金》的結尾，眾神越過彩虹來到瓦爾哈拉神殿（Valhalla）的情景當中。

　　歌劇院開幕時，是澳大利亞處於歷史上少有的把文化看得高於政治的時刻。魏德倫（Gough Whitlam）擔任總理的時間並不長（他於1975年因憲政危機而下台），但他在坎培拉任職期間，藝術享受到聯邦政府菲比尋常的資助，享受到較好的政治待遇。雪梨第一次能夠為歌劇獨唱演員、合唱演員、樂隊、假髮製作者、佈景繪畫師、木匠和舞臺經理提供雖然不一定是全職，卻是穩定的就業機會。人們從澳洲大陸各地湧來，瞻仰這座位於港口的巨大建築物，而設法逃避北半球寒冷冬季的歐美歌劇愛好者們發

現，在乘坐噴射客機越來越便宜、航班
也越來越多的情況下，雪梨近在咫尺。

雪梨歌劇院就像一座雕塑（它還
是澳大利亞第一座擁有空調的公共建
築），但是它也有一些缺憾。這座綜合建
築實際上是一座多功能中心，包含數個
大小不同的音樂廳，本來最大的廳是為
歌劇準備的，第二大廳用於音樂會，第
三大廳用於話劇。而在它快要完工時，
雪梨交響樂團已經擁有了完整的演出
季，擁有固定的觀眾群，而年輕的歌劇
院卻費力地維持著六、七周的演出季。

雪梨歌劇院，它是澳大利亞第一座擁有空
調的公共建築。

因而樂團需要最大的演出場地，最大的廳毫不猶豫地正式改成了音樂廳，
第二大廳留給了歌劇，它只有1,500個座位（這意味著票房收入較少），樂
池很小（這意味著華格納和理查·史特勞斯的巨作無法上演），音響效果
不穩定，沒有像樣的舞臺側翼和後臺空間。後來，歌劇院的規模和能力不
斷壯大，每年演出的時間長達八個月，而表演的空間卻如此狹小，雪梨的
歌劇觀眾們開始議論說，他們的劇院迫切需要革新。

革新意味著會帶來新的問題。革新該從何處開始著手？鑒於建築物頂
部的風帆同時也是演出空間的側牆，如果在不改動外部結構的情況下為歌
劇廳拓展像樣的側翼，幾乎是件難以想像的事情。同時，由於相同的原因，
樂池和觀眾席也不能得到應有的擴充。如果決意進行有限而可行的改動，
需要將劇院停業一段時間，它對雪梨歌劇觀眾的影響可想而知。在全世
界所有的歌劇院當中，雪梨歌劇院擁有的非本土觀眾是最多的。許多遊客
不是為歌劇而來，而是衝著這座建築而來。貝尼朗呷角永遠都擁塞著來自
澳洲和世界各地的遊客，他們或拍照留影、或漫無目的地蹓達、或拾階而
上來到售票處。停泊在雪梨港的巨大客輪上，擠滿了去看歌劇的乘客。當
巴賽隆納、倫敦、米蘭和舊金山的主要歌劇院在進行修繕的時候，歌劇團

體不得不在城裡其他各處的劇院演出，以努力維持它們的觀眾群。而在雪梨，如果歌劇團重新回到普通的劇院演出，它的票房必定會一落千丈。

　　理論上一個可能的解決辦法，就是將國家劇院的重心從雪梨暫時轉移到墨爾本。表面上看，這也許是個明智的想法。墨爾本人會告訴你，早在20世紀30年代，格特魯德·詹森（Gertrude Johnson，1894-1973）就曾作出努力，在他們的城市裡成立了一家永久性的劇團，而80年代投入使用的墨爾本藝術中心，其設施遠遠好過雪梨歌劇院。此外，這座城市具有悠久的文化歷史，一下子就把愛出風頭的雪梨給比了下去。雪梨和墨爾本的競爭可以追溯到19世紀，而時至今日依然如是。1996年常駐雪梨的澳大利亞歌劇團（Australian Opera）和維多利亞國立歌劇團（Victoria State Opera）合併為著名的澳洲歌劇院（Opera Australia），雪梨的支持者認為這是一項明智的結合，形成了真正的國家劇院，而在墨爾本，人們則對它進行公開抨擊，認為這不過是競爭對手為了攫取統治地位而採取的手段。種種原因讓雪梨歌劇院停業很長一段時間，對建築結構進行大規模的改建都不是明智之舉。澳洲歌劇院的總部，如果不經過一番政治博弈，更不可能搬到墨爾本。看來一切都只能暫時停滯。

　　如今所稱的澳洲歌劇院，當時還面臨著更多的困境。作為一個國家級而不是世界級的劇團，它既是國內人才施展才能的舞臺，同時也是培養他們的搖籃。這種地位，又因它想聘用的外籍歌手數量遭到工會和簽證的重重阻攔而增強。它幫助許多澳大利亞歌手不斷提高水準，讓他們走出國門，獲得更大的發展空間，但同時，地理條件的不利，卻使它自身的發展受到極大的影響，這種影響並非都是好的。不管是在雪梨還是在巡迴演出中，澳洲歌劇院帶給觀眾的節目，都是由一支才華橫溢、能歌善舞的藝術家隊伍精心排練而成，從各方面看都是令觀眾非常滿意的精緻之作。這種總體效果，讓所有藝術家興起朝著同一個方向前進的感覺，傳遞出藝術整合的美感，這恰好是老牌的歐洲歌劇院所缺乏的東西，因為歐洲的劇院大量使用客座明星，他們排練倉促，進入不熟悉的作品之後，又要炫耀自己隨身攜帶的詠歎調。然而，如果泰咪諾（Tamino，《魔笛》中的王子）或斯

卡皮亞（Scarpia，《托斯卡》中的男爵）生病請假，雪梨和墨爾本該如何是好？澳洲歌劇院不同於歐洲和美國的王牌劇院，它沒錢培養、也花不起大價錢付給每一個角色，常常不得不在緊要關頭依靠劇團中缺乏經驗的成員遞補。它也不像歐洲和美國的那些劇院，能夠依靠一群通過短距離飛行就可以過來救場的明星。雪梨和墨爾本離世界上主要的歌劇中心，都超過25小時以上的飛行距離，相隔八至十個時區。

　　距離的障礙是個巨大的陰影。世界級頂尖歌唱家，沒有人願意在事業的輝煌時期前往澳大利亞。也許在澳大利亞廣播公司的贊助下，作為宣傳性巡演的一部分，一些歌手會安排在澳大利亞舉辦系列音樂會，同時一些在國際上功成名就的澳大利亞歌手（著名的如蘇莎蘭），也會在力所能及的情況下回到家鄉演出。但是，對於大多數人，為了排練以及隨後的演出而長時間呆在地球另一邊的想法，根本不可能。因此，澳大利亞的觀眾很難欣賞到頂級的演唱，按照經驗豐富的評論家羅傑·科維爾（Roger Covell）的說法，就是那種「帶給你神志不清的激動，帶給你夢回家鄉的眩暈」的演唱。這樣的演唱，澳大利亞人通常要到其他地方才能欣賞得到。

　　儘管如此，澳大利亞還是誕生了許多高品質的歌手，不少人進而在國際上取得了成功。是美妙的陽光和澳大利亞人能夠享受的戶外生活方式造就了他們。然而陽光本身並不能造就偉大的嗓音，如果這樣的話，歌劇歷史長河中，就會有更多的希臘歌手、葡萄牙歌手，而不是俄羅斯歌手和斯堪地那維亞歌手了。

　　專業的歌劇演員就像運動選手一樣，工作在高競爭的環境中，而達到頂點的那些人會收穫豐厚的榮耀。然而澳大利亞不僅誕生了和它人口不相匹配的大量極具天賦的歌劇演員，它還誕生了遠遠超過比例的成功運動員和冠軍選手。澳大利亞選手獲得了大量的奧林匹克獎牌，在這個國家的歷史名人錄中，歌唱家梅爾巴、蘇莎蘭和板球運動員布萊德曼爵士（Sir Donald George Bradman，1908-2001）並列其中。

　　兩種職業頗有許多相似之處。運動實力和擅長唱歌的能力，均取決於從業者的強健體魄，取決於在需要的時候，他們能爆發最大的體力和心智

的能力，而這兩種表演者，均獲益於健康自然的環境。在那些頂級歌唱家的回憶錄中，充滿了極端的生理折磨和淚水，在老百姓的眼中，這是一種極其艱辛的職業。我們在生病之後，或是在缺乏睡眠的疲憊中，通常還能夠照常工作，但對於一位歌劇演員，工作一天往往意味著在排練場上站了六小時，或者在苛刻的觀眾面前演出一個費力的角色，這些觀眾可是花費不菲來聽你好好唱歌的。沒有人願意看到競技狀態不佳的布萊德曼或者梅爾巴。歷史學家傑佛瑞‧布萊內（Geoffrey Blainey）曾經寫道，典型的澳大利亞人，欣賞的是「決心、毅力、勇氣和必勝的意志」。傑佛瑞所描寫的是澳大利亞人對待運動員的態度，但它同樣也可以用在對歌手的態度上。

此外，歌劇和體育運動一樣，在這個沒有傳統社會等級制度的社會中，為具備天賦的澳大利亞人提供了改變社會地位和獲得金錢的機會。澳大利亞人把自己從古老、僵化的不列顛制度中解放出來，為自己能夠消滅等級、人人平等而驕傲。然而，沒有哪個社會能完全平等，且大多數人渴望社會地位的象徵，不管是外來的還是本土的。許多澳大利亞人在蔑視「英國人」自負的同時，也仍然抱著英國式的階級思想，既感受著仍被他們視為祖國的巨大優越性，又恥於英國給他們造成的「文化自卑感」。另外，歌劇和體育運動均能得到周遊世界的機會，對才能出眾者更是易如反掌。如果能夠在國外取得名聲，那麼回到澳大利亞就會得到明星般的待遇。布萊德曼在英國打出數個滿分、蘇莎蘭在柯芬園劇院擔綱主演之後，他們在澳大利亞國內才開始真正成名。1965年當蘇莎蘭回到澳大利亞進行成功的巡演，在各處受到了熱烈的歡迎，人們用她在義大利得到的綽號「神奇女高音」來稱呼她。

運動和歌劇的相似之處，並不僅限於從業者的職業模式，他們各自的觀眾性質也十分相似。澳大利亞以其開闊的空間、充沛的陽光、跳躍的袋鼠、赤色的荒漠和多沙的海灘而聞名於世，它和美國陸地面積相當，人口卻不到美國的十分之一。但這2,000萬澳大利亞人中的絕大部分，都集中居住在臨近海濱的幾座主要城市裡。電視肥皂劇《左鄰右舍》（Neighbours）、《聚散離合》（Home and Away）的代表性，遠遠超過《鱷

魚鄧迪》（Crocodile Dundee）和西德尼・諾蘭（Sidney Nolan）的畫布所反映的「內地」形象。

　　澳大利亞在成為殖民地之後，不久便發展成為一座典型的城鄉社會，其中包含大量擁有充裕閒暇時間來任意支配金錢的中產階級。布萊內寫道，墨爾本和雪梨很可能是「工薪階層能夠在週六下午兩點就停止工作，然後可以隨意玩樂和看比賽的世界上首批大城市」。再加上熱衷於興建獨特的新建築，人們會得到什麼呢？一個大規模吸引觀眾的文化，每一座城市都有自己的劇院、體育館，以及滿街的酒吧、飯店和公園，供人們在看完比賽或演出之後小聚。現在依然還是這樣：雪梨和墨爾本的板球場和毗鄰的設施所能容納的人數，讓英國望塵莫及。而如今在澳大利亞漫長而宜人的夏季夜晚，各個地方都有大量的觀眾湧向安放擴音設備的露天歌劇演出或者名人音樂會。在澳大利亞各州的首府，每年都有本土出品的專業水準的歌劇在上演，也吸引了不少熱情的觀眾。澳大利亞的歌手們，如今也成為歌劇界固定的演員陣容。如此看來，就不是那麼令人奇怪了：以歌劇院作為世界上最著名建築的唯一城市，並不是在古老的歐洲內的一座安詳的城市，而是強力主張平等、自嘲為「目無法紀」的那片土地上。

　　21世紀初期，在一些富裕的亞洲都市中，歌劇成為一種時尚，日本和韓國都有廣泛而熱心的歌劇觀眾。東京新國立劇場（New National Theatre）的演出早早就開始，以便日本的上班族在看完演出後能長途跋涉的回家。在中國，新劇院在上海、杭州等許多城市拔地而起，位於北京心臟地帶、具有太空時代風格的圓形國家大劇院，成為備受爭議的談論焦點。出現在亞洲的這些閃亮的新文化中心，並沒有常年演出歌劇的打算，財力和觀眾都還欠缺一定的欣賞水平。不過它們的目標是每年都能夠在更流行或更傳統的亞洲節目之餘，上演一些歌劇作品，或者舉辦一個微型的演出節目。雖然歌劇的水準參差不齊，但觀眾也不是特別挑剔，他們喜歡為西方來的明星們喝彩。這裡也和其他地方一樣，歌劇的經費嚴重不足。

　　亞洲出品的歌劇或多或少都依賴著歐美的人才。有時候也會依賴本土明星，他們往往在西方接受過教育。因而香港的盧景文不僅負責香港

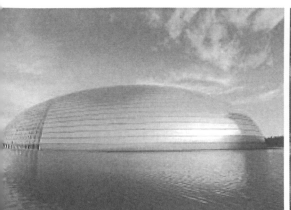

北京國家大劇院外觀及內部。

地區的歌劇製作,他還要負責中國多個城市的歌劇製作。盧景文畢業於香港教會男子學校(Hong Kong's Diocesan Boys' School),後來在羅馬、那不勒斯和佩魯賈(Perugia)的歌劇院中得到機會,學習舞臺設計和導演。1993年,他成為表演藝術學院的院長,也是成立香港管弦樂團和小交響樂團、香港藝術節和香港文化中心、香港藝術中心的關鍵人物。

　　與此類似,在曼谷,歌劇也是一位泰國音樂實業家索姆圖·素差伊庫(Somtow Sucharitkul)的個人愛好,他和盧景文一樣,都是東西方文化融合的真正體現。索姆圖在伊頓公學和劍橋大學接受教育,隨後又在洛杉磯生活了20年,最後才回到故鄉泰國。他不僅是一位熟練的作曲家和指揮家,同時還以哥德式小說和恐怖小說的多產作家身份而聞名。作為一個極具野心和天生浪漫氣質的人,索姆圖於2000年開始籌備曼谷歌劇院,初期他小心翼翼地操作這個不夠成熟的劇團,不久之後,情況漸漸穩定下來。沃爾夫岡·華格納(Wolfgang Wagner)被說服前來出席國際華格納協會泰國分會的落成典禮,與新加坡和馬來西亞歌劇團體的互惠紐帶也被打造起來。一系列製作,包括西方劇碼和新作品(其中包括索姆圖自己的創作)在泰國推出,劇院因此引起觀眾和媒體的注意,索姆圖因此信心大增,宣佈推出全套《尼貝龍根的指環》系列演出計畫。

　　評論家們爭辯說，索姆圖只不過是將不同時間和地點製作的藝術形式，照搬到了當代的亞洲而已。但顯然並非如此，他反擊說亞洲已經具備振興和加強西方文化的能力，而這些文化在某些方面已經迷失。這也就意味著，以兼顧東西方音樂和戲劇的傳統來創作新歌劇，或以現代觀念的舞臺設計、用音樂高水準來製作莫札特、威爾第、華格納或普契尼的偉大作品，才能吸引受過良好教育的亞洲觀眾。一方面，索姆圖自己創作關於古老的泰國王族的歌劇，另一方面讓《魔笛》中三位男孩坐著泰國傳統的嘟嘟車上場，或讓《阿依達》置身於古代暹羅國中，甚至將《尼貝龍根的指環》賦予佛教靈感。在自己的創作中，索姆圖將東西方和聲與器樂傳統中豐富的結構結合起來。有人發現他輕而易舉地將兩種傳統融合在一起，有一種音樂中的政治正確性；其他人則欽佩索姆圖具有強大的能力去跨越文化的界限。

　　如果沒有索姆圖這樣有決心的人物，曼谷歌劇院就很可能不會存在，肯定也沒有劇團能擔當《尼貝龍根的指環》的演出。所謂的劇團，索姆圖謙虛地稱它為自家經營的「家庭工作坊」，在這裡，他可以作曲、大量寫信、不停地打電話、商討和簽訂合約、舉行試唱和排練，並大量地供應和消費咖啡。與索姆圖共事的英國歌手邁克爾・錢斯（Michael Chance）曾回憶道，這個家庭式辦公室的繁忙狀態，讓他對應到18世紀30年代韓德爾在倫敦布魯克林大街上的家裡，應該就是那種氛圍。像韓德爾那樣，索姆圖身兼作曲家、經理人、藝術總監、籌資者、主要演員的角色於一體。自己出身於泰國王室的一支旁系的索姆圖，為國王和王后題獻了不少作品，並在他的歌劇中反映過去的王室和社會菁英的生活樣貌。這是一種政治上的精明。畢竟現代的泰國仍然維持著傳統的、等級森嚴的社會結構，國家政權是以強大的軍事體系維護的高度中央集權。任何人如果想大膽地做一件譬如籌建歌劇院之類的事情，那麼只有得到高層的首肯才有可能，而這一點，索姆圖成功地辦到了。

　　歌劇在亞洲的重要性或者受歡迎的程度，也不能言過其實。它從來都只是極少數人的高雅興趣。就像詹森博士（Dr. Johnson，英國最著名的文學

家之一）曾經這樣比喻說，女人就像「用後腿走路的狗，雖然做得不好，但讓人感到驚訝的是，竟然做到了。」讓人驚訝的是，歌劇竟然在亞洲紮了根，而這種恭維卻得不到回報：沒有哪個西方國家，即使是在世界音樂風靡的時代，能夠有熱心而數量龐大的觀眾喜愛傳統的京劇或者日本能劇。那些前往東京新國立劇場、曼谷泰國文化中心的富有的、受過良好教育、頗有閱歷的本地人和外國遊客，很容易被諷刺為刻意展示他們的文化內涵，然而，即使是在歐美國家，去看歌劇的觀眾當中同樣也有不少這樣的人。事實上，奢華、昂貴、具有典型西方藝術形式的歌劇，的確在東方找到了某些知音，有利於各地歌劇迷的是，亞洲的音樂學院出現的一些優秀歌手不少都進而在西方取得了事業上的成功。

歌劇席捲全球，並且廣受歡迎。在歌劇活動最為蓬勃發展的北美，永久性、半永久性的歌劇團體成功地吸引了一大批觀眾。在美國的主要演出季當中，觀眾的人數在1983年至2000年期間，從250萬上升到430萬，總體歌劇觀眾人數在1980年到2000年期間，從550萬上升到670萬。到了2000年，美國總人口的大約3.3％每年都會去看歌劇，這個資料高於成年人口的增長速度，也高於觀看舞劇、聽交響音樂會、看話劇的人數，而這幾種演出的觀眾數量正在輕微下降。歌劇的觀眾在總人口中，學歷較高並且較富有，當然也較年長，這點毫不奇怪。但是有證據顯示，歌劇是唯一觀眾年齡層呈年輕化的一種古典藝術形式。我們應該理解，這些資料是從很低的基礎上開始的。2002年，隨著「911」事件的發生，各個娛樂行業的觀眾人數都受到影響，有1,100萬觀眾觀看了百老匯的演出，1,700萬人觀看了音樂劇，2,650萬人參觀藝術博物館，而聽交響音樂會的觀眾人數則累計多達3,000萬（這個數字歌劇從來沒有達到過）。然而在20世紀的最後數十年，美國所上演的歌劇品質和數量，以及它們所吸引的觀眾人數，都令人矚目，從規模上和時間比例上都是前所未有的高。

在歌劇發源地的歐洲中心地帶，它們也廣受歡迎。在哥本哈根，新的劇院不但沒有排擠掉現有的劇院，反而成為它們的補充。而在統一後的德國，儘管經濟不景氣，但是每年仍然有大約7,000場歌劇在九十多座

劇院舉行演出（2002年的統計是6,946場）。在法國，高品質的歌劇不僅出現在巴黎，還遍及艾克斯（Aix）、波爾多、里昂、尼斯、斯特拉斯堡（strasbourg）等地。

隨著歌劇的普及，無可避免地反過來影響到製作的品質。歌劇全球化的後果，或者說是副產品，就是越來越傾向於對歌劇進行特別製作，通常是以相同的演員陣容，在各個不同的中心進行演出。某些處於流行劇碼邊緣的作品常常會在短時間內大受歡迎，其原因往往是因個別歌手很受歡迎。20世紀的前20年裡，瑪麗·加登對古斯塔夫·夏麗蒂埃（Gustave Charpentier，1860-1956）的歌劇《路易絲》（Louise）影響很大。而在20世紀70年代中期，幾座頂尖的歌劇院之所以能夠推出威爾第的《路易莎·米勒》（Luisa Miller），其決定性因素是由於多明哥、帕華洛蒂和卡列拉斯卓然成長，能夠在舞臺上擔綱這部歌劇。近年來，喬治烏和阿蘭尼亞（Roberto Alagna，1963-）推動了古諾的《羅密歐與茱麗葉》的復興，胡安·迪亞戈·佛瑞茲（Juan Diego Flórez，1973-）和法國女高音娜塔麗·德賽（Natalie Dessay，1965-）的高超技巧和喜劇天賦，讓董尼才蒂的《軍中女郎》（La Fille du regiment）又回到了威尼斯、倫敦和紐約的舞臺。

《軍中女郎》屬於聯合製作。在千禧年交替之際，歌劇團體之間的聯合製作越來越普遍，很多藝術和管理方面的細節，可以通過電子郵件、傳真或偶爾的電話會議進行討論。假如一切都圓滿，那麼帶頭的劇團就會進行初期的演出，在演出季末或者下一個演出季，同樣的製作又將在其他地方進行演出。各個不同國家的觀眾能夠欣賞到經費充足、排練充分的演出，而這樣的演出，是他們自己的劇團無法獨立完成的。與此同時，製作團隊，也許還包括一到兩個明星獨唱歌手，可以從20場演出獲益，而不僅是一家歌劇院在一個演出季精打細算地只能推出五、六場。幾家劇院的管理層基本上有把握將花出去的費用收回來。

聯合製作代表了行動的詳細分工，它也把職業演員招募到它的隊伍中。如今任何數量的歌劇雇傭大軍都能夠在歌劇戰場上部署火力。在今天有效運行的歌劇院中，除了在舞臺上之外，戰爭和過去相比要少得多。不

過大部分獨唱演員，至少和他們固定不動的前輩相比都算得上是雇傭軍。歌劇獨唱演員一旦成名之後，很少願意長期簽約在一家固定的歌劇院，而寧願自由地通過經紀人將自己的才華以最高價格出售，他們學習一部不熟悉的歌劇中的艱難和所花費的金錢，常通過在別處反覆表演這個角色賺回來。如果柯芬園劇院的亞芒（Germont，《茶花女》中的男主角）、古奈曼茲（Gurnemanz，《帕西法爾》中的聖杯騎士）或戈洛（Golaud，《佩利亞斯和梅麗桑》中梅麗桑的丈夫）的經紀人擁有豐富的資源和良好的人際關係，就能夠預約下一季在休士頓、里昂、漢堡或那不勒斯繼續擔任這些角色，而且收入肯定會更高。

　　歌劇的傳播就像T恤、速食和連鎖酒店一樣，也造成了作品的均化。有些人覺得曾經的「家族風格」正在消失。例如在馬勒的宮廷歌劇院、亞伯特和布希的戈林德伯恩劇院，或者克倫佩勒的克羅爾劇院，歌劇的製作刻上了頂尖人物的影響力和觀點的印記，這種美學派系使你所看到的作品有別於其他地方。從20世紀80年代開始，有十年的時間，當彼得・約拿斯（Peter Jonas）、馬克・埃爾德（Mark Eleder）和大衛・龐特尼（David Pountney）在倫敦大劇院經營英國國家歌劇院（English National Opera）期間，他們以號稱的「劇院強隊」體制推出了一系列優異的製作，凸顯了他們的強大優勢。

　　人們也開始談論音樂製作和演出受到的民族風格的影響。托斯卡尼尼常因他賦予威爾第作品以義大利風格而受到稱讚，而富特文格勒據說對於華格納的作品具有與生俱來的德國情感。在歌唱家當中，備受讚譽的義大利歌劇的出色演繹者，長久以來都是義大利人，或者至少是歐洲地中海地區的人，而當中極少有人敢冒失地嘗試華格納的作品。過分簡單地以本國音樂來識別作曲家和演奏者往往會誤入歧途。威爾第在20世紀上半葉的復興，其領軍者是德國而不是義大利，托斯卡尼尼是他那個時代最優秀的華格納指揮，而代表性的法國歌劇《泰伊絲》、《路易絲》和《佩利亞和梅麗桑》最具風格的詮釋者是蘇格蘭籍的瑪麗・加登。但是，進入21世紀之後，隨著大量成功的表演家在歌劇界縱橫馳騁、以數種語言打通自己的道

路、享用全球美味佳餚、對無甚區別的酒店和機場大廳習以為常之後,這
樣的例外則成為一種普遍狀態。一位多才多藝的法國或日本歌手主演威爾
第的歌劇,一位義大利指揮家擅長指揮《伯里斯·戈都諾夫》或者《維特》
(Werther),或是《卡門》在美國由俄羅斯或以色列編導推出新製作,都
已經不再成為評論的話題。在這種全球化的世界中,民族風格蹤跡難尋,
家族風格則更加稀少。

　　這種均化現象,得益於唱片所作的貢獻。大約在19世紀70年代和90年
代之間,特別是在CD替代LP唱片時,所有知名的、不知名的歌劇新唱片
被出版社大量發行,為歌劇團體和藝術家們帶來了滾滾財源。感覺到消費
者的興趣日益增長,百代(EMI,美國)、迪卡(Decca,倫敦)、寶麗金
(Polygram)和德國留聲機等公司(以及後來收購它們的大公司)也把珍
藏的錄音轉向CD。隨著20世紀90年代初三大男高音初戰告捷,這些公司的
業績達到了巔峰。唱片不會阻止觀眾觀看歌劇現場,反而吊足了他們的胃
口:人們渴望看到和聽到他們從唱片中熟悉的明星們。結果灌製了唱片的
著名藝術家們,走到哪裡都會大受歡迎。其次,無數購買了唱片的聽眾會
認為他們最喜歡的歌劇聽起來應該就像那樣:凡是演唱托斯卡的歌手,都

凡是演唱托斯卡的歌手,都會被拿來與卡拉絲相比。
EMI 發行由卡拉絲錄音的托斯卡與諾瑪 CD。

會拿來與卡拉絲相比,演唱魯道夫的
則與帕華洛蒂相比,演唱奧賽羅的與
多明哥相比,演唱露琪亞的與蘇莎蘭
相比。演奏者也是如此,如果對於代
表性演奏家的唱片錄音十分熟悉,就
很難不把他們的演奏和現場所聽到的
進行比較。錄影的發展則意味著薩爾
茨堡或者巴黎的製作,可能於一年之
後在圖森、東京、羅馬、里約、佩斯等
地被看到和聽到。

　　由於諸多原因,在20世紀後半
葉,各個歌劇中心之間不同的風格,

即使沒有消失，也正在縮小。在歌劇版圖上的歌手和作品，在各個國家蜻蜓點水式的停留，給觀眾們帶來了同一種風格、四平八穩、兼顧各方的國際性製作。

　　想像你正在倫敦皇家節日音樂廳、柏林愛樂音樂廳，或雪梨歌劇院的音樂廳、洛杉磯的迪士尼音樂廳欣賞音樂會。你找到位子坐下後，開始閱讀節目單。一支當代的管弦樂隊將要演奏巴哈和海頓的作品，用的是原版的樂器，指揮是一位公認的具有歷史感的演奏風格的專家。顯然你將會被帶回18世紀的萊比錫或艾斯特哈奇宮廷，感受到作曲家對音樂創作的內涵。或者你置身於巴黎巴士底歌劇院或柏林德意志歌劇院這樣有名望的歌劇院當中，準備欣賞莫札特或華格納。在這裡你同樣有信心，最新的學術成果能夠保證你所聽到的盡可能接近作曲家的本意。

　　在20世紀後半葉，新出現的一代學者型音樂家，致力於追求還原真實的演出。韓德爾的作品以巴洛克時期的羊腸弦小提琴代替金屬弦進行演奏，《費加洛的婚禮》或《女人心》中的鍵盤低音部分用大鍵琴替代鋼琴進行演奏。1770年製作的小提琴顯然比1970年製作的小提琴更適合演奏格魯克的作品。很遺憾的是，18世紀製作的大鍵琴、小提琴和小號現在不是在私人收藏家手裡，就是鎖在博物館裡，太珍貴、也許還不夠牢固、無法勝任連續的演出。因而一股傳統樂器製作潮開始湧現，老樂器被製作成新的仿製品。對於真實樂器的追求並不限於早期音樂，譬如，對於白遼士和威爾第指定低音大號（ophicleide）或長管低音號（cimbasso）的地方，大號（tuba）就不再被認為適合演奏。

　　對於歷史真實性的追求，遠遠不止於演奏者演奏的樂器。樂器畢竟不會歌唱。當仰慕海菲茲（Jascha Heifetz，1901-1987）的觀眾恭維他的小提琴聲音多麼美妙時，據說他嘲弄地看著自己這把史特拉底瓦里牌（Stradivari）小提琴，把它放到自己的耳邊，然後酸溜溜地回答說，他沒發現它會發出任何聲音啊。當然問題的關鍵在於音樂創作的性質。在20世紀後半葉發生了真正的革命，音樂家們和音樂理論家們致力於不僅還原作品創作時代的樂器，還要還原音樂演奏的音高（18世紀的半音通常要比20世

著名的小提琴製造家安東尼·史特拉底瓦里（Antonio Stradivari）。目前全世界還保留約 400 支他所製造的小提琴，十分珍貴。此畫是由艾德格·邦迪（Edgar Bundy）於 1893 年所繪。

紀末的要低一些），同時還要還原作曲家希望他們的作品該如何演奏的詳細意圖。印刷的總譜和原始手稿進行了比對，錯誤得到糾正，而傳統上以改編版本進行上演的歌劇，其被刪減的部分也得到恢復。被原作曲家修改過的歌劇，學術上也進行了討論，以確定究竟哪個版本是作曲家最喜歡的版本，是否最終版本就一定優於最初版本。

　　這種歷史復古主義所附帶產生的後果之一，就是它拓寬了標準的歌劇劇碼，被忽視的早期作曲家的作品被拂去塵埃，重見天日。世紀交替之際，主要歌劇院安排上演蒙台威爾第或者卡瓦利的作品已不再稀奇，而出自著名作曲家以前不太上演的作品（例如莫札特的《伊多梅紐》和《蒂托的仁慈》已成為歌劇的主流曲目。

CHAPTER 5 / 歌劇的全球化時代

更深入的研究隨後而來。在莫札特或貝多芬時代的維也納，大部分音樂廳和樂隊規模都比現在的要小，同時樂器也不如現在那麼嘹亮。而我們這個時代意味著什麼呢？舉例來說，《魔笛》或《費德里奧》的序曲，比起我們的前輩，會被表現得更加輕快而不是那麼莊重。作為當代的歌手，他們的表演也和兩、三代以前不同。從錄音中我們可以聽到，過去一些著名的藝術家們，他們的自由度太大，從一個音符滑向另一個音符，在高音上過度停留，並擅自添加一些並不存在的裝飾音。如今追求純化的歌手不再添加沒有標出的裝飾音和滑音，歌手的各種歎息和呢喃也不再裝作高度激情的痛苦狀。最好對作曲家的願望表達得更精確、更準確，並更加尊重：這是一種新的正統學說。如今的卡瓦拉多西（Cavaradossi，《托斯卡》中的男主角）和卡尼奧（Canio，《丑角》中的男主角）在演唱他們大悲的詠歎調的最後一句時，會被要求唱出來，而不是因硬噎而發不出聲音，而《丑角》中的公爵，不管聲音多美妙，都不允許在四重唱中蓋過他的同伴們。

學者們針對作曲家不斷出版各種評判性的專文，從中去除了幾代以來累積的多餘累贅，觀眾們所聽到的作品越來越接近作曲家的本意。主流劇院不再上演《女武神》的刪節版，《唐·卡洛斯》（Don Carlos，威爾第最具規模的一部歌劇作品）也去掉了開場介紹劇情的楓丹白露一幕。巴洛克和美聲詠歎調中，雅致的裝飾音取代了老一代歌手喜愛的華麗誇張的演唱方式，指揮也學會了遵循正確的滑音和連音、顫音和節拍、休止、節奏和自由的節奏。

最初隨著世界各地的音樂演出變得更加「真實」，歌劇製作變得日益新穎和多樣化。加上現代劇院不容易失火，舒適和安全設施更周全，也安裝了空調，如今的觀眾也不用乘馬車、戴假髮或高帽、穿緊身衣或大蓬裙。除了所演奏的音樂曲譜和風格具備了極佳的真實性外，21世紀的觀眾對歌劇的總體體驗和以前也有極大的區別。我們體驗過去的藝術作品的歷史濾鏡，已被各種現代的景象和聲音所重重包裹，我們無法藉由第一次聽到《費加洛的婚禮》或《茶花女》的耳朵去聆聽這些作品。現代的歌劇迷聽過巴爾陶克和史特拉汶斯基，瞭解奧斯維辛和廣島，熟悉這個充滿了電影、飛機、電腦和全球恐怖主義的世界。當我們想到皇帝告訴莫札特他的

歌劇「音符太多」時，或者與貝多芬同一時代的人發現他的音樂很不和諧時，我們會一笑置之。他們和威爾第或理查·史特勞斯的歌劇，通過現代的耳朵所聽到的感覺，和它們創作出來時被聽到的感覺區別非常明顯，這個事實不管經過多少次真實的演出都無法改變，換句話說，重現早期的歌劇體驗是不可能的事。

　　我們也許不能完全理解卡瓦利、韓德爾等作曲家如何演奏他們自己的作品，但我們有第一手的證據知道理查·史特勞斯和愛德華·艾爾加（Edward Elgar，1857-1934）如何指揮演奏他們自己的作品，知道普契尼最鍾愛的歌手們如何演唱他的詠歎調，很多錄音為我們提供了這些證據。最讓人意外的是，這些錄音裡樂隊所演奏的是現在所稱的過時風格：速度變化較大，大量的顫音和滑音會讓現代人認為俗氣。因此對這些作曲家作品的演繹，傾向於對原作進行改進，以一種原創作者錄音中不太明顯的簡約化的精確性進行演奏。嚴格地說，這也許會被認為是拋棄對歷史真實性的堅持。許多現代的演奏者也許會說，今天的音樂水準高於一個世紀之前，因此我們能夠賦予這些作曲家的作品更大的準確性，而這種準確性高於他們自己所期望能聽到的。

歌唱家安娜·貝爾在理查·史特勞斯的《玫瑰騎士》中演出的劇照。

　　回到德意志歌劇院、巴士底歌劇院和雪梨歌劇院，你可能喜歡在鋼筋混凝土的玻璃建築中聆聽莫札特、威爾第的歌劇，也可能不喜歡；也許你更喜歡柯芬園劇院、史卡拉劇院、巴賽隆納里希奧大劇院（Barcelona Liceu）那樣的古老藝術殿堂。但不管怎樣，在新世紀初，世界各地的大部分歌劇院，都在上演帶幾分真實

性的早期音樂作品，演出的場所若非現代興建的，就是煥然一新的古典建築，在內部的各個座席都具有良好的光線，觀眾們能夠按時抵達，照明、空調、電梯、豪華廁所、毗鄰的停車場等設施，以及方便的公共交通，所有的一切在一兩百年前根本無法想像。這個基本規則（現代環境下的古典音樂）成為世界各地歌劇院的範本，極少有觀眾對此有抱怨，真正的爭議則存在於對正宗的古典作品進行製作的方式。

以新的方式來呈現舊的風華 👓

　　隨著全球化的浪潮，歌劇的演出不僅在各地紛紛興建的歌劇院裡上演，還通過電視、收音機、CD、DVD，以及眾多的體育場館、露天、大螢幕、鄉間劇院和教育活動，觸及了前所未有的廣大觀眾。這些演出，有可能堅持貫徹著原汁原味的原則，演唱的伴奏從單獨的鋼琴到100人的超大型管弦樂團，不管是在劇院、露天、影院，還是在教室、公園或體育場，觀眾的總體體驗都更加友好。「大家的歌劇」成為管理階層的新口號，老人、年輕人、黑人、白人、同性戀、異性戀、富人、窮人，都應邀乘上了歌劇這座豪華大巴士。但這並不一定是每個人的選擇，有些人會覺得很無趣，並在下一站就迫不及待地下車，但也有很多人一旦上了車就再也沒有下去過。

　　儘管21世紀的觀眾能得到純粹的現代物質享受，但通常所演出的音樂依然深深紮根於過去的土壤中，標準的曲目局限於久已逝去的一小部分作曲家。雖然管理層進行了種種嘗試，但他們發現很難讓觀眾接受不出名的作品，不管是新作品還是老作品。當然人們想看的是經過大肆炒作、與周年紀念相關、充滿爭議或者有明星現身的製作。但對於各地的觀眾、演員和劇院經理而言，歌劇的劇目仍然是由四、五十位作曲家公認的名作所組成，這些劇碼創作於漫長的19世紀，從莫札特的《魔笛》（1782年）到普契尼的《杜蘭朵》（1926年）為止。

　　在莫札特、韋伯或貝里尼的時代，大部分劇院老闆和他們的觀眾一樣，在每一個演出季期待著新鮮出爐的製作。就像如今的電影產業，新

《魔笛》第一幕第四景：夜之女王的舞台設計。

作比舊作更賣座。大約在19世紀中期，情況開始改變。現存作品中公認的經典開始逐步出現，它們被認為是值得反覆向大眾推出的偉大標誌性作品。直到20世紀20年代，新舊作品仍然和諧並存，觀眾們湧去觀看兩者的佳作：《路易絲》或者《露琪亞》，《托斯卡》或者《唐懷瑟》，《玫瑰騎士》或者《弄臣》。不過越來越明顯的是，能夠成為經典劇碼的新作品越來越少了，全球的歌劇院和觀眾更加依賴為數不多、在遙遠的過去所創作出來的作品，這種狀況一直持續到今天。

也許更值得注意的是，「經典劇碼」的內容在過去的100年裡變化很小。維多利亞時代的觀眾很少觀看莫札特的《女人心》，但現在卻極受歡迎；而他們很喜歡的梅耶貝爾的作品，現在卻很少上演。古諾的《浮士德》

和《羅密歐與茱麗葉》、龐基耶利（Amilcare Ponchielli，1834-1886）的《嬌宮達》（La Gioconda）在排行榜中排名下滑，而一些早期作曲家，例如：蒙台威爾第、韓德爾、格魯克的少量作品，以及近代作曲家，例如：貝爾格、布里頓的作品排名則逐步上升。不過，將一個世紀前和現在全球主要歌劇院最頻繁上演的數十部劇碼比較起來，卻非常有意思。而最引人注目的是在不同時間、不同地區的核心劇碼的相似度出奇的一致。在1900年左右，歌劇院幾乎都離不開《茶花女》、《阿依達》、《羅恩格林》、《女武神》、《卡門》，以及《藝術家的生涯》、《托斯卡》和《蝴蝶夫人》。不出人們的意料，義大利的歌劇在義大利比在德國更具優勢，而華格納的作品一般會在德國和北歐推出。同樣地《伯里斯·戈都諾夫》和《尤金·奧涅金》在俄國處在排行榜頂端，直到近年來莫札特和華格納的作品才從排名榜底部稍有上升。然而，除了這些區別之外，大部分核心作品一直是歌劇院經常上演的那些劇碼。

新作向舊作的歷史轉移，同時發生在現實中和美學上。隨著我們的故事在歌劇之路上縱橫馳騁，我們不時會發現一些現實中的線索。在19世紀上半葉的義大利，我們遇到過許多煩惱重重的經理人，唯恐不能及時搞定一部有前途的新作品：拉納里為了貝里尼的作詞家菲利斯·羅馬尼能按時完成劇本而不惜動用員警，梅雷利為了填補史卡拉劇院劇碼的缺口而遊說年輕的威爾第創作歌劇。很少有歌手能依賴重複扮演某些熟悉的角色，哪怕是最有名的歌唱家，也得在每個演出季學會好幾個新角色。19世紀30年代在那不勒斯為巴爾巴亞工作的男高音阿道夫·諾里，曾提及他必須：

馬卡特（Hans Makart）於1880年左右所繪製的《女武神之吻》。

　　每天排練，每個月背下一個新角色。今天從來不知道明天會唱什麼，早上從來不確定晚上會被叫去做什麼，除了發燒，沒有任何藉口！

　　威爾第發現，自從《納布科》為自己的事業帶來成功之後，他不得不定期拿出一系列歌劇作品，永無休止地面對著緊張的時限。羅西尼在三十多歲時同樣選擇了這種職業，而董尼才蒂因此而身心受到極大的摧殘。因為觀眾總是喜歡新鮮事物，如果經理人和他的藝人們拿不出來，那麼他們在接下來的演出季就會處境堪憂。

為了紀念《法斯塔夫》的首演，《義大利畫報》設計的雜誌封面。

　　到了19世紀下半葉，情況有所改變。幾家有影響力的出版公司聯合在一起強行實施國際性的版權法，給成功的作曲家們提供了保障自己經濟利益的機會，使他們能夠減少創作數量，有更多的時間來仔細琢磨作品。威爾第推出一部成熟作品的時間越來越長，這種奢侈，他早年根本無法享受到。威爾第最初的15部作品於十年之內（1839-1849）創作完成，而他後面的5部作品則出現在1862年的《命運之力》、1867年的《唐‧卡洛斯》、1871年的《阿依達》、1887年的《奧賽羅》和1893年《法斯塔夫》。

　　威爾第為他的出版商黎柯笛提供了一座金礦。但是作曲家不能永生，於是出版商們越來越精於兜售手中的產品。黎柯笛公司是品牌的引領者，他們積極鼓勵老作品的新製作，還不斷推出一系列相對不那麼知名的作曲家的新作品：每一個歌劇愛好者都在留意下一個威爾第或者華格納何時出現，音樂出版商也同樣如此。其中一些出版商也願意將一位有前途的年輕人留用幾年，讓他努力發揮自己的作曲才能，得到市場的認可。因而，普契尼在創作《曼儂‧萊斯科》（Manon Lescaut）期間得到了黎柯笛的資助，而松佐諾雇用的焦爾達諾，後來創作出《安德列‧謝尼埃》（Andrea Chnier）。然而，越來越多的跡象顯示，除

了新生代中的佼佼者，其他新人都因老作品日益受歡迎而處於相對失色的危機之中。

這種轉移也體現在美學上，特別是在德國。1820至1825年間，萊比錫布商大廳交響樂團演出的作品中，只有不到四分之一屬於過去的作曲家，而二、三十年後孟德爾頌則在積極推廣巴哈等著名前輩的作品，而這個數量則翻了一倍。如我們所見，嚴肅音樂被賦予了道德高度，那些偉大的音樂前輩們也被奉若神明，貝多芬被歸入由巴哈、莫札特等人所組成的名人堂中。而最高貴的音樂形式就是像室內樂作品、交響樂等純粹的音樂。頻繁上演且備受歡迎的歌劇，卻被一些人認為是一種有臺詞、有人物、有情節，與戲劇相關的低檔、商業化的娛樂。1829年在維也納發表的一篇文章中，痛心地提到一個唱詩班的成員「被表演簡單、討人喜歡、華而不實的歌劇音樂毀掉了」，因為無法適應他們的新樂長———一位渴望教會他們「嚴格且嚴肅風格」的彌撒曲和清唱劇的教堂管風琴師。不過到後來，歌劇也開始跟進。華格納對於藝術和藝術家懷著高度的浪漫主義觀，他把自己多層次的音樂戲劇，當作救贖社會的手段，並以此作為自己的人生使命。而他的作品也被視為體現了近乎神聖的意涵，同時拜魯特節日劇院也被世人奉為神殿。

1876 年《尼貝龍根的指環》於拜魯特首演時，都普勒（Karl Emil Doepler，1823-1905）設計的投影用玻璃片：三位女武神。

浪漫主義認為，藝術和藝術家是在一個缺乏想像力的世界裡，為世俗之人啟迪精神力量，對此我們也許會一笑置之，但在德國和在其他許多地方，人們都贊同這樣的觀點。19世紀中葉之後，近似於希臘神殿般的歌劇院，在歐洲半數以上的首都拔地而起，演出開始後，觀眾們都會安安靜靜且彬彬有禮的觀賞。這些觀眾所觀看的歌劇，多半是公認的「偉大」作品，常由同一批藝術家擔任演出。他們學唱這些角色在倫敦或者巴黎演出，並且也能在同一年，以迅速而舒適的旅行方式來到紐約或布宜

諾斯艾利斯，將作品獻給喜愛歌劇的觀眾。

最初這些新興的經典並非無懈可擊，就像游泳池那樣，不斷有新鮮的水流注入，也有舊的水被排出去。例如，奧伯和阿萊維的大歌劇，逐漸按觀眾的喜好而被近代的《浮士德》和《卡門》等法國作品所取代。不過，這些作品很快就被固定下來，包括華格納和威爾第的作品，以及幾位早期作曲家公認的傑作。20世紀初，大量的新歌劇不斷被創作出來，但除了普契尼或理查‧史特勞斯等極少數，其他的作品都很難持久。與此同時，很多習慣於早期風格中飆高音的歌手們，發現他們很難克服浪漫主義晚期龐大的樂隊，以及現代主義刺耳的音樂給他們的聲音造成的干擾。瑪麗‧加登或卡盧梭這樣的歌手，仍然能夠參加一連串的首演，而多明哥只能演唱很少幾部為他量身定做的作品，都不是主流劇碼。到了他這個時代，大部分歌手和他們面前的觀眾一樣，寧願不斷重複欣賞一些公認的經典作品，也不願冒險踏入不熟悉且在各方面都吃力不討好的領域中。

布魯內雷斯基為杜蘭朵公主在第一幕中做的服裝設計圖。

巴爾巴亞、諾里和董尼才蒂所熟悉的情景發生了改變，歌劇的品位開始向所謂的標準劇碼——劇迷們熟悉、喜愛、願意花錢反覆觀看的作品集中。這些作品不但構成了保留劇目，而且成為一種閃耀著道德和思想價值光芒的「經典」作品。受到每個人喜愛的歌劇不僅具有好的票房，它們同樣被視為高雅藝術的典範，而那些鳳毛麟角的天才創作者們，則早已化為歷史的塵埃。

從20世紀一直到進入21世紀，不斷有新歌劇出品，其中不乏佳作。同時一些塵封已久的早期作品被挖掘出來，其作者甚至在他們自己那個時代都不為人所知。蒙台威爾第和格魯克的奧菲歐系

列、貝爾格的《伍采克》和《璐璐》、布里頓的《彼得・格萊姆斯》、《比利・巴德》（Billy Budd）、孟德爾頌的《仲夏夜之夢》等作品的強大製作，為全球歌劇舞臺帶來了衝擊。但這些作品均沒有進入世界歌劇的保留劇目中。它們都是在特殊場合下上演，主角常由特邀的明星擔綱。如果《彼得・格萊姆斯》能定期以英文版本在世界各地上演，演員陣容是各地的本土演員，和用法語演唱《卡門》、義大利語演唱《托斯卡》的是同一批人，那麼就能說它已經進入了歌劇「經典」。遺憾的是，這一天還沒有到來。

隨著大眾的口味向一小部分經常重複上演的作品集中，推動了各式各樣的附屬專業。在保留劇目不斷得到更新的19世紀早期，音樂理論和音樂歷史研究還算不上重要的學術領域，而在20世紀卻得到快速發展，知識的觸角以前所未有的力度聚焦在過去的音樂上。系統音樂評論也在19世紀發展成為一門公認的職業，弗朗索瓦-約瑟夫・費蒂斯（Francois-Joseph Ftis）、愛德華・漢斯力克（Eduard Hanslick）、羅伯特・舒曼（Robert Schumann）、蕭伯納等人深刻的觀點，在各種雜誌上詳細發表並被廣泛借鑒。評論家們也許不能「控制明星」（蕭伯納在想到一個由美國天后所引發的「擲花束」行為時，惱怒地寫道），但至少他能夠「管理這些馬戲團的老虎們」。

除了音樂本身以外，人們對音樂的表演方式，以及對歌劇的舞臺佈景也有詳細的研究並產生了強烈的興趣。即使經常上演的經典歌劇一成不變地因循在過去的作品上，但它們的製作卻並不拘泥。當代的音樂編導們力圖將這些曲譜按照作曲家的意圖進行表演；相反地，舞臺編導則常常拒絕按照歷史的真實性來處理。但這並不稀奇，若依蒙台威爾第或莫札特時代的佈景、舞臺機關、照明和表演風格，觀眾也會覺得滑稽可笑吧。現代劇院的設施是過去很難想像的：旋轉舞臺、側台、電視監控、數位照明系統，以及在瞬間換幕時部署和拆除複雜的3D佈景的能力等等。在這樣的需求下，逐步發展出歌劇歷史中不存在的一種新職業：製作人或導演。

過去像華格納或威爾第這樣充滿創造力、精力充沛的作曲家，會親自參與製作佈景、道具和服裝，以及人物的動作和表情。更常見的情況是由

劇院經理和演員自己去處理這些細節。著名的演員常常都會自帶服裝。畢竟，帶著裝滿華麗禮服和貴重珠寶的衣櫃旅行的帕蒂或者梅爾巴，一定比柯芬園或巴黎歌劇院聘用的女裁縫更清楚什麼衣服適合她們。帕蒂或者梅爾巴都是以明星的身分簽約某一部歌劇的，當然不能期望她們會參加每一場排練，自然會有使者把她們想知道的一切說明清楚。畢竟是她們扮演的薇奧萊塔、露琪亞、茱麗葉或咪咪讓觀眾喜愛，假如她們能像天使一般歌唱，誰又敢批評她們的行為呢？

後來，馬勒和克倫佩勒等人也接受了華格納「整體藝術」的概念，他們試圖將所有的藝術彙整在他們的製作中，從戲劇界引入製作人和設計師，同時引進能夠表演並適合其角色的演員歌手。進步是緩慢的。1950年當魯道夫‧賓接管紐約大都會歌劇院時，他對名冊上諸多例行公事般的呆板製作感到驚駭不已，他將此作為他新官上任首先要改正的缺點。

起先，賓費了些力氣說服梅爾基奧爾、比約林和迪‧斯蒂法諾（Di Stefano）等歌手參加排練，當然在這方面賓非常有把握。在大洋彼岸的柯芬園劇院，大衛‧韋伯斯特（David Webster）因提托‧戈比不參加排練而解雇了他。很快地每一位自重的歌劇經理人都開始堅持認為製作的價值不輸於音樂本身。戈比恰好是一位了不起的演員，而梅爾基奧爾、比約林及其同輩及後輩的多數人卻並非如此。人們去看他們的演出，去看薩瑟蘭、卡芭葉、傑西‧諾曼和帕華洛蒂的演出，並不是因為他們具備戲劇才能，而是因為他們的嗓音。

20世紀的最後幾年，情況發生了變化。一方面，如我們所見，在《玫瑰騎士》和《杜蘭朵》出現之後，歌劇的核心劇碼固定了下來。歌劇要保持充滿活力的方式，就是不斷以新的方式製作老作品。在1900年還鮮為人知的製作人一職，到了2000年已經變得非常重要。表演越來越側重於戲劇而不是音樂，製作的重要性也超過了演唱。被DVD和電視所包圍的觀眾們，同樣期望歌劇演員能進入他們所塑造的角色中，藝術家們更能夠接受指導。新生代歌劇導演中較激進的理查‧鐘斯（Richard Jones）曾在20世紀80年代製作《阿依達》時擔任初級助理，當時的主演是帕華洛蒂和里恰蕾

莉（Ruggero Ricciarelli，1946- ），2007年鐘斯回憶說，「他們強加了很多條件，很荒唐」，他說此時的歌手和觀眾對於富有想像力的導演所增加的東西已經寬容多了。漸漸地，藝術家們不僅要能演唱，還要具備扮相和表演，才能夠入選到歌劇的陣容裡。

2004年柯芬園劇院製作理查·史特勞斯的《阿里阿德涅在納索斯島》（Ariadne auf Naxos）時，嗓音出色但身材肥胖的美國女高音黛博拉·沃伊特（Deborah Voigt）落選了，取代她的是美貌的安妮·斯萬妮維爾姆斯（Anne Schwanewilms），媒體對此議論紛紛。三年之後，柯芬園劇院獲得了勝利，他們手裡是單薄苗條的娜塔麗·德賽，由這個穿著寬鬆衣衫、胸脯平平的假小子主演董尼才蒂的《軍中女郎》，40年前這個角色在皇家歌劇院是由大塊頭的蘇莎蘭扮演。此時，很少有歌劇院、觀眾和製作人還能容忍僅僅站著唱的表演方式，肥胖或一動不動的曼里科（Manrico，《吟遊詩人》中的主角）、咪咪和布倫希爾德已經過時，你再也不能夠只是「坐著嚎叫」。

演員型歌手的出現，是歌劇製作越來越重要的徵兆。有人說，歌劇應該和其他戲劇形式一樣，它的製作必須吸引觀眾，才能造成影響、發人深省。有時候通過直接的方式：例如將《費德里奧》設置在納粹的集中營或關塔那摩監獄，或將佛旦（Wotan，《尼貝龍根的指環》中的眾神之王）變為企業主，尼貝龍根人成為他的雇員。但更多的時候是通過象徵：或晦澀、或諷刺、或刻意顛覆過去那種刻板的製作來進行表現。

20世紀末，有一批舞臺導演以激進、新布萊希特戲劇（20世紀德國戲劇的一個重要學派）的方式來進行歌劇製作，他們當中有不少人在東德工作，隨後名揚全球。隨著新一代導演採取了這種方式，劇迷們似乎覺得製作的概念比音樂更加重要。一度為傲慢的歌劇女伶和專橫的指揮大師傷腦筋的歐洲歌劇院，現在據說又深受一種新病之苦，那就是所謂的「導演制歌劇」。當觀眾們看到莫札特的黛絲比娜（Despina，莫札特歌劇《女人心》中的角色）成為路邊小店的女招待、唐璜吸食海洛因或大嚼死馬的屍體、奧賽羅抑制著對伊阿古（Iago）的同性戀渴望、《弄臣》第一幕中裸體

1904 年斯托奇歐（Rosina Storchio）飾演蝴蝶夫人的劇照。

的雞奸行為（公爵的宮廷成為墮落的場所），或者威爾第的謀反者們坐在廁所的一排長凳上時，有人興奮激動，也有人義憤填膺。

一位創意十足的導演總能不時找到一種奇特的方式來製作一部深受喜愛的經典作品，讓它產生吸引力。喬納森·米勒（Jonathan Miller，1934-）將《弄臣》的情節設置在20世紀50年代的紐約小義大利區，這個製作不斷在英國國家歌劇院被重演。英國國家歌劇院的另一部製作，是安東尼·明格拉（Anthony Minghella，1954-2008）於2005年執導的《蝴蝶夫人》，其中大量地採用了日本傳統的戲劇元素。一年之後，新任紐約大都會歌劇院總經理的彼得·蓋伯（Peter Geib），以這部作品作為他上任後第一個演出季的開場演出。

一般狀況下，美國的主要劇院傾向於更傳統的製作。紐約大都會歌劇院的約瑟夫·沃爾普（Joseph Volpe）曾說，他討厭「賣弄學問的人」，指的是按照自己的想像來重寫作品，而不是以觀眾理解的方式來呈現作品的人。他推出的《尼貝龍根的指環》和《弄臣》都是優美的大製作，備受喜愛。毫無疑問，在新生代的歌劇導演中，一些人樂於為舞臺帶來反常和震撼性，然而他們當中的佼佼者，會在工作中完全理解他們所要創作的音樂戲劇，並渴望盡可能以最佳方式來呈現作品。他們像那些觀念傳統的導演一樣，能夠富有創造力地和音樂家同仁們一起工作。所有人都同意有必要不斷重新製作過去的作品，以使其具有現實意義。觀眾和評論家們也許會為後現代主義的無禮冒犯而憤怒，但比起以平淡乏味的製作僅僅重現經典作品中昔日流行的場景，前者更加有趣。

　　20世紀末，世界各地主要歌劇院上演的經典劇碼，都開始以歌劇的原語言進行演出。還有什麼比用德語演唱《羅恩格林》、法語演唱《卡門》和義大利語演唱《阿依達》更加原汁原味呢？這些作品創作時本就如此，早年的觀眾聽到的也是如此。然而恢復原語言的製作卻代表一種革命，標誌著歌劇全球時代的來臨。。

　　一個世紀以前，很多歌手在其職業生涯的大部分時間裡，都屬於他們祖國的劇團成員。歌劇院的演出，常常是以當地觀眾的語言進行演唱，否則就是以義大利語進行演唱，因為義大利語被視為傳統的歌劇語言。以法語劇本創作的《浮士德》，在大都會歌劇院開幕演出時以義大利語進行演唱。一代人之後，這部歌劇在柏林上演，瑪格麗特由年輕的美國女高音傑拉爾汀・法拉爾扮演。法拉爾用義大利語演唱，合唱團則用德語演唱。而法拉爾在柏林最成功的演出是馬斯涅的《瑪儂》，在這部作品中她按人們的期待用德語進行演唱。20世紀30年代，比約林以瑞典語學唱歌劇，弗拉斯達德以挪威語學唱歌劇。

　　在大戰前，紐約大都會歌劇院或柯芬園劇院的義大利或德國演出季都以跨國陣容、不同的語言演唱經典作品，在20世紀後半葉之前都是如此，也被藝術家和觀眾所接受。因而，我們發現在二戰後柯芬園劇院出品的《茶花女》中，施華寇用英語進

華格納《漂泊的荷蘭人》第三幕的布景草圖，由普雷托留斯（E. Pretorius）繪製。

行演唱，而吉里在他的倫敦演唱會上，例行地加入了義大利語版的華格納《羅恩格林》中的告別詠歎調、比才《采珠人》中的男高音浪漫曲。年輕的卡拉絲在義大利演出義大利語版的《崔斯坦與伊索德》和《女武神》，而在巴黎，巴黎歌劇院則不斷為法語版的華格納《漂泊的荷蘭人》、威爾第的《茶花女》和理查·史特勞斯的《玫瑰騎士》打廣告。

　　情況在20世紀末發生了變化，除了極少數歌劇院之外，其他的歌劇院都開始以原語言演出經典劇碼。其中存在著充分的藝術理由：作曲家在創作音樂時，腦海中縈繞的是原劇本語言的韻律和重音。在職業上也提供了更大的空間：如果能用法語演唱《卡門》、義大利語演唱《托斯卡》，比起只能用德語、丹麥語或者英語演唱能獲得更多的通行證。卡盧梭和吉里雖然到處旅行，但生活在義大利化的環境中，而他們的後繼者卻是世界公民，在各國家、各大洲飛來飛去。

　　也許有人希望觀眾有所抵制。如我們所見，不喜歡歌劇的人常常強調它是用外語演唱。不管是在1711年倫敦《旁觀者》的專欄中，還是現代成熟的民意調查中，許多人認為是歌劇的外來性和他們不能理解歌劇的擔心，妨礙了他們去欣賞歌劇的意願。莉蓮·貝利斯曾直言不諱地說，如果人們能夠理解演的是什麼，他們就會去看演出。如果是這樣，近年來以原語言進行演出的轉變，似乎與之背道而馳。為什麼21世紀的觀眾，對於以聽不懂的語言表演的歌劇，要比早期的觀眾更能接受呢？一個重要的原因是因為字幕的發明和廣泛運用，各種版本的歌劇唱詞投射在舞臺上方或者椅背上，和電影字幕有異曲同工之妙。

　　字幕最早是由加拿大歌劇院的總導演盧特菲·曼蘇里（Lotfi Mansouri）於1983年引進多倫多的，後來迅速被各地所採納。一開始評論家的觀點分為兩派。以行家為首的一派認為，字幕妨礙並打擾觀眾欣賞舞臺上的情節，他們忙著去看字幕而不是看歌劇，就像溫布頓網球賽上忙著去看記分牌而不是去看比賽一樣。「你看歌劇是為了聆聽和欣賞，而不是為了閱讀」，1986年11月，擔任英國雜誌《歌劇》編輯的羅德尼·米納斯（Rodney Mimes）曾如此嚴詞譴責。「事前就讀到了內容」對於歌手而言似乎很「討厭」，米納斯認為字幕是「對戲劇的否定」，他竭盡全力地呼

籲。隨後的一期雜誌中登滿了讀者來信，充斥著各種支持和反對的觀點。一位歌手的代理人來信說，以他的體會，字幕「讓觀眾變得活躍，能更好地意識到歌劇中將要發生什麼」。他補充說，「難道編輯大人就讀得那麼慢，以至於不分心就想不透它的意思嗎？」

　　隨著各個劇團開始實施這個新措施，爭論在其他地方也紛紛湧現。在紐約大都會歌劇院，音樂總監詹姆斯·萊文（James Levine）放出話來說休想將字幕引進大都會，除非「我死在前面」。歌手真的很討厭字幕嗎？是的，如果他們在演唱頭頂上翻譯出來的俏皮活之前，就聽到觀眾在笑的話。既然大部分觀眾都不用聽他們的唱詞，那麼他們會偷懶不好好唱嗎？也許不會，但誰能肯定呢？

　　在觀眾與演員之間、音樂出版物上、歌劇院的走廊裡，爭論此起彼落。像所有的新技術一樣，字幕在發明之初會出現一些暫時性的問題，成為人們取笑的對象。《唐璜》中的「自由萬歲！」被譯為「奔向自由！」譯錯是一件事，字幕機出錯又是另一件事，重新開機後字幕和舞臺上發生的情節不吻合的事情比比皆是。不過，隨著新技術的改良，情況慢慢穩定了下來。從2002年開始，紐約大都會歌劇院將字幕顯示在座椅靠背後面，這個方法後來被其他地方採納，有些劇院還提供多種語言選擇，只需一個按鈕也可以將字幕完全關閉。而詹姆斯·萊文也還在大都會歌劇院裡好好地活著。較有爭議的是在以本國語言的演出中使用字幕。從事英語歌劇演出的英國國家歌劇院於2005年宣佈，鑒於大眾的需要，它將引入字幕。此事在管理層中引起非議。對於劇院前任製作領導大衛·龐特尼而言，字幕就像是「一隻橡膠安全套，把觀眾隔離在理解與直接滿足感之外」。指揮家保羅·丹尼爾（Paul Daniel）表示，字幕會讓觀眾產生「冷淡和被閹割」的感覺，如果你只是讓自己接受這些資訊，你就無法感受到歌劇帶來的「生理衝動」。就像性感轉換成了暴力，英國國家歌劇院的前老闆彼得·約拿斯不滿地說，如果這就是人們所需要的，那為何在古羅馬競技場上不直接把人殺了？很多人害怕英語字幕在英語演出中的出現，會導致英國國家歌劇院不再有存在的理由。

　　另外有人指出，不管一位歌手發音多麼清晰，也無法讓那麼大一座歌劇院每個角落的觀眾都能聽清楚唱詞。的確，歌劇本身的性質是樂段深奧、節奏快速、具有多聲部唱段，且常常以宏大的樂隊伴奏，這樣往往會影響人們聽清楚它的內容。爭論非常激烈，但英國國家歌劇院堅持自己的決定，並開始推行其新政策。

　　隨著歌劇走向世界，字幕也追隨著它的腳步發展。到了2000年，《紐約時報》的約翰‧洛克威爾（John Rochwell）認為，字幕的價值是顯而易見的。它們很快受到大部分歌劇愛好者的廣泛歡迎，他寫道，他們對此很難再有異議。「想想它的優點吧！冗長複雜的歌劇即刻變得易於理解，可以吸引更多的觀眾。」洛克威爾同時也意識到，字幕的使用突出了歌劇的戲劇性，使管理層有信心推出新作品或者人們不熟悉的早期歌劇，或許這樣有助於擴展保留劇目。因為觀眾能夠理解劇情的細節，它還有助於更具想像力的製作。2005年，漢麗埃塔‧布蕾丁（Henrietta Bredin）提到字幕時說：「它們保留了下來。非英文的歌劇演出是否使用字幕不再有爭論，現在每個人都在這樣做。」字幕成為新的歌劇民主制度。

　　世紀交替之際，歌劇界所期望聽到和看到的，產生了概念上的分歧。一方面，演員開始更頻繁地在字幕的支援下以原語言進行演出，而同樣地，音樂的表達也更加遵守經過仔細研究出來的作曲家的本意。這些努力，讓歌劇的體驗即使算不上是完全「真實」，但也越來越「尊重歷史」。然而，恰恰就在這時，歌劇所表現的戲劇衝突卻被故意從其歷史背景中撥離出來。熟悉的作品被以它們的創作者所不熟悉的風格進行製作。換句話說，音樂的風格非常保守，而戲劇風格卻異常前衛。

　　這種矛盾偶爾會引起衝突，由於歌手、指揮顯然對於他們簽約所要演出的製作感到不滿，據說會因「無法調和的藝術分歧」而退出。1994年2月，俄羅斯指揮家根納季‧羅傑斯特汶斯基（Gennadi Rozhdestvensky，1931-）離開了柯芬園劇院製作的馬斯涅的歌劇《小天使》（Chérubin），原因據說是導演要求他採取更慢的音樂節奏以適應這個新製作。幾年之後，克里斯多夫‧霍格伍德（Christopher Hogwood，1941-）退出了澳洲歌劇院

版《魔彈射手》的指揮工作，在韋伯這部精心構建的三幕歌劇中，導演計畫把幕間休息放在第二幕中間。《雪梨星期日電訊報》的評論家在猛烈抨擊這部製作之後，評價霍格伍德為「聰明的傢伙」。

　　但大部分考慮周到的舞臺導演和思想開明的音樂家，也能夠和諧共處，希望通過共同努力使作品擁有比其本身更強的衝擊力。因而隨著歌劇全球化，它煥發了新生的光芒，不僅因為核心保留劇目裡增加了一系列新作品，同時還因音樂的完整性和戲劇現代性的結合。像所有的結合一樣，它也有黑暗時期，但其好處在於將新鮮血液注入古老的藝術形式當中，使得它能觸及更廣的觀眾群。

演出必將繼續

　　2006年9月，柏林德意志歌劇院計畫推出新版莫札特的《伊多梅紐斯》，由於其中涉及先知穆罕默德，警方警告說有可能會危及歌劇院的安全，演出因而被取消。

　　所有的藝術在某種程度上都是政治，歌劇並不僅僅具有反映或者批判它所處時代的權力結構的價值。早期的正歌劇常以歷史或寓言的形式對委託創作歌劇的貴族進行描繪，而在政治鎮壓時期，歌劇舞臺又成為失去希望的憤怒民眾表達期待的寄託。政治熱情不僅在舞臺上得到展現，同時還圍繞著歌劇院不斷地在發生。拿破崙躲過暗殺之後在歌劇院受到熱烈歡迎，而貝里公爵就沒那麼幸運了，謀殺導致事發地點的歌劇院關門歇業。1858年，當拿破崙三世和皇后來到巴黎的歌劇院時，失望的義大利民族主義者向他們投擲了炸彈，因此加尼葉在新歌劇院中設計了獨立、安全的皇家通道。1893年在巴賽隆納，權貴聚集場所的里希奧大劇院，一名無政府主義者在大廳扔下了一枚炸彈，炸死了二十多人。

　　法國總統戴高樂於1960年對倫敦進行國事訪問期間，女王伊莉莎白二世曾陪同他前往皇家歌劇院，此舉與維多利亞女王和拿破崙三世的接待規格相同；甘迺迪總統設國宴招待印度總理甘地時，邀請華盛頓歌劇團來

到白宮表演節目；密特朗總統最值得驕傲的成就之一，便是在巴黎建造了一座新的歌劇院；冷戰白熱化期間，來自華沙公約國的歌手前往西方國家演出，有時會遭到拒簽。直到現在，華格納的音樂在以色列依然無法被接受，德國柏林版的《伊多梅紐斯》應強烈的政治要求而進行了修改。「如果擔心可能的抗議而進行自我審查，那麼自由言論的民主文化就會陷入危機。」文化部長貝恩德·諾依曼（Bernd Neumann）如此說道。

歌劇總是需要大人物的資助。幾百年來，它都依賴於政治領袖的贊助，從王室贊助人到20世紀集權者和民主國家都一樣。不過，到了21世紀之後，雖然歌劇在全球流行，但在政治上卻受到相對的歧視：這種專業獲得的利益十分「小眾」，越來越不受大眾的注意，政府也不願意鼓勵。英國首相布雷爾、義大利總理貝魯斯柯尼、美國總統布希、法國總統席哈克和俄羅斯總統普丁互訪時，他們會身著正裝到城堡或宮殿赴宴，或乘直升機到主人的鄉間別墅遊玩。歌劇院則是這一代外國政要及其繼任者最不願意帶對方去的地方。2008年，法國總統薩科奇和新婚妻子卡拉·布呂尼（Carla Bruni）在倫敦進行國事訪問時，如果讓他們與女王及菲力浦親王在歌劇院度過一晚，那完全是無法想像的事。

這種改變部分是因為財政的緣故。二戰後的幾十年裡，西歐許多民主國家都將金錢投入到高雅文化中，其中也包括歌劇。法國、義大利和德國的主要歌劇院，其預算的三分之二來自於公共財政，荷蘭得到的更多，剩下部分主要通過門票銷售來彌補。英國在這方面和在其他方面一樣，儘管皇家歌劇院、英國國家歌劇院和一些新的地方歌劇團體都是英國藝術委員會捐贈資金的主要受益者，且離開它便無法運作，但它們得到的政府資助卻要少得多，這樣的作法為歐美樹立了典範。

反對用稅收資助藝術的人，會找出奢侈浪費的諸多例子：例如，有好幾家義大利劇院雇用了大量的員工，而他們在一個演出季進行演出的日子，比不演出的日子還多。而另一方面，饑渴的劇院卻無可非議地抱怨得到的資助永遠不夠維持歌劇的高水準。當受到質疑時，他們會問，還有其他方式能讓這種最昂貴的藝術形式生存下去嗎？歌劇院老闆會告訴你，一

座擁有少於2,000個座位的劇院，其票房收入只能彌補一小部分費用，如果票價漲得太高，你就會失去部分潛在的觀眾，而降低票價又會減少收入。如果你試圖以穩操勝算的流行劇碼來充數，又會背離你所堅持的藝術準則。美國最大的幾座劇院擁有三千多甚至四千多個座位，在票房較好的晚上，代表著較多的收入，但仍不足以維持劇團的經營。

此外，歌劇生意和其他生意不一樣，它不是那麼容易提高產能。當然，一座劇院或一家劇團也許能夠在行政管理上下功夫，推出更多的演出、維持低薪、減少合唱團人數、削減佈景和道具費用。然而，如果大量減少排練時間，則會損及藝術水準，而眾所周知的三角鐵演奏員卻無法得到比曲譜上的要求更多的音符；21世紀上演的《阿依達》，雖然樂隊規模和19世紀相同，但是樂手們期望的收入和條件卻大大提高。全球歌劇院經營所面臨的根本挑戰是，歌劇演出必須付出的基本成本，無法通過管理效率來彌補。

在美國，歌劇院在很大程度上依賴免稅的私人捐贈，這種捐贈又隨著股市的興衰而波動。這是否也意味著必須適應富有的捐贈人保守的藝術品位呢？德州石油大亨的遺孀西比爾·哈林頓（Sybil Harrington）在20世紀80、90年代曾經為大都會歌劇院製作的16部歌劇提供資金，她喜歡她的歌劇宏大而輝煌。有人會發現澤菲雷里（Franco Zeffirelli, 1923-）的大都會版《藝術家的生涯》或《杜蘭朵》，豔麗、浮華、陣容龐大，頗有20世紀30年代好萊塢電影的風格，深受觀眾們的喜愛，它們均由哈林頓提供資助。過去為明星歌手喝彩，如今則為舞臺場景而喝彩，這種經驗大多數歐洲導演和舞臺設計都不曾經歷過。一些歐洲人在這方面頗不以為然，他們會說，我們能夠進行嘗試，能夠推出新作品，推出舊作品令人耳目一新的創新製作，而在美國，他們只能以一部又一部華麗製作的經典舊作來取悅他們的鑽石級捐贈人。公共資助對歌劇所保留的文化和知識的完整性的影響，要小於私人管道資助的影響，特別是經過有名望的委員會過濾之後。

只要這樣的觀點能繼續被政府和受贈者雙方所接受，那麼就令人欣慰。但在20世紀80、90年代，隨著許多歐洲都市熱中私有化，歌劇失去了

一度被認為理所當然的政治影響力。有人說，藝術和其他東西一樣，應該學會更依賴市場機制。政府並沒有用大量的公款來資助足球俱樂部、搖滾演出或者美食餐廳，那麼為什麼要獨厚交響樂團、舞蹈團和歌劇院呢？如果人們那麼喜歡歌劇的話，他們自然會找到為它付錢的方式，對它無特別興趣的人們則給它貼上了「菁英藝術」的標籤。

英國肯特歌劇院（Kent Opera），曾經吸引過喬納森‧米勒（Jonathan Miller）和羅傑‧諾林頓（Roger Norrington）等名人的企業，在公共經費減縮的壓力下倒閉。沒過幾年，蘇格蘭歌劇院（Scottish Opera）也因缺少公款資助瀕臨解散，柯芬園劇院也未能倖免。藝術委員會在1970年到1997年期間，將撥給皇家歌劇院的款項從140萬英鎊增加到2,000萬英鎊，然而因為通貨膨脹的影響，撥款的價值實際上只剩一半。1995年，皇家歌劇院從英國國家彩券公司（Britain's National Lottery）得到一份重建撥款，《太陽報》對此進行猛烈抨擊，聲稱人民不希望他們的金錢「在醫療研究福利機構得不到的情況下被揮霍在有錢人的小眾消遣上」。一位柯芬園劇院的高級主管在電視直播中被問及，在人們因缺乏透析機而瀕臨死亡時，他如何解釋歌劇院得到撥款的合理性。

皇家歌劇院經歷了一系列狂風暴雨，失去了好幾位首席執行官，1997年，劇院長時間歇業進行重建。21世紀初劇院遷進新址後，其收入主要來源大約分三方面：公共撥款（來自藝術委員會）、從促銷活動（商業贊助、商品推銷、友善機構等等），以及票房收入。政府曾經承擔了皇家歌劇院60％的費用，如今只剩下30％左右。2007年，文化媒體及體育部長將藝術預算轉撥一部分給了2012年倫敦奧運會，引起藝術界的不滿，但卻徒勞無功。一年之後，經濟開始大幅下滑。

並不僅僅在英國。在義大利，曾經由政府資助的歌劇院，從20世紀90年代中期開始，藉由贊助商和私人投資小心翼翼地經營，但它們也能得到國家和地方政府的撥款。十年後，義大利貝魯斯柯尼政府將義大利國家藝術預算削減了將近五分之一（19.2%），歌劇院被削減得尤為嚴重。還有一些包括佛羅倫斯、熱那亞和那不勒斯的劇院，都試圖通過出售倉庫等資

產、解雇合唱隊員、減少排練時間、取消新製作等方式來避免破產。在德國，東西德統一阻礙了經濟發展，除了一些富庶的大城市和聯邦州，其他地方很難發起贊助。在愛爾福特（Erfurt）或不來梅這樣的地方，當地的銀行家和工業家會說：「我們已經把錢付給你們了。」他們所指的是他們的企業所支付的稅金，這些稅在歐洲是最高的。

在新統一後的首都柏林，市政府計畫要通過合併的方式，將城裡的三家歌劇院「合理化」，或許會淘汰最小的喜歌劇院（Komische Oper）。由於音樂界人士紛紛以辭職公開進行威脅，其中包括國家歌劇院的巴倫博伊姆（Daniel Barenboim，1942-）——這座城市無法承受失去他的損失，同時聯邦文化部部長也非同尋常地出面協調，此事最後作罷。

蘇聯解體後，許多機構落入私人手中，導致成千上萬習慣於穩定職業模式的音樂家們的收入減少或失去工作，不少人只得去別處謀生。很快地，西歐所有的歌劇院都被多才多藝的俄國人、烏克蘭人的申請所包圍，他們樂於接受被當地人視為收入微薄的工作。原華沙公約國的所有劇院，都試圖通過無休止地到西方國家巡演來填補虧空。瓦列里·葛濟夫（Valery Gergiev，1953-）的馬林斯基劇院，在普丁總統的支持下成為暢銷品牌，但其他的劇院卻拖著它們廉價而俗豔的《阿依達》或《杜蘭朵》在城市之間奔波，就像《漂泊的荷蘭人》那樣，彷彿註定要過著漂泊的生活。也難怪許多前蘇聯的著名演員，都寧願在國外流浪漂泊，過著居無定所的生活。

和以前比起來，政治領袖們很少去聽歌劇，為它籌集的公款更少，他們只對新的政治現實作回應。現代政府比早期的政府更需要公共資金，而全球性的經濟衰退，使得藝術資助更加不穩定。在美國，與歐洲大陸得到補貼的那些部門一樣，經濟衰退導致演出季縮減、製作取消、人員編制和薪金削減，有些劇院像：康乃狄克歌劇院、巴爾的摩歌劇院、南加州太平洋歌劇院則完全關閉。紐約大都會歌劇院發現它的三億捐贈基金價值減少了三分之一，它面臨著巨大的財政赤字，在2009年初不得不將它所擁有的夏卡爾油畫當作抵押，從摩根大通銀行貸款應急。

　　歌劇正逐漸遭到邊緣化。從前在義大利，隨後在許多歐洲城市，歌劇院都曾是城裡富人們晚上主要的娛樂去處，換句話說，這裡就是有屋頂的廣場，人們可以在這裡會見朋友、欣賞表演。當然也會有其他選擇：木偶劇團或馬戲團也會來城裡巡演，人們也可以舉辦或者參加一場閃亮耀眼的晚會，晚會上會演奏一個小時左右的美妙音樂。對於年輕人來說，如果晚上想要消遣，卻沒有可去的電影院、保齡球館，沒有燈光體育場，沒有可以和朋友聊天的電話、收音機、電視機、網路等視聽享受，那麼歌劇院則是最佳去處。

　　20世紀之後，這樣的狀況不復存在，人們湧向電影院去看電影，湧向巨型體育場去體驗體育賽事所帶來的刺激和失落，或者去享受流行樂隊和搖滾明星的聲光演出。如今人們所去的電影院和體育場，在很多方面就相當於過去人們所去的歌劇院，20世紀的場所提供的是參與一種與眾人分享、帶幾分儀式化的樂趣，和藝術所體驗到的樂趣相同。更多可供選擇的娛樂形式站穩了腳步，歌劇的壟斷性相對地被打破。新千禧年的最初幾年，城市中產階級的數量因不斷增長的財富而迅速擴大，到了夜晚和週末，他們如潮水般擁向街頭，進入各式各樣嶄新而閃亮的商業中心。在雪梨，港口的環形碼頭周圍佈滿了精品店和餐廳，它們分散了雪梨歌劇院的魅力；甚至曾經被認為缺乏美食的倫敦，也處處點綴著美廚餐廳、露天咖啡座和嶄新的酒吧。倫敦引以為傲的戲劇生活持續繁榮，它的許多演出來到大西洋彼岸，使得紐約的百老匯不夜街更加熠熠生輝。

　　在發達國家絕大多數的大城市裡，大量擁有較高文化水準的人們，會發現他們被包圍在令人眼花繚亂的文化活動中，不光是傳統的博物館、藝術畫廊、劇院、音樂會和歌劇，還包括營業到深夜的購物廣場、美食餐廳、電影城、搖滾俱樂部、同性戀酒吧、喜劇劇場、健身房和運動中心。在這一連串名單中你看見歌劇了嗎？它很容易被忽略。曾經是城市娛樂白馬王子的歌劇風光不再，它淪落為一個卑微的戲子，一個少數人興趣的平台，在這個日益充滿多種選擇性的文化世界裡，它苦苦爭取著人們的認同。

　　如果說歌劇的政治和社會經濟地位發生了變化，那麼經營和資助歌劇的勇敢無畏的男人們（以及少量女人們），他們的政治和經濟地位也發生

了同樣的變化。大多數的歌劇院和公司曾一度為強大的統治家族所有並由它們提供資金，或者直接是宮廷歌劇院，當然也有經理人或經紀人、或者為聘用他們的公司去租賃劇院，或租賃土地建造劇院。這類模式在法國大革命和拿破崙戰爭之後被廢除了。但有些做法仍然保留下來，例如在巴伐利亞，由於一位熱愛歌劇的國王，華格納的財富在經濟和藝術兩方面得到支援。更常見的情況是，藝術贊助人退居幕後，由富人和出身顯赫的人出面來盡其所能地支持歌劇，但不再擁有它。

到了20世紀，一個貴族的姓名或頭銜有可能使你成為歌劇董事會的尊貴成員，並有可能成為著名的捐贈人。然而，在後臺能夠看到的世襲貴族，卻只是那些選擇在歌劇院工作的人。第一次世界大戰期間，當布魯諾在慕尼黑歌劇院擔任指揮時，有一位小提琴手路德維希・斐迪南（Ludwig Ferdinand）是親王的後裔，這是一位很受歡迎的人物，有時候遇到特別難的演奏，即便降低等級瓦爾特也會欣然接受。半個世紀之後，倫敦沙德勒井劇院變成了英國國家歌劇院，人們可以看到一位在此勤奮工作的歌劇大師哈伍德伯爵（Earl of Harewood），他是劇院的總經理，而他也是女王的表弟。

20世紀歌劇經理的生活談不上浪漫，日復一日，幾乎每天晚上都要召開會議，解決財務問題、磋商合約、雇用或解聘藝術家、參加演出及晚宴。大都會的魯道夫・賓在自傳中重現了他辦公室裡發佈的部分備忘錄。一份在擔憂買的打字機太多，另一份是對付遲到者的最佳方法，第三份要求合唱小心行事，不要將後臺電梯內的獨唱演員擠出來。賓在另一份備忘錄裡寫著，電梯操控員應該有一隻小板凳讓他坐下來，他還得對後臺抽煙提出嚴厲的警告。有一次對大都會歌劇院的卡門扮演者瑞莎・史蒂文斯提出警告，說有一、二個男高音在最後一幕幾乎想真的殺死她。

有時候劇院會遇到嚴重的危機，讓劇院不著痕跡地就倒閉在無情風浪中。我們也一次又一次地看到歌劇院慘遭大火焚毀，帶來生命損失和管理者的金融投資損失。當然隨著工會的形成，還有無數的演出因為罷工而蒙受損失。1906年1月，卡盧梭主演的《浮士德》在大都會上演之前，長期為

工資低廉而感到憤憤不平的合唱團員們，宣稱他們當晚將不參加演出。演出照常進行，但是精簡過後當然也就沒有了《士兵合唱》。半個世紀之後，賓發現自己在紐約大都會歌劇院不得不和14個不同的工會進行談判。由於和美國音樂藝術家協會（AGMA）的激烈爭議，導致1961到1962年的演出季被取消。後來又因1969年秋季和1980年的罷工而再次停業。

　　幾百年來，管理者因委託而得以創作、安排、學習、排練和上演的無數的新作品，都被扔進了歌劇歷史的垃圾堆中，只有少數倖存下來，一些最著名的作品，例如：《塞維利亞的理髮師》、《茶花女》、《卡門》、《蝴蝶夫人》在首演時都慘遭滑鐵盧。而其他很多作品，從《里納爾多》到《尼貝龍根的指環》雖然在藝術上大獲成功，但在財務上卻入不敷出。

　　偶爾會有一位天使降臨，他對歌劇的熱愛有股實的家底作為支撐，例如哈洛德・麥考密克，或者西比爾・哈林頓。然而，就算是天使也會有折翼的時候。20世紀末，生活在古巴的美籍百萬富翁阿爾貝托・維拉爾（Alberto Vilar）給美國及別處幾家歌劇院以大筆資金。有一段時間，所有的歌劇雜誌上都登載著維拉爾和多明哥、格吉耶夫或者和大都會歌劇院管理階層的合照，他的名字顯赫地登上了歌劇界各處的大禮堂的牆上、座椅的後背上，以及捐贈人名單的頂端。在維拉爾資助的歌劇院中，就包括倫敦皇家歌劇院。柯芬園劇院由於無法得到足夠的公共資金，便開始積極尋找私人贊助。當重建的劇院於1999年重新開張時，它最醒目的新特徵是重新佈置的花廳，如今成為耀眼的社會空間：它很快被稱為「維拉爾花廳」，而皇家歌劇院培養傑出年輕歌手的計畫變成「維拉爾年輕藝術家計畫」。到了2005年，隨著多項生意經營失敗引起執法機關的關注，維拉爾的慷慨從傾盆大雨變成涓涓細流，直至完全枯竭，他在全球各地歌劇院中響噹噹的名聲也一落千丈。

　　歌劇在20世紀末可謂是在夾縫中求生存，在這個充滿各種吸引力競爭激烈的環境中苦苦爭取資助、關注和觀眾，誰也沒有理由相信它會重現昔日的輝煌。進入21世紀後，因經濟衰退它的處境愈發嚴峻。儘管在藝術上、政治上和資金上遭遇重重挫折，但歌劇卻設法生存了下來，據說甚至還迎

來了欣欣向榮的局面。這種藝術形式和其各種衍生形式不僅在其傳統中心地區，而且在世界各地都大受歡迎，它的觀眾人數在不少地方幾乎和體育賽事的觀眾同等增長。部分原因應該歸功於航空技術、旅遊業的發展、媒體的國際化和網路及數位技術的普及。但對於歌劇界而言，這些創新既帶來了機會也造成了危險。

數位技術的出現，在很多方面給歌劇界帶來了好處，它迫使歌劇界重新思考籠絡觀眾的方式。在某種程度上，這只不過是電腦程式的問題，公司職員學習如何將捐贈人和友人的名單從紙上移到電腦內，學習通過電子郵件進行溝通，構築網站和進行線上訂票。此外，多虧了新的電子通訊方式，歌劇團體現在可遠比以前更方便地可以共用資訊、資源和進行共同製作，他們成群聚集在互惠互利的大型組織內，如美國歌劇協會和歐洲歌劇協會，每個協會的成員都超過百名。

而在其他方面，數位化又提供了更多的挑戰。唱片業總是因創新而生機勃勃。在它出現之初，這項技術只能讓小規模的群體受益，比如以鋼琴伴奏的獨唱歌手。1925年，電子擴音設備的到來提高了錄音室中獲取聲音的品質，而二戰之後出現的密紋唱片及後來的雷射唱片，推動了歌劇等大部頭作品的灌製。所有這一切帶來了無與倫比的好處，一座巨大的聲樂唱片庫逐步建立起來，歌劇愛好者只需一個按鈕，就可以對比從卡拉絲、斯蒂法諾到吉里、加利-庫爾奇（Galli-Curci，1882-1963）、梅爾巴和卡盧梭等過去和現代歌手的差異。20世紀90年代初，隨著三大男高音現象和CD業的鼎盛發展，古典音樂市場從全球發行的唱片中的獲利大約占其收益的10%。但這種水準卻沒能維持下去。很快地，少數獨立的唱片公司為了降低它們的成本，瞄準了市場空白，簽約了一些價格較低的藝術家，在產業巨頭的利潤蛋糕上咬去一大口。

大小公司更擔心的是古典音樂市場唱片銷售比例的整體下滑，幾乎降到了谷底，在積極行銷實質上是流行藝人的古典音樂的狀況下，僅穩定在3~4%左右。這在某種程度上反映出古典音樂，包括歌劇，愈來愈邊緣化。而網路、下載、DVD、mp3、iPod、藍光和高解析度電視螢幕的出現，使得

整個產業跌入了無序狀態，唱片銷售下跌，錄音棚停頓關閉，CD最終會遭到滅絕。

　　一個人的不幸也許是另一個人的機會。曾經強大的唱片公司發現它們的運氣不再，而一些依賴傳統大規模露天音樂會的歌劇企業，則繼續進行製作並推銷他們自己的DVD，有時候還通過新型的數位廣播頻道轉播演出精選，或者直接把它們從舞臺上搬到大螢幕上。2006年至2007年的演出季，紐約大都會歌劇院將現場演出以高清畫面傳輸的方式，直接投放到北美和歐洲影院的大銀幕上（並通過磁帶送到日本）。此舉引起了巨大迴響，不斷有新影院加入到為期四個月的六部歌劇實驗性演出當中，以滿足觀眾的需要。最後，全球累計約有32.5萬觀眾觀看了轉播。

　　大都會歌劇院立即宣佈下一演出季將擴大計畫。2007年12月，由安娜·奈瑞貝科主演的《羅密歐與茱麗葉》在全球600多家影院進行轉播，觀眾近十萬人。這項實驗是昂貴的，在經濟衰退的狀況下還可能極具風險。但是仍然有很多歌劇院效仿大都會歌劇院，其中包括舊金山歌劇院、米蘭史卡拉劇院和英國皇家歌劇院。此外，柯芬園劇院還收購了DVD製造商歐普斯（Opus Arte），它擁有一系列令人矚目的歌劇唱片，特別是包括在戈林德伯恩劇院、荷蘭歌劇院和馬德里皇家劇院錄製的歌劇唱片。柯芬園劇院的意圖是要將這些歌劇錄音擴大到不僅包括自己，還要包括合作夥伴，以此建立世界級歌劇現場演出高品質DVD資料庫並進行市場行銷，同時將從中獲取的利潤返還一部分給各個參與的歌劇院。也許，遲早全世界的歌劇院都會像體育比賽那樣，以現場或者依照個人需求用高清圖像和身歷聲音效，直接把他們的演出轉播到電視機或各種可攜式平臺上。它可以付費收看的方式進行，供觀眾選擇自己的喜好來近距離觀看他們偏愛的明星。在我寫本書時，3D高清光碟以及被稱為HVD的光碟（即全息通用光碟）均處於試驗階段。

　　隨著歌劇通過各種新型平臺伸向它的觀眾，從藝術的角度而言，也需要學習以適應新的現實，因為排練程式和製作技術都已經被閉路電視、無線電通訊、電腦控制的現場效果和數位化的燈光徹底改變。數位時代同時

也給它們帶來了負面效應。現代歌劇舞臺上的主要人物不再像他們的前輩那樣，被要求到錄音室去錄製整部作品。人們早已被數百年舊有的錄音資料，以及受到版權保護的各種大量的現場DVD所淹沒，即使是最負盛名的歌唱家，在新世紀能得到額外權利的機會也相對變得十分渺茫。

　　另一方面，數位時代的創新給歌手們提供了大宣傳的新機會，激增的歌迷網站和下載機會，以及頗具誘惑的迅速擴大幅度的就業機會，均由管理公司和老練的音樂代理商以一種複雜的國際費用結構和現金兌換予以支援。到了21世紀初，外表靚麗的頂級歌手常被像流行偶像或足球明星那樣包裝推廣。英國皇家歌劇院在2007年冬季手冊的封面，登載了一位年輕漂亮的俄羅斯女高音的照片，並配上這樣的文字：「渦輪增壓：瑪麗娜‧波普拉夫斯卡婭（Marina Poplavskaya）能在一秒鐘內從0加速到60，那是分貝值，一個聲音，完全控制，全功率。哇嗚！」他們從沒像這樣宣傳過年輕的龐塞爾或者卡拉絲。

　　畢竟明星能迅速而引人注目地崛起，也同樣能迅速地隕落。在20世紀90年代末期，安吉拉‧喬治烏和羅伯特‧阿蘭尼亞一度被他們的唱片公司當作「黃金搭檔」進行推銷，到了21世紀初，由於大量的報告顯示出這非常困難，因此公關人員改弦易轍，一度又把眼光投向了安娜‧奈瑞貝科和羅蘭多‧維拉澤恩（Rolando Villazén，1972-）。僅僅過了三、四年，維拉澤恩就因不堪壓力，取消了好幾個月的演出，而按加拿大女高音阿德里安娜‧佩克容卡（Adrianne Pieczonka）2007年接受採訪時的說法，雖然奈瑞貝科只有三十多歲，但每個人都已經在「尋找新的安娜‧奈瑞貝科」了。佩克容卡很不屑地說，歌劇這個行業，變得「跟通俗明星文化一樣」。

　　英國女中音愛麗絲‧庫特（Alice Coote）也表達了同樣的觀點，她說歌劇界的每個人都在「害怕自己明天是否還能繼續唱」。德國男高音恩德里克‧沃特里希（Endrik Wottrich）曾被批評因感冒退出拜魯特的演出，他在接受《法蘭克福彙報》採訪時異常坦誠地談及自己事業上的壓力。沃特里希憤憤不平地說，「我們一旦選擇演出，就有可能因唱錯一個音符而遭到攻擊，就連我們關心自己也會遭到攻擊。」讓我們期待「瑪麗娜」能夠成功

地超越柯芬園公關團隊對於她超級名氣的短暫信任，在當今社會能夠提供給她的職業生涯裡獲得長期的、世界性的成功。

　　歌劇全球化和數位化的最大受益者應該是廣大的觀眾。任何人在任何地方都能知道全世界的歌劇院在上演什麼節目。在新加坡或者雪梨打出的廣告，可以在人們位於莫斯科、開普敦或布宜諾斯艾利斯的手提電腦上跳出來。在計畫去柏林或者巴賽隆納旅遊的時候，想去歌劇院消磨一個晚上，你可以線上訂票，就像訂航班和酒店那樣方便，歌劇院之外的歌劇也比以前多得多。有不少只有基本合唱團和樂隊的小型巡迴劇團把演出帶到了學校和市政中心，精明的企業家通過露天場所和鄉間劇場推行夏季演出的方式，為歌劇或者歌劇選段找到了新的觀眾。如果把所有的形式都考慮進去，我們之前說「歌劇比以前更加受歡迎」則很容易得到證實。

　　古典音樂電臺在各地紛紛出現，歌劇音樂被普遍地用作電視廣告的背景音樂，而你想聽的詠歎調只要下載就能得到。如果想知道一部歌劇的一切，包括它的藝術家、製作，你用不著去專欄裡尋找音樂評論家的文章，只需在網上查閱各種觀點，其中還有不少急於表達自己見解的熱情粉絲。從許多方面來說，歌劇在全球日益增長的吸引力，反映了手頭寬裕的人們日益同化的消費模式，就像外來節日、昂貴的時尚飾品和美食餐廳的普及一樣，隨著經濟的中產階級化，對於昂貴消遣方式的喜愛也隨之出現。

　　這一切究竟是表明對於歌劇的欣賞是真正在推廣，還是僅僅想昧著良心透過它賺錢？iPod、DVD、電影院、電視裡看到的歌劇並不是真實的。有人會說，即使是在歌劇院裡，也存在著為了數量犧牲品質的問題，他們為歌劇院中字幕的使用和音效增強的應用而感到悲哀，為鐳射照明、使用擴音設備的歌劇舞臺而感到悲哀，為次於戈林德伯恩的鄉村歌劇院而感到悲哀。熟悉的歌劇常被製作成乏味或是不必要的可笑版本，專家們驚呼著，經典劇碼裡沒有新的作品產生，古典音樂唱片業只能依靠重新包裝已有的錄音，或者依靠推銷幾個跨界藝術家來維持生存。他們的嗓音也許經過歌劇訓練，但都不能算是真正的歌劇歌唱家，因為這個名稱的含義指的是能在歌劇演出中進行演唱的人。有人說過去那種有文化的人急著觀看著

名作曲家的新作品，甚至購買腳本的日子已經一去不復返了。到了21世紀初，萬眾期待的是布萊德‧彼特的新電影或者暢銷的音樂劇，而一部新的歌劇則很難再引起大眾的共鳴。

也許歌劇已經從本質上成為一種博物館藝術，給予它補貼的政府財政越來越緊，企業越來越自私，它所吸引的成熟而富有的觀眾們，只喜歡觀看並且反覆觀看少數年代久遠的精品。就像那些癡迷於集郵或者收集火車票的人們，歌劇愛好者會懷著幾乎宗教般的虔誠，收集他們喜歡的作品和歌手，而常常缺乏一種更廣義的感知能力或求知欲望。

把歌劇院描述為劇迷們的博物館會很不入耳，並讓人產生誤解。不過就像很多諷刺漫畫那樣，它也許包含了一絲真相，因為歌劇在全球的普及也突顯了一個殘酷的矛盾。一方面，比以前多得多的人有時間、金錢和意願去買票觀看各式各樣的歌劇，也就是說歌劇變得比以前更受歡迎。而與此同時，我們也看到這種本應受歡迎的藝術形式，漸漸被媒體和政客邊緣化成極少數人的興趣，在他們優先考慮的排名中位置越來越低。當我們注視過去400年的發展軌跡，彷彿在記錄一種過氣、昂貴、菁英藝術形式的出現、興盛、衰落和凋零，它的時代曾經到來，並且幾乎已經遠去。

當然也有理由將歌劇當作一種現場藝術來樂觀看待。首先，歌劇經典劇碼沒有進一步得到擴展這種說法並不屬實。真正專注歌劇的人應該瞭解近幾十年來創作的新作品，並且深深地喜愛它們。21世紀初，歌劇圈內已經形成慣例製作蒙台威爾第、韓德爾和格魯克的作品，偶爾穿插一部卡瓦利、海頓或者薩利埃里的歌劇。

眾所周知，歌劇愛好者們愛抱怨現在的歌手比不上從前。的確，聲音洪亮的威爾第或華格納男、女高音比起20世紀中期少得多，然而，一批才藝驚人的歌手隨著巴洛克音樂的復興而出現，他們能夠極好地詮釋前古典時期歌劇的精妙之處，這一點是他們的前輩無法企及的。2000年沒有了弗拉斯達德或梅爾基奧爾，沒有了蕾昂泰茵‧普萊斯（Leontyne Price，1927-）或弗蘭科‧科萊里（Franco Corelli，1921-2003），但是20世紀中葉的歌唱家在輕聲的技巧上，極少有人比得上利伯森（Lorraine Hunt

Lieberson，1954-2006）、塞西莉亞‧芭托莉（Cecilia Bartoli，1966-）和大衛‧丹尼爾斯（David Daniels，1966-）。

除了歌劇經典劇碼朝向新、舊作品擴展之外，深受喜愛的老作品也不斷在世界各地進行製作。和博物館裡的陶罐、繪畫不同，歌劇如果不進行新的製作就什麼都算不上。你也許會喜歡《伍采克》或《比利‧巴德》，或老作品的現代版本，但如果觀眾們僅能在歌劇院看到沒有獨創性的老版本《費加洛的婚禮》、《露琪亞》或者《萊茵的黃金》，他們可能就不大願意上歌劇院了。劇院早就超越了燭光、游泳機和死板的表演風格，因而過去的偉大作品才能夠吸引當今的觀眾。

歌劇，這個藝術中最多樣化的形式，在多媒體時代的今天生存了下來。如今，我們已經學會等待和接受同時向我們襲來的多樣化資訊，一種聲音、燈光和圖像永無休止的大雜燴。不管我們是行走在熙熙攘攘的城市大街或是乘汽車和火車旅行，耳邊迴盪著手機鈴聲匯成的樂章時，還是漫步在音樂蕩漾的購物中心或觀看一流的體育比賽時，我和你無論在哪裡，都處於大量迅速變幻的景致和聲音的轟炸中，幾乎沒有哪家咖啡館、餐廳、酒店大堂、超市不放音樂。

如果你選擇待在家裡休息，想看看電視頻道放些什麼節目，或許馬上就會遇到多畫面圖像，裡面同時顯示出各種圖框的畫面或動態影片，同時頂上和底部還會出現文字，或許還有互動式按鈕出現在右上角。至於網路，不要抱怨不斷彈出來的小氣泡、按鈕和閃爍的報價，因為這些都是它的經濟命脈。隨著人們越來越習慣於多媒體平臺，他們在某種意義上正處在多種形式的溝通當中，而這正是歌劇在幾個世紀前所宣導的。

這在將來必將繼續下去，因為富有想像力的人們駕馭著最新技術，並且創造出集音樂、歌曲、戲劇、舞蹈、詩歌、道具、服裝、場景和燈光於一體的新藝術作品。這個結果會是歌劇嗎？也許將來歌劇的定義會比現在的限制更少。如果歌劇院能推出《蝙蝠》（Die fledermaus）和《風流寡婦》，包括吉伯特和沙利文的一些作品，也許《旋轉木馬》和《西城故事》也都算是歌劇，西班牙的說唱劇（zarzuela）和桑德海姆（Stephen Joshua

Sondheim，1930- ）的音樂劇也應包括在內。如果它們都是，那麼《艾薇塔》（Evita，洛伊韋伯的著名音樂劇）為什麼不可以是呢？

這和作品的品質無關，而是和它們的體裁有關：有大量的我們都承認是歌劇的作品，是為冗長乏味的晚間演出創作的，而一些精彩的作品《魔笛》、《費德里奧》、《卡門》，將樂句用口語對話串在一起，則類似於吉伯特和沙利文以及百老匯的音樂劇。2004年，英國國家劇院以一部異常淫穢且褻瀆神明的重磅製作《傑瑞·斯普林格—歌劇》（Jerry Springer-The Opear）而大獲成功，這可不是柯芬園劇院或者紐約大都會歌劇院急於想展示的作品。

環境的改變導致了藝術作品風格的改變。在將來的幾十年內，全球移民的數量將會大增，主要都是從貧窮國家向富裕國家遷移，移民們會隨之帶來他們的文化。隨著我們的世界變得愈加多元化，隨著亞洲次文化群在雪梨和墨爾本找到他們的位置，隨著洛杉磯變得更具拉丁風情，倫敦和巴黎吸收不斷攀升的穆斯林人口，這一切必將影響到全球音樂戲劇的製作內容、方法和物件。西方口味中已經開始吸收世界音樂和融合音樂，而以非洲或亞洲風格為特色的舞蹈團吸引了熱情的西方觀眾。如果威爾第或華格納的作品能夠成功地在北京和曼谷登上舞臺，也許西洋戲劇能予以報答，並會將他們的腳尖更深地浸入非歐洲風格的音樂戲劇的汪洋之中。

未來還有一個趨勢，可能會涉及現在定義的古典音樂和流行音樂的融合。在莫札特時代，儘管人們能夠辨別哪些音樂是為教堂所作，哪些是為舞臺所作，哪些是委託創作的人供消遣所用，但界線並不明顯。後來因藝術概念被賦予道德高度，它們在功能上、等級上開始出現區別：嚴肅音樂給有教養的人，流行音樂給普羅大眾。在20世紀下半葉，兩者之間幾乎沒有任何交集，另一方面，荀白克、布萊茲（Pierre Boulez，1925- ）或史托克豪森（Karlheinz Stockhausen，1928-2007）的音樂和艾靈頓公爵（Duke Ellington，1899-1974）、法蘭克·辛納屈或披頭四樂團的音樂也沒有任何交集。

不過到後來顯示，觀念、風格和觀眾開始出現新的交集。一些古典音樂指揮家在音樂會上會安排爵士樂和電影音樂，歌劇明星們會錄製理查·

羅傑斯（Richard Rodgers，1902-1980）、披頭四樂團的約翰‧藍儂和保羅‧麥卡尼、伊夫‧蒙頓（Yves Montand，1921-1991）或洛伊韋伯的曲子。同時，一批嚴肅音樂作曲家開始探索吸引更多大眾的新方式，最初採用類似宗教的風格，或者採用後來被稱為「極簡音樂風格」的具有催眠作用、不斷重複的曲子」。

　1996年，作曲家約翰‧亞當斯（John Adams）說他當前的計畫是「不為歌劇演員寫歌，而是為能以各種流行風格演唱的歌手寫歌」。隨著強大的新型電腦系統開始吸引古典作曲人才和流行音樂家，兩種體裁之間本應有的區別更加模糊了。如果這樣的聚合性趨勢繼續發展，將來的歌劇有可能就不再被定義為古典，而更應體現一種融合的風格和體裁，以吸引更多的觀眾。這種狀況下，我們可以想像，莫札特和希卡內德在翻身繼續沉睡之前，一定會露出滿意的笑容。

　今後半個世紀的音樂戲劇的內容，必定也會反映時代的關注焦點。許多19世紀的歌劇描繪的是強權以及對此讚賞或憤怒的民眾，而一個世紀之後描繪的則是精神頹廢的個體與周圍環境衝突的挫折和焦慮，如貝爾格的《伍采克》、荀白克的《摩西與亞倫》（Moses and Aaron）、布瑞頓的《彼得‧格萊姆斯》、史特拉汶斯基的《浪子的歷程》（Rake's Progress）。

　人們可以想像，21世紀50、60年代的音樂戲劇會從一種文化向另一種文化遷徙，或者與沙漠化、洪水、火災作爭鬥的各種情景，甚至描繪外太空的愛與死或永生，據我所知，第一部發生在宇宙空間的歌劇是布羅達爾（Blomdahl）的《阿尼雅拉號》（Aniana）。說不定也會有象徵著吹長笛的王子、多情的鳥人和瑣羅亞斯德教（流行於古代波斯及中亞等地的宗教）大祭司這樣的角色……。

　如果歌劇這門藝術依然有未來，那麼它應該吸引怎樣的觀眾呢？我們將會預見很多的矛盾。從人口上來看，我們有理由表示謹慎的樂觀。如今有代表性的歌劇觀眾其比例極不均衡，多半在50歲以上。在世界各地的發達國家，人們的壽命比以前更長，老人們比年輕人擁有更多的時間和金錢。在一些國家超過60歲的人已經接近40%，而這種狀況還會繼續。為了

培養未來的歌劇觀眾，管理者試圖以教育項目、便宜票價計畫、學校日場演出等方式吸引年輕人走進歌劇院，而其中的一些年輕人無疑會成為歌劇迷。但經濟預測顯示，這些年輕人很難像他們的父母和祖父母輩那樣，享有經濟上的穩定。

　　如果歌劇的管理者想要恢復歌劇的觀眾群，他們還要繼續努力。也許將來對歌劇的體驗會越來越像體育競賽，觀眾們會變得更加喧嘩，歌劇公司會成立劇迷俱樂部，歌劇院的功能表上會提供漢堡和啤酒。在21世紀初，明星歌手們已經像體育名人那樣被推向市場，其中有些人已經感受到無比的壓力。據報導，一些歌手就像體育界的名人那樣，濫用有助於提高成績的藥物，不僅有用於在上臺之前鎮定神經的藥物，在某些情況下，還包括毒品、嚴重的酗酒，以及用以控制聲帶發炎或讓演唱高音更輕鬆的類固醇。儘管生物化學的發展也許能減輕濫用藥物對身心的毒害作用，但將來如何消除它們還很難說。

　　除了體育運動之外，其他形式的大眾娛樂也可窺見歌劇的未來趨勢。就像多銀幕電影城那樣，包括二至三個不同尺寸大廳的新歌劇院紛紛被興建起來。各處都煞費苦心地保證，花一個晚上去歌劇院，就像是逛超市和購物中心一樣，是一種多面向的新體驗，不僅可以看戲，還可以享受美食、飲料，還有誘人的零售店。位於博登湖（Bodensee）畔的奧地利城市布雷根茨（Bregenz）有一座綜合建築，包括一座室內劇院和一座巨大的露天體育場，數以千計的觀眾們，可以看到在如巨輪般漂浮在湖面的舞臺上所上演的音效震撼、精心設計的節目。

　　歌劇正在成為文化旅遊的附屬產品，推出全球歌劇院旅遊是個有利可圖的市場，如果再將演出與歷史遺跡和遺產捆綁在一起，例如芬蘭的奧拉維莉娜城堡（Olavinlinna Castle）、維洛納（Verona）的羅馬競技場，或者普羅旺斯地區艾克斯（Aixen Provence）大主教宮殿的庭院，那麼就會成為一種更加牢固的聯盟。在不那麼奢華的地方，如格拉曼·維克（Graham Vick）的創新型伯明罕歌劇院所使用的場所，富有想像力的製作人開始試著消除傳統中觀眾和演員之間的隔閡，以觀眾參與的方式來吸引他們。

今後50年裡，歌劇的性質和體驗必定會再次改變，就像氣候的變化會影響生活那樣。往返劇院的方式、冷暖器的使用方式，以及劇院的照明和電力產品，都有可能和我們現在使用的完全不同。便宜的航班將帶著歌劇製作人和消費者往返於他們想去的城市，我們有可能是這種狀況的第一代，也可能是最後一代。也許網路會終止官方的音樂評論，因為每個人的觀點都可以在網路上自由發表。

科技也許會將我們帶到更遠的地方。目前大多數歌劇院都聲稱，除非為了營造特殊的音樂和戲劇效果，他們一般都會避免使用擴音設備。但是聲音發射的藝術和科技已經愈加精密，有些歌劇院引進了電子音效增強系統，在這個系統中，由微處理器來控制放置在演出場所各處的多組揚聲器和麥克風，它們神不知鬼不覺地提升了效果。例如，柏林國家歌劇院就同意安裝「LARES」（聲音混響增強）系統，在某些華格納作品的演出中，劇院內聲音混響時間將從1.2秒延長到1.7秒。不過，如果劇院的全面擴音能成為一種規範，這就意味著歌劇也會受到影響。為什麼一個有抱負的歌手就必須要發出歌劇的嗓音呢？（一種集中的、由橫隔膜支撐的、能夠傳遞到劇院的各個地方的特別聲音）對於傾向於將歌劇定義為以「歌劇嗓音」演唱的人來說，擴音設備也許預示著這種流派的最終滅亡，因而我們所知的訓練有素的女高音或男中音就顯得彌足珍貴，因為他們就像如今的水泥匠和假髮職人一樣，保留了幾乎失傳的技藝。或許歌劇嗓音會像曾經的閹伶那樣，被完全湮沒在歷史的塵埃中。

聲音學還會往前邁進，科技能將任何的不完美之處自動「修正」。也許在演員濫用藥物的情況下，需要修正的瑕疵會很少。現場歌劇令人興奮的地方，就在於人們所說的風險因素：一個真實的人在我們的面前挑戰一個艱難的高度，他們成功後帶給我們相應的興奮感。隨著未來生物技術的發展進一步提升藥物的效果，也許我們的子孫後代會欣賞到一群遺傳工程造就出來的超級歌手，一批擁有無與倫比的美麗面容、漂亮嗓音和魔鬼身材的「複製女高音」與天后。

歌劇這種藝術形式必將會繼續發展，就如同我們文化中的所有事物那樣，會繼續應對全球化、民主化和最新科技所帶來的挑戰和機遇。經濟的

興衰也會發揮其舉足輕重的作用。沒人能夠滿懷信心地預測歌劇這種最昂貴的藝術形式如何在全球經濟衰退中繼續發展，但我們能夠確定的是，未來的藝術會包括我們所無法想像的多媒體娛樂形式；歌劇的欣賞會變成孤獨消極的體驗嗎？會變成那些怪癖的美學家們的電腦音樂遊戲嗎？對於部分歌劇而言也許有可能吧。

還有一部分歌劇會尋求互動，也許會將它們的想像力和最新技術結合起來，創造出它們自己的多媒體娛樂；或者營造我們目前無法想像的大規模露天歌劇的樂趣：有可能是全球性的，仿照如今的「滾動」流行音樂會，從奧克蘭或者雪梨開始，18個小時之後在洛杉磯或者舊金山結束。到了那個時候，說不定超音速旅行能夠讓想去的人全程參與，或者通過螢幕、手機，或者更進步的行動設備觀看演出，人們只需在當時或之後，按鍵選擇即可。

也許全世界還有成千上萬的人願意走出去，體驗劇院裡由多才多藝、有血有肉的真人現場表演精彩歌劇。讓我們希望真材實料的魅力永遠不會消失，希望它發揚光大，無論怎樣的製作風格和科技發展都不能將它毀滅。在未來的半個世紀裡，一部劇院現場版數位製作的虛擬的《尼貝龍根的指環》有可能會變得像維蘭德·華格納（Wieland Wagner）最後在拜魯特製作的版本那樣獨領風騷。果真如此，歌劇也許能擁有後華格納時代的傳奇電影《星球大戰》和《魔戒》所擁有的觀眾規模和社會基礎。暢銷作家、作曲家、製作人和導演有可能會徹底打破我們所理解的歌劇局限，甚至一併將歌劇這個詞徹底摒棄。它重要嗎？也許根本就不重要。就像我一開始所說的那樣，「歌劇」這個詞，從一開始就沒有任何意義。

拜魯特領主夫人劇院的舞台。該劇院是迄今少數仍保留著巴洛克景片舞台的劇院之一。

國家圖書館出版品預行編目（CIP）資料

鎏金舞台：你不可不知道的歌劇發展社會史 / 丹尼
爾.史諾曼(Daniel Snowman)著；安婕工作室譯. --
初版. -- 臺北市：華滋出版；信實文化行銷,
2017.01
　　面；　公分. -- (What's Music)
譯自：The gilded stage : a social history of opera
ISBN 978-986-93548-9-9(平裝)

1.社會史 2.歌劇

540.94　　　　　　　　　　　105024453

What's Music

鎏金舞台：你不可不知道的歌劇發展社會史
The Gilded Stage: A Social History of Opera

作　　者：丹尼爾‧史諾曼 Daniel Snowman
翻　　譯：安婕工作室
封面設計：黃聖文
總 編 輯：許汝紘
美術編輯：陳芷柔
編　　輯：黃淑芬
發　　行：許麗雪
總　　監：黃可家
出　　版：信實文化行銷有限公司
地　　址：台北市松山區南京東路5段64號8樓之1
電　　話：（02）2749-1282
傳　　真：（02）3393-0564
網　　址：www.cultuspeak.com
信　　箱：service@cultuspeak.com
劃撥帳號：50040687 信實文化行銷有限公司

印　　刷：威鯨科技有限公司

總 經 銷：高見文化行銷股份有限公司
地　　址：新北市樹林區佳園路二段 70-1 號
電　　話：（02）2668-9005

香港總經銷：聯合出版有限公司
地　　址：香港北角英皇道75-83號聯合出版大廈26樓
電　　話：（852）2503-2111

2017 年 1 月 初版
定價：新台幣 580 元
著作權所有‧翻印必究
本書圖文非經同意，不得轉載或公開播放

更多書籍介紹、活動訊息，請上網搜尋　拾筆客　🔍

如有缺頁、裝訂錯誤，請寄回本公司調換